饒宗頤 著

選堂集林 敦煌學

中華書局

□　責任編輯：阿桶

□　裝幀設計：高林

□　排　版：黎品先

□　印　務：林佳年

選堂集林・敦煌學

□
著者
饒宗頤

□
出版
中華書局（香港）有限公司
香港北角英皇道 499 號北角工業大廈一樓 B
電話：（852）2137 2338　傳真：（852）2713 8202
電子郵件：info@chunghwabook.com.hk
網址：http://www.chunghwabook.com.hk

□
發行
香港聯合書刊物流有限公司
香港新界荃灣德士古道 220-248 號
荃灣工業中心 16 樓
電話：（852）2150 2100　傳真：（852）2407 3062
電子郵件：info@suplogistics.com.hk

□
印刷
深圳中華商務安全印務股份有限公司
深圳市龍崗區平湖鎮萬福工業區

□
版次
2015 年 12 月初版
2022 年 10 月第 2 次印刷
© 2015 2022 中華書局（香港）有限公司

□
規格
16 開（230 mm×150 mm）

□
ISBN：978-988-8366-65-1

序言

　　去年夏季，香港大學饒宗頤學術館擬編集出版《選堂集林·敦煌學》，來信囑我寫篇序言。我躊躇再三，一直未能動筆。

　　饒先生是海內外景仰的漢學泰斗，其治學廣博深湛，橫無際涯，廣泛涉及古文字學、敦煌學、考古學、金石學、歷史學、古典文學、詞學、音樂史、藝術史、中印關係史、宗教史、楚辭學、目錄學、方志學諸方面，即使在敦煌學領域內，先生也同樣是精深廣博，像我這樣淺薄孤陋者實在沒有資格、沒有能力評論饒先生。十多年前，榮新江先生曾發表〈饒宗頤教授與敦煌學研究〉，對饒先生在敦煌學研究領域的多方面成就予以評述。近些年來，學術界也有一些學者從不同角度總結、論述先生治學的成就、風格、方法。

　　我多年來認真拜讀饒先生的論著，對有關敦煌學研究的一些篇章，更是多遍拜讀，不敢說都能讀懂，但每次閱讀，都能獲得啟發和教益。先生生於書香門第，幼承庭訓，家學淵源深厚。中年之後長期生活於香港這樣一個中西文化薈萃、學術氛圍寬鬆自由的環境，再加在亞洲、歐洲和美洲多地遊歷、研究和講學，培植出會通古今、融會中西的學術大師風範。先生治學之廣博，研究之深邃，遠非一般學者能夠望其項背。但如果深入研讀揣摩先生治學的門徑、方法，特別是認真總結先生的治學精神，或可從中得到一些供後學師法、借鑑的有益啟示。

　　先生對學術始終秉持着一份深厚的敬意與真切的喜愛。先生出生於潮州望族，家饒資產，本可以過富足優裕的生活，但先生卻選擇了清苦的學術之路，數十年致力於國學研究，念茲在茲，樂此不疲。究其根源，就在於先生對祖國的歷史文化始終懷有一種崇高的使命感和責任感。先生近年談及自己選擇敦煌學研究的志願時曾說：「我覺得在敦煌出土的經卷之中，不單包含了宗教上的資料，其他像中國中古時代的政治、社會、經濟、文學、藝術等方面，都蘊藏着大量的資料。其中有待研究的還有很多很多。故此，我在這方面曾經做過不少研究，我更希望有更多現代的學者能夠繼續在敦煌資料之中，發掘出新的研究方向。」表明先生充分體認敦煌藏經洞出土文獻對於中國中古時代多學科研究珍貴而重要的價值，因而數十年來對敦煌學研究傾注心血，不遺餘力。先生不僅躬親耕耘於敦煌學園地，而且通過在香港舉辦敦煌學國際學術研討會，在香港中文大學成立「敦煌吐魯番研究中心」，在香港開展敦煌學研究計劃，延攬大陸學者到港從事敦煌學專題研究，將十餘種敦煌學研究成果編輯出版叢刊，並編輯敦煌學專門雜誌等等途徑，大力推進敦煌學的發展，也使先生成為國際敦煌學的有力推手和卓越領袖。「萬古不磨意，中流自在心」是先生很喜歡的一幅自撰的對聯，從中可見先生立足學術以追求不朽，獨立自由以追求大智慧的高遠情懷。

　　先生治學具有極為廣博宏通的視野。在〈我和敦煌學〉一文中先生自述治敦煌學之取向說：「我一向認為敦煌石窟所出的經卷文物，不過是歷史上的補充資料，我的研究無暇對某一件資料做詳細的描寫比勘……我喜歡運用貫通的文化史方法，利用它們作為輔助的史料，指出它在歷史某一問題上關鍵性的意義，這是我的着眼點與人不同的地方。」正如姜伯勤先生指出的，饒先生對敦煌學的研究涉及

佛教史、道教史、祆教史、天文史、書法史、畫史、經學史、文學
史、中外關係史、音樂史等多個領域,治學領域之廣泛,在當代學者
中堪稱獨步。即使在對單一課題的研究中,先生也是貫通了多方面的
內容。譬如先生對敦煌畫稿研究中,爬梳勾稽散在寫卷中的白描、粉
本、畫稿等重要材料,同時還結合保存在美國普林斯頓大學美術系的
羅寄梅所拍攝的敦煌壁畫的照片,結合畫史進行系統研究,對白畫源
流與敦煌畫風,白畫的作用、種類與題材,敦煌卷軸中的白畫進行了
詳細研究,還探索了敦煌壁畫中的十餘種技法。先生指出了敦煌畫在
中國美術史中具有不可替代的地位,總結了敦煌畫對中國美術史的重
要貢獻:「敦煌石窟壁畫之特色榷而論之,計有數端:(一)圖畫與圖
案之不分;(二)白畫與彩繪之間插;(三)畫樣與雕刻塑像之合一;
(四)沒骨與色暈凹凸之混用。以上四事為宋以前繪畫之特殊傳統。」
這樣不僅對敦煌繪畫進行了深入的研究,而且拓展了人們對中國繪畫
史的認識。

先生治敦煌學不僅涉及眾多學科,而且對每一個領域都不是泛泛
涉獵,而是力求開拓創新,在許多領域都做出了首創性的研究和開拓
性的貢獻。如先生最早校錄、箋證倫敦所藏敦煌本《老子想爾注》,
這部反映早期天師道思想的千載祕笈,闡明原始道教思想,引發後
來歐洲道教研究的長期計劃;首次將敦煌寫本《文心雕龍》公諸於
世;首次據英倫敦煌寫卷講禪宗史上的摩訶衍入藏問題;最早提出
「敦煌白畫」的概念,把散佈在敦煌寫卷中的白描、粉本、畫稿等
有價值的材料編成《敦煌白畫》一書,填補了敦煌藝術研究上的一
項空白;其《敦煌曲》、《敦煌曲續論》是敦煌曲子詞研究的先驅之
作;先生也是研究敦煌寫卷書法第一人,其所編撰《敦煌書法叢刊》
(共 29 冊)是最早對敦煌書法予以系統整理、介紹的著作,對敦煌

書法乃至中國書法史研究影響深遠。先生是當代最具開拓創新精神的「導夫先路」的敦煌學大家。

先生對每一個研究對象都不是淺嘗輒止，而是力求窮其源流。如他的《敦煌曲》一書不僅充分利用敦煌文獻中的相關資料，同時還密切結合中國古代文學文獻資料，特別是詞與釋門讚詠梵唄及其發展史上的相關資料，清理了漢宋之間，從梵唄、法樂的源頭，以及由聲曲折、民謠的源頭，如何演變為雜曲、曲子，又如何影響到後來之文人詞，這不僅對敦煌文獻研究有重要意義，而且對中國音樂史和音樂文學史的研究也具有重要價值。即使在一些論及具體問題篇幅較小的論文中，先生也仍然力求追源溯流。如〈記敦煌開寶七年（974）康遵批命課 —— 論七曜與十一曜〉指出李約瑟《中國科技史》論中國天文學時只論「七曜」而不及「十一曜」，遂由 P.4071 宋初開寶七年「靈州都督府白衣術士康遵課」寫卷中引出「十一曜」，並旁徵博引史籍，論述古代中國天文曆法中的「七曜」、「十一曜」概念及其淵源流變。〈敦煌本謾語話跋〉論話本之名、韻白夾雜體例之來源；〈《敦煌俗字研究導論》序〉兼論文字正與俗之演變；〈記唐寫本唵字贊〉論敦煌與世傳幾種《唵字贊》寫本異同，並論及唵字在梵語中的十餘種用法，等等，無不顯示出先生對學術研究窮根究底的探索精神。

先生治學崇尚求真務實，不尚空談，不做蹈空之論，其研究總是基於具體紮實的文史資料的考證、調查，因而有的研究者把先生的治學方法歸為乾嘉學派。譬如在對敦煌曲的研究中，先生肯定了朱孝臧、王重民、任二北等先生的研究成果，探賾索隱，對於敦煌曲研究都有貢獻，同時指出其中仍存在着不足，主要原因是「未接觸原卷，每沿前人之誤，用力至深，去真相尚遠」，而饒先生則親自赴法、英

實地調查,「有機緣檢讀英法敦煌寫卷,考索結果,復有不少新知」,不僅對敦煌曲重新予以輯錄,使學者們得以看到敦煌寫卷中敦煌曲寫本文字的原貌,而且糾正了許多學者根據自己判斷、理解而誤錄、擅改的文字,體現了先生在學術研究中求真、求實的精神。

先生在大量掌握歷史文獻資料的基礎上,在學術研究中從來不盲從,敢於提出不同意見,堅持自己的學術觀點。譬如在對敦煌曲子詞的研究中,學者們對「唐詞」名稱存有爭議。任二北先生否認「唐詞」的存在,饒先生則陸續發表〈為「唐詞」進一解〉、〈唐詞再辯〉予以批駁,用確鑿的史籍材料證明唐人已有「詞」的概念。再如《敦煌曲》一書中對「敦煌曲子詞」材料的收錄範圍較廣,有的學者對此予以質疑,認為不大符合嚴格的「曲子詞」文體。其實,以後世嚴格的曲子詞的標準,或純文學的角度來審視,敦煌曲子詞的確不完全符合。但對此問題必須以歷史的眼光來看。首先,任何一種文體都有產生、形成並逐漸成熟的發展過程。從現存敦煌曲來看,不僅用韻不大嚴格,甚至有的同一調名的曲詞體式也不相同,它們代表了曲子詞早期的不完全成熟的形態。其次,不應該忽視的是,敦煌寫卷中許多文學作品都與佛教關係密切,其中敦煌歌辭特別是佛曲具有很大的創新性,它們既受到佛經的啟發和影響,具有佛教的思想內涵,同時又吸收了我國民間文學韻散結合、音韻和諧的文學體式,具有鮮活的藝術生命力,代表了唐、五代和宋代時期中國音樂文學的新形態。如果捨棄敦煌寫卷中數量眾多、特色鮮明的佛曲,將無法全面地、深入地認識敦煌曲子詞的源流演變。正是基於這樣的認識,饒先生在《敦煌曲》一書中不同流俗,堅持擴大敦煌曲的收錄範圍,將一些佛曲也收入敦煌曲作品中,顯示出了先生為求正而獨立思考的精神。

　　饒先生是近百年來中國最具典範性的學者。一方面，先生在包括敦煌學在內的漢學研究眾多領域取得的成果，代表了中國當代學者在漢學研究領域的最高成就和水準；另一方面，先生身上體現出了一代學術宗師的崇高品格和精神風範。也許，今後很難再有學者達到，更難超越饒先生的學術成就和水準，但先生的精神風範值得後學師法和效仿。高山仰止，景行行止，雖不能至，心嚮往之。

　　以上的話，與其說是一篇序言，毋寧說是我在研讀學習饒先生敦煌學論著中的幾點讀書心得，寫出來與讀者共勉。

樊錦詩 [1]

2015 年 9 月 25 日

於敦煌莫高窟

---

[1]　前敦煌研究院院長，現敦煌研究院名譽院長。

目　錄

京都藤井氏有鄰館藏敦煌殘卷紀略

　　日本西京私人藏家，以住友氏之銅器、藤井氏之璽印為最馳名。藤井收藏之所，曰有鄰館，為藤井齊成會所經營。[1] 位於平安神宮之側，前臨小河，夾岸垂楊，風景絕佳。庋藏古物，門類之富，為京都冠。主人藤井守一紫城氏，溫文爾雅，自其先大父藤井靜堂善助氏即精鑑藏，網羅宏富；而內藤湖南博士實助之鑑定。吳清卿、端午橋及黃縣丁幹圃樹楨藏物多歸焉。所積璽印，逾四千事，因顏其藏印之齋曰靄靄莊。延平盦園田氏任考釋，歷時三年，積稿共五十冊，已刊者有周秦部分二冊。大正甲子間，內藤序之，記其經過甚詳。[2]

　　1954 年夏 7 月 18 日，余在京都，因友人京都大學助教藤枝晃氏之介，至有鄰館參觀。館凡三層樓，樓下貯石刻、磚、瓦、墓誌之屬，若熹平、正始石經殘石，端方舊藏隋《寶梁經》殘石，漢單于和親磚及不少漢畫像磚石，皆陳列於是。二樓則為銅器，秦三十六年銅權及隋開皇二年金銅造像皆佳品。三樓為藏印之所，計黃縣丁氏舊藏印一千三百六十五方，飛鴻堂舊印六百五十二方，及陶齋之周代私璽，暨其得自吳大澂之燕將渠名鈢，王文敏之「萃車馬璽」，陶北溟之漢晉間印皆在焉，琳琅滿目，為之留連竟日。

---

[1]　是館興建始末，詳昭和十一年四月出版之《有鄰館要覽》。

[2]　內藤湖南〈靄靄莊印譜序〉云：「黃縣丁幹圃郎中樹楨，亦喜收藏。魏三體石經殘石之始出，幹圃先獲之；其餘吉金瓦當，皆多奇品。所藏鈢印一千四百餘事……前數年，有盡獲其藏印而輦致此間者，藤井君靜堂以重值購之，是靄靄莊收儲之所由也。嗣後數年，所獲益多。吳清卿、端午橋諸家所箸錄，最精者亦入焉，積至四千餘事。」

8月1日晨，予至住友男爵家參觀銅器。午後偕友人大谷大學教授中田勇次郎、立命館大學教授白川靜二君再度至有鄰館，值平凡社為重編《書道全集》，中田君正勷其事，有鄰館藏物多被借攝製版。是日藤井君出示唐儀鳳二年廚單，及項子京舊藏《唐陸柬之臨蘭亭帖》[1]，相與歡賞。又示以西域所出佛經殘葉一匣，中有少數回紇文，計共百二十片，裝裱精美；予展玩不忍釋手。最後藤井君取出一古寫殘葉，以玻璃夾之，審其文，乃述苻堅迎鳩摩羅什事，背為佛經，據云出於新疆。於是藤井君導余至其私人圖書室，時已四時許，館例即將閉門，諸友均先後離去。余蒙藤井君許可，獨留室中，見一巨大木箱中庋藏敦煌寫本殘葉數十事，皆以玻璃夾護，任余瀏覽。余既感其雅意，深喜眼福之非淺，獲窺全豹，乃盡兩小時之力，而遍覽之，並紀其大要。藤井旋出目錄數紙相示，楷書端正，其首題云：「何彥昇秋輦中丞藏敦煌石室唐人祕笈六十六種。」乃知藤井君所得者，即何氏舊物。因檢勘之，止得五十八種，尚缺其八。而目錄中有《太公家教》殘卷，亦不在藤井氏所得之內，蓋早散出者。查《太公家教》，羅叔言曾藏之，嗣影載於《鳴沙石室佚書》中。王國維有跋云：

> 宣統己酉歲，法國伯希和教授言其所得敦煌書籍，有《太公家教》一卷，其書已寄巴黎，未之見也。去歲伯君郵寄敦煌古籍景本數百枚，亦無此書；頃於羅叔言參事唐風樓中見此卷，蓋同出敦煌千佛洞，為斯坦因、伯希和二氏所遺。又石室遺書未歸京師圖書館時流出人間者也。[2]

唐蘭亦曾藏有《太公家教》殘卷 [3]，北京圖書館亦藏有《太公家教》

---

[1] 陸為虞世南甥，此冊《宣和書譜》著錄。
[2] 《觀堂集林》二十。
[3] 見《敦煌考古工作展覽概要》（北京大學五十周年紀念），1948。

一卷，列乃字二七號，文見許國霖《敦煌雜錄》下輯。

當光緒二十六年（1900），王道士發見莫高窟石室，經卷始流出人間。葉遐庵言當日地方官曾取以為饋贈，先後不下數百卷。其後張廣建、許承堯、甂壽楹等所得即此類。[1] 又新民梁氏素文清末官甘肅，亦於當地略有搜集。[2] 迨斯坦因、伯希和先後捆載而西。宣統二年（1910）清學部始派員輦致其餘物歸於京師圖書館。其稍有價值者，據云在途次盜竊以盡。羅振玉序《鳴沙石室佚書》，深致憤慨。[3] 當日被盜之經卷，究為何物，向來未有能明言之者。友人張虹聞諸故京老輩云：何彥昇於宣統二年官甘肅藩司，代理巡撫，當其任內，適學部諮陝甘總督調取敦煌經卷，著何氏收購到京。抵京後何氏先交其子鬯威（名震彝）。時官中冊數，報有卷數而無名稱及行款字數，故一卷得分為二三，以符報清冊之卷數。何鬯威為李木齋盛鐸之婿，故菁英多歸李氏及何氏。李之親家劉廷琛與其親友亦分惠不尠。[4] 今有鄰館所藏敦煌殘卷，據目錄即何秋輦舊物。知當日何氏竊去之數，即此目所列，已有六十六種；另有回紇文二十餘事，此敦煌學史上一段公案，得略表白於世，亦一快事也。至於李木齋，所藏尤富，據謂有

[1] 見所作張虹〈寄傳庵敦煌圖錄序〉稿。

[2] 羅福頤〈敦煌石室稽古錄〉云：梁氏民初寓瀋陽，近數十年間，藏品出脫殆盡。（羅文載《嶺南學報》七卷二期）

[3] 羅氏《鳴沙石室佚書》敍有云：「往者伯君告予，石室卷軸取攜之餘，尚有存者。予丞言之學部，移牘甘隴，乃當道惜金，濡滯未決。予時備官太學，護陝甘總督者，適為毛實君方伯（慶蕃），與予姻好；總監督劉幼雲京卿（廷琛），實同鄉里；與議購存太學，既成說，學部爭之。比既運京，復經盜竊，然其所存尚六七千卷，歸諸京師圖書館。及整比既終，而滔天告警，此六七千卷者，等於淪胥。回憶當時，自悔多事，此可戚者二也。遺書竊取，頗流都市；然或行剪字析，以易升斗；其佳者或挾持以要高價；或藏匿不以示人。遇此傖荒，何殊覆瓿！此可戚者三也。」按據許國霖《〈敦煌石室寫經題記〉序》，當時京師圖書館入錄之本，計八千六百七十九號，民國十八年胡文玉檢閱未登記之殘葉，又增編一千一百九十二號，都九千八百七十一號。

[4] 參看葉遐庵〈序〉。

四百卷左右，並編有簡目，其佳者，如隋太子廣佈施文字畫像，上有飛天，當日京師人士以為異品，今亦歸扶桑。又建衡二年索紞書《道德經》殘卷，李氏曾取名其齋曰建衡閣者，現歸友人張虹，蓋得諸李氏之女。又其著名之《大秦景教大聖通真歸法讚》及《大秦景教宣元至本經》則歸日人小島靖君，羽田亨曾為考證。余於有鄰館又獲睹梁天監十六年《誠實論》[1]及貞觀二十二年八月一日《顯揚聖教經卷》（卷五）。貞觀卷上有「德化李氏凡將閣珍藏」印一方，亦李氏之物。葉遐庵云：「劉、李、何三人所得敦煌殘卷，何早卒，除其生前贈友者外，聞亦歸李氏。僉知李劉二氏多佛經以外之典籍，偶露鱗爪，難窺其祕也。近年李、劉皆去世，所藏始分別散出。余首介紹中央圖購入二百餘卷。聞劉氏經卷約百餘卷，歸於張子厚，張固劉戚也。李所藏由家屬析分各售，不復能聚。」[2]是何氏之物，後歸於李氏凡將閣；藤井氏所藏，非逕得於何，乃得自李氏者。有鄰館所藏此批敦煌殘卷，雖為數不多，惟其為何彥昇舊藏，正可據以考查當時經卷遺失之情形，故表而出之，想亦談敦煌學掌故者之所樂聞也。

有鄰館藏物，均經選影為《有鄰大觀》，煌煌四鉅帙。[3]另有《篤敬三寶冊》一書[4]，內影載敦煌經卷多種，上舉貞觀《顯揚聖教論卷》，即在其中。又有北魏《大般若經卷》、北魏《佛名經卷》、隋開皇三年《華嚴經卷》、唐長慶三年《天皇梵摩經卷》、唐草書經卷（吐魯番出，有王晉卿題記），大半為李氏盛鐸舊藏。

敦煌經卷散出後，日本人士頗多搜購，若前關東旅順博物館藏敦煌寫經六百三十八件，新疆所出九十九件。[5]而大谷大學[6]中村不折

---

[1] 卷三寫卷，書法極佳。

[2] 見〈《寄傳庵敦煌圖錄》序〉。

[3] 第一冊於昭和四年中秋印行。

[4] 昭和十七年一月刊。

[5] 敦煌經卷即橘瑞超將來之物，其目錄經羅氏刊出，載《雪堂叢刻》。

[6] 藏品見高柳恆榮氏之〈敦煌發掘寫經之研究〉，載《佛教研究》六卷二期。

氏 [1]、富岡謙氏 [2] 所藏，皆其著者。藤井有鄰館所得何氏敦煌殘卷，多為書札牒狀，為重要之經濟社會史料，倘能全部整理刊出，則嘉惠於學林者溥矣。

藤井氏所藏敦煌殘卷簡目（何彥昇舊藏）

書札類

（一）起「凝寒十三郎」數字，共六行，行書，極遒麗。

（二）起「孟冬已寒」句，正楷，共五行，末有「十月五日輪臺守捉典傅師表」字樣。

（三）沙州旌節官帖，四行。

（四）與四海平懷帖，十六行，背書日曆。

（五）起「季秋漸冷惟都督公」句，七行。

牒狀類

多數有年月，以開元最夥，大中、乾寧各一件。

（一）開元二年（714）三娘狀。

（二）開元七年（719）三月廿八日戍使劉善狀。

（三）開元七年四月押官健兒李牒。

（四）開元七年三月群頭趙元爽狀。

（五）開元七年四月九日典殘狀。

---

[1]　部分今在書道博物館，見所著〈禹域出土墨寶錄〉，載《現代佛教》二卷十二號。

[2]　約二十卷，據羅福頤〈敦煌石室稽古錄〉所述。

（六）開元八年（720）四月廿五日典揚牒狀，大字有官印。

（七）開元九年（721）十二月長行坊牒。

（八）開元十年（722）三月西州牧馬所狀。

（九）開元十年五月西州牧馬所狀。

（一〇）開元十年三月二日牒。

（一一）開元十年三月一日牒。

（按何氏原自有開元十年三月牧馬所給驢子李貞仙狀，及開元十年三月虞侯郁狀。藤井氏購入時已缺）

（一二）開元十六年（728）金滿縣上司孔目官牒。

（按《唐書·地理志》，金滿縣與輪臺，同屬北庭大都護府）

（一三）開元十六年五月仇庭牒。

（一四）開元十六年九月牒。

（一五）大中四年（850）十月令狐遠牒。[1]

（一六）乾寧四年（897）三月一日百姓張德政牒狀。

（一七）瀚海經略大使狀。

（一八）石堡守捉狀。

（上二種無年月日）

（一九）四月二十一日殘狀。

（二〇）三月牒狀。

（二一）又三月牒狀。

（二二）五月牒狀。

（二三）十二月牒狀。

（上俱無年號）

---

[1] 戶口狀，背有梵文。

宗教類

（一）道書。何目原題《曆經》，按文中記叩齒事，應是道書之類。

（二）《式义摩尼六法文》一卷，題大中七年三月一日尼沙彌虛妙記。

（三）《佛頂尊勝陁羅尼經》。

（四）記苻堅迎羅什文殘葉十一行，背有佛經。

（五）齋戒文一件，二十二行。

（六）《蓮華經》殘葉，背繪一馬，馬之臀部記一梵字，馬上為西域人，其旁梵文兩行。

（七）《勸善經》題貞元十五年（799）廿二日。[1]

歌讚類

（一）《五更轉》前為十五願合訂小冊，行書古拙，用厚粗黃麻紙寫十五願八十六行，《五更唱》三十六行。

（二）《聖太子歌》一卷，九十二行。

（三）歌曲一件，四行。

（四）《聲聞唱道文》八行。[2]

雜類

（一）人名錄，六行。

（二）賬目，十三行。

---

[1] 按此經傳本頗多，有題「貞元九年」及「貞元十九年者」。P.3463、2608 均即此經。

[2] 按 P.3334、3330 即唱道文。

其他為佛像，茲不著錄。又有《反切》一卷，未見。何氏原目中，尚有《太公家教》一，祭文一，《孔子項託問答文》一（有天福年號），藤井氏藏均無之。

又有回紇文二十餘件，亦何氏舊藏。

凡上所錄，出於匆遽，慮多訛誤。惟藤井君殷勤盛意，實深感篆，用志於此，永矢弗忘。

1954 年 10 月饒宗頤識

附　《五更轉》影本

日本藤井有鄰館所藏李木齋舊物《五更轉》小唱本，傅芸子既錄其文載《白川集》（244 頁，日本文求堂書店，1943 年）中，近任二北撰《敦煌曲校錄》，復據《敦煌掇瑣》收 P.3065（即法藏伯希和目三〇六五，下同）之《太子入山修道讚》，以校李氏此本，定為五、五、七三句式，於傅氏所錄句讀文字，諸多改易。頃藤枝晃教授郵來有鄰館此本影片一份，既拜其嘉貺，驚喜之餘，因取《白川集》再校一遍，知傅氏鈔訛尚多。如一更之誤「涼」為「寂」，誤「播」為「墦」，誤「戲」為「數」，誤「論」為「輪」。二更之誤「孅」為「纖」，誤「脇」為「盈」。三更之誤「吁」為「叮」（原本誤鈔如此）。五更之誤「頂」為「頃」，誤「第」為「第」。二更之「既般」，原文非「既」字。五更之「因充果滿」，「充」字原文明晰可辨，而傅文缺之。凡此皆失實之處。任氏未睹原本，遽以入校，亦復沿誤。考《五更轉》佛曲見於敦煌寫卷者不一而足，若上虞羅氏所藏之《歎五更》一套，載於《敦煌零拾》。前北平圖書館藏者，見於許國霖《敦煌雜錄》。巴黎所藏者具載劉復《敦煌掇瑣》，鄭振鐸氏《中國俗文學史》論之尤

詳。惟皆過錄其文，未有將原本影刊者。茲將此冊並十五願全文附影
於後，存其真面目（圖一一）。藉供治敦煌俗文學者之參考欣賞，並
以酬答藤枝君之雅意云。丙申夏饒宗頤記。

1954 年

圖一

圖二

圖三

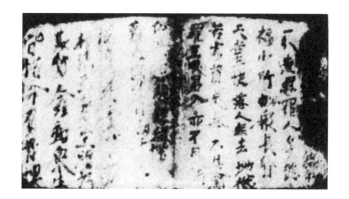

圖四

圖五

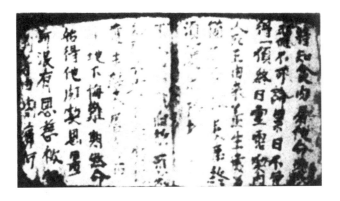

圖六

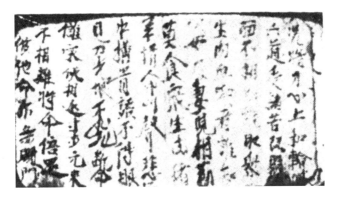

圖七

圖八

圖九

圖一〇

圖一一

巴黎藏最早之敦煌寫卷《金光明經》（P.4506）跋

    法京所藏敦煌卷子，以 P.4506 之《金光明經》卷二為最早。寫本原物為黃絹，墨色晶瑩，卷頗長，整潔可喜，最難得者，為卷後長篇題記，蓋寫於北魏獻文帝皇興五年（471）。茲錄其文如下：

> 皇興五年，歲在辛亥，大魏定州中山郡盧奴縣城內西坊里住，原鄉涼州武威郡租厲縣梁澤北鄉武訓里方亭南葦亭北，張壤主，父宜曹諱冐，息張保興。自慨多難，父母恩育，無以仰報。又感鄉援，靡託思戀。是以在此單城，竭家建福，興造素經《法華》一部、《金光明》一部、《維摩》一部、《无量壽》一部，欲令流通本鄉，道俗異翫。願使福鍾皇家，祚隆萬代祐例（列）。
>
> 亡父亡母，託生蓮華，受悟无生。潤及現存，普濟一切，群生之類。咸同斯願。若有讀誦者，常為流通。

造素經之張壤主 [1]，原籍鄉為涼州武威郡租厲縣。租厲即漢時之祖厲，《漢書·地理志》，祖厲屬安定郡二十一縣之一。《續漢書·郡國志》武威郡十四城，其一為租厲，注「故屬安定」。與此題記合，字亦從

---

[1]   人名，張壤主之「壤」字，疑為「瓖」之別體，從土從玉每不分，如堂亦作堂，（《六朝別字記》），此又從衣，未敢定。頃見南朝（蕭齊）胡橋吳家村及建山金家村墓磚，有大、中、小鴨舌之名，又有大寬鴨舌、壤鴨舌，其字形一作𡒅，又一作壤，並從土。參見《文物》，1980（2）。故知壤即瓖，同瑣，細小也，與寬相反。張壤主，或即細主之意。

禾作租。《晉書‧地理志》，涼州武威郡統縣七，無租厲縣，時或省罷。《水經‧河水注》：「河水東北流逕安定祖厲縣故城西北，漢武帝元鼎三年，幸雍，遂踰隴，登空同，西臨祖厲河而還，即于此也。王莽更名之曰鄉禮也。李斐曰：『音賴。』又東北祖厲川水注之。水出祖厲南山，北流逕祖厲縣而西北流，注于河。」案《漢書‧武帝紀》，臨祖厲河事在元鼎五年冬十月，戴震校酈注云「近刻訛作五年」，則以不誤為誤。李斐曰音「嗟賴」，酈氏引脫「嗟」字。地名每異讀，祖厲蓋音如「嗟賴」也[1]。祖厲之山川，以武帝登陟而著名。沈欽韓云：《玉篇》，祖，子邪切，縣名，字從衣，不從示。所引《水經注》祖字皆從衣。此題記則從禾不從衣，與劉昭志同。《明史‧地理志》：「靖虜衞（今甘肅靖遠縣）……西南有祖厲河。」明胡汝礪《寧夏新志》：「靖虜堡屬右屯衞。」《清一統志》：「祖厲河在鞏昌縣會寧縣南，本名厗岔河，又西北逕靖遠縣界為祖厲河，下流入黃河。」《魏書‧地形志》：「涇州隴東郡，領三縣，其一為祖居縣。」下云：「前漢屬，罷，後復，屬武威，晉罷，後復屬。」齊召南謂：「祖居即二漢之祖厲縣也。前屬安定，後屬武威，此注『前漢屬』下似脫『安定』二字，衍『罷』字。」中華書局標點本《魏書》校記云：「兩漢或曾罷縣，魏收別有所據，不一定衍訛。」今據此《金光明經》題記，北魏皇興初，租厲縣實屬於涼州武威郡。豈魏收撰志時，改屬隴東郡，且易名

---

[1] 《玉篇‧衣部》：「祖，似與切，好也。又子邪切，縣名。」按子邪切同於《漢書‧武帝紀》李斐音「祖厲縣」為「嗟賴」，子邪切，音嗟。然北魏寫本明作租，與《續漢志》同。顧野王作祖，從衣，蓋南朝人借祖字為之。《廣韻》從衣之祖有二，一入上聲語，又一入平聲麻，即子邪切。從衣之祖字見《說文》云：「事好也。」《廣雅‧釋詁》「祖，好也」，又《方言》「珇，好也」，珇與祖皆訓好，同意同義。清惠棟《後漢書補注》卷二十三云：「案司農夫人碑祖字作租，今誤租。」以租為祖之誤，恐未必然。《魏書‧刑法志》：太武帝太延五年（439），「魏虜西涼之人，沒入名為隸戶。魏武入關，隸戶皆在東魏。後齊因之，仍供廝役」。《周書》：武帝「建德六年，詔……凡諸雜戶，悉放為民」。吳其昱兄舉示，謂張氏當日或被沒為隸戶。

為「祖居」乎。《清一統志》：「祖厲故城在今靖遠縣西南。」

張氏造此經時，籍貫已改屬定州中山郡盧奴縣。《地形志》：「定州原為安州，天興三年改，領郡五，首即中山郡，有盧奴縣，為州郡治。」定州之名始此，以平定天下為名也。《水經·滱水注》：「（定州）治水南盧奴之故城……盧奴城西北隅有水淵而不流，俗名黑水池，或曰水黑曰盧，不流曰奴，故此城藉水以取名。」《元和郡縣圖志》十八定州安喜縣下「後燕慕容垂都中山，故改盧奴為弗違縣。後魏平燕，又改為盧奴」與此題記合。清趙東潛有〈盧奴水考〉謂由《水經注》城內有泉一語推之，盧奴城在今州治西北，隔越唐河（《東潛文槀》）。題記云「自慨多難」，其時敕勒屢叛，軍旅旁午，百姓多被迫遷徙。《魏書·顯祖紀》：「（皇興五年）夏四月，西部敕勒叛，詔汝陰王天賜、給事中羅雲討之，雲為敕勒所襲殺，死者十五六。」又《高祖紀》：「冬十月丁亥，沃野、統萬二鎮敕勒叛，詔太尉隴西王源賀追擊至枹罕（《地形志》：『河州治此，領金城臨洮四郡。』）。滅之，斬首三萬餘級，徙其遺迸於冀、定、相三州為營戶。」《源賀傳》云：「是歲河西敕勒叛，遣賀率眾討之，降二千餘落……虜男女萬餘口、雜畜三萬餘頭。復追統萬、勇平、上邽三鎮叛敕勒，至于金城。」多難云云，殆指敕勒為患也。《定州志》卷三「歷紀」書北魏時大事略如下：

> 神䴥元年閏十月，定州丁零叛。
>
> 神䴥三年，詔定州及冀相二州造船。
>
> 神䴥四年，賑定州饑民。
>
> 太平真君五年，徙北部民于定及冀相二州。
>
> 太平真君七年，發定州及冀相二州兵屯長安……發定、司、幽、冀四州兵築塞圍。

《世祖紀》:「(太延二年)八月丁亥,遣使六輩使西域。帝校獵於河西。詔廣平公張黎發定州七郡一萬二千人,通莎泉道。」《張黎傳》云:「世祖詔黎領兵一萬二千人,通莎泉道。」此又定州人民被徵調至西北築路之事實。張壤主「題記」在此「單城」,自指盧奴縣,而云「興造素經,流通本鄉」,必指武威祖厲縣。定州當北魏時饑饉薦臻,徭役繁興,其民或自河西遷徙至定,或被徵發服役於河西,流轉溝壑。張氏之亡父昺,死於何地不可得知,其子寫經求託生於淨土,並為群生祈脫苦難,陳詞哀戚,即今讀之,有不勝亂離瘼矣之感。

敦煌經卷寫於定州者,尚有 S.2106(即英藏斯坦因卷目二一〇六,下同)之《維摩義記・囑累品》。其題記云:「景明原年二月廿日比丘曇興于定州豐樂寺寫訖。」即宣武帝元年(500)。今存《維摩經義記》,寫於北魏者尚有釋瓊許大統三年正月十九日寫 [1],大統十四年十月五日普濟寺僧清鸞寫 [2]。據《魏書・世宗紀》:「(永平二年〔509〕冬十月)已丑,帝於式乾殿,為諸僧、朝臣講《維摩詰經》。」由於在上之提倡,故此經義記寫者獨多。其一寫於定州豐樂寺,此與《金光明經》皆非敦煌當地所寫者。豐樂寺在定縣七帝寺左近,曾出土武定五年「豐樂七帝二寺造象記」,其中僧人以曇為號者有曇斑、曇秀、曇哲、曇靈、曇端等,獨不見曇興。豐樂寺造象拓本見《定縣志》卷十八《志餘金石上》(原石存眾春園)。《定縣志・古跡篇》寺塔,於七帝寺敍述至詳,七帝寺為定城最古之刹,北魏時豐樂與七帝二寺並稱,見《武定五年造象記》,此記出土與七寶瓶同地,今得此卷題記,關於北魏豐樂寺,又添一資料。定州於宣武帝正始二年(505)刺史城陽王元鸞以赤金三十六萬斤造大佛像 [3],繕起佛

---

[1] 北京辰字三十二號。

[2] P.2273《維摩詰義記》卷第一。

[3] 定縣料敞塔前出土《七寶塔銘》。

寺，釋教更盛 [1]，曇興所寫經在城陽王鑄像前五年耳。

《魏書・地形志》序稱：「今錄武定之世以為志，州郡創改，隨而注之，不知則闕。」錢大昕云：「伯起志州郡，不述太和全盛之規，轉錄武定分裂之制；至秦雍以西，不在東魏疆域之內，乃據永熙縮籍以足之，未免自亂其例。」《地形志》之作，向頗為人詬病，溫曰鑑因撰《地形志校錄》，惟可援據之新資料殊不多覯。若《水經注》引《魏土地記》及《大魏諸州記》，只寥寥數語。今此題記於武威郡及隴東郡所屬之租厲縣問題，提供一答案，可補伯起之缺。至租厲縣屬下鄉里名稱尤向所未聞。題記有裨於史學，更不可忽，爰不辭翦縷，為考證如上。

1977 年

附錄

（一）S.6264 戒牒，《西域文化研究》第一冊附《敦煌佛教史年表》繫於公元 409 年，即（北魏）天興十二年。按道武帝天興只六年而已，公元 409 年乃明元帝永興元年。細審原件戒文甚長，首題「南閻浮提大寶于闐國迎摩寺八關戒牒，受戒弟子曹清淨牒」，署「天興十二年正月八日」，末行「授戒師左街內殿講經談論興教法律大師賜紫沙門道圓☑。考《五代史》七十四《四裔附錄》晉天福三年，高居誨為判官，冊李聖天為大寶于闐國王。沙州曹氏與于闐結為婚媾，于闐事摩尼教，故其寺名曰「迎摩寺」。[2] 此牒署「大寶于闐國」，必在居誨冊封之後，《居誨記》稱聖天年號「同慶二十九年」，此作「天興」，

---

[1]　元鸞有墓誌，見趙萬里《集釋》，144 頁。

[2]　王國維撰〈于闐公主繪地藏菩薩題記〉頗考其史事。

然則此天興乃于闐李聖天年號，不應繫於北魏。P.3016 紙背有天興七年、九年牒兩件，及天福十年牒兩件，為沙州致回鶻者，此天興亦于闐年號也。

據 J. Hamilton 考證天興年號共十三年（986—999），于闐文 thyina-hini 即天興，見所著 "Les Bègnes Khotanais entre 851 et 1001"。

（二）S.6251 為一入葬衣物遺冊，中間一行書「玄始九年十一月一日良☒」。玄始二字甚明，《西域文化研究》第一冊附《敦煌佛教年表》誤作「永安」，又題為「墓表」，非是。玄始蓋沮渠蒙遜年號，玄始九年為公元 420 年，即魏明元帝泰常五年。《魏書》卷九十九：「永興中，蒙遜克姑臧，遷居之，改號玄始元年，自稱河西王，置百官丞郎以下。泰常中，蒙遜克李歆，尋滅敦煌。」《魏書‧太宗紀》：「泰常五年，是歲李歆為沮渠蒙遜所滅，歆弟恂自立於敦煌。」即是年之事。

此一遺冊書法甚佳，末言「隨身衣裳棺木如左。見左清（青）龍右白虎前（朱雀）……物數胡僧受……」云云，胡僧不知何所指，蒙遜統治下是時胡僧著者有曇摩讖，惜墓主名字不明。一九七五年新疆吐魯番出土北涼文書，有玄始十一年馬受條呈出酒事（載《文物》，1976〔6〕），與此冊為同時之物，敦煌資料中有沮渠蒙遜年號者極少見。

附　北魏敦煌寫經簡目

公元紀年	年號紀年	寫經名	出處
436	魏太武太緣（延）二年	《楞嚴三昧經》令狐廉於酒泉為優婆塞史良奴寫	見《吐魯番考古記》「北涼石塔」
454	興安三年	譚勝寫「大慈如來十月二十四日告疏」	敦煌研究所目〇〇七
455	文成帝太安元年	伊吾南祠比丘申宗寫經	S.2925
458	（安太）太安四年	比丘口七月三日唐兒祠中寫經	北京地字七六
461	孝武帝和平二年	唐豐國寫孝經殘頁	敦煌文物所目三六六號
467	獻文帝天安二年	令狐陪兒字課	敦煌研究所目一一三
468	皇興二年	康那造幡發願文	敦煌研究所目三四三
471	皇興五年	《金光明經》卷二原武威郡租厲縣張氏寫黃絹本	P.4506
479	孝文帝太和三年	《雜阿毗曇心經》太師馮熙晉國寫於洛州	S.0996
479	同上	《金光明經》卷四除病品為亡比丘龍泉窟主永保寫	S.0616
488	太和十一年	佛經灌頂章句……經	敦煌研究所目〇〇九
489	太和十二年	《金光明經上》張寧安寫	敦煌研究所目〇〇六二
500	宣武帝景明元年	《維摩義記》比丘曇興於定州豐樂寺寫	S.2106
512	永平五年	《大般涅槃經》卷三十二李季翼為亡姊寫	P.2907

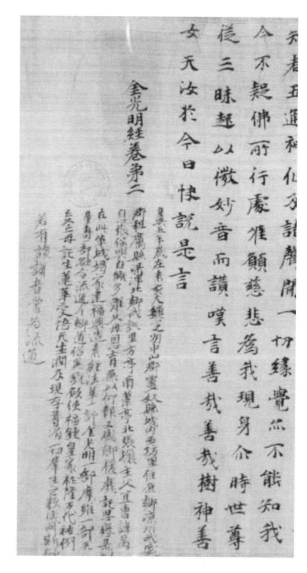

巴黎藏最早之敦煌寫卷《金光明經》（P.4506）

論敦煌殘本 《登真隱訣》（P.2732）

陶弘景在山所著書有五十七卷，以《登真隱訣》二十四卷、《真誥》十卷最為重要。[1]《登真隱訣》今收入正統《道藏》「遜」字號，僅存上中下三卷，非完帙也。其書自注極多，蓋出自隱居親筆。[2] 卷中侈列楊（羲）及許長史（謐）書，記載稠疊，與《真誥》時復複出。

法京敦煌寫本列 P.2732 號道經，王重民題曰「呼吸導引之術」，陳國符照錄其語。[3] 大淵忍爾《敦煌道經目錄初稿》於此 P.2732 號不載。

全卷共存 127 行，每行十四至十七字不等。絲欄，字極秀整，小字尤挺媚可愛，疑在鍾紹京之上，世、治等字無缺筆，不避唐諱，殆李唐以前之寫卷。首尾殘缺無題目，起「保全。出景藏幽，五靈化分。合明扇虛，時乘六雲」等句，蓋陶貞白《登真隱訣》楊君服霧法七韻之殘文也。

細審卷背，信筆雜書「金剛檀廣大清淨陀羅尼經」三行。本卷所鈔《隱訣》原文，至「泥丸中有黑氣」而止，與下文「芒紫色」句殊不銜接。因原自為一紙，被裁截之後，與另紙貼連，故自「黑氣」以上，可稱為第一紙，「黑氣」以下，乃為第二紙。其第一紙所錄除「七韻」二字外，其餘悉見於《登真隱訣》卷中第二十（藝文縮印本8414）文字及次序相同，故第一紙可定為《登真隱訣》。

[1] 見《華陽陶隱居內傳》卷中。
[2] 詳《真誥》卷 20 第 8。
[3] 重訂本《道藏源流考》，219 頁。

第二紙之首有蕃文二行，茲記之如下：[1]

第一行　Ⅰ ‖ naṅ-rje-po-blon btsan-sum gyis mchid stsald-pa-ḥa ‖ mdo-
　　　　　　內　　　相　　（人名）　　　　　　來文　謂

gams bde-gams Kyi ris-La gtoqs-paḥi rnams
地區　所屬　之　人

第二行　Ⅰ ‖ bde-blon gyi ḥ……tsa ḥi naṅ-rje-po-blon btsan-sum
　　　　　　相　　　　答　內　　　相　　（人名）

此處內相名 Btsan-sum，考《新唐書・吐蕃傳》，尚婢婢名贊心牙，羊同國人，世為吐蕃貴相。伯希和譯作「贊心」，謂藏文之 Bcan-gsan。[2] 尚婢婢於會昌、大中間官吐蕃鄯州節度使，此卷之內相 Btsan-sum，[3] 可能即尚婢婢名之贊心。觀第二紙背書「《緣門論》一卷」末尾墨書：「阿志澄闍梨各執一本校勘訖。」別有朱書二行：一題「大唐貞元十年（794）歲甲戌仲冬八日，西州落蕃僧日」，又一行云「於甘州大寧寺南所居再校」。知貞元時此道經卷已流入蕃僧之手，其事則又在尚婢婢之前也。

此卷文中於韻語必注出用韻之數，今本《登真隱訣》時或缺

---

[1]　據 Dr. S. G. Karmay 之解讀。用 Das 式羅馬字寫出。

[2]　P. Pelliot, *Histoire Ancienne du Tibet*, p.134, Paris, 1961. 可參 P. Demiéville. *Le Concile de Lhasa*, pp. 26-27, Paris, 1952. 陳鴻寶輯《渭縣縣志》，南谷山，尚婢婢到此。

[3]　Btsan-Sum: 見 F.W. Thomas, *Tibetan Literary Texts and Documents Concerning Chinese Turkestan*（有關新疆之吐蕃文文獻）3 parts, London, 1935、1951、1955. Part 4, indexes by Ed. Conze. London 1963. cf. Part 2, p. 376-377. Part 3, p. 98 -99. 又 Part 2, P. 407.
Mdo-gams: The N.E.part of Tibet, a part of Mdo, cf. part 2, p.57-58、61、86、99、106、108; part 3, p. 22、31、36、46 .
Bde-gams: The administrative centre of Bde（Bde 地區之行政中心）Part 2, p.10、20; part 3, p.4-5、23、25、32. 關於 Counci llors of Bde -gams, cf.Part 2, p.22、57-58、78、79; Part 3、22、23、25、32、35-36、38，etc.
以上三項藏文參考資料，吳其昱兄檢示，附記於此。

之。[1] 至其標明「楊書」、「許長史書」，眉目清晰，則與《隱訣》（卷中）多相同。茲將原卷內容摘記如次，並指出其與《真誥》互見之處，以供研究。

一、服霧法

正文及小注悉同於《登真隱訣》，惟注中「七韻」二字《隱訣》無之。注云「而金所存肷，猶是我五藏中氣」，正文云：「久肷之則能散形入空，與雲氣合體。」以《隱訣》勘之，「肷」即「服」字，「金」即「今」之假借，《真誥》服霧法此段文在卷十三第四（藝縮27446），又見卷十《協昌期》第二節張微子服霧法。[2]

文稱「右中君告」，「中君」即中茅君（諱固），又稱定錄中君[3]，文又稱「楊書」，出自楊義，敦煌卷在「楊書」二字下，雜書「金剛檀廣大」五字，為中唐以後人手筆。

二、守玄白術

正文存「杜廣平所分（介）琰玄白術，一名胎精中景玄白法。常旦旦坐臥，任意存泥丸中有黑氣」一段，以下殘缺，即存心中之白氣，臍中之黃氣，合泥丸之黑氣，合為三氣，可以《登真隱訣》補之。

此段《真誥》在卷十三第十四（藝縮27450、27451），又復見卷

---

[1] 如《隱訣》卷上，九宮祝辭下注「六韻」，卷中夜臥祝辭下注「六韻」，是其例。他或失注，或為後人所刪。

[2] 服霧法又見《雲笈七籤》卷四十八第十七（藝縮27646）。

[3] 見陶弘景《真靈位業圖》。

十第三條（藝縮 27451）。「一名胎精中景玄白內法」句，《真誥》則見於「匿身隱形，日行五百里」下之注語（藝縮 27451）。所謂中景，與《黃庭》之內景、外景取義應有關聯。

杜廣平即杜契，京兆杜陵人，孫權黃武二年遇介琰先生授以玄白術，隱居大茅山之東。注稱「琰即《禁山符》[1] 云為孫權所殺化形而去者」。

（以上第一紙）

三、服日月光法

卷云「保命說」，即三宮保命小茅君。故其注言「小君說此法」。此法可以消摩（魔）癒疾。

《登真隱訣》謂「常存日在心，存月在泥丸中」，出《大智慧經》。《雲笈七籤》卷四十五第十八有「服日月光」，注云「出《真誥》第三」本段文，今本《真誥》在卷十第十五（藝縮 27421）。《三洞珠囊》卷一第十一引《真誥》第五文同（藝縮 33808）。王懸河所採《真誥》，仍是十卷本。[2]

敦煌此卷，首缺「夜臥覺存日至良久」數句，即接「日芒忽變成火」句，可以《真誥》補之。惟注語則為《真誥》及《珠囊》所無。正文歧異處校記如下：

---

[1] 此指「西嶽公禁山符」，《抱朴子‧內篇》引之。

[2] 《真誥》原為七卷，唐、宋時析作十卷，明正統本又分為二十卷。

敦卷	《真誥》	《珠囊》引
帀	匝	帀
撒	徹	徹
神大	神光	神火
燔燃	燔然	燒燔
兒全	（四支）完全	完全
鬼鬼	考鬼	考鬼

　　寫卷似多訛誤，如火誤大，考鬼誤重二鬼字是。

　　文云「向王而祝」，考《登真隱訣》中屬言「向王」，如云「開日旦，向王朱書」注：「平旦隨月建，朱書白紙上。」又「臥起當平氣，正坐，隨月王向方面」。又「理髮欲向王地」。又「理髮向王」注云：「謂月建之方面也。櫛髮、梳頭、沐髮皆爾。按仙忌忌北向理髮。今十一月既建子，宜當猶向亥，此正北不可犯也。」故知向王乃指月建所向之王地。王指王氣，《隱訣》中「臨食上勿道死事」句，注「食時欲常向本命及王氣」是也（死事正觸犯王氣，故為避忌）。

　　按左玄右玄祝辭六見《西王母寶神起居經》（藝縮44910）及《上清三真旨要玉訣》第八（藝縮8433），今本《真誥》在卷九第四（藝縮274037），《三洞珠囊》卷十第四引有「《太上錄淳發華經》按摩法」，文亦相同（藝縮33900）。惟敦卷保存小注，各書均無之。

　　異文列下：

敦卷	《起居經》	《三真玉訣》	《真誥》
惡疾	惡疾	惡疾	惡疫
飛仙			神仙
休強	休強	休彊	体強
咽唾	咽液	咽液	咽液
卅一過	卅一過	廿一過	廿一過

P.2576 號所引《三真玉訣》起句漏「右玄」二字。《道藏・寶神起居經》引此文出《太上銘淳散華經》與他書作「錄淳」者異，疑「銘」字誤。

四、按肩乘額 按摩法

正文見今本《真誥》卷九第六（藝縮 27404、27405），而《寶神起居經》所載尤備，《三洞珠囊》卷十第五引「道曰」文亦同（藝縮33900），敦卷所書「惠、脃、皿」諸是猶是六朝以來字體。異文如下：

敦卷	《起居經》	《真誥》	《珠囊》
（無「道曰」二字）恆以手	道日（曰）常以手	道曰常以手	道曰恆
小空	小空	小穴	小穴
又以手	又以手心	手心	手心
兩目下權上	權上	兩目權上	顴上
捉耳	捉耳	旋耳	旋耳
乃上行	乃上行	上行（無乃字）	乃上行

（續上表）

敦卷	《起居經》	《真誥》	《珠囊》
咽唾	咽液	咽液	嚥液
目日清明	目日清明	目自清明	眼目清明
乘額	乘額上	乘額上	按額上
歡憘	懽憙		
始眉	始周		
順髮結	順髮就結	順髮就結	就髻
撿眼	驗服		
得見百靈	同	同	多一「也」字

《起居經》、《真誥》及《珠囊》皆在「一年可夜書」句下，有一段文字，始接「以手乘額上」，敦卷缺之。考《真誥》於「得見百靈」下，注云：

> 凡修行此道及卷中諸雜事，並甚有節度，悉以別撰在《登真隱訣》中，今不可備皆注釋。

可見《隱訣》原有注，敦卷此段有詳注，為他書所無，可證其必為《隱訣》之注文。敦卷此卷總結文字甚長，有云「裴清靈說出《太上寶神經》」。按清靈即裴玄仁治四明山。[1] 巴黎 P.2576 號《上清三真旨要玉訣》於「夜臥覺」句下，亦云：「此《太上西王母寶神起居玉經》上法也，令人耳目聰明強識也。」又云：「清靈真人裴君說《神寶經》、《太上西王母寶生无死玉經》，紫薇夫人鈔出。」其語具見於正統藏

---

[1] 見《道藏》勝字上，葛洪《元始上真眾仙記》。

本《洞真西王母寶神起居經》（藝縮 44904）。以此互證，知《真誥》卷九所云「清靈真人說，《寶神經》及《太上寶神經》」，寶即存於今本《洞真西王母寶神起居經》中。《真誥》自「道曰」以下至「得見百靈」句，全錄其文。此在《登真隱訣》，必嘗加以剪裁隱括，並另下注語，故《真誥》注云「別撰在《登真隱訣》」，今此敦卷有小注且與《真誥》所鈔文有刪酌，應為《登真隱訣》，可以推知。其「上元懽喜」句，上元者，《起居經》云：「眉後小空中為上元。」又云：「目下權上是決明保室歸嬰至道。」必了解此數句，而後文義始明。敦卷《隱訣》刪去者，殆以其已見於《真誥》，故不重出，是亦此文必為「隱訣」之旁證。

五、按鼻法

此段《寶神起居經》在第一條，文字更繁。今在《真誥》則在卷九第八（藝縮 27405）其言：「所以名之為起居者，常行之故也。」即說明此經命名起居之由，所稱《起居寶神經》，應即《洞真西王母寶神起居經》。若然，則此經年代應在陶弘景之前矣。此段異文略舉如下：

敦卷	《起居經》	《真誥》	《珠囊》
無此句	旦將起 （多「反舌向喉中乃搖頭動項七過」一句，祝辭有「九天上帝」數句與《真誥》等頗異，不具記）		
天中之臺	天中之岳	玄臺	之臺（同敦卷）
華聰炅睙	玄窻朗朗	晃朗	炅朗（同敦卷）

（續上表）

敦卷	《起居經》	《真誥》	《珠囊》
百度眇清	百軒零零	眇清	眇精
九城	金庭		
植根	曜華		
自生	常生		
天臺鬱素	神臺鬱峙		
漏「不」字	不傾		
藻練	澡練	澡鍊	澡鍊
安寧	黃寧		
赤子攜景	太上攜手		
輒與我并	與我共并		

以下更多歧異，不具記。

六、案天庭法

此段亦見《起居經》，在《西王母寶生无死玉經》項下。「天真是兩眉目間」一段，今本《真誥》在卷九第十（藝縮 27406）。《雲笈七籤》卷四十八第十七有之，題曰「拔天庭法」（藝縮 29646），而「天真」作「天庭」，與他書異。敦卷自「按而祝曰」以下文悉殘缺，可以《起居經》及《七籤》補之。敦卷保存陶氏自注甚長，《七籤》酌錄之，但為《真誥》所無，各書異文略舉如下：

敦卷	《起居經》	《真誥》	《七籤》
天真	天真	天真	天庭
無「內」字	眉內之兩角		
弘靈	引靈上房句在前，其上且有「天真在一分下耳」句，《真誥》刪去	引靈	無「天真是引靈之上房」句

以下多歧異，不具記。

按《真誥》此段文字，不如《起居經》之詳盡，蓋採錄時微作刪節移易，故知此部分陶氏大體取自《寶神起居經》。此敦卷注語特多，為《真誥》所無，故必是《登真隱訣》。

（以上第二紙）

陶弘景《登真隱訣》與《真誥》原出楊羲二許（謐、翽）手書，其注語則陶氏所加，如本卷各注，為正統本《真誥》所無，甚可珍視。

此卷第一紙為《登真隱訣》，絕無疑義。第二張則與《真誥》多同，所記諸事，見於今本《真誥》卷十三第四、第十四（又見卷十第二、第三），卷十第十五，卷九第四、第六，卷九第八、第十，序次與《真誥》悉異，故不能逕定為《真誥》，而大體則採取《寶神起居經》。《登真隱訣》今本不全，只有上中下三卷。據賈嵩撰《華陽陶隱居內傳》，據其序稱，該傳即從《登真隱訣》、《真誥》、《泰清經》及其文集，揣摩綴緝而成書。《隱居內傳》往往引《隱訣》原文。《三洞珠囊》卷十《叩齒嚥液品》亦屢引《登真隱訣》，且引用《登真隱訣》第四云：

服玉女津液，存日月在口中，日色赤，月色黃，日有紫光九芒，月有白光十芒也。芒直如弦，以入於口，嚥服光芒之液，常密行之无數，前服食品，通有此嚥液語也。

此為今本《隱訣》所無，是以補日芒之說。

本寫卷第一紙與第二紙出於同一人手筆，第一紙既是《登真隱訣》，第二紙諒有同然。

《真誥》與《隱訣》二書互有徵引之處，《隱訣》引《真誥》者，如「櫛頭理髮」一段（卷中，七），《真誥》引《隱訣》如今本卷十九云：

> 又按三君手書作字有異於今世者……此諸同異，悉已具載在《登真隱訣》中。

似二書寫成之後，有所增訂，故彼此互相徵引，各有詳略，時見複出。

《隱訣》原有二十四卷，《珠囊》所引又有《隱訣》第七（卷）之文（如藝縮 33823、33825、33826、33830），知其書遺佚者多矣。

要之，此敦卷正文，大部分原採自《寶神經》，第一紙確為《登真隱訣》，第二紙可能為《隱訣》之缺文，其注語為《真誥》等書所無，必出於陶隱居所自撰。

自來研究《真誥》者，朱子嘗謂其中與《四十二章經》相似，胡適亦有此說。日人石井昌子則勘以《無上祕要》引用之《真跡經》、《道跡經》，指出其相同之處 [1]。茅山之學近日研究，頗著成績 [2]，故此寫卷之重要性，更堪注意。

陶弘景整理顧歡舊本，據其《真誥》敍錄稱：「又按《起居寶神》及明堂、夢祝述敍諸法，十有餘條，乃多是詮錄，各從其例。」如是，此數事原皆顧歡所無者。今敦煌此卷，獨存服霧、玄白、日芒及

---

[1] 見《道教研究》第一冊，關於《學津討原》本中所謂「稿本《真誥》，石井氏亦有論及」。

[2] M. Strickmann: The Mao Shan Revelatians Taoism of the Aristocracy，《通報》LXIII, 1977.

引用《起居寶神經》，足證其為陶隱居所增補者。

尚有進者，南北朝人書，喜夾子注，世咸知《洛陽伽藍記》即為此種寫本。劉知幾嘗舉《淮海亂離志》、《關東風俗傳》為例，惜其書不傳。敦煌寫卷中有子注之寫本，不一而足，以道經論，如 P.2751 號之《紫文行事訣》，注皆雙行，P.2440《靈寶真一五稱經》，注多雙行，間亦偶作單行。若此《登真隱訣》卷，界以絲欄，子注但寫成小字，夾於正文之側，不分兩行。韻文有多少韻，亦作旁注，與今本《隱訣》、《真誥》小注全作雙行大異，令人可復睹唐以前陶氏「詮次敘注」之舊觀。且由此可推想一般所謂「合本子注」之面貌。陳寅恪論《伽藍記》體例，本於南北朝僧徒「合本子注」之例，實則不獨內典為然，即道書亦復如是。此《登真隱訣》殘卷，正可提供一實例。顧千里 [1] 首謂楊衒之書原有正文、子注之分，今本一槩連寫，混注經入於正文。後人因循其說，攻治楊書者多致力於此。吳若準《集注》，於子注皆分行書之；不知六朝人子注之分，原不作雙行，復不提行分開，但作小字直寫，故易與正文混誤。是卷正保存此一現象，惜乎吳氏輩之未能見此也。

本文成後，始獲見大淵忍爾新著《敦煌道經目錄編》巨著，頁 185《上清經》類已收入此號，惟擬題曰《真跡》，引《真誥》卷十九云：

> 又按羅真辭旨，皆有義趣，或詩或戒，互相酬配，而顧所撰《真跡》，枝分類別，各為部卷，致語用乖越，不後可領。今並還依本事，並日月紙墨，相承貫者，以為詮訣。

氏據此說，推定此鈔本應為顧歡之《真跡經》殘卷；又以《無上祕要》卷四十二第十三《師事品》內引清露（按應作靈）真人說《寶神經》，與此寫卷亦引《寶神經》相合，故取為佐證。

---

[1] 見《適齋集》卷十。

今按顧歡著述，行文多饒理趣，其《周易繫辭注》、《論語注》，清黃奭、馬國翰有輯本，馬氏稱其清辨，陷之味殊雋永。今細翫其《真跡經》（《無上祕要》徵引甚富），亦復如是，此與陶弘景之注重事跡、詳於紀實者風格迥異。且《真誥·敘錄》已明言日芒、玄白、服霧諸法為顧氏所不取。大淵氏逕目此卷為《真跡經》，與《敘錄》頗牴牾，未為的論。且此卷分明被截為二紙，其第一紙，確為《登真隱訣》，無庸致疑。大淵氏未注意此卷實分為兩紙，不相銜接，故不能詳辨。益嘆治敦煌卷子，如不摩挲原卷，每易滋誤會也！

1979 年 3 月於法京

附錄 本卷 第二紙原文及注

（上缺）芒，紫（色），從臂骨肉及肉之中通，使流上至于眉腋，而日猶在握中日芒忽變成火，以燒臂使內外通帀（匝）洞撒良久存一臂皆如火炭之狀，咽咽然也。畢，乃陰祝曰：四明上元，日月氣分。流光煥曜，灌液凝霙。神大散景，蕩穢練炟。洞撒（徹）風炁，百耶（邪）燔燃。使得長生，四支（肢）兒（貌）全。注宮鬼鬼，收付北辰六韻。畢，存思良久，放身自恣存火燒疾處左右覺令有熱勢。久久乃怳焉忘身。於此乃畢。昔長史患手臂不佳，故小君說此法耳。令學者脫有諸風攣疾痛（痛），可施用之。亦不但手臂，若頭面四支，皆當如此。日之所在，不必把握，惟令是所疾之處而燒之也，亦兼制御家訟考炁矣。

右保命說。此云案消摩上祕祝法此蓋所謂治摩之瘕疾者也。常以生氣時後云向王而祝，則亦宜先向王平坐案之，咽唾二七過畢，案體所痛處。後云案卅一過，此謂的有痛處，則以手急案之，炁極通之，小舉手復案，此卅一過。

雖無正疾處，亦常先摩。將案，抑身躰（體）而祝之，但不復限其數耳。向王而祝曰：亦當微言左玄右玄，三神合真。左黃右黃，六華相當。風炁惡疾，伏匿四方。玉液流澤，上下宣通。內遣水火，外辟不祥。長生飛仙，身常伏強六韻。畢又咽唾二七過，常如此則無疾。又當急案所痛處卅一過。

　　右滄浪雲林宮右英王夫人所出云出《太上錄淳發華經》上案摩法。亦云辟惡氣。

從前風病來，至此凡四條，皆眾真令告長史，即事為言耳。

長史書

　　恆以手案兩眉後小空中三九過各以手第三指案眉後空空中中自有小穴，叩齒聞四動處是也。一名六合之府。又以手及指摩兩目下攎上又各以第三指及掌心橫摩攎上目下凹中，向目門兩手相隨，俱將之，亦應三九過。又以手捵耳，行卅過又各以手大指㿳口俠扠耳，向上將之，手上行至於頭頂。摩惟令數無時節也。畢，輒以手送（逆）乘額三九過，從眉中始，乃上行入髲（髮）際中又以兩手大指扶耳上真手令兩小指并合，從眉上而將額上入髮際出頂上也。口傍咽唾多少無數也始乘額時，便就咽唾至畢。如此常行，目日清明，一年可夜書。以手乘額，內存赤子，日月雙明，上元歡惠（喜）。三九始眉，數畢乃止。此謂手朝三元固臟（腦）堅髮之道也乘額時，當臨目心存泥九宮上元赤子名字，容色和悅，及明堂中左日右月映照頭內諸宮也。頭四面以兩手乘之。順髮結惟令多也。於是頭血（血）流散，風濕不凝。乘額竟，又痛，以手更牙（互）上將頭髮，亦可徐櫛無定數，覺通市（匝）小熱而止。都畢，以手案目四眥二九。覺令見光分明，是撿眼神之道。久為之得見百靈。兩手各以第二第三指案之，令見紫青赤之色光圌曜分明也。此前諸事皆各各以次為之，每欲凝之，勿速略矣。勲而行之，使乎不離面乃佳。已成真人，猶不廢也。脩事有閒，便可為之，不待時節，益易恆耳。

　　右裴清靈說，此道出《太上寶神經》中。此經初不下傳於世也。當來為真人者時有得者案前序云：鈔侄相示者，是指說此一事出耳。南真云：《寶神經》是裴清靈錦囊中書，侍者常所帶。昔從紫微夫人受此書。吾亦俱如此寫西宮本定本如此。《寶神經》別有大弖（卷）當並是治身之要法。已成真人者，乃得受之也。

長史書

　　夜臥覺常更急閇（閉）兩目一夜數過，覺便皆為之，勿得遺忘，叩齒九通。咽唾九過畢，以手案鼻之邊，左右上下數十過俱以兩手第二、三指摩案從鼻下起至眉間可三九過也。微祝曰：太上四明，九門發精。耳目玄撤（徹），通真達靈。天中之臺（臺），流炁調平。驕女雲儀，眼童英明。華聰炅朖，百度眇清。保和上元，徘徊九城。五藏植根，耳目自生。天臺鬱素，柱梁〔不〕傾。七魄藻練，三霓安寧。赤子携景，輙與我并。有敢掩我耳目，太上當摧以流鈴。万凶消滅，所頤必成。日月守門，心藏五星。真皇所祝，羣嚮（響）敬聽十四韻。畢，又咽唾九過，摩拭面目，令小熱，以為常，每欲也。臥覺輙案祝如此，勿失一臥也。真道雖成，如我輩故常行之，但不復臥自生為之耳此法既臥覺所行，恐人疑真人亦復眠寐，故發生為之書以明之，則不必以臥覺用也。

　　右紫微夫人言：此《太上寶神經》中祝辭上道也。令人耳目聰明，強識嚙朖。鼻中調平，不垂津涎，四響八撤，面有童顏制竟錄魄，卻辟千摩（魔），七孔分流，色如素華。真起居之妙道也。所以名之為起居者，常行之故也。此亦應是《寶神經》中事。夫人裴君說竟，仍復及此，故亦云《寶神經》中祝辭也。如此亦不必止在夜臥覺，坐起及晝臥並可恆用耳。序祝皆有佳說，何可不懃。

長史書

天真是兩眉之間，眉之角也此則眉內角兩頭先各以手第三指案之。山源是鼻下人中之本側，在鼻下小入谷中也此對鼻中鬲內際宛宛凹中，次以兩手第三指端口俠案之。華庭在兩眉之下，是撒視之津梁眉下目匡上骨凹中次各橫第三指案之，天真是弘（引）靈之上房此一句猶在說前眉角之義耳。且中暮旦，平旦，丑寅時也。中，午時也，暮則初夕戊亥時也，咽唾三九先咽唾畢乃案之，急以手三九陰案之以為常以次各案一處，輒三九過，畢乃次一處也。令人致靈撒見，杜過万耶（邪）之道也。一日三過行耳如此□□□不為也，案而祝曰餘法皆案畢乃祝。此云案而祝者，似是於案中便祝。令案之處牙（下殘缺）祝當以最後案華庭時臨目仍視之故……開日天。

俱案之處之得耳以第（下缺）

天真第四指曰山（下殘）

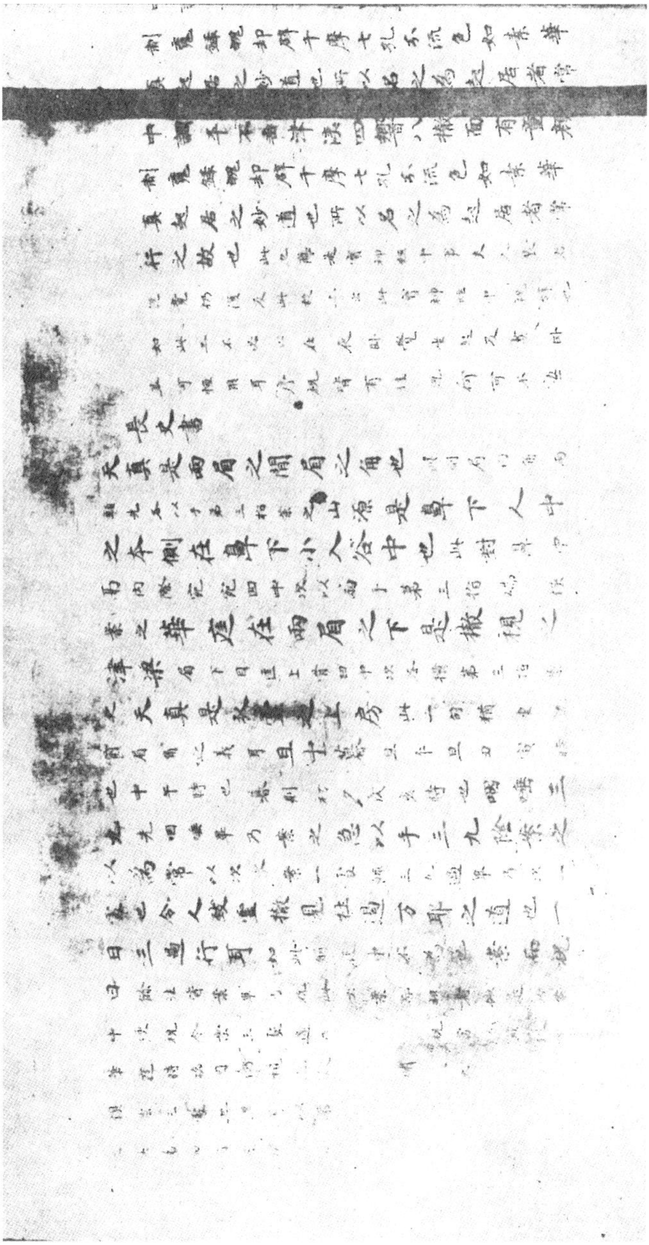

P.2732 殘卷（部分）

北魏馮熙與敦煌寫經

—— 魏太和寫《雜阿毗曇心經》跋

　　北魏皇室與敦煌莫高窟之關係，向來史家每提及東陽王元榮。史稱永安二年（529）八月，封元太榮（即元榮）為東陽王（《魏書·孝莊紀》）。[1] 元榮在瓜州，曾廣寫佛經。日本中村不折藏《律藏分》第十四卷題記：「普泰二年，瓜州刺史東陽王元榮敬造《无量壽經》一百部……」英倫 S.4415 號《大般涅槃經》卷第三十一題記為「永熙二年（533）瓜州刺史東陽王元太榮」[2]，又 S.4528 號《般若波羅蜜經》題記：「大代建明二年（530）佛弟子元榮。」[3] 北京圖書館華字五十號《大智度論》卷尾題記：「普泰二年……⊠陽王元榮。」合以上各卷題記，知元榮任瓜州下限可至永熙二年以降。謝啟昆《西魏書》卷十二有〈東陽王榮傳〉，稱其大統十一年，為瓜州刺史。

　　據《周書·申徽傳》：「十年，遷給事黃門侍郎。先是東陽王元榮為瓜州刺史，其婿劉（鄧）彥隨焉。」謝氏蓋誤讀《徽傳》，元榮為瓜州刺史當在永安二年。至大統十一年，應指徽謀取彥事，時瓜州刺史當是鄧彥。敦煌莫高窟第 83 窟有「大代大魏大統四年戊午發願文」[4]，當即元榮所開之大窟。證以 P.2551 號殘《道經》背之《李義修

---

[1]　宿白〈敦煌莫高窟早期洞窟雜考〉稱：「孝昌元年（525）九月之前，北魏明元帝四世孫元榮出任瓜州刺史，從洛陽到敦煌。」考《魏書·孝莊紀》，「永安元年六月癸卯以高昌王子光為平西將軍瓜州刺史，襲爵泰臨縣開國伯高昌王」。而同《紀》云翌年「八月丁卯封瓜州刺史元太榮為東陽王」，則元太榮之前一年高昌王光實為瓜州刺史。

[2]　東陽王元太榮，劉銘恕錄誤作「王氏太槊」（《敦煌遺書總目索引》，200 頁）。

[3]　劉銘恕「元榮」誤作「元集」（同前注，203 頁）。清人修《敦煌縣志》有《元榮傳》。

[4]　見謝稚柳：《敦煌藝術敘錄》，153～155 頁。

佛龕碑文》有云：「復有刺史建平公、東陽王等各修一大窟。」此東陽王即元榮也。元榮事跡，賀昌群、向達均曾考證[1]，及趙萬里撰〈魏宗室東陽王與敦煌寫經〉[2] 備論其生平，世所共悉。然魏在孝文未遷洛以前，寫經之事業已甚盛，馮熙 (?—495) 之寫《一切經》，即其一例。馮氏當日寫經亦有流入敦煌，而保存於莫高窟者。

英倫 S.0996 號《雜阿毗曇心經》卷第六末有題記甚長，共十一行，字極佳。此卷部分現印入二玄社《六朝寫經集》列第十八 [3]。曩曾摩挲原物，茲重錄如下：

> 雜阿毗曇心者，法盛大士之所說。以法相理，玄藉浩博，懼昏流迷，于廣文乃略微以現約，瞻四有之雲見，通三界之差別，以識同至味，名曰毗曇。是以使持節侍中駙馬都尉、羽真、太師、中書監領祕書事、車騎大將軍、都督諸軍事、啟府洛州刺史、昌梨王馮晉國，仰感恩遇，撰寫十《一切經》，一經一千四百六十四号（卷），用荅皇施，願皇帝陛下、太皇太后，德苞九元，明同三曜，振恩闡以熙寧，協淳氣而養壽。乃作讚曰：麗麗毗曇，厥名無比，文約義豐，揔演天地。盛尊延剖，聲類斯視。理無不彰，根無不利。卷云斯苞，見云亦諦。帝修后玩，是聰是佑（備）[4]。大代太和三年（479）歲次己未十月己巳廿八日丙申于洛州所書寫成訖。

卷背又有文云：

---

[1] 賀昌群文見《東方雜誌》第二十八卷十七號；向達：〈莫高、榆林二窟雜考〉，見《文物參考資料》第二卷第五期。塚本善隆：〈敦煌佛教史概說〉，見《西域文化研究》第一。

[2] 《中德學志》五卷三期，1945。

[3] 見《敦煌總目索引》，129 頁。

[4] 按原文作「諦修」，應是帝修，亦「帝」應作「諦」，二字顛倒，細看有乙號，已自更正。

「雜阿毗曇心經卷。大代太和三年十月廿八日，洛州刺史昌黎（王）馮晉國書于洛州」題記。

此題記出於昌黎王馮晉國，蓋即馮熙。《魏書·顯祖記》：顯祖和平六年夏即位，六月封征東大將軍馮熙為昌黎王。又皇興二年六月，以昌黎王馮熙為太傅。[1]《魏書》卷八十三《外戚傳》：「馮熙字晉昌，長樂信都人，文明太后之兄也」，「熙尚恭宗女博陵長公主，拜駙馬都尉。出為定州刺史，進爵昌黎王。」知昌梨王應是昌黎王。題記作馮晉國，與《魏書》之作「晉昌」異，寫卷當較可信。《熙傳》又稱：「高祖（孝文帝）即位，文明太后臨朝，以熙為侍中、太師、中書監領祕書事。乞轉外任，於是除車騎大將軍開府都督，洛州刺史侍中太師如故。」官銜悉合。其太師之上有羽真一號者，《南齊書》卷五十七《魏虜傳》：「國中呼內左右為直真，外左右為烏矮真。」《康熙字典》謂北魏呼官吏為「真」，白鳥庫吉以為拓跋語之真，即蒙古語之 Čin[2]。「羽真」一名不見於《南齊書》，疑烏矮急讀為羽，「羽真」可能即外左右之「烏矮真」。本傳又謂其「信佛法，自出家財，在諸州鎮建佛圖精舍，合七十二處，寫一十六部《一切經》。延致名德沙門，日與講論，精勤不倦，所費亦不貲」。題記稱「仰感恩遇，撰寫十《一切經》」，《傳》則言寫一十六部《一切經》，蓋寫十部《一切經》事在太和三年，其後必再續寫六部，故得十六之數。此事《釋老志》不載；由此題記知北魏寫經事業之盛。帝舅昌黎王馮熙提倡之功獨多。《南齊書·魏虜傳》云：「偽太后馮氏兄昌黎王馮莎二女，大馮美而有疾為尼，小馮為宏（即孝文帝）皇后」，是馮熙又名馮莎也。馮氏系出北燕；熙之父朗，朗之父弘，與馮跋俱王燕。《魏書·海夷馮跋傳》，稱跋父安，東徙昌黎，家於長谷，此熙所以得封為昌黎王

[1] 馮熙曾為定州刺史，民國《定州志》列熙入《人物鑑戒篇》。
[2] 《東胡民族考》。

也。朗有女入宮為文成帝皇后，即文明太后也，承明元年尊曰太皇太后，臨朝聽政，高祖為立報德佛寺。太后以高祖富於春秋，乃作《勸戒歌》三百餘章，又作《皇誥》十八篇[1]，左僕射李思沖為之注解[2]，孝文之喜華化，似得力於母教；而魏世宮廷佛法復盛，燕之馮氏，與有力焉。[3]

馮朗既追贈燕宣王，太后為立廟長安，又立思燕佛圖於龍城，皆刊石立碑。[4] 馮熙一門顯貴，其二女並為孝文皇后，姊即幽皇后，嘗出家為尼；妹即廢后，為練行尼，終於瑤光寺。[5] 太和二年春正月，封昌黎王馮熙第二子始興為北平王，太和五年七月，封昌黎王馮熙世子誕為南平王。[6] 是年，詔昌黎王馮熙為西道都督，擊破蕭道成豫州刺史垣崇祖於下蔡。[7] 題記所稱皇帝陛下，乃指孝文帝；太皇太后，指文明太后。其贊曰「帝修后玩，是聰是備」。有訓詁之意，后謂其女也。開端云：「雜阿毗曇心者，法盛大士之所說。」法盛即法勝（Dharmasri），《阿毗曇心論》四卷[8]，東晉初已由罽賓三藏瞿曇僧伽提婆譯出，風行一時。僧伽提婆又譯《增一阿含經》，甘肅酒泉發見承玄元年，高善穆所立石塔，其經柱即刻《阿含經》卷四十二之《結禁品》（第四十六）。[9] 可見提婆譯本為人重視之情形。

《水經·㶟水注》記平城云：「魏天興二年遷都於此……（其水）又南逕皇舅寺西，是太師昌黎王馮晉國所造，有五層浮圖，其神圖

---

[1] 《魏書》卷十三《皇后傳》。
[2] 《南齊書》卷五十七。
[3] 北方佛法興隆之地，莫如涼燕，參湯用彤：《漢魏兩晉南北朝佛教史》，505 頁。
[4] 《魏書》后本傳。
[5] 《魏書》卷十三《皇后傳》及《洛陽伽藍記》「瑤光寺」條。
[6] 《魏書·高祖紀》。
[7] 《魏書》卷九十八。
[8] I. Armelin 近著法譯《阿毗曇心論》，其前言論述此經原委甚詳，惟未及馮熙事。
[9] 此新資料見王毅：〈北涼石塔〉，《文物資料叢刊》（一），1977，1～179 頁。

像，皆合青石為之，加以金銀火齊，眾綠之上，煒煒有精光。」[1]《魏書》熙《傳》稱其「建圖精舍，合七十二處」，「在諸州營塔寺多在高山秀阜」。此即其一。熙二女為孝文帝皇后，故稱曰皇舅寺，其所造浮圖可考者僅此。《魏書・外戚傳》熙字「晉昌」，《水經注》作「馮晉國」，與英倫《阿毗曇心》題記兩稱昌梨王馮晉國正合，可以訂史。並補標點本《魏書》校勘記之缺。明朱謀㙔《水經注箋》校本引《後魏書》：「馮熙字晉國。」楊守敬《水經注疏》云：「《魏書・馮熙傳》字晉昌。」但朱氏所見本《魏書》實作「晉國」。

馮熙於太和三年在洛陽州任內，寫《一切經》十部；《一切經》每部一千四百六十四卷，共一萬四千六百四十卷，此《雜阿毗曇心卷》第六，只是萬分之一。書於洛陽而流入敦煌，可謂滄海一粟耳。時孝文尚未遷洛也。麥積山石窟，其開鑿約在北魏恢復佛法至太和遷洛前後。麥積石窟造像風格頗近莫高之早期魏窟，《釋老志》云：「涼州平，徙其國人於京邑，沙門佛事皆俱東。」沙門與佛事每隨政權而遷移，莫高之開窟，北魏東陽王實為一重要角色；王及其戚屬自洛至敦煌，寫經之傳播自意中事，前此馮熙在洛陽所寫之《阿毗曇心》殘卷在莫高窟發見，正可說明此一史實。此事對於早期寫經習尚及其發展極有關係，故發其端倪，以俟他日進一步之探討云。

---

[1] 皇舅寺，熊會貞《水經注疏》：「寺在今大同縣東南。」《析津志》有〈大金西京武州山重修大石窟寺碑〉，稱「寺中遺刻有一云：『安西大將軍宕昌鉗耳慶時鐫，大代太和八年建十三年畢。』慶時即宦官王遇，後進爵宕昌公。《水經・灢水注》（平城）東郭外太和中閹人宕昌公鉗耳慶時立祇洹舍於東皋。宕昌公亦見《魏書・馮熙傳》。長廣敏雄以為雲岡石窟，有為王遇在馮熙支持下建造者（《東方學》六十期）。

附　魏鄧彥妻寫經跋

　　法京 P.3312 號為《賢愚經》卷第一，僅存經文二行，及書名卷數一行，末題記云：

　　　燉煌太守鄧　彥妻
　　　元法英供養。為一切

似未寫完，妻字形習見於北魏碑誌。王重民《目錄》作「鄧季彥」，然原文實無「季」字。（見附圖）

　　鄧彥者，東陽王元榮之婿也。趙萬里嘗錄所見鄧彥夫婦寫《摩訶衍經》卷第八題記稱：

　　　大魏大統八年十一月十五日，佛弟子瓜州刺史鄧彥妻
　　　昌樂公主元敬寫《摩訶衍經》一百弓[1]

彥妻為東陽王榮之女，封昌樂公主。據是跋，大統八年鄧彥已代東陽王為瓜州刺史矣。[2]P.3312 號則稱曰「燉煌太守」，似彥在竊瓜州之前，嘗官敦煌太守，其妻為東陽王女，故姓元，法英殆其法號，此可補史傳及歷來考元榮生平之缺。

　　《周書·令狐整傳》云：「刺史魏東陽王元榮辟為主簿」，「孝武西遷，河右擾亂，榮仗整防扞，州境獲寧。及鄧彥竊瓜州，拒不受代，整與開府張穆等密應，使者申徽，執彥送京師。」又《申徽傳》記之較詳云：「先是東陽王元榮為瓜州刺史，其女壻劉彥隨焉。及榮

[1] 據趙萬里著〈魏宗室東陽王榮與敦煌寫經〉（載《中德學志》）引。趙氏讀「元敬」為姓名，謂「敬殆榮之女」。余疑當讀作「敬寫」為是。

[2] 《敦煌遺書散錄》0607 李木齋藏《無量壽經》卷下題「瓜州刺史元太榮所供養經」，「比丘僧保寫」。李氏引《通鑑》「大統十一年東陽王榮為瓜州刺史」。然據《摩訶衍經題記》，《通鑑》之說實不可信。

死，瓜州首望表榮子康為刺史，彥遂殺康而取其位。屬四方多難，朝廷不遑問罪，因授彥刺史，頻徵不奉詔⋯⋯（文帝）乃以徽為河西大使，密令圖彥⋯⋯徽先與瓜州豪右密謀執彥，遂叱而縛之。」豪右即指令狐整也。鄧彥之姓，《周書》兩《傳》前後乖異，《申徽傳》作劉彥與整《傳》不同。張林楷校記云：「《通鑑》卷一五九作鄧，《冊府元龜》卷六五七作劉，未知孰是。」中華書局標點本據張校而依違未決。近人論元榮事多作劉彥。今據此《賢愚經》，寥寥數行，可斷必從《令狐整傳》作鄧彥為是，一字千金，非此之謂歟？

1979 年

附元榮世系表：

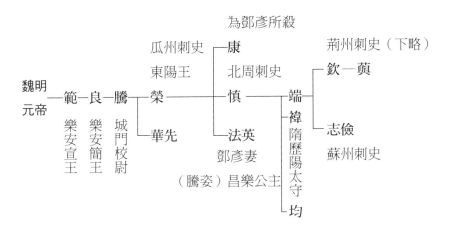

魏鄧彥妻寫經（P.3312）

論七曜與十一曜

—— 敦煌開寶七年（974）康遵批命課簡介

李約瑟（Joseph Needham）在《中國科技史》討論中國天文學時，只論七曜，而未談及十一曜。十一曜者，出自《聿斯經》。《新唐書·藝文志》曆算類云：

> 《都利聿斯經》二卷，貞元中（唐德宗，785–804）都利術士李彌乾傳自西天竺，有璩公者譯其文。

鄭樵《通志》亦云：

> 貞元中，都利術士李彌乾將至京師，推十一星行曆，知人命貴賤。

所謂十一星即十一曜，實即把七曜加上羅睺、計都，成為九曜[1]，復加上月勃、紫氣二星，遂成十一曜之數。孫瑴《古微書》十九：「術家增入月孛、紫炁、羅睺、計都四餘，為十一曜。計生於天尾，羅生於天首，孛生於月，炁生於閏。」換句話說，七政加上四餘，便是十一曜。《讀書敏求記》有《十一曜躔度》一卷。

P.4071 號，蝴蝶裝巨冊，為宋初開寶七年（974）十二月十一日批命的本子；這位批命先生自署頭銜曰：

> 靈州大都督府白衣術士康遵課。

---

[1] 即九執曆。

從這一頭銜可推想到下列二事：一、都督府衙門安置有術士為人批命；二、其人姓康，可能原為康居國人。這本宋初批命的冊子，末尾自言：「上有廿八宿十一曜行度，十二祇神九官八卦十二分野，惣在其中。」這是根據十一曜推算人的本命，來批流年。書中引用《聿斯經》不止一次。這冊原文大致如下：

> 符天十一曜，見生庚寅丙戌月己巳日房日兔申時生，得太陰星，見生三方，主金火月尅數。
>
> 畫尅數得四十八夜尅數。申時酉前得太陰星，在命宮夜五十二。
>
> 　　積日得二萬二千七十三日
>
> 　　實訊（凡）日得一萬五千八百七十三日
>
> 太陰在翌，照雙女宮，楚分荊州分野。
>
> 太陽在角八度，照天秤宮，鄭分袞州分野。
>
> 本星退危三度，照寶瓶宮，齊分青州分野。
>
> 火星在軫，照雙女宮，楚分荊州分野。
>
> 土星在斗宿，照摩竭宮，吳越揚州分野。
>
> 金星在角亢次疾，改照天秤宮，鄭分袞州分野。
>
> 水（星）在軫順行，改照雙女宮，楚分荊州分野。
>
> 羅睺在井，照巨蟹，秦分雍州分野。
>
> 計都在牛三度，照摩竭宮，吳越揚州分野。
>
> 月勃在危順行，改照寶瓶宮，齊分青州分野。
>
> 紫氣在星宿，照師子宮，周分洛州分野。

下為推五星行度宮宿善惡有云：

> 案《聿廝經》云：水居雙女最為靈（靈），生時一個臨強處，

即為毫（豪）富處王庭。

命宮後守天秤宮，生復三日入命宮；金順又照福何慮，生後三日加臨富。必是遭逢見遇人，舊祿重遷更新取。

十一曜見生圖：

土水合號有學祿，智惠（有圈）多端好顛覆：

歲火同宮主貴權，為事心中多敏速……

　　命宮日

　　身宮日

　　（流年）

推鞍馬有分

案驛馬見《五星經》云：對背安馬六畜，如養者不成就，必有非分生財破損。

　　歌曰……

　　推子弟男女

案《五星經》云：男女官三合，位方上縱，必無恩義之心，久後子弟只得一人力。

　　歌曰……

　　推田宅

案《聿斯經》云：「子、午、卯、酉號曰四極。雖田宅有分，當生時月勃在此中，必不久。」

　　歌曰：四季主人占田宅，月勃行度到其中。只合遊山學道術，若於官祿福偏隆。

右謹課見生其水，曆算玄文上有廿八宿，十一曜行度，十二祇神，九宮八卦十二分野，惣在其中。若人算得，定其災福，切須仰重。謹具課文，伏維

高鑒。謹狀

開寶七年十二月十一日康遵課。

康遵課中引用《聿斯經》多次，書名作《聿廝經》，與目錄書之作「聿斯」微異而音實同。康課記年為宋太祖開寶七年；在此以前，《聿斯經》早已從天竺傳入，且譯成漢文矣。

其款署「靈州大都督府白衣術士」。考靈州後魏時為薄骨律鎮，孝昌二年置靈州。《隋書·地理志》靈武郡，後魏置靈州（今寧夏靈武縣），唐改曰靈州。《新唐書·地理志》若干羈縻州，如回紇州及党項州，不少是隸屬於靈州都督府的。開寶七年，靈州尚未陷於西夏。敦煌所出的靈州文件不一而足，有《靈州和尚因緣記》（S.0276）、《靈州龍興寺刺血寫經》（P.3570）等。P.2234《法華經度量天地品》第廿九，前有墨跡殘字「靈武節度押衙（銀）青光祿大夫」字樣。光啟元年《伊州殘圖經》云：

　　張大慶自靈州安慰使副大夫等來至州，於副使寫得此文書記。

這些都是有關靈州的記載。

本冊開首有「苻天十一曜」一名，苻天即符天，《五代史記》卷五十八《司天考》云：「建中時，術士曹士蒍《七曜符天曆》，本天竺曆法。」《新唐書·藝文志·曆算類》有《七曜符天人元曆》三卷。既有符天七曜，因之亦有「符天十一曜」。十一曜在北宋時，已施之繪畫，崔白曾繪十一曜座神於相國寺，見《圖畫見聞志》。

《道藏》一〇一六冊弁字上，《海瓊白真人語錄》[1]載有：

　　真師告（彭）相曰：爾謂《十一曜咒》誠是太上所說，明矣

---

[1]　謝顯道編。

乎？曰：誠哉！曰：嘻！彼咒中有謂甘、石推流伏，然甘德、石申皆星翁也，卻是春秋、戰國時人。甘、石未生，此經先有之；質之於此，豈太上語哉？嘻！

他認為咒語中出現了「甘、石推流伏」一句，可見咒語不可能是太上老君之語。

《十一曜咒》在《道藏》中有兩種書，另一即為《元始天尊說十一曜大消災神咒經》（辰字二九）；其中神咒計有：

九星都咒、五星神咒、

太陽真君神咒、太陰真君神咒、

木星、火星、金星、水星（五）真君神咒

羅睺、計都、紫炁、月孛諸真君神咒

經中言有災難，「速令塑繪十一曜形儀於清淨處，建立道場，嚴備香花燈燭，請命道士或自持念十一曜大消災神咒，經一七二七日或三七日，修齋行道德，念懺悔，即得上消天災……」經內屢言青羅真人云云，似十一曜歌咒乃出於青羅山人王希明。其「甘、石推流伏」[1] 句見於《土星神咒》；可見此咒寫成在玉蟾以前。

《道藏》又有《上清十一大曜燈儀》[2]，即本文星咒文而繫以序文：甘、石推流伏：為土星一咒，亦有之。其羅睺諸神咒序，錄之如下：

羅睺：臣眾等志心皈命，交初建星羅睺隱曜星君，諸靈官。

計都：臣眾等志心皈命，交終神尾墜星計都星君，諸靈官。

紫炁：臣眾等志心皈命，天一紫炁道曜星君，諸靈官。

月孛：臣眾等志心皈命，太一月孛彗星君，諸靈官。

---

[1] 下句「陶巫算沈寥」。

[2] 為字上第八三冊。

　　羅睺「序」云：「臣聞：允惟神首之星，爰播聿斯之詠；號貴權而操勢，循黑道以韜光，冠晨宿之威稜，亦莫余而敢侮。掌日月之薄蝕，其誰曰而不然……」

　　此處「聿斯之詠」乃指《聿斯歌》。日本石田幹之助曾撰〈都利聿斯經及其佚文〉專篇。石田氏引佚文云：「按《聿斯經》云，凡人只知有七曜，不知虛星號曰羅睺、計都，此星在隱位而不見。」惟對十一星果何所指，不得其解。[1] 今從《道藏》十一曜二書，可為石田氏解答。且《燈儀》明云「播聿斯之詠」，其取材自《聿斯歌》至為明顯。《宋史》載楚衍能明相法及《聿斯經》、劉熙古著有《續聿斯歌》一卷。

　　又林伯謙編《鶴林法語》記嘉定壬午上元海瓊與度師鶴林談話，祖師海瓊云：

　　　　度師問曰：羅、計、紫、孛在天而為隱曜，彼固隱之，此固顯之，何謂也？

　　　　祖師曰：「譬如北斗燈式，而右弼星，亦為隱曜，固不欲燈之，但有八燈而已。夫羅睺乃火之餘炁也，計都乃土之餘炁也，月孛乃金、水之餘炁也，紫炁乃木之餘炁也，今但存十一曜之燈，持（特）於四星不必燈之可矣。」（《海瓊白真人語錄》卷二）

是白玉蟾認為羅睺、計都、月孛、紫氣四星，都是餘氣。

　　明初宋濂著《祿命辨》云：

　　　　……曰十一曜之說，古有之乎？曰無有也。《書》云：「在璇璣玉衡，以齊七政。」所謂「七政」，日、月、水、火、木、金、土也，而無紫氣、星孛、羅睺、計都也。星孛數見於《春秋》

---

[1] 《東亞文化史叢考》，699 頁。

……紫氣則載之史冊，與氛祲同占。羅㬋、計都者，蝕神首尾
也。又謂之交初、交中之神；初、中者，交食之會也。借此以測
日月之蝕也。唐貞元初，李弼乾始推十一星行曆，鮑該、曹士蒍
皆業之。士蒍又作《羅計二隱曜立成曆》，起元和元年。及至五
代，王朴著《欽天曆》，且謂蝕神首尾，頗行之民間小曆而已。

　　若吳伯善、若甄鸞、若劉孝孫、若張冑玄之所造，但云七
曜，而不聞有十一星也……日予嘗聞之於師，其說多本於《都
利聿斯經》；都利蓋都賴也。西域康居城當都都賴水上，則今所
傳《聿斯經》者，婆羅門術也。李弼乾實婆羅門伎士，而羅㬋、
計都亦胡梵之語，其術蓋出於西域無疑。晁公武謂為天竺梵學
者，於此徵之，尤信也。[1]（下略）

他考證十一曜之原委，甚為詳悉。《都利聿斯經》一名，沙畹、伯希
和、桑原騭藏都曾談及，但不能將聿斯及「都利」的原名復原，石田
氏亦然。宋濂這段材料以前未見人徵引，他說都利即是都賴，為康居
的都賴水。考《漢書・陳湯傳》：「至郅支城都賴水上，離城三里，止
營傅陳。」谷永疏云：「（陳湯）橫厲烏孫，踰集都賴，屠三重城，斬
郅支首。」都賴水名最早即見於此。都賴水，阿拉伯文作 Tarāz，希
臘人 Zēmarkhos 最先提到 Talas 河在公元 568 年，不及《漢書》所記
為早。都賴水在玄奘《西域記》稱為呾邏斯，可參白鳥庫吉的〈康居
考〉。

　　證以這一冊白衣術士康遵的批命書，既引用《聿斯經》語句，又
介紹了十一曜的名稱及如何運用於祿命上，可見中國的舊天文學與術
數是分不開的，七曜、十一曜都是重要例子。復次，可知《聿斯經》
出於西域，都利水是 Talas 河，而康遵當是出於 Samarkand 的康氏，

[1]《宋學士全集》卷二十七。

寓居於靈州都督府中哩。

《聿斯經》亦被誤作《「筆」斯經》。《道藏》一三六冊薑字號《秤星靈臺祕要經》中提及《金匱經》云云，按《金匱經》即曹士蒍所撰[1]，又於「禳災星法」引《人倫經》記郭璞事云：「後一行與李筌撰《筆斯經》，卷內收之，余恐師巫以為取資之具。乾寧中，勘其疏，已去之。更不備載……」一則以《筆（聿）斯經》為一行與李筌所作。按李筌有《驪山母傳陰符玄義》一卷[2]，《六壬大玉帳歌》[3]，又有《太白陰經》；敦煌有李筌《閫外春秋》，《直齋書錄解題》：「少室布衣李筌撰，天寶二年上之。」未聞作《聿斯經》。

《新唐書‧藝文志》曆算類最末一種是陳輔《聿斯四門經》。《四門經》，沙畹謂即將二十八宿分配於四門。《崇文總目》有《新修聿斯四門經》一卷，《通志》稱唐待詔陳輔重修。敦煌發見之《景教三威蒙度讚》（P.3847），末舉波斯僧景淨（Adam）進呈之景教經三十餘種，其一（第三十一）即為《四門經》（石田，317頁）。《道藏》一三六冊薑字號《靈臺經》「定三方主第九」引《四門經》一段云：

> 若雖不背看三方，三方若在無力之地，或伏留逆行，即不可以為有福之人也；若雖背看三方主，三方主若在有力之地，或居王廟之宮，不可便為無福之人也。

所云背之三方主者，謂人在晝時生，看日所在之宮以定之，夜時生則看月所在之宮以定之。所以背三主者，論命以卯辰巳為少年時，午未為中年時，以申酉為老年時。若初主在少年時，中主在中年時，末主

---

[1] 參見《新唐書‧藝文志‧五行類》。
[2] 參見《新唐書‧藝文志‧道家類》。
[3] 參見《新唐書‧藝文志‧五行類》。

在老年時為不背主，此大貴之人也。若初主在老年時，末主在少年時，此為背三主也。

《靈臺經》於「死囚官」中引李公云：「火星入宮一度至三度笞死，至八度乃劍死，至十一度縊死，至十四度水死。」李公可能即李彌乾。

《秤星靈臺祕要經》又屢引《九執經》，見禳火法及禳土法。「禳土法」引《九執經》云：「每於雞緩直日，平旦時以黑油麻汁瀝頭上。」咒曰：「雞緩是我君主，某臣僕願加祐護，次以度災厄⋯⋯宜看《八陽經》，帶雄朱，燒安息香，著皂衣，不入惡神廟⋯⋯」《八陽經》當指《天地八陽神咒經》，現有回鶻文殘本。[1]《八陽經》云：「造作曆日（likzir）頒下天下，今知時節，為有平、滿、成、收、開、閉、建、除、定、執、破、危之文。」《秤星靈臺祕要經》中「洞微限歌」云「若遇羅睺金木曜，太陽紫炁月同隨，限逢此曜加官祿，火土二星到便危⋯⋯家宅不寧因孛至，更兼鈍悶恰為癡⋯⋯」詩句已涉及十一曜之紫炁及孛。《郡齋讀書志》十四：「《秤星經》三卷，以明五星羅睺、計都、紫炁、月孛十一曜，演十二宿度，以推人之貴賤休咎，不知其術之所起，或云天竺梵學也。」《道藏》之《秤星靈臺祕要經》當出於此。

上言《十一曜歌咒》出於青羅山人王希明。李約瑟因為《圖書集成》乾象典第四四卷至五四卷描寫天象，每節都引用王希明的《步天歌》（The song of the March of the Heaven），故說王氏在天文學史上的地位，可謂為中國的 Aratus 或 Manilius。他把王希明列於六世紀的隋世，說他和（貞觀時）大天文家李淳風之父李播同時。李書對王希明十分推重，但關於王氏的事跡，則未遑細考。

《新唐書》及《宋史》的《藝文志》天文類均有王希明的《丹元子步天歌》，又五行類有王希明的《太一金鏡式經》（二十卷），注云：

---

[1]　羽田亨：《史學論文集》七，64 頁，又日本《續藏經》二三套第四冊。

「開元中詔撰。」希明另有《聿斯歌》一卷，陳振孫云：「青羅山布衣王希明，不知何人。」《崇文總目》又有《青蘿曆》一卷，陳振孫作「《青羅之成曆》，司天監朱奉奏其曆起貞元十年甲戌入曆，至今乾寧四年丁巳」，則應是唐末人。至於青蘿山在浙江浦江縣，明初宋濂自金華徙家於此，其作品有《青蘿山雜言》及《蘿山遷居志》；王希明隱居的青羅山，或即此處，故有青羅山人之號。李約瑟把他看作隋時人，是不對的。[1]

　　李約瑟先生在敍述中國天文學史時，亦很看重武密。有兩處提及他 [2]，很肯定武密是隋時人。但我們看《新唐書‧藝文志‧天文類》十二家，武密的《古今通占鏡》三十卷是排在李淳風著作的後面。《宋史‧天文志》卷二敍述天體星座，在按語中每每引述武密和楊維德之說來和《晉書》、《隋書》的《天文志》及《丹元子步天歌》作很詳細的比較，最少有二處稱「唐武密」（縮印百衲本《宋史》521、525頁）。關於武密的年代，似乎不可輕易便確定他就是隋時人。《直齋書錄解題》卷一二云：「《古今通占》三十卷，唐嵩高潛夫沛國武密撰，纂集黃帝巫咸而下諸家及隋以前諸史天文志為此書。」亦列於李淳風之下，宋楊維德《景祐乾象新書》之前，可見武密應為唐人，所以他和青羅山布衣王希明的年代都不應該列於公元六世紀。[3]

　　宋濂指出「若吳伯善、若甄鸞、若劉孝孫、若張冑玄之所造，但云七曜而不聞有十一星也」，吳伯善諸人著述《舊唐書》曆算類有如下列：

[1] 沈曾植：《海日樓札叢》三，有「王希明步天歌」條，已論丹元子步天說非隋人。
[2] 李氏在 197 頁云：「In the Sui [end of the 6th] they [指各種星經] were apparently largely incorporated in the Ku Chin-Thung Chan《古今通占》of Wu Mi」，又 201 頁「At the end of the 6th century in the Sui，came the compiling work of Wu Mi already mentioned。」
[3] 宋代另有一武密，著《帝王興衰年代錄》二卷，見《宋志‧別史類》；《宋史》卷三二五有《武密傳》。

《陳七曜曆》五卷吳伯善撰。

《七曜本起曆》二卷。

《七曜曆算》二卷甄鸞撰。

《七曜雜術》二卷劉孝孫撰。

《七曜曆疏》三卷張胄玄撰。[1]

宋濂所舉各家著述，皆屬於七曜的曆法，其時尚無所謂十一曜。

李書中有一極重要之論點。他反對沙畹、伯希和的保守說法，認為「七曜書」一名，在公元六世紀以前在中國已極流行。自公元 500 年起，「七曜」的著述大為增加；他在正文及附注中舉出許多例證，來說明中國吸收伊斯蘭的天文知識，為時甚早，且推論巴比倫天數之學通過康居傳入中國（204、205 頁）。

我的看法則有點不同，因為「七曜」有兩個意義：一是外來的，指每周七日的星名。由摩尼教傳入的日、月和五星組成七曜。粟特語的漢譯名稱即蜜（mir ＝日曜）至雞緩（亦作積浣，Kewan ＝土曜）七個日名，而敦煌使用的曆日在曜日上均以朱書一蜜字，這些大家已耳熟能詳。「七曜」的另一個意義，則為中國木土的「七政」，其來源甚早；二者似乎不可混合為一的。

七曜即七政，本是指日月五星。《尚書・舜典》上已說：「在璿璣、玉衡以齊七政。」以曜字指星辰，如《天問》所說「曜靈」，有時亦倒言作「靈曜」（如緯書《尚書考靈曜》是其比）。北宋時候，粟特的「七曜」名曾被人採取來解釋樂理上的十二律。《宋史・律曆志》云：「（宋）仁宗著《景祐樂髓新經》凡六篇……合古今之樂，參之以六壬遁甲。」這條沙畹、伯希和未曾引用。其中兼以七曜日名配合為說。舉例言之，如云：「黃鐘之宮為子，為神后，為土，為雞

---

[1] 見中華書局本《舊唐書》，2038 頁。

緩，為正宮調。太簇商為寅，為功曹、為金、為般頡、為大石調；姑洗角為辰，為天剛，為木，為嗢沒斯（u'rmzt），為小石角（調）；林鐘徵為未，為小吉，為火，為雲漢（wuquan），為黃鐘徵，南呂羽為酉、為從魁、為水、為滴（亦作咥 tir）……蕤賓變徵為午，為勝先，為月，為莫（Māq），為應鐘徵。」這即是納七曜於樂律的事例。

關於七曜的星占書，敦煌卷子甚多。P.3081 為七曜星占書：

> 嘀者，水也，辰星也，少女……
> 鬱沒斯者，木也，歲星也。
> 郍頡者，金也，太白也，媱女也。
> 雞換者，土也，鎮星也，婆羅老人也。
> 七曜日忌不堪用等：
> 蜜日不予死問病，出行、往亡殯葬……
> 莫日不得裁衣冠帶、剃頭剪甲、買奴婢六畜及歡樂，凶。
> 雲漢日不得聚會作樂，結交朋友。
> …………
> 雞換日不得出，財一出不迴。作歡樂聚會、賞歌舞音聲，凶。
> 七曜日發兵動馬法：
> 蜜日、太陽日，發軍宜從日出處行動，用卯時發，吉。將宜著白衣，乘白馬白纓紼，白旗引前，吉。嚮祀天大將軍，吉。
> 莫、太陰日，從西北向東，用子時，黑衣黑旗，月神（祀）。
> 雲漢日、火，從南方向北，用辰時，著緋衣赤馬赤旗，祀五道大將軍。
> 嘀、水，從北向南，用子時，著黑衣黑旗，祀河伯將軍。
> 鬱沒斯、木，向東，用卯，青衣青驄青旗，祀行道天王。

　　　郇頡、（金），從西向東，用戌時，白衣白馬，祀巧女。

　　　雞換、土，從西北向東南，用午時，黃衣黃馬黃旗，祀北
斗。

最末為「七曜占五月五日直」。

　　P.3403 為宋雍熙三年丙戌歲具注曆日，凡三百五十四日，署「押
衙知節度參謀銀青光祿大夫檢校國子祭酒兼監察御史安彥存纂」。有
序文，又有「推七曜直日吉凶法」。自第一蜜太陽直日至第七雞緩土
直日止。

　　　雍熙三年為丙戌

　　　正月小建庚寅，一日庚午，土，定，歲首，郇頡日受歲（用
　朱筆記）。

　　　二日辛未，土，執……

　　　三日壬申……

兼記七十二候及歲位所在、晝夜刻及人神日遊：

　　　人神若如正月一日庚午人神在足大指。

　　　　　　二日辛未人神在外踝。

　　　　　　三日壬申人神在股內。

　　　　　　四日癸酉人神在脊。

　　　　　　五日甲戌人神在口。

　　　　　………

　　　　　　至廿八日丁酉人神在陰。

　　　　　　廿九日人神在膝脛。

　　　　　………

　　　　　　二月卅日人神在足趺。

每逢七日一周，每蜜日（日曜）在該日之上，以硃筆注一「蜜」字。

第 3900 頁為曆日殘卷，存三月十一日戊午、火、滿起，又閏四月至六月六日已缺。上方但記日辰五行建除，下方記歲對、歲位、歲前、後等。此為建除曆一類。

又 P.3247 號為大唐同光四年具注曆，題「隨軍參謀翟奉達撰」。奉達字再溫，官學仕郎守州學博士。其所纂曆書殘存數種。[1]

在唐以前摩尼教未入華，曆書以「七曜」為名的雖然甚多，但它的意義和七政無異。姚振宗總論這些以七曜為名的著作說道：

> 日月五星，謂之七政。《漢・藝文志》曆譜家有《顓頊五星曆》、《日月宿曆》，是為七曜曆之所自始。《文選・齊敬皇后哀策文》（李善）注引《淮南》高誘注云：「劉歆有曜曆，當即七曜曆。」後漢劉洪作《七曜曆》，鄭司農作《天文七政論》，劉陶亦作《七曜論》，此又兩漢人所作七曜曆及論之最著者。七曜為曆術中之一端，亦相承別本單行。

由是言之，劉陶的《七曜論》即相當於鄭眾的《七政論》。七曜是指日月和五星而言；《後漢書》卷五七《劉陶傳》「陳事疏」云：「扶輔王室，上齊七燿，下鎮萬國。」他的七燿論恐怕是從天道來推究人事，和正式的天文學未必有何關係。

《續漢志》注袁山松《後漢書》說劉洪作《七曜術》，即指他的《乾象法制遲疾曆》，以步月行之法。洪書並未失傳，其說存於《續漢・律曆志》。劉智云：「靈帝時，太山劉洪步月遲疾，自此以後，天驗愈詳。」七曜亦指日月五星而言；《晉書・律曆志》中，徐岳曆議述劉洪之成就，在驗日及觀察月行，及黃道去極度五星術，理實粹密。又

[1] 如 S.0095 為奉達纂《具注曆》，顯德三年；P.2623 為顯德六年《具注曆》，有奉達序文。

載建安末博士祭酒孫欽的曆議，稱「熹平中，劉洪改為《乾象曆》，推天七曜之符，與地合其序」。亦出現「七曜」二字，與唐以來「七日」之「七曜」，含義完全不同。魏時，劉智《論天》云：

> 日月為政，五星為緯；天以七紀，七曜是也……斗有七星，與曜同精……眾星定位，七曜錯行。盈縮有期節，故曆數立焉。[1]

南朝宋何承天云：

> 臣亡舅故秘書監徐廣，素善其事，有既往《七曜曆》……夫圓極常動，七曜運行，離合去來，雖有定勢，以新故相涉，自然有毫末之差；連日累歲，積微成著。[2]

《抱朴子》內篇《釋滯》：

> 可謂戴盆以仰望，不睹七曜之炳粲。

又：

> 惟有《巫咸》、《甘公》、《石申》、《海中》、《郄萌》、《七曜》記之悉矣。

上舉諸文有的七曜分明指日月五星，有的七曜是書名，或指劉洪的《七曜術》。

《宋書》卷九八《且渠蒙遜傳》載，（永初）十一年茂虔上表：

> 河西人趙㪤善曆算。十四年，茂虔奉表獻方物，並獻……

---

[1] 《開元占經》引。
[2] 《宋書》卷十二‧《律曆志中》。

《趙歐傳》並《甲寅元曆》一卷。

茂虔獻與宋的書籍一百五十四種中，並無七曜曆數算經，而有《趙歐傳》及其《甲寅元曆》。《七曜曆數・算數》一卷，乃見於《隋書・經籍志》著錄，不在元嘉中沮渠茂虔所進之內。拓跋燾攻涼州，茂虔見執：滅涼者是北魏而不是劉宋。《宋書》所記茂虔進《趙歐傳》於宋，時歐恐已前卒，《宋書》中並無北涼派遣其司天大臣趙歐赴宋之事；李約瑟述此事，似有失實。

《魏書・術藝・殷紹傳》：「達九章七曜。世祖時，為算生博士。」又《釋老志》記：「寇謙之算七曜有所不了，惘然自失。」又唐初王勃《益州夫子廟碑》，起句便說：「述夫帝車南指，遞七曜於中階。」[1]諸書所言的七曜，都是指七政而言。

《新唐書・曆志》載張說曆議云：「太始閼蒙攝提格之歲，畢陬之月，朔日己巳立春，七曜俱在營室五度是也。」又引《洪範傳》曰：「曆記始於顓頊上元。」所謂七曜，即指日月及五緯而言。

浙江上虞唐代《天象鏡銘》有云：「禽獸翼衛，七曜通靈……□山仙□，有輪上清。」[2]

唐人所記七曜，自是指七政而言。宋李淑《邯鄲書目》云：《金碧潛通》一卷，羊參微集。其序言：「得之石函，皆科斗文字。世有三十六字訣，七曜五行八卦九宮論還丹之事，其辭多隱，人莫之識。」[3]是宋時道書已不少採用七曜的理論。

《宋史・天文志》中有「七曜」一目[4]，主要是論日月合朔和五星運行的順、逆、遲、速及歲星（木星）週天之數。這和「七曜曆日」

---

[1] 《王子安集》卷十三。
[2] 《考古》，1976（4）。
[3] 《郡齋讀書志》。
[4] 卷五二，天文五。

之記蜜、莫等名和吉凶宜忌完全不相干。近日馬王堆發現漢初帛書天文五星占的記錄，從秦始皇元年（前 246）到漢文帝三年（前 177），七十年間歲星（木星）、填星（土星）、太白（金星）在天空運行與二十八宿出現的方向，及其復出的周期，和《太初曆》及今測值距離不太遠。《曆志》所云「七曜俱在營室五度」，營室指原來的出發點，求太陽與月亮五星在一經度之下；向來慣用「七曜」一詞，即指日月五星，十分清楚。

李書在討論七曜曆著作時，提到 the work of Wu Po-Shan，注六中文名作吳伯喜。按「喜」是「善」字排印時的誤植。《新唐書・藝文志・曆算類》三十六家中有吳伯善的《陳七曜曆》五卷，列於虞劇《梁大同曆》之下，孫僧化《後魏永安曆》之前；其人必是陳人。《隋志》：陳時有《七曜曆》八部（由陳永定至陳禎明），皆有年份。姚振宗說這些陳代的《七曜曆》，「似即太史官曆署所存之簿籍，隋代見存書目遂取以充數，本《志》據以鈔入是類。《唐志》惟有吳伯善撰《陳七曜曆》五卷，吳伯善始末未詳。」故知 Wu Po-Shan 當是吳伯善。有一種中文譯本把他改成「虞喜的《七曜曆》」，和李約瑟原著完全不符，反有取於誤字的「喜」，而將「吳」翻作「虞」，又漏去「伯」字，遂變成「虞喜」了。因譯者腦子裏有天文家虞喜，而不知有吳伯善其人，這樣更是錯上加錯。

總括而言，《隋志》所載各種以七曜為曆術的書名，七曜的意義，都應當從姚振宗之說指日月五星，不得視作蜜、莫、雲漢等七曜日名。至曹士蒍所著曆書，《唐志》有三種：一為曹士蒍《七曜符天曆》一卷，注「建中時人」，在曆筭類；一為曹士蒍《金匱經》三卷，在五行類；《五代史記・司天考》：「初建中時，術者曹士蒍始變古法，以顯慶五年為上元，雨水為歲首，號為《七曜符天曆》。」王應麟《困學紀聞》九云：「唐曹士蒍《七曜符天曆》，一云《合元萬分曆》，本

天竺曆法。」《直齋書錄解題》收大中大夫曹士蒍《羅（睺）計（都）二隱曜立成曆》一卷。他用 Rāhu、Ketus 二個隱曜，顯然已受到《九執曆》的影響，故說者謂其「本天竺曆法」。李約瑟疑士蒍為康居九姓之曹氏，所以認為吳伯善等諸家《七曜曆》，是受到波斯、康居的影響。他的觀點似採取葉伯祿之說。[1]

　　康遵批命課，採用黃道十二宮、雙女宮、天秤宮等名。考隋時耶達提耶舍譯《大方等日藏經》，已出現水器、天魚諸號，金俱吒譯《七曜攘災訣》亦記十二宮。僧一行修述《梵天火羅九曜》除以雞緩等七曜日分配四方分野之外，兼採羅睺、計都，且引用《聿斯經》語。九曜皆有圖，羅睺與計都同形，崔白得據以作圖，杜光庭撰《玉函經》[2]，竟取天蠍、金斗，配合分野以解釋人身之十二經。可見唐末，黃道十二宮之說已甚流行，康遵實採用之。後此元人鄭希誠著《鄭氏星案》即有十一曜圖。《演禽通纂》[3] 其歌訣第一句云「甲子寶瓶丙子鼠」即用寶瓶宮名，雜採十一曜及十二宮以立說。

---

[1]　葉氏：〈七曜曆入中國考〉，《輔仁學志》，1942（11），137～157 頁。
[2]　《關中叢書》本。
[3]　《四庫全書》本。

附 重要參考資料

《敦煌卷》

P.2512 引《五言玄像詩》。

P.3081《七曜星占書》。

P.3404《宋雍熙三年丙戌具注曆》。

P.3247《唐同光四年具注曆》。

P.2693《七曜曆日》。

S.2425《大正藏》冊二一。

P.4071 宋開寶七年十二月十一日《康遵課》（內有苻天十一曜之名）。

《道藏》

《上清十一大曜燈儀》，第八三冊「為」字號。

《元始天尊說十一曜大消災神咒經》，第二九冊「辰」字號。

《靈臺經》，第一三六冊「薑」字號；內引《四門經》。

《秤星靈臺祕要經》，同上「薑」字號；內論《聿斯經》及《金匱經》。

《海瓊白真人語錄》（謝顯道編），第一〇一六冊「弁」字號上有《通占大象曆星經》。

Billard R.: *L 'Astronomie Indienne* (1971).

E. Chavannes et, P. Pelliot：*Un Traite manicheen Retrouve en chine*（1911，1913）二冊。

羽田亨：〈回鶻文《天地八陽神咒經》〉，《羽田博士史學論文集》

下冊，64～124 頁。

Huber E.: Termes persans dan l'astrologie bouddhique Chinoise, BEFEO Vol.6, pp.39-43 (1906).

Saussure L'eopold de: *Les Origines des l'astronomie Chinoise* (1930).

Kane: *History of Dharmaśāstra* vol.V.part II.

Edward H. Schafer: *The Golden Peaches of Samarkand* (1963).

葉德祿：〈七曜曆入中國考〉，《輔仁學志》，1942（2），137～157 頁。

原載《選堂集林・史林》，中華書局香港分局，1982 年

敦煌與吐魯番寫本孫盛《晉春秋》及其「傳之外國」考

關於唐初所存之晉史，在《晉書》未修以前，遺編尚在。《隋書・經籍志》所記諸家，即據當時現存之書加以著錄。趙翼《廿二史劄記》卷七略有考證，惟多疏誤。[1]

諸家晉史以孫盛之《晉春秋》一書最具代表性。梁元帝《金樓子・聚書篇》云：「使孔昂寫得《前漢》、《後漢》、《史記》、《三國志》、《晉春秋》。」六朝時，以孫盛之《晉春秋》代表晉史，與四史相配，其地位之重要可以想見。盛書本稱《晉春秋》，以避晉簡文宣鄭太后諱阿春，故改稱《晉陽秋》。[2]《晉書・后妃下》：鄭太后諱阿春，河南滎陽人也……后生簡文帝。（成帝）咸和元年薨。追號后曰會稽太妃。至孝武帝太元十九年（394）夏六月，追尊會稽王太妃鄭氏為簡文宣太后（《晉書》卷九，標點本，240頁）。時下詔有「依《陽秋》、二《漢》、孝懷皇帝故事」語，而徐邈言亦云：「臣案《陽秋》之義，母以子貴。」至是俱諱「春秋」作「陽秋」。孫盛書記及桓溫枋頭之役，事在海西公太和四年（369），在此之前二十五年，原書當稱《晉春秋》，避阿春諱作《陽秋》當在孝武時。

盛書生前已有別本，傳之外國。《通鑑》卷一〇二《晉紀》海西公太和四年（369）條：

---

[1] 陳垣：〈《廿二史劄記》七《晉書》條末引唐藝文志訂誤〉，《陳垣史源學雜文》，北京：人民出版社，1980，28頁。

[2] 《元和郡縣圖志》卷一三「鵝城」條引《晉春秋》記事一條考證。

　　大司馬溫發徐克……州民築廣陵城，徙鎮之。時征役既頻，加以疫癘，死者什四五……祕書監孫盛作《晉春秋》，直書時事。大司馬溫見之怒。謂盛子曰：枋頭誠失利，何至如尊君所言……諸子改之。盛先已寫別本，傳之外國。及孝武帝購求異書，得之於遼東人，與見本不同，遂兩存之。（標點本，3227頁）

《晉書》卷八十《本傳》云：

　　著《魏氏春秋》、《晉陽秋》。《晉陽秋》詞直而理正，咸稱良史焉。既已桓溫見之……怒謂盛子曰：「枋頭誠為失利，何至乃如尊君所說……」……諸子遂爾改之。盛寫兩定本寄慕容儁。太元中，孝武帝博求異聞，始於遼東得之，以相考校，多有不同，書遂兩存。（2148頁）

劉知幾《史通·直書篇》：「孫盛不平，竊撰遼東之本，以茲避禍，幸獲兩全。」亦謂其有遼東之本。考《周書·異域·高麗傳》：

　　書籍有五經、三史、《三國志》、《晉陽秋》。（885頁）

是唐以前其書分明流入高麗。韓國弘文館所輯《文獻備考·藝文考》列出書單如下：

　　宣宗八年，戶部尚書李資義等還自宋。奏言傳寫附書凡一百二十八種，其中有阮孝緒《七錄》、孫盛《晉陽秋》三十三卷、《魏氏春秋》二十卷。

盛所著史籍二種，皆在表中。考東晉後期，中、韓屢有來往：

　　（成帝咸康二年二月）庚申，高句驪遣使貢方物。（《晉書》
180 頁）

　　（簡文帝咸安）二年春正月，百濟、林邑王各遣使貢方物。
（221 頁）

　　（咸安二年）六月，遣使拜百濟王餘句為鎮東將軍，領樂浪
太守。（223 頁）

　　（孝武帝太元七年）九月，東夷五國遣使來貢方物。（231 頁）

　　（太元十一年）夏四月，以百濟王世子餘暉為使持節都督鎮
東將軍百濟王。（235 頁）

孝武時，百濟王受晉封，故得鈔回孫盛之書於遼東。高麗有《晉春
秋》一書，自是事實。

　　《通鑑》稱盛先已寫別本傳之外國。《晉書‧本傳》作「盛寫兩定
本寄慕容儁」。故說者有異議。標點本《晉書校勘記》引《考異》云：

　　枋頭之役在慕容暐時，儁已先死久矣。

此條實出錢大昕《廿二史考異》卷二二，非《通鑑考異》。《晉書》卷
八：「海西公太和四年九月，戊子，溫至枋頭。丙申，以糧運不繼，
焚舟而歸。辛丑，慕容垂追敗溫軍於襄邑。」是時晉與燕對壘，孫盛
何敢以所著通燕？《通鑑》「先已寫別本」云云，明在枋頭一役之前。
《晉書》卷一百十載記：

　　慕容儁好文籍，自初即位至末年，講論不倦，覽政之暇，惟
　　與侍臣錯綜義理。凡所著述四十餘篇。

儁卒於穆帝升平四年（360）年僅四十二，在位十一年。孫盛寄書與
儁，殆以其好文籍故，必在升平四年以前可知。

　　敦煌寫卷列 P.2586 號，記晉代史事，羅振玉定為長沙鄧粲之《晉紀》[1]。據《世說‧豪爽》等篇劉孝標注引《粲紀》，以校此卷，多有未合。《晉書》粲本傳稱「粲以父騫有忠信言，而世無知者，乃著《元明（帝）紀》十篇」（標點本，2151 頁），是粲乃承其父業。劉勰《史傳》稱「至鄧璨《晉紀》，始立條例……雖湘川曲學，亦有心典謨；及安國（孫盛）立例，乃鄧氏之規焉」。《史通‧序例篇》：「令升（干寶）先覺，遠述丘明，重立凡例，勒成《晉紀》，鄧、孫已下，遂躡其蹤。」又稱「鄧粲、道鸞，詞煩而寡要」。鄧史立例，詞煩寡要，故劉氏以「湘川曲學」譏之，以鄧粲為長沙人也。今觀敦煌此卷，無例可觀，明其非鄧粲之《元帝紀》。

　　《世說‧豪爽》「王大將軍自目高朗疎率」句下劉注引孫盛《晉陽秋》云：「敦少稱高率通朗。」今敦煌卷云：「故世目以高師朗素。」鈔者誤「帥」字為「師」，帥即「率」之借字，故知此卷應是孫盛之書。周一良於所著〈乞活考〉一文中提出此卷宜改屬孫安國，訂正羅說，明確可從。[2] 拙編《敦煌書法叢刊》即用其說。[3]

　　孫盛此書，劉勰已見之，《文心雕龍‧史傳》云：「孫盛《陽秋》，以約舉為能。」彼所見寫本，避諱作「陽秋」。《隋書‧經籍志‧史部》：「《晉陽秋》三十二卷，訖哀帝，孫盛撰。」宋司馬光撰《通鑑》時，盛書具存。《通鑑考異》卷四、五《晉紀》上下引《晉春秋》，不作「陽秋」，臚列人名、年代之異同，不可勝數。盛書今雖已亡，然從《通鑑考異》徵引，可窺其書之梗概。光所引最後一條，錄之如下：

　　　　哀帝興寧元年閏八月，《帝紀》：天錫殺玄靚自立在七月，今

---

[1]　羅振玉《鳴沙石室佚書》二冊，《雪堂校刊群書敍錄》卷下。

[2]　周一良：《魏晉南北朝史論集》，18 頁。

[3]　《敦煌書法叢刊》第一一卷，《經史》（九），東京二玄社印。

從《晉春秋》。

　　海西公太和二年五月，《晉春秋》：在建熙十年八月，恐皆非是。

　　五年（370）八月慕容評將兵三十萬拒秦。《考異》：「《載記》云四十萬，今從《晉春秋》。」

此後即不見引用。似太和五年八月為司馬光引用《晉春秋》之最後一則。以是觀之，盛書實不終於哀帝。海西公太和五年慕容評拒秦事，盛猶及記之，故其書非寫至太和四年枋頭之役而止。桓溫見此書有所責難以後，盛仍照舊執筆。考盛書亦傳至日本，《日本國見在書目》作三十卷訖哀帝止，同於《隋志》，而卷數又復不同，計有三十卷、三十二卷、三十三卷之歧異。隋唐以來，盛書流傳寫本有訖於哀帝，而題名多避諱作「晉陽秋」者，其寫至海西公五年不避諱仍作「晉春秋」者，即司馬光所見本，似是足本。

　　孫盛此書，《世說》劉注所引逾百事。[1] 清馬國翰、黃奭俱有輯本。黟縣湯球輯本三卷。湯輯以海西公以下，屬檀道鸞之書列入《續晉春秋》輯本之內 [2]，蓋湯氏未檢《通鑑考異》，故所述不確。《舊唐書・經籍志》「《晉陽春秋》三十二卷，鄧粲撰」，衍一「春」字。《新唐書・藝文志》「鄧粲《晉陽秋》三十二卷」，俱誤作者為鄧粲。王應麟《玉海・藝文類》引《中興書目》：「《晉陽秋》孫盛撰。《隋志》本三十二卷，今止存宣帝一卷，懷帝一卷，唐人所書，康帝一卷，餘亡。」則南渡以後，此書已多亡失，僅存三卷耳。

　　吐魯番阿斯塔那一五一號墓出土唐以前文書，有殘本記西晉惠帝永康元年（300）三月至四月，詳敍賈后廢太子遹之後，趙王倫、孫秀等廢賈后殺朝臣事。存八十六行，約千餘字。與《晉書》不類，而

[1]　參余嘉錫：《世說新語箋疏》，引書索引七五《晉陽秋》，115 頁。
[2]　《九家舊晉書》，《史學叢書》本。

敘述較詳。寫本有《宣（太）子與王妃書》及趙王倫頒之《甲午詔》，皆《晉書》所無。《吐魯番文書》第四冊收入此篇 [1]，定為孫盛之《晉陽秋》，其說可從。為之作專文討論者，已有兩家。[2] 最明顯之證據，如記張華一事，吐魯番寫本云：

> 華博學洽聞，圖籍無不貫綜。世祖嘗問漢事□□□□□（中缺五字）萬戶，華畫地成圖，應對如流，雖張安世□□□□□（中缺五字）之，遷中書令，加散騎……

《世說·言語》引孫盛《晉陽秋》文云：

> 華博學洽聞，無不貫綜。世祖嘗問漢事及建章千門萬戶，華畫地成圖，應對如流，張安世不能過也。

兩文比較，如出一轍。「吐本」缺文，正可據劉注引補之。「漢事」句下所缺五字，正是「及建章千門」下接萬戶二字。「雖張安世」句下所缺，應是「不能過也，久」五字。「久」字臆補，下接「之。遷中書令」句，文字暢順，完全一致。以此觀之，吐魯番此本必為孫盛書，可以證實。

今結合敦煌及吐魯番兩寫本，知孫盛之《晉春秋》，在晉唐以來，不僅傳之遼東，且播及西陲。觀兩寫本多用北朝書體，雖無書寫年代，意東晉時，流傳於晉本土以外，傳鈔已不止一種，且多有不同。枋頭一役經其家人屬改，詳細惜不可考。至其先時寫寄慕容儁者，自不及枋頭之事。盛書當時有別本傳之外國，徵諸《周書·高

---

[1] 《吐魯番文書》第四冊，34 頁。

[2] 王素：〈吐魯番所出《晉陽秋》殘卷中史實考證及擬補〉，《中華文史論叢》，1984（2），25～47 頁。陳國燦、李征：〈吐魯番出土的東晉（？）寫本《晉陽秋》殘卷〉，《出土文獻研究》，北京：文物出版社，1985，152 頁。

麗傳》，正可與「本傳」參證，而西陲且有兩本。吾人不能專據西陲寫本而疑遼東本一說為無稽，因除《晉書》已明確記載晉孝武得之遼東，《韓國文獻備考》之書單且確鑿載有孫盛二書，在在足證《晉書》所言之可信。[1]

至於北傳本之原委，今亦不必多作忖測，如謂苻堅建元之末，徙江漢人萬戶於敦煌，置會稽郡（《晉書・載記》），是時故書雅記自可大量隨之西徙。然孫盛此書已先時入燕，燕與苻秦在當日遣使來往頻繁，孫氏之書自可由燕入秦，何必遲至會稽設郡，南北始有交流之機會乎？且燕自慕容暐不久已為秦所滅。

《通鑑》卷一〇二云：

> 太和五年（370）十二月，秦王堅遷慕容暐及燕后妃王公百官並鮮卑四萬餘戶於長安。

苻堅自鄴如枋頭，改枋頭曰永昌，復之經世。此一紀念性之地名，不免遭更改之命運。甲寅，堅至長安，封慕容暐為新興侯。燕之人口文籍必隨之入秦。孫盛曩時送慕容儁此書之寫本，當亦可流入長安，揆之情理，自合事實。是時孫盛尚健在 [2]，其書已不脛而走，傳寫四方，何止北傳本而已耶？

1986 年

---

[1] 陳國燦君過信出土文物，反疑文獻為錯誤，且誤錢氏《考異》為《通鑑考異》，故論斷不免於鹵莽，謹為訂正。

[2] 盛卒於孝武寧康元年（373）二月。

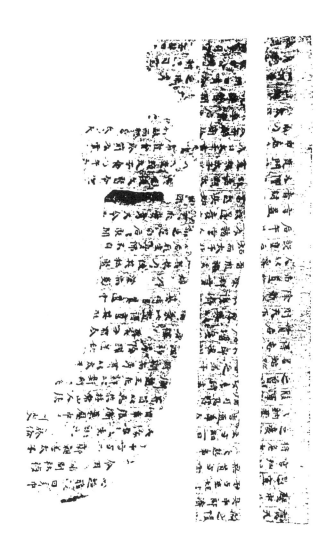

圖一　《晉春秋》殘卷 1，吐魯番寫本

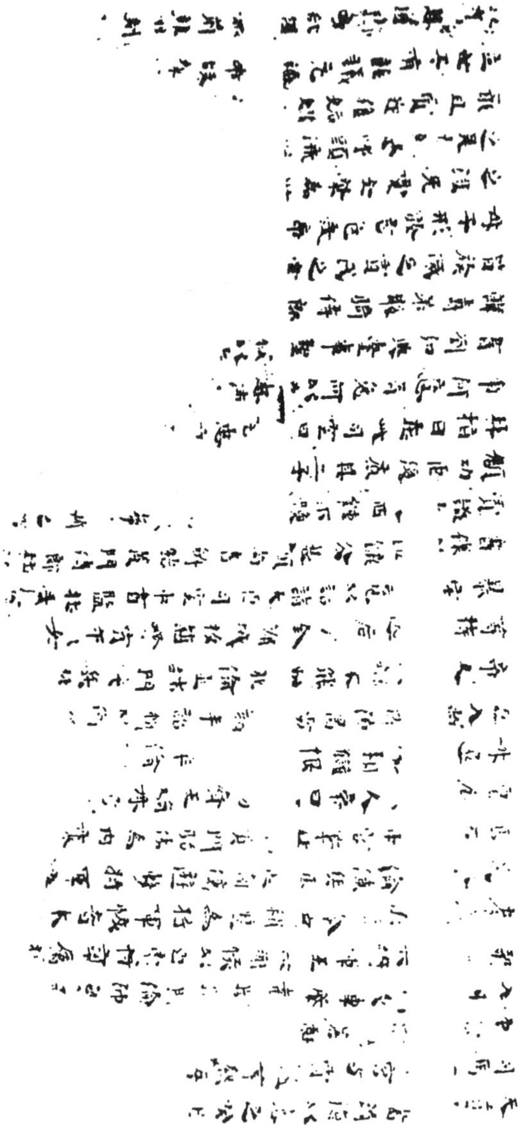

圖二　《晉春秋》殘卷 2，吐魯番寫本

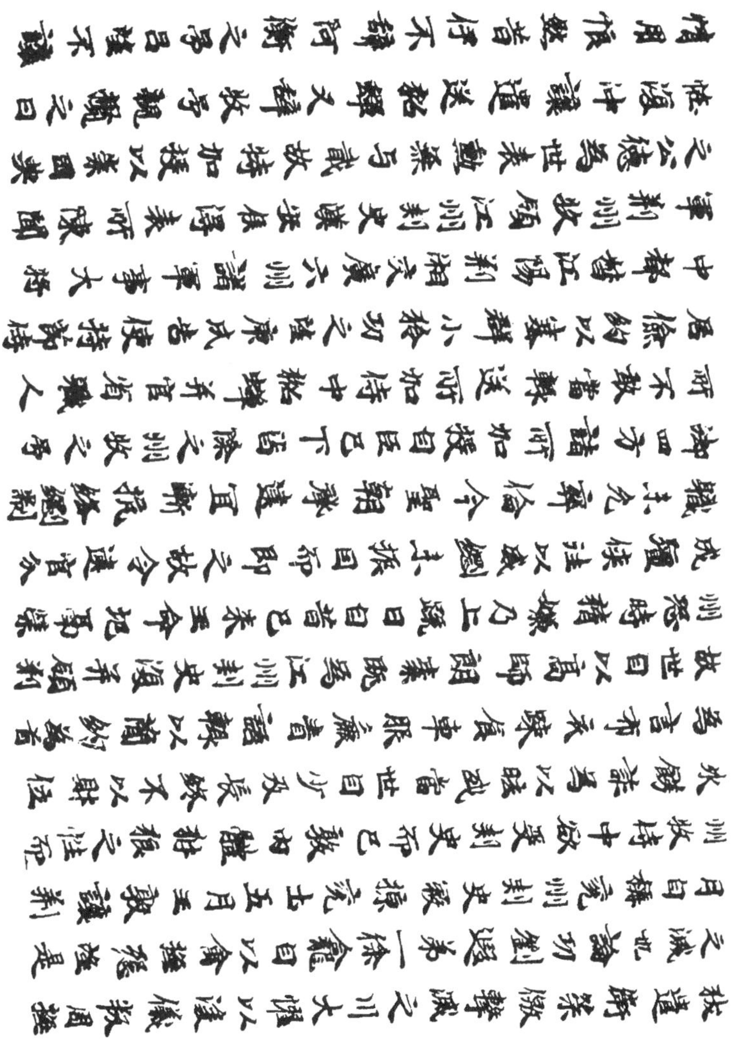

圖三　敦煌所出，P.2586 號

《吐蕃時期的占卜研究——敦煌藏文寫卷 P.T.1047、1055 號譯釋》序

　　古代阿爾泰族人考察炙羊肩胛骨時，由所見經火灼成之坼裂兆紋而舉行占卜，彼等稱兆曰「irq」，從語源學論之，作為動詞 ir-/yin- 之派生詞，原意正指裂痕[1]，一如漢語之卜[2]。沙州古突厥文占書名為 *irq bitig*，意義即是兆書。晉楊方《五經鉤沈》云：「東夷之人，以牛骨占事呈示吉凶。」殷墟所出大量牛肩胛骨灼卜之刻辭，可驗其說。

　　漠北畜牧以羊為主，故用羊骨。所用動物雖異，而視兆之縱橫施之占卜，其義一也。徐霆《黑韃事略》稱：「其占筮，則灼羊之枚子骨……謂之燒琵琶。」遼與蒙古俗皆用之，謂為勃焦。[3]西番占法亦用羊骨，上承突厥、契丹之制，下至麼㱔族至今猶行羊骨卜，[4]均是同一系統之遺俗。

　　吐蕃初行苯教，有《苯經》以視占驗。祀灶神、地母及龍神以作祈禳，又重視本命神，久已雜染於漢俗。若其鳥卜，實出於漢人古代之鳥情占，殷卜辭云：「非鳴，其用四卜。」（《綴合編》102）又記：

---

[1] James Hamilton：〈沙州古突厥文占卜書 *irq bilig* 後記〉，吳其昱譯，《敦煌學》第一輯，96～106 頁。

[2] 卜，《說文》云：「灼龜坼也。從卜，兆象形：兆古文卜省。」

[3] 《遼史》卷五十四「西蕃條」：「卜有四，一曰勃焦。以艾灼羊胛骨。」《宋史·西夏傳》胛字作髀，非。《契丹國志》卷二十七：「用艾和馬糞於白羊琵琶骨上炙。」余維慶《維西聞見錄》稱：「蒙古炙羊骨卜曰跋焦。」又云：「維西夷人卜法習自番僧，而同於契丹、蒙古。」

[4] 陶雲逵：〈麼㱔族之羊骨卜及靶卜〉，國立中央研究院歷史語言研究所：《人類學集刊》（一），1938。

「某日夕有鳴鳥。」知其淵源甚遠。《太平御覽》七百二十六方術部七有「鳥卜」一項，引《隋書・女國傳》文[1]。《隋書・經籍志》，《和菟鳥鳴書》。唐初李淳風著《乙巳占》，卷十有「六情風鳥所起加時占」，如云：「己酉為寬大之日……時加己酉，鳥來鳴其上，時加王相，當言為長吏，休廢囚死，當有酒食。」題唐易靜撰之《兵要望江南》第二十為「占飛禽」，共七十八首[2]，試舉二首為例：

> 占飛鳥，何事入軍營；若在德鄉加喜氣，只從刑上是凶聲，百鳥一般聽。
>
> 城營內，異鳥入其中；宿處不知人不識，中須血染草頭紅，防備有妨通。

此則依德與刑以定吉凶。又敦煌寫卷 P.3988，為《鳥鳴占吉凶書》，乃依其方向以論吉凶，茲附於後，以供比較研究：

南方	西南方	西方	西北方	北方	東北方	上方
必屈來	去處榮事不成	權人某	取衣皆得	出口得	賊發動	自身千榮
	遊撲攦	官使來	官使來	急去吉	書信來	急忙事
東方人來	自身犯罪	吉處去	家有捉撲事	盡皆喜悅	病者差	得酒拿喜事

---

[1] 《隋書》卷八十三云：「女國在蔥嶺之南，其國……俗事阿修羅神，又有樹神……入山祝之，有一鳥如雌雉，來集掌上，破其腹而視之，有粟則年豐，沙石則有災，謂之鳥卜。」宋吳處厚《青箱雜記》三亦記東女國鳥卜甚詳。

[2] 參張璋、黃畬編：《全唐五代詞》，卷三，「占飛禽」，303 頁。

（續上表）

南方	西南方	西方	西北方	北方	東北方	上方
得祿爵	備驚吉	慎水則吉	西方人來	親兄弟友至	問喜事	得弓箭事

勞費（B.Laufer）以為西藏鳥占出於漢人之薰染，是也。

至於骰卜，亦稱色字，則在和闐、尼雅、高昌及印度各地均嘗發現長方形骰子 [1]，其四面刻有圓圈，可擲三次以定預兆，其排列方式當有 4^3，即 64 種不同之兆。于闐、高昌自公元 670 年前後至八世紀淪於吐蕃之手幾達半世紀，西域四鎮之爭奪，文化接觸至為頻數。故藏文文獻若《日、月藏經》及《牛角山授記》等書述于闐之歷史特為豐富；于闐久為印度化國家，此則似與天竺不無淵源。[2]

託瑪斯 (F.W. Thomas) 在其《東北吐蕃之民間文學》（Ancient Folk-literature from North-Eastern Tibet) 書中述及占卜舉行之際，往往有六句或八句型之民謠，有類世俗籤詩，相當於古時所謂繇辭。藏人占書又有《諸葛出行圖》、《金龜圖》等等，則分明出於漢俗。藏語稱吉兆曰 bzang，當是漢語之「臧」，故知吐蕃占術實與漢人息息相關，其因襲異同之跡，尚有待於抉發也。

1985 年秋 8 月，第二屆敦煌吐魯番學術討論會在新疆烏魯木齊舉行，北京中央民族學院王堯、陳踐兩君提出論文為《吐蕃時期的占卜研究 —— 敦煌藏文寫卷 P.T.1047、1055 號譯釋》，乃取法京伯希和取去之藏文卷子 P.T.1047、1055 號二例（本文 P.T. 或 T.，為法藏敦

[1] 見 A. H. Francke: "Drei Weitere Blätter des tibetischen Loofuokes von Turfan." A. Von Gabain: "Das Leben im Vigurischen Königreich von Qečo." 以上二文俱詳 Hamilton 文中轉引。

[2] 據《唱讚奧義書》（Chāndogya Upaniṣad）4.1.4，天竺骰子四點名 Krtá、三點名 tretā、二點名 duāpara、一點名 kali。

煌伯希和藏文文獻簡稱），加以疏說。余得聆其高論，極感興趣，因
請二君將藏語原文以國際通用之拉丁化符號譯出，以便讀者，欣承慨
諾，因為紹介刊為中文大學中國文化研究所學術專刊，頃排版竣事，
主編囑綴數言，因記其顛末如此。

1987 年 1 月饒宗頤謹識

後記

鳥占起源於西亞，Samsu-iluna 王朝（前 1749—前 1712）曾以六
鳥為 Ibbi-sin 所使而作占。印度《梨俱吠陀》亦有鳥占之記錄。梵稱
為 sakuna（其義即鳥），在《阿闥婆吠陀》十、三六可以見之。

寫經別錄引

古寫經之見於著錄，不自敦煌石室啟扃而始。斯坦因、伯希和之未東來，石窟經卷，散出者已不一而足。寫經之業，自唐至清仍相沿不替，即文人藝士，亦喜效尤，以消災求福，故寫經卷冊可記者，原又非限於敦煌一隅之地。

敦煌所出寫經類別，大抵可分私鈔本及官書本二系。遠自北魏，敦煌鎮寺院已有典經師之設，寫者稱「經生」，校者稱「校經道人」，於寫卷之末具名兼記用紙張數。[1] 王侯之國亦寫經以為功德，規模更大，昌黎王馮熙之於洛陽，東陽王元榮之於瓜州，皆其著者。由於譯經組織之逐漸縝密，寫經制度亦隨之。入唐以來，譯經及寫經皆有監官以示負責，如武周長壽二年（693）之譯《寶雨經》，大白馬寺大德沙門薛懷義監譯之[2]，尚方監匠典裝，高宗咸亨二年（671）之《妙法蓮華經》，書手、裝潢手與詳閱者皆具名，寺主及上座監之，復有初校、再校、三校，最後由將作少匠虞昶監署名。昶即名書家虞世南之子也，可謂矜慎之至。道書亦然，隋大業（605—618）中經生王儔寫《老子變化經》，由玄都道士覆校，題裝潢人祕書省寫，此皆官本之典範也，故凡官修之寫本皆特精。

前人記錄寫經之文較特出者，無如《宋文鑑》[3] 所收李昭玘《記殘經》一篇。文稱：「南臺古刹，有佛書數百卷，多唐季五代時所書，

---

[1] 如令狐崇哲。
[2] 見 S.2278《寶雨經》卷九題記。
[3] 卷百三十一。

字畫精勁，歷歷可喜。按《大藏經》目，凡五千四百卷，今所存纔十一，首尾可讀者又無幾也。」文中特書下列數事：

> 《阿含經》四卷，泰寧軍節度使齊克讓造。
> 《正法華經》一卷，乾符六年（879）女弟子牛妙音書。
> 《大涅槃般若經》共三十卷，武寧軍節度使朱友恭造。友恭，全忠養子李彥威也。後為龍武都統軍，與叔琮同弒昭宗。全忠亟誅之以滅天下謗，此經天復三年（903）所書。
> 《毗奈耶雜事》一卷，德妃伊氏造，唐莊宗次妃……後有印章曰「燕國夫人伊氏」，蓋未進封時所鑄也。

所記各卷皆五代人所造者，有后妃，有節度使。復有書者姓名，其一為乾符六年（879）物。臺灣中央圖書館藏有雜鈔戒律卷，背題字云：

> 乾符貳年（875）四月十七日納邑判官孫興晟，分配如後：燉煌、莫高、神沙、平康、洪池、玉關、赤心、慈惠、效穀。

此為同時寫卷，兼記其分配場所，是當日寫經嘗配給各處之用，無嫌其繁冗而稠疊也。

陳傅良跋徐夫人手寫佛經云：

> 往時從常州先生薛士龍學，每見鈔書動十百卷，竟帙無一字行草，心歎服之。今見蔡同年之母徐夫人手寫佛經九十五卷，往往得唐人筆法，則又愧焉。[1]

足見宋時寫經之風仍甚普遍，而唐人筆法又為人之所嚮往也。

帝王亦寫經，王銍《默記》記李後主手書金字《心經》一卷，賜

---

[1] 《止齋先生文集》卷四十二。

其宮人喬氏，後捨於相國寺西塔院。喬氏自題於經後，詞甚悽惋。[1] 丁傳靖有詩詠之，「波羅一卷付名姝，建業紅羅跡已蕪」者也。[2] 北宋寫經盛行金字，「熙寧元年（1068），回鶻求買金字《大般若經》，以墨本賜之。」[3] 可徵其事。

五代時大臣擅寫經者眾，大書家楊凝式書《維摩》等經說，作行體大字。張世南《遊宦紀聞》引《凝式年譜》云：「（晉）開運二年（945）五月，於天宮寺題壁論《維摩經》等語。」前蜀相王鍇「家藏異書數千本，多手自丹黃，又親寫釋藏經若干卷」[4]。錢大昕猶見其手書《妙法蓮華經》，有詩詠之 [5]，句云：「東川琴泉古塔圮，《法華》貝葉猶無虧，六丁劫火燒不盡，妙跡往往人間貽。」

北魏之寫經，可溯至道武之世。《釋伽方志》八云：「寫《一切經》，造千金像。」[6] 莫高窟所出寫經，北魏時物甚多。道武帝登國元年，正當東晉太元之歲。《魏書・劉芳傳》云：「芳常為諸僧傭寫經論，筆跡稱善，卷直以一縑，歲中能入百餘匹，如此數十年，賴以頗振，由是與德學大僧多有還往。」[7] 於此可考魏時寫經之價格。孝文帝太和三年昌黎王馮熙寫《一切經》一千四百六十四卷，今存者僅《雜阿毗曇心》（S.0996）一殘卷耳。劉芳寫經數十年，年所得縑百餘匹，經卷出其手者為數至多，北魏寫卷中，庸有芳之筆跡，亦未可知，恨其不題名耳。

葉昌熾《緣督廬日記》頗誌敦煌經卷散出之事。葉記云：「敦煌王廣文宗海，以同譜之誼，餽唐寫經兩卷，畫象一幀，皆莫高窟中

[1] 中華書局本，卷中，25 頁。
[2] 見《闓公詩存》五。
[3] 《宋史・外國・回鶻傳》。
[4] 《十國春秋》卷四十一，「前蜀七」，本傳。
[5] 參見《潛研堂詩續集》卷十，《前蜀王鍇書〈妙法蓮華經〉殘本》。
[6] 據范祥雍點校本，120 頁。
[7] 中華書局本，卷五十五，1219 頁。

物也。廣文云：『莫高窟開於光緒二十六年，僅一丸泥，焘然扃鐍自啟，豈非顯晦有時哉！』」[1] 又一條云：「汪栗庵大令自敦煌拓寄……經洞大中碑……又舊佛象一幅……寫經四卷……聞此經出千佛洞石室中，室門鎔鐵灌之，終古不開，前數年始發鍵而入，中有石几石榻，榻上供藏經數百卷，即此物也。當時僧俗皆不知貴重，各人分取，恆介眉都統、張又履、張筱珊所得皆不少，大中碑亦自洞中開出，此經疑即大中寫本也。」[2] 此當日經卷散出之情況。遊宦多以經卷為餽遺之品，臺灣中央圖書館現存敦煌寫本百五十餘卷，潘石禪先生已備記之。就中《妙法蓮華經》、《大智度論》及一草書殘經卷，分明皆有「歙許苣父游隴所得」長方印，又《十地論》卷頭，袁克文題記亦謂為莫高窟所出者。

此次香港中文大學與中華文化促進中心合辦「敦煌吐魯番國際學術會議」，承上海博物館及本港諸大藏家之支持，計展出經卷，上海廿餘，港方七卷。寫經年代，上起北魏，下訖五代。考中、英、法各地經卷，數逾二萬點，此區區者，只是舉例，嘗鼎一臠，不無罕見精品，既可供研究之依據，又使與會者大飽眼福，豈非盛事！上海博物館藏品，原有簡目 [3]，載於甘肅敦煌研究院之《敦煌研究》[4]，收一百八十二事。間亦著錄於姜亮夫之《莫高窟年表》。[5] 館方對於展出各卷，已提供詳細記錄，筆者瀏讀之餘，偶有所見，謹綴數語，不辭續貂之誚，非敢云考證，聊當題識云爾。

---

[1]　光緒三十年九月五日。
[2]　光緒二十九年十一月十二日。
[3]　吳織、胡群耘撰。
[4]　參見《敦煌研究》，1986（2）、（3）。
[5]　參見姜亮夫：《莫高窟年表》，上海：上海古籍出版社，1985。

支謙譯維摩詰經卷上（展品一）

此卷見許國霖《敦煌石室寫經題記彙編》十九著錄。

起《弟子品》第三（疾行）「莫復宣言當」、「知阿難。如來法身非思欲身。佛為世尊」、「過諸世間，佛身無漏諸漏已盡」等句，此品存七行，下半殘缺太甚。接書「《菩薩品》第四」訖於「《不思議品》第六」之終「立不思議門，菩薩入權慧力者也」諸句。細審之，乃書吳支謙所譯《維摩詰經》卷上。[1]《大唐內典錄》:「支謙譯維摩詰所說《不思議法門經》三卷。一云《佛法普入道門經》或二卷，第二出，與後漢嚴佛調譯者異。」此為二卷本。

卷末題識云「麟嘉五年（393）六月九日王相高寫竟，疏拙，見者莫莡（嘆）也」一行，「笑」字作「莡」，《集韻》去聲三十五笑，重文有咲、关，注云:「古作咲，或省俗作笑。」此易「大」為「欠」，故變為從「艹」從「吹」。

麟嘉為後涼呂光年號，《晉書·載記》二十云:「是時麟見金澤縣，百獸從之，光以為己瑞，以（晉）孝武太元十四年僭即三河王位……年號麟嘉。」其五年實即魏拓跋珪之八年（393）。及光既平龜茲，始獲鳩摩羅什。什重譯《新維摩詰經》三卷，乃在姚秦之世。呂光稱帝時，王相高所寫為支謙舊譯，知其時什公新譯，仍未甚通行。據《晉書·載記》，呂光時，王穆以其黨素嘏為敦煌太守，正當素嘏為州守之時。

王相高書北魏別字甚多，如「摩詰」作「𪮈」，「无央」作「鞅」，「聚」作「隩」，「珊瑚」作「璥瑚」，「髓腦」作「髓脳」等。

---

[1] 《大正藏》第四七四號·冊十四，終於 528 頁。

惠襲寫《法華經文外義》一卷（展品二）

題「大統十一年歲次乙丑九月廿一日[1]，比丘惠襲於法海寺寫訖，流通東代不絕也」。同於大統十一年五月二十九日寫之經卷，只有 S.4494 平南寺道養許寫之《雜咒文》。惠襲此卷則寫於法海寺，皆北方之寫本也。先此三十一年，延昌三年[2]，令狐崇哲亦於法海寺寫《誠實論》卷第八[3]，法海寺在敦煌鎮當地，為魏時名剎之可考者。

北魏元氏所譯經論有關《法華經》者有二，據《開元釋教錄》卷六所記：

> 《妙法蓮華經論》一卷，婆藪盤豆（即世親）造，魏侍中崔光、僧朗筆受，原出中印度寶意所譯。
>
> 《法華經論》二卷，題云《妙法蓮華經優波提舍》或一卷，曇林筆受。

上二書已收入《大正藏》一五二〇及一五一九號。[4]

《法華經文外義》一卷，不見於著錄，觀其內容與世親之書又不同，為東魏以前重要經論之罕見孤本，有待研究。書法亦佳，茲屬首次刊印，洵可寶也。

周建德二年吐知勤明寫《大般涅槃經》（展品三）

存卷第九。後有題記稱「建德二年（573），歲次癸巳正月十五

---

[1] 東魏武定三年，梁大同十一年，公元 545 年。
[2] 梁天監十三年，公元 514 年。
[3] 已印入拙編《敦煌書法叢刊》第二〇卷，《寫經》一。
[4] 第二十六冊，1～17 頁。

日，清信弟子大都督吐知勤明發心」。吐知勤為北姓之三字者。《廣韻》上聲十姥「吐」字下云：「亦虜複姓三氏，後魏有吐奚、吐難、吐萬氏。」又虜三字姓如吐谷渾氏、吐谼盧氏。《元和姓纂》未見吐知勤姓。近年渭南縣渭河北岸發現有北周武成二年（560），《合方邑子百數十人造像記》，其西南邑子三十四人姓內有「吐知勤相貴」一名，馬長壽著《碑銘所見前秦至隋初的關中部族》一書，曾有記述，本卷「吐知勤明」一名，可為馬氏書補添一新資料，敦煌經卷題記之有裨於史事如是。

至於大都督職，北周初制授柱國大將軍，並加使持節大都督。《周書・武帝紀》：「天和五年（570）夏四月省帥都督官，建德二年春正月庚戌復置帥都督官。」大都督、帥都督之列為戎秩，蓋在建德二年之際，詳王仲犖《北周六典》卷九《勳官》第二十。此卷是年正有大都督吐知勤明，可證王說。

此卷後有宣統辛亥以後清室諸遺老觀款，知其出自敦煌石室。北周寫卷流傳殊稀，其歡喜讚歎，宜也。

隋開皇九年《持世經》（展品五）

寫卷殘存部分起「持世菩薩摩訶薩知一切諸[1]業皆是耶（邪）業」句，以下為「《聖道分品》第八」、「《世間出世間品》第九」、「《有為無為法品》第十」、「《本書品》第十一」、「《囑累品》第十二」。末題開皇九年（589）寫，是為隋時寫本。此經出鳩摩羅什譯，《大正藏》列四八二號，共四卷[2]。

---

[1] 《大正藏》本作「語」。
[2] 冊十四，661～666頁。

　　以上隋寫本題卷第三，而今本在第四卷，是隋本原僅有三卷耳。中、英、法所藏經卷，皆未見《持世經》，故此卷亦屬罕見之本。

　　隋代寫經為數至夥，據《辯正論》卷三所記：「文帝時凡寫經論四十六藏，一十三萬二千八十六卷，修治故經三千八百五十三部。煬帝平陳之後於揚州裝補故經並寫新本，合六百一十二藏，二萬九千一百七十三部，九十萬三千五百八十卷。」今存世隋寫經為數殊少，若《持世經》尤其佼佼者。

唐上元二年《妙法蓮華經》（展品一〇）

　　經卷以宮廷寫者為最精。此《妙法蓮華經》出自太原寺，由寺主道成總閱，李德、閻玄道監之，實為唐初官修本。目前所知上元二至上元三年之內，太原寺經李、閻監寫之《蓮華經》卷第三，即有三四本，記之如下：

（一）上海博物館此本

　　題記云：上元二年（675）十月廿三日門下省群書手公孫仁約寫。

（二）S.2637

　　上元三年（676）八月一日弘文館楷書手任道寫。

（三）S.4168

　　上元三年九月八日群書手馬元禮寫。

今考李盛鐸藏目又有：

上元三年九月群書手王章舉《妙法蓮華經》卷三，帶軸一。

是卷三又有一卷，但不知監者為誰耳。

又李氏藏目有《蓮華經》卷四：

上元二年十月廿八日門下省群書（手）公孫仁約寫。

上元三年群書手馬元禮寫。

按此二卷，前者即上博此卷之續，後者即 S.4168 之續，此類唐初精寫之官本，斷裂為數本，散在四方，苴綴之事，有待後人之努力耳。

卷三之外，他卷可記者列於下：

卷一 S.3361

上元三年七月廿八日門下省袁元（悊）寫。

又卷一 S.4353

上元三年十一月弘文館書手王智菀寫。

卷二 S.2181

上元三年四月十五日群書手楊文泰寫。

卷三

見前。

卷四 李盛鐸藏目

公孫仁約寫。

又卷四 又李盛鐸藏目

「馬元禮寫」俱見前。

卷五　S.1048

　　上元三年十一月五日弘文館楷書成公道寫。

又卷五　S.1456

　　上元三年五月十三日祕書省楷書手孫玄爽寫。

卷六　P.2195

　　上元二年十月十五日門下省書手袁元悊寫。

又卷六 S.3348

　　上元元年九月廿五日左書坊楷書蕭敬寫。

又卷六　李盛鐸藏目

　　上元三年十一月群書手趙如璋寫。

卷七

　　上元五年十二月二十一日弘文館楷書手王智菀寫。

凡此皆由李德、閻玄道二人具名監造，太原寺司其事，裝潢手由解善集一人任之。寫官來自不同官署，同一卷而書寫多次，自上元二年十月訖於五年十二月，尚未終了，進度甚緩，以其矜慎，故寫本極精。閻玄道未詳何人，考《新唐書·宰相世系表》，閻立德之子玄邃，立德弟立行，子名玄秀，以玄排行，閻玄道疑即立德之子侄輩，尚待詳證。

《法華經玄贊》（展品廿一）

窺基《法華經玄贊》一書唐寫本，傳世者不一而足。

法京 P.2176 為卷六，其卷極長，已印入《敦煌書法叢刊》第二五卷。東京書道博物館藏《法華經玄贊》有二卷，一為卷第四，一為卷第七[1]，其卷七末有「天寶十二載七月廿二日夜彥時記」題語，始見書寫人名氏，其年代則為玄宗時也。

上海博物館是卷存卷第六起「又有五第一合初發心」句至卷第六終。卷後有董香光題記，稱其「簡澹一洗唐人姿媚之習」，尤為可寶。與法京 P.2176 號同是卷六，而屬不同人所書。明時卷子已流傳，遠在莫高啟祕之前矣。

法京卷六行筆似更瀏灑頓挫。同書異寫，各極其勝。惟同作草書，彌見珍異。

五代梁貞明六年《佛說佛名經》卷第六（展品廿八）

此為十六卷本《佛名經》，題「貞明六年（920）伍月拾伍日寫訖」。為曹氏供養之物。其題記相同之卷甚多，蓋同年同月同日所書者。茲將知見卷子列表如下：

所屬卷數	藏弆之處	卷末題記鈔錄出處
卷三	北京羽字廿四號	見姜亮夫《莫高窟年表》，476頁
卷四	S.4240 （又日本山本悌二郎藏卷四）	劉銘恕《錄》，195頁

---

[1] 見二玄社《隋唐寫經集》。

所屬卷數	藏弆之處	卷末題記鈔錄出處
卷五	日本橘瑞超《將來目》	
卷六	上海博物館此卷	中村不折亦藏卷六
卷九	羅振玉藏	見《瓜沙曹氏年表》
卷十三	P.2312	王重民《錄》，261 頁
卷十五	S.3691（2）	劉銘恕《錄》，183 頁

　　每卷末題云：「敬寫《大佛名經》二百捌拾捌卷。伏願城隍安泰，百姓康寧。府主尚書曹公，己躬永壽，繼紹長年……」尾及紙背鈐有「瓜沙州大王印」。卷中五彩佛像駢陳。此寫經乃用以祝福者。其在僧徒，繕寫是經，則念佛以求正覺而已。記《五燈會元》四《長沙景岑禪師傳》云：「有秀才看《千佛名經》，問曰：『百千諸佛，但見其名，未審居何國土？還化物也無？』師曰：『黃鶴樓崔顥題後，秀才還曾題也未？』曰：『未嘗。』」語妙可以解頤。《佛名經》在世俗流通之廣，曹家一時發願，書寫供養竟有近三百卷之多，上舉數卷特其戔戔者耳。

　　寫卷在「卷第四」下面有小字一行，文云「曹元德禮已」五小字。府主即曹議金，元德其子也。姜氏《年表》考論是卷甚詳（476頁），惟漏刊上博此卷，又誤書「曹元德禮已」作「曹元進禮一」，應勘正。井口氏在〈敦煌本佛名經之諸系統〉一文中，影出此段題記，並加說明，亦作「曹元德」不誤。羅振玉謂曹議金時，仍以長史為留後，以領沙州事。即據此卷題記以立論。故知貞明六年五月，曹氏已為府主，雖未受朝廷正式任命（同光初始受命以節度領州），而實際擁有瓜沙。貞明六年五月由其子元德出名頂禮，寫《大佛名經》二百八十八卷，與其政治地位必有密切關係。尚論曹家史事，此卷年月有其重要關鍵，故覼縷論之如此。

《論語》鄭注殘簡（展品卅一）

存《子罕》第九共三十二行。《論語》正文起「子云吾不試故藝」句，訖「（衣狐）狢者立」句。P.2510 卷為龍紀二年（890）寫本，持與此斷簡相校，《論語》正文異處如下：

上海博物館卷	P 卷
必趨	趍
約我以禮	約之以禮
且與其死	且予與其死
之手	之手乎
予縱	且予縱
韞匵	櫝
待賈	待價
一簣	一匱

《論語》鄭注寫本，敦煌與吐魯番出土多種，已有人綜合研究。[1] 此一殘本為新資料，向所未見。

1987 年 3 月

---

[1] 詳拙著《敦煌書法叢刊》第七卷《經史》五。

港大馮平山敦煌寫卷展小引

　　寫經的事業隨着佛典翻譯工作而展開。現存佛經寫本可追溯至西晉惠帝時聶承遠寫的《諸佛要集經》。[1] 考《諸佛要集經》乃竺法護所譯，見僧祐《出三藏記集》卷二著錄（《大正藏》冊五五，二一四五號，7 頁下）。他譯經時，清信士聶承遠及其子道真等承旨，執筆詳校。[2]

　　此卷題「元康六年（296）三月十八日寫已」，豈即當日筆錄之本耶？降至西涼李氏，北涼沮渠氏，寫經漸多；至北魏西魏而極盛。《釋伽方志》篇七 [3] 稱道武（拓跋珪）之世，「寫《一切經》」。孝文帝時，帝舅昌黎王馮熙在洛陽寫十部《一切經》，「一經一千四百六十四卷」，十部經可得一萬四千六百四十卷。倫敦大英博物館 S.0996 號《雜阿毗曇心》卷尾題記「大代太和三年（479）十月廿八日，洛州刺史昌黎 [4]（王）馮晉國書于洛州」。即當時寫經殘葉，只是萬分之一而已。

　　吐魯番的寫經，像城郊發現陶器，內有佛經十三種，其中有《金光明經》卷二，題記年月為「庚午歲八月十三日」，即太武帝世祖

---

[1]　見董作賓《敦煌紀年表》引佛學書局許國霖之《敦煌石室寫經題記彙編》二五（《東方學報》第一卷第二期，新加坡，1985）。姜亮夫《莫高窟年表》（27 頁）亦稱：「寫經有明確年代者此為最早。」又謂此為日本橘瑞超所得之庫車者。惟謂《諸佛要集經》，中土所得，無此經名，疑即《諸經要集》，則非；不知此乃出自竺法護所譯者。

[2]　見《開元釋教錄》卷二，《大正藏》冊五五，二一五四號，494 頁下，又 496 頁下。

[3]　見《大正藏》冊五一，二〇八八號，974 頁。

[4]　詳拙作《選堂集林·史林》，香港：中華書局，1982，421～429 頁。

神麚三年（430）。法京國立圖書館所藏有記年最早的敦煌寫卷絹本P.4506 號為北魏獻文帝皇興五年（471）《金光明經》卷二，相去四十年。又大英博物館 S.0616 號即《金光明經》卷四《除病品》，題「為亡比丘龍泉窟主永保敬寫」。署書寫年代為太和三年（479）戊子。南北朝時，是經極受人重視；帝王亦多開講。《陳書‧高祖紀下》：「二年冬十月……輿駕幸莊嚴寺，發《金光明經》題。」隋煬帝亦命慧乘從張掖為高昌王麴伯雅講《金光明經》。[1] 知此經流通之廣，故壁畫亦多所取材焉。

此批在香港大學馮平山博物館展出古寫經斷片為美國紐約市安思遠先生所藏，共六十一件。[2] 據稱部分出於吐魯番及敦煌。其經卷尾有記明經的名稱和卷帙數目，略舉一二事，說明如次：

圖錄三，《妙法蓮華經》提婆達多品第十二。

存「爾時佛告諸菩薩」至說偈言「不貪五欲樂」一段。又一斷簡唐人書。此經第一譯者為吳支謙，稱《佛以三車喚經》一卷，應是《譬喻品》。[3]

其稱《妙法蓮華經》八卷，二十八品，乃姚秦時鳩摩羅什所譯。此寫卷即是羅什本。

圖錄一，《摩訶般若波羅蜜》勸起眾生品卷之二，《放光》十九。

六朝寫本。

按《放光般若經》卷十七即為《摩訶般若波羅蜜》教化眾生品第七十四。[4]

---

[1] 參見《續高僧傳》卷二四。
[2] 中國寫本四十三件，朝鮮寫本十八件。
[3] 參南條文雄、泉芳璟：〈《梵漢對照‧新譯法華經》序〉，京都：平樂寺書店，1913。
[4] 見《大正藏》冊八，二二一號，117 頁。

圖錄七，《大般若波羅蜜多經》卷第廿六。

三藏法師玄奘奉詔譯《初分教誡教授品》第七之十六。

存「復次善理汝觀」訖「若我、若無我，增語非菩薩」。今本「非」作「是」。[1]

圖錄八，《大般若波羅蜜多經》卷五十六。

《初分辯大乘品》第十五之六，三藏法師玄奘奉詔譯。[2]

圖錄一一，《維摩詰經》香積品第十。

唐寫本。

起「於是舍利弗」訖「菩薩說法故遣化來」，此鳩摩羅什譯。[3] 一本作「香積佛品」。

1987 年

---

[1] 見《大正藏》冊五，二二〇號，143 頁。
[2] 見《大正藏》冊五，二二〇號，315 頁。
[3] 見《大正藏》冊一四，四七五號。

敦煌石窟中的誐尼沙

　　敦煌莫高窟共四百九十餘窟，只有列 285 號的西魏大統四、五年禪窟中的壁畫，繪着象頭人身的誐尼沙（Gaṇeśa），位於大自在天的下面（見圖一）。窟中這樣的像從來只出現一次，以後便消失了。聞說榆林窟亦有一幅，惜未獲睹。誐尼沙在印度教的神話裏，地位甚高，他是代表智慧和學問之神（god of wisdom）。又是濕婆 (Siva) 與婆羅和底（Paravati）的兒子，從古事紀（Puranas）時代以來即受到崇高的歌頌。何以敦煌石窟只有一見？我在瞻拜該窟之後，這個問題一直迴旋在腦海中，久未解決。

　　誐尼沙亦為障礙之神（god of obstacle），他能製造障礙，同時亦能消除障礙，故常被作為祈求的對象。印度習俗，在一切事業開始的時候，人們每每念下面的詞句：

　　　　namo gaṇesāya vīghnesvraraya

意思謂：歸命誐尼沙神，是一切障礙的克服者。好像我國人唸南無（namo）觀世音菩薩。印人在書籍的卷端，時亦寫着這一句話，故 Vighnesvara 亦成為誐尼沙的別名。

　　漢譯佛典誐尼沙通常有二名：一是毗那夜伽天，亦稱裨那夜伽，梵語 Vināyaka；一是伽那鉢底，亦作誐那簸底，梵語 Giṇapati。Gaṇapati 之名遠出自《黎俱吠陀》II 23.1，其文云：

　　　　gaṇānām tvā gaṇapatim havāmahe havim havinam upa

maṣravastaman.[1]

意思是：祝汝伽那鉢底，眾神之首，聖中之聖，粢盛豐足無盡。法國梵學者興努（L.Renou）舉出《祭規法典》（*Yājñavalkya- dharmasastra*）中一句云：

Viniyojitah gaṇānām ādhipatye ca rudreṇa

意思是：群神受命，為真宰（rudra）所倚畀。他認為此處的伽那（gana）即相當於誐尼沙。gana 一字的意思是團體、群、隨從；鉢底（pati）是主，因為他是大自在天（Siva）的隨從。誐尼沙的異名，見於《黎俱吠陀》中又有 dantih，取其象牙為義，hastin 和 Vakratunda，則狀其象身，已詳興努的討論。

　　唐代密宗傳入之後，毗那夜伽天乃有雙身，取譬於權、實合一；因之，復有大聖歡喜天之稱。有關毗那夜伽的譯者，唐時菩提留支、金剛智、善無畏、不空、含光、憬瑟、般若惹羯羅及宋代法賢等都有不同的譯本，見於《大正藏》一二六六至一二七五號，計得十種之多，資料甚為豐富。

　　金剛智譯的《佛說金色伽那鉢底陀羅尼經》是一篇很短的文章，內云：「佛告舍利弗，此是金色伽那鉢底除障難真言。」又云：「其像形人身象頭六臂，於白氎上畫之。」[2]

　　善無畏譯的《大聖歡喜雙身大自在天毗那夜伽王歸依念誦供養法》說：

　　　　大聖自在天，是摩醯首羅大自在天王，烏摩女為婦，所生有三千子，其左千五百，毗那夜伽王為第一，行諸惡事，領十萬

---

[1]　*Rig-veda*，德國 Aufrecht 本第一冊，95 頁。
[2]　《大正藏》冊二一，303 頁。

七千諸毗那夜伽類；右千五百，扇那夜伽持善天為第一，修一切善利，領十七萬八子，諸福伎善持眾，此扇那夜伽王，則觀音之化身也……夫婦令相抱立之。身長五寸，象頭人身。[1]

這可證明毗那夜伽是大自在天的兒子，同時亦為障礙之神，見表：

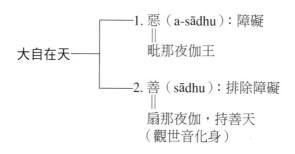

密宗的書，把大自在天的兒子，劃分為善、惡二系，不像印度本土的誐尼沙，一身可具有生障、排障兩樣正反的作用。毗那夜伽既是障礙神，代表惡的一面，遂被編入惡鬼的行列。傳入日本東密胎藏界中的七日作壇法，其方形壇，正是要使惡神毗那夜伽退散，因而使用許多咒語和法事。我們看唐阿地瞿多譯的《佛說陀羅尼集經》卷四內七日供養壇法云：

> 在此院內，東西南北四維上下，所有一切破壞正法毗那夜伽惡神鬼等皆出去我結界之所七里之外。
>
> 若護正法善神鬼等……次第依彼軍荼利法辟除結界……[2]

---

[1] 《大正藏》冊二一，303 頁。

[2] 《大正藏》冊一八，813～814 頁。

結界以排除惡神。其護正法的善神，即指持善天之扇那夜伽等。上引
《陀羅尼集經》卷十一舉出有下列各咒：

> 一切毗那夜伽法印咒（列第四十九）
>
> 毗那夜伽咒法（列第五十）
>
> 調和毗那夜伽法印咒（第五十）

說云：「欲作此法，先須造像……夫婦二身令相抱立，各長五寸，七
寸，亦得二身，並作象頭人身。」這時已施行雙身的歡喜天像法。

印度婆羅門散佚經典，其中有 *Vināyakaśānti* 者即《毗那夜伽
（鎮靜）法》，其書收入於 Batakrishne Ghosh 所編的 *Collection of the
Fragments of Lost Brāhmanas*（《婆羅門散策輯佚》），1935 年加爾各
答印行，日本辻直四郎著《吠陀學論集》有文介紹大意[1]，故知毗那夜
伽法遠源出自婆羅門外道。

在憬瑟撰集的《大聖歡喜雙身毗那夜伽天形象品儀軌》及般若
惹羯羅撰的《聖歡喜天式法》各書，對於雙身的象頭人身的毗那夜伽
男、女天合抱的形狀，有詳細描述，憬瑟是依據含光口傳而創出這一
祕密儀軌。含光在他所著的《毗那夜伽誐那鉢底瑜伽悉地品祕要》中
說道：

> 毗那夜伽生歡喜心雙身真言曰：
>
> 唵！儗哩 虐 娑囀賀
>
> 行者常誦此咒，無有障礙。是真言中顯權、實義，所以者
> 何？儗哩者是觀自在菩薩種子字也。菩薩現此身為其婦而勸進，
> 令毗那夜伽不作障礙……次虐者是毗那夜伽種子，此常隨魔也
> ……惟時而來而作障難，毗那夜伽常隨作障難，故名常隨魔

---

[1] 49 頁。

也。假使梵王及憍尸伽諸天龍等，不能破如斯障難，惟有觀世音及軍荼利菩薩能除此毗那夜伽難也。[1]

據此知雙身真言中儗哩 (ṇari) 是觀世音的種子字 (bija)，表示權；虐（ňa) 是毗那夜伽神的種子字，表示實；雙身的毗那夜伽歡喜天，男天指魔王，以喻其實，女天代表十一面觀音，以喻其權。權與實兩者的對立與調和的道理，含光亦有詳細說明，今不贅述。密宗雙身歡喜天，代表男、女天的調和，主要旨意在調伏障難，使毗那夜伽之惡魔，化為善行，誘進諸障，令入正見，一切惡事悉皆消滅。由於身、口、意三業的懈怠，遂引起種種障難，其真言法中有三部，代表三尊，即毗盧遮那（大日如來）、觀世音與軍荼利三部尊，作為禮拜對象。此為唐代密宗的儀軌，想是後來踵事增華之舉。在西魏時代，尚未有雙身的形狀，所以 285 窟坐於大自在天之下的象頭人身應該是 Gaṇeśa，而且大自在天位於中央，說明他是誐尼沙的主人，是時從印度傳入的儀軌大致尚保留婆羅門的教跡，不像唐中葉以後密宗大師胎藏界等的旗幟分明，所以不能認為正式的密宗此時已經輸入了。

至於誐尼沙此後何以消失？有二點可以說明：

（一）誐尼沙被目為障礙之神（如唐初玄虛在《一切經音義》卷二四所說：「毗那恆伽，此云有障礙神。」）是屬於不利的對象，故不為人所喜歡。

（二）能降伏毗那夜伽天的障難，以十一面觀音為最具代表性之神，故後來雙身的歡喜天取之作為女天的化身。但十一面觀音畫像在唐初敦煌石窟已出現（如 334 號窟東壁）。後來更非常普遍盛行。《十一面觀世音神咒經》（*Ekāda śamukha*）在北周已有耶舍崛多譯出，玄奘亦譯成《十一面神咒心經》[2]。唐以降有十一面觀音的崇拜，即可

[1] 《大正藏》冊二一，321～322 頁。
[2] 《大正藏》冊二〇，一〇七〇、一〇七一號。

代替誐尼沙的消除障難的神力，這樣，誐尼沙亦可以揚棄了。

敦煌石窟之所以誐尼沙只有一見，而十一面觀音的圖像則如恆河沙數，我想從誐尼沙在西魏以後不再出現，也許能得到合理的解釋。是否有當，甚望方家加以指正。

1988 年 3 月 25 日

敦煌石窟後期，元代亦有誐尼沙像，則由喇嘛教傳入，正如蒙古銅製佛像之有不少象頭人身像，情形相同，不能與此並論。在印度的康海里（Kānheri）第 41 窟內有十一面觀音立像，為 5、6 世紀時物，我於 1963 年在蒲那（Poona）從事中印關係研究，曾到過該窟考察云。又記。

原載中山大學《陳寅恪先生紀念論文集》，又見《明報月刊》
1988 年 6 月

圖一　見莫高窟 285 號，誐尼沙

《敦煌文書學》序

　　余始識林君聰明於法京，在 1976 年。余方致力敦煌畫樣，每相值於東方部，披覽寫卷之餘，輒造咖啡室縱談，時君校讀《杜正倫百行章》，質疑辯難，以此為樂。

　　法京藏卷，一向扃閟不公開，卒賴戴密微先生之力，得以製成顯微膠卷流行於世。十載以來，國人治茲學者，急起直追，幾與海外學人論著相頡頏。其中富有綜合能力，又復鍥而不捨，專壹以赴者，當以君為後勁。

　　「敦煌學」一名，作始於陳寅老，余則謂敦煌寫卷只是一堆材料，原無所謂學也。吾友左東侯終生與法京寫本結緣，枕饋最深，嘗有意從文書學觀點，加以董理，欲以平生目睹摩挲原物之心得，以金針度人，亦已揭其大凡矣。君復矢志於是，加以累歲浸淫深入，目學所被，遠之若丹麥各地未經著錄之卷，盡囊括而有之。比者出所著見示，類聚群分，同條共貫，辨彰幽隱，創獲尤多。自是治敦煌之學，乃有途徑可循，本立而道生，其有功於書錄，豈淺鮮哉？

　　言夫經卷，以年代辨認為難。有作品之年代，有書寫之年代，不容殽亂。其犁然毋庸置疑者，若《溫泉銘》拓本，在永徽之年，去太宗立石僅有十載，洵為最早僅見之墨拓，以有題記，故可立辨。其或一卷之中，前後皆有繕寫，孰先孰後，煞費研考。如 P.3808，一面書《長興四年講經文》，一面書《琵琶曲譜》二十五曲，向來以樂譜為背（ V ）。實則該譜本由大小十一紙聯接而成，凡有三種筆跡，其第一、二、四行接駁處，譜字拍號，部分為前一、二、三行之紙所黏遮，其

應有之詞調名目一行且為掩蓋，莫由窺測，足見《琵琶》三卷其書寫在先，講經文應居其後；自非悉心考察，不易輕下結論，斯其一例也。

　　君籌燈十年，博訪周諮，成書十章，舉凡用紙、印信、裝潢、題識，以至割裂、出處諸問題，罔不細加討論，洽聞殫見，原原本本，可謂振裘而能提領，舉網而知挈綱，足為初學津逮。敦煌學之鈐鍵，捨是其孰與歸？爰不揣固陋，聊識數言以當喤引。

1991 年

敦煌出土鎮墓文所見解除慣語考釋

——《魏晉南北朝敦煌文獻編年》序

王素、李方伉儷著《魏晉南北朝敦煌文獻編年》，共收錄該地區出土文獻，有年代可繫者四百七十事，起蜀漢章武元年（221），訖於六朝季歲（589）。凡舉簡牘，文書，鏡、錢、磚、塔銘記，碑誌，石窟題記，古籍、寫經題識與陶瓶、朱墨書鎮墓文，無不網羅甄集，囊括無遺。手此一編，此時期之地下記載，可免鉤索之勞，譬諸探驪得珠，有裨於史學者多矣。

出土資料，往往於文獻寡徵，理董非易，必待集中整比，原委次第，庶幾大明。以鎮墓文一項而論，吳榮曾初作研究[1]，其時河洛關隴發掘品總數三十餘件，以東漢和、順、桓、靈及獻帝為多。本編鳩集，起於甘露（257），以迄玄始（421），共六十九件。姜伯勤〈道釋相激：道教在敦煌〉，曾列詳表，加以詮釋。[2] 為死者解適，為生者除殃，西陲亦流行此俗，殆古代解除術之遺。《淮南子·修務訓》云：「禹之為水，以身解於陽盱之河。」高誘注：「『解』讀解除之解。」《莊子·人間世》記荊氏之木，「故解之以牛之白顙者與豚之亢鼻者」，是解除亦用牲。陽盱之山為河宗氏之所居，禹行解祠於其地，其由來遠矣。《論衡·解除篇》謂：「解逐之法，緣古逐疫之禮」；又謂「解除之法，眾多非一」，其中「解謝土神，名曰解土，為土偶人，以像鬼形，令巫祝延以解土神」。「祝延」一詞，見《漢書·外戚

---

[1] 吳榮曾：〈鎮墓文中所見到的東漢道巫關係〉，《文物》，1981（3），56～63頁。

[2] 姜伯勤：〈道釋相激：道教在敦煌〉，《敦煌藝術宗教與禮樂文明》，北京：中國社會科學出版社，1996，266～320頁。

傳》「酹地皆祝延之」。《論衡・言毒篇》:「南郡極熱之地，其人祝樹樹枯，唾鳥鳥墜，巫咸能以祝延□（去）人疾。」黃暉《校釋》讀「延」為「涎」，引《淮南子・淑真訓》高注「唾祝」連文為證。按馬王堆《五十二病方》屢言「湦（唾）之，賁（噴）」，而繼以「古（辜）曰、祝曰」，當即唾祝之俗。「祝延」為古祝疣（由）科之一法，解除時亦行之。

循覽諸鎮墓文之慣語，有若干須說明者：

一、注、不得相注仵

前涼建興三十一年（343）陶斗瓶文云：

> 卅一年三月八日，吳仁姜之身死。天注、地注、年注、歲注、月注、日注、時注。生死異路，千秋萬歲，不得相注仵。如律令。[1]

又同日陶斗瓶文云：

> 吳仁姜之身死，天注適值八魁九坎。今下斗瓶、鉛人、五穀，當重復仁姜正身，要注去。如律令。[2]

「八魁」、「九坎」皆星名。「八魁」見《後漢書・蘇竟傳》竟與劉龔書：「八魁，上帝開塞之將也，主退惡攘逆。」八魁之獸，詳宋均注。「九坎」者，P.2512 號《星經・石氏外官》:「九坎九星牽牛南。」亦是星名。

---

[1] 《文獻編年》八七號。
[2] 《文獻編年》八六號。

「注」亦稱為「注連」或「注仵」。《釋名・釋天》：「午，仵也，陰氣從下，上與陽氣仵逆也。」《說文》：「午，牾也，五月陰氣逆陽冒地而出也。」仵訓逆，故《赤松子章曆》卷五《大塚訟章》云：「為某解除家中逆注某身刑厄十二、刑殺百二十殃考（者），皆令銷散注滯。」「注連」見《顏氏家訓》卷二《風操》「戶外列灰，祓送家鬼，章斷注連」之文。王利器《集解》引《道藏・洞玄部・赤松子章曆》卷六所收《斷絕復連章》說之。該章有云：「約敕四時之官，開通道理，不得拘留某精爽，注復生人。又請北辰司馬……收捕某死時雌雄殃殺魁綱之鬼，復注之氣，疾速去離某家。」所云：「注復生人」及「復注之氣」，即其為祟之由。姜伯勤又引《登真隱訣》卷下「請石仙君一人……主治家中有強鬼，壓絕注鬼氣為精祟者」，以見「注」之為「注復」及「復連」之事。蓋「注」之義緣於疾病，《釋名・釋疾病》云：「注病，一人死，一人復得，氣相灌注也。」蓋猶今之言傳染病。隋巢元方《諸病源候論》卷二四「注病之候」條：「凡注之言住也，謂邪氣在人身，故名曰注。」

此種「注復生人」之事，亦稱曰：「注祟」、「復連」。宋傅洞真《太上玄靈北斗本命延生經注》卷中《注解經文》云：

> 塚者，先亡墳墓。徵呼者，因陰司考謫，乃追及生人。復連者，先亡傳尸，連累生人。

又《金鎖流珠引》卷二五云：

> 為鬼入人宅，妄求生人魂魄代死，遂作注祟，祟家中生人……道士可與救斷禁之止，令斷生死。[1]

---

[1] 張勛燎：〈試論我國南方地區唐宋墓葬出土的道教「柏人俑」和「石真」〉，《道家文化研究》第七輯，上海：上海古籍出版社，1995，312～322 頁。

　　敦煌祁家灣晉十六國墓葬出土鎮墓文，多云「今下斗瓶、五穀、鉛人」。山西出土靈帝熹平張叔敬解注瓶明言「鉛人持代死人」。《赤松子章曆》卷一《解五墓章》云：「錫人五形。」香港中文大學文物館藏建興廿八年松柏人形解除簡，兩旁記「柏人當之」（右方）、「松人當之」（左方）。降及宋代，仍流行此習俗。江西彭澤縣出土元祐五年（1090）木人俑，上書「柏人當」共若干見。可知作為代死人之俑，鉛、錫、松、柏皆可用之。[1] 漢世解土謝神用土偶，道教徒用其術，南北朝時乃有《赤松子章曆》，故「章斷注連」。章猶黃神越章之章，言天帝使用印信也。

　　敦煌出土前涼氾心容斗瓶文云：「升平十三年（369）……天注、地注、□□（注）、氾（？）注、立注、獨注、風注、火注、人（尸）注。」（本書一〇一號）獨即獨君。中大文物館藏序寧簡言「皇男皇婦共為禱獨君」，是其例證。

二、諸勾校

　　長安出土桓帝建和元年（147）加氏瓶文云：

　　　　天地使者謹為加氏之家，別解地下，後死婦加亡，方年二十四，等女名借（籍），或同歲月重復勾校日死，或同日鳴（名）重復勾校日死，告上司命、下司祿，子孫所屬，告墓皇使者，轉相告語，故以自代鉛人。[2]

　　又永壽二年（156）成家朱書瓶文云：

---

[1]　參見拙作〈記建興廿八年「松人」解除簡 —— 漢「五龍相拘絞」說〉，《簡帛研究》第二輯，北京：法律出版社，1996，390～394 頁。
[2]　《文物參考資料》，1958（7），62～65 頁。

天帝使者告丘丞墓伯、地下二千石：今成氏之家，死者字桃椎，死日時重復年命，與家中生人相拘籍。到，復其年命，削重復之文，解拘伍之籍，死生異簿，千秋萬歲，不得復相求索。[1]

又臨潼出土獻帝初平元年（190）朱書陶瓶文云：

初平元年七月……謹為劉氏之家□去皇男字阿屬，解諸勾□□、諸勾校、歲月勾校、天地勾校、解時日復重勾校。

由上三文，具見凡言重復，必與時日相連，主要解除者是「時日復重勾校」，用以「削重復之文，解拘伍之籍」，「拘伍」與「注件」、「注連」、「復連」取義應同。觀上列文字，有云「或同歲月重復校日」，又曰「日時重復年命」，曰「解時日復重勾校」，均指年時月日之相重，指生死命籍中死人與生人時日之交相注件，故知拘校即拘伍。余以《說文》戊字下「象六甲、五龍相拘絞」說之，校當讀絞。拘伍與注件、注連、復連、逆注、注祟義無二致。表之如下：

漢晉成語	晉以後同義語
重復校日	注件
時日復重勾校	注連
拘校	復連
拘伍	逆注（即注件之倒言）
拘絞	注祟

劉昭瑞引明朱權《臞仙肘後經》記忌日有天地重復日，云每月已

[1]《書道全集》卷三，1931，4~5頁。

亥日也，犯之宜禳則吉，以說桓帝加氏瓶之歲月重復校日，是也；惟謂「重復」即《太平經》之「承負」，恐未恰當。[1]

三、用當復地上生人

本書所見各瓶文，常見「用當復地上生人」一語（如三八、三九、四〇、四三、四四、五九、六〇等號，自西晉太康六年至永嘉三年均有之）。其同義異語（西晉建興二年至沮渠氏北涼玄始十年）有：

> 用當重復地上生人（八八、一三二、一三八、一四五等號）
>
> 當重地上生人（一二五、一二六等號）
>
> 用當重復（一二七號）
>
> 用當復地上地下（八二、八三號）
>
> 生者當重復，死者解除憂（七八號）
>
> 便利生人（六三、六五、九二、一一七、一三三等號）
>
> 用目福地上生人（六八號）
>
> 用贖生人魂魄（七五號）

以上或言「復」或稱「重復」。此諸「復」字，有回復、復原之義，故又改稱為「福」與「贖」。按此處之「重復」，與「重復校日」、「時日復重勾校」之「重復」，義當有別。

抑又有進者，漢代盛行「變復之家」一說，王充《論衡》屢屢言之，略舉如次：

---

[1] 劉昭瑞：〈「承負說」緣起論〉，《世界宗教研究》，1995（4），100～107頁。

變復之家，以久雨為湛，久暘為旱，旱應亢陽，湛應沈溺。（《明雩篇》）

變復之家曰：人君秋賞則溫，夏罰則寒……寒溫自有時，不合變復之家，且從變復之說。（《感虛篇》）[1]

變復之家，謂虎食人者，功曹為奸所致也。（《遭虎篇》）

變復之家，謂蟲食穀者，部吏所致也，貪則侵漁，故蟲食穀。（《商蟲篇》）

按變復之家以為天變於上，乃由人之行為過失所招致。王充云：

《春秋》魯大雩，旱求雨之祭也。旱久不雨，禱祭求福，若人之疾病，祭神解禍矣。此變復也。（《論衡·明雩篇》）

《藝文類聚》卷一〇〇引《會稽典錄》：

郡遭大旱，（夏）香進諫曰：「……自古先聖，畏懼天異，必思變復，以濟民命。」

沈濤《銅熨斗齋隨筆》卷七論變復家為陰陽五行家之一術。姚振宗《漢書藝文志條理》謂自「禎祥變怪」至「請雨止雨」，皆所謂變復之家。東漢奏書屢見「變復」、「消復」之語。章懷注解稱「變異銷復之術」，謂變改而修復。復訓修復、復原。由是觀之，鎮墓文「當復（地上之人）」之「復」，亦如變復家之「復」。變復家言，漢代著述若《請官除訞祥》、《請禱致福》，皆是解除之術。《漢書·郊祀志上》「古天子常以春解祠」，師古注：「解祠者，謂祠祭以解罪求福。」鎮墓文每言「解適」，適讀為謫，解謫與解罪正同。東漢洛陽朱繪瓶

---

[1] 按：變復家謂喜怒賞罰，招致寒溫。《論衡》於《寒溫篇》、《譴告篇》力關之。參閱黃暉：《論衡校釋》卷五《感虛篇》注釋，長沙：商務印書館，1938，216～252頁。

文云「解注瓶，百解去，如律令」。當時鎮墓，施用鉛人，為死者解讁，源於古之解除術，自當屬諸變復之家，灼然可見。

本書提供新資料，至為豐富，可討論者尚多，茲僅拈解除文一例，增演前修，聊作錐指，蠡測隅見，或於君書不無小補也歟。

1997 年清明前二日

《吐魯番統治敦煌研究》序

　　近二十年來，中外藏學有極大之進展。法京輯刊《伯希和藏文文書選集》兩輯（1978、1979）；王堯先生印行吐蕃金石、簡牘二錄（1982、1984），其藏史要籍譯本，陸續問世，而《敦煌本吐蕃歷史文書》先後繡梓，嘉惠來學，就中 P.T.1288 號《大事紀年》提供重要資料，尤為治史者所重視，鑽研發蘊，大有其人。

　　龍朔中，吐蕃之叛，起於欽陵與吐谷渾不睦，遞相表裏，各論曲直，朝廷未為與奪，激起怨怒，吐蕃以兵四十萬敗薛仁貴於青海大非川[1]，遂滅吐谷渾，其餘眾徙靈州內附，為置安樂州。[2]吐蕃由是壯大。繼之，有四鎮之爭奪，唐室疲於應付，征伐累年。吐谷渾，藏人呼為阿賞者也。于闐為四鎮之一，吐蕃稱之為 li-yul，於其地設薩毗軍帳，藏文資料若敦煌卷 P.T.960 號即《于闐教法史》殘卷，暨《于闐國授記》，西方學者咸究心焉，而論著滋富。

　　吐蕃崛起，實肇於貞觀十二年（638）入寇松州之役，楊銘先生以蜀人而留心藏事，頻年纂輯，續學忘疲。既致力於《大事紀年》，尚論吐蕃與突厥之關係；取婼羌古戍堡簡冊，鉤索地名，窮其原委。復與周偉洲先生合作，研究《吐谷渾紀年》殘卷，解謬辨疑，抉發尤多。可謂覃思精通，妙達神旨者矣。余自識君於重慶，屢荷嘉貺名

---

[1] 《大事記年》載馬年（670～671，即高宗咸亨元年）贊普於 o dang 及 Ji me khol 大破唐師，I. Beckwith 謂其地即大非川。

[2] 詳《冊府元龜吐蕃史料校證》「龍朔二、三年」條。

篇，喜是書之殺青，信有裨於來者，爰不辭荒陋，聊綴數言，勉副盛
心，用當喤引，冀為讀君書之一助耳。

1997 年清明

敦煌本《瑞應圖》跋

　　佰希和 P.2683 為《瑞應圖》殘卷，書名已佚，只存龜、龍、鳳（其鳥有「發鳴」名稱）三類。陳槃庵以《宋書·符瑞志》校之，謂應尚有麒麟一類。按此卷書名雖缺，然以 P.2005 號《沙州都督府圖經》背記歸義軍名號後記「瑞應圖借與下」六字，則原卷之為《瑞應圖》，了無可疑。

　　圖中字不避唐諱，陳氏謂猶六朝寫本。青龍下兩引孫氏《瑞應圖》及《宋書·瑞》（即《符瑞志》）；孫氏或孫柔之所著。又屢云舊圖不載，舊圖未知何所指。陳氏據《中興書目》，疑此與顧野王之《符瑞圖》略近，然野王書本名《符瑞圖》，不作《瑞應圖》。考《唐朝名畫錄》，江都王善畫《明皇潞府九十瑞應圖》，實造極神妙。《舊唐書》六十四《霍王元軌傳》：「長子緒最有才藝，上元中封江都王，累除金州刺史。垂拱中，坐與裴承光交通被殺。」《歷代名畫記》十：「江都王緒，霍王元軌之子，太宗皇帝猶子也。多才藝，善書畫，鞍馬擅名。」杜甫《觀曹將軍畫引》云：「國初以來畫鞍馬，神妙獨數江都生。」即此人也。江都王李緒亦作《瑞應圖》，是唐世作《瑞應圖》者尚多。

　　敦煌之《瑞應圖》，所見《河圖》凡三，又《河書》一；是《河圖》之外，又有《河書》。茲錄其文如次：

　　（一）河圖　　繪一龍，背負書卷，出於水沼，題記云：舊圖不載神龍負圖。水紀之精，王者德至淵泉則出矣。堯在河渚之上，神龍

赤色，負圖如出。

（二）河書　　繪一書浮於沼面，且有蓮葉、蓮花及水藻生於其間。題記云：舊圖不載。王者奉刑法則河出書。周公時，神龍解甲，入於廟辰。

（三）河圖　　繪一龍，頸纏巾帛，題記云：天地之命，紀水之精也。王命右土，右土承天則河出圖矣。堯坐河渚之上，神龍負圖而出江河，海水山川丘澤之形兆，及王者州國之分，天子聖人所興起，容類形狀也。王者承子命而行天道，四通而悉，無益之術藏，而無浮言之書，則河圖出。

（四）河圖　　龍之形狀大致如前圖，惟頸間無巾帛。題記云：天地之苻，水之精也。河者，地不經川地。王者奉順，右土承天，則河雒出圖書矣。昔者黃帝坐玄扈，雒上鳳皇銜書至堯坐中，河龍負圖而出聖人，沈河雒而遊者有俊望也。圖河海山川國之分，聖人物起容狼爾。

　　此四圖皆廁於龍之行列，蓋本緯書龍負圖之說，繪以成圖。

　　漢明帝十七年十月班固評賈、馬贊中論秦政：「蓋得聖人之威，河神授圖。」[1]《正義》謂蓋者疑辭，言始皇之威能吞併天下稱帝，疑得聖人之威靈，河神之圖錄。此以《河圖》為河神所授之圖錄。按始皇三十二年，燕人盧生使入海還，奏錄圖書，曰亡秦者胡，即指此事也。是為秦漢時《河圖》之初義，後來演為龍負圖書之事；緯書及諸書《符瑞志》記之甚悉，今不具論。中大文物館展出玉器有怪獸上負簡冊，其狀與此卷《河圖》之第一圖相同，必象龍負圖者。

1999 年

---

[1]　《史記·秦始皇本紀》末。

《敦煌本〈甘棠集〉研究》序

　　句容劉鄴於咸通元年（860）九月二十六日以拾遺上書，為李德裕追雪。十月，詔復德裕太子少保、衛國公。一時震驚朝野，鄴因之有蹇士報德之譽。《舊唐書·鄴傳》錄此疏全文以彰之。溫公既著其事於《通鑑·唐紀》六六，惟於《考異》則疑其文非鄴本奏，或後人偽作之。

　　自李燁墓誌出土，陳寅恪撰文，力證燁貶立山尉，後移授郴縣尉，其卒在大中十四年六月二十六日，先鄴上疏僅三閱月，此與疏文「枯骨未歸，一男又殞」之語吻合，且言「溫公以常識判其不足取，而不知千載之後，塚墓遺文忽出人間，遂翻此一重公案也」。惟於是疏仍有所懷疑。自敦煌石室《甘棠集》面世，友人賀光中、吳其昱二君先後留意此一殘本，咸有撰述，而吳君用力尤深，於《鄴傳》多所抉發。惟以此疏不見於《甘棠集》，定為非鄴所自撰。此疏真偽，仍成懸案。

　　《甘棠集》共三十葉，原列 P.4093 號，首尾不具，賴集各卷前後均題《甘棠集》及其卷數，王重民首發其覆，定其書即《唐書·藝文》別集類著錄之「劉鄴甘棠集三卷」，碻不可易。考張議潮於大中五年（851）遣使來降，遣其兄議潭奉十一州圖籍入覲。是時朝廷主要文書，亦被傳寫至西陲，如宣宗時翰林學士京兆尹韋澳著，一號「處分語」之《諸州境土風俗利害》，亦部分保存於敦煌冊子（即 P.2511 號之《諸道山河地名要略》第二），卷末有處分語：「表裏山河之固，實為朝廷重寄。」為咸通八年（867）前書。劉鄴嗣入仕翰林，累遷官

至宰輔，其《甘棠集》之流傳於西州，亦理所當然也。

趙和平兄從周一良先生治唐史，顓志於書儀之研究，成書纍纍，所輯《敦煌表狀箋啟書儀輯校》，久已膾炙人口。探索唐季掌書記家之遺文，鉤稽故實，多所發明；西陲文獻此類文書範本之著述，若《靈武節度使表狀集》、郁知言撰《記室備要》，君皆手為之箋證，復以餘力，治《甘棠集》，耗時多年，勒成今著。

書中考證劉鄴曾為翰林學士承旨，復補考湖南中丞李汶儒之行實，皆其新創獲。於集中各篇，一一為校注，鉤稽撰寫年月與收件人之仕履顛末，採據充實，使人了然唐代典制，大足為讀本書者之助。至於尚論中晚唐進士科，多循幕府迅昇，躋位卿相，此一終南途徑，影響及於北宋以來文人主政之新局，尤徵其史識之卓越。

溫公曾舉白敏中與右庶子段全緯書，謂：「德裕素有恩於敏中，敏中前作相，既遠貶之，至此又掠其美，鄙哉！」於白氏深加貶抑，君於書中力為辯誣。既證《舊唐書》言鄴入高元裕幕之誤，應是入高少逸陝虢幕，陝虢以召公分陝，鄴司幕此邦，故以甘棠名集；且引《唐大詔令集》、《唐摭言》諸書以明晚唐文士慣稱陝州為甘棠。此以府主所居地為集名。所收文書，限於地域，故上雪李德裕疏，自不在採錄之列，足以祛諸家之惑。余向於溫公詆敏中有所不解，讀君所論，方始釋然。君從多方面證明鄴此疏之非偽作，且為敏中辯誣，舉證無不愜心饜理，令人信服，如據《唐語林》知鄴與白敏中同住長安永寧里；至於考索鄴入翰林前歷官之曲折經過，處處均見考證之功力。

猶記抗戰期間，余自桂林西奔蒙山，其地即李燁移授郴縣尉前任之立山貶所，燁從立山獲喪歸葬。當日余讀寅老辨證文字，曾於當地尋訪遺跡，迄無所得。今歲十月，余自河南孟津于役三門峽，臨陝虢之舊邦，摩挲往古分陝遺碣，重誦《張遷碑》「召伯分陝，君懿其棠」

之句，益恍然唐人以甘棠為陝州雅名之故。今序君此著，思古之幽情，油然倍增，聊復書之，以志平生治史聞見之緣遇焉。

1998 年 12 月

敦煌本《立成孔子馬坐卜占法》跋

倫敦 S.1339 為《孔子馬頭卜法》，又 S.0813 之第三段為《立成孔子馬坐卜占法》。本文云：「凡此上經差得告得不從，重重問，問不驗，大吉事即問一卦即止。昔孔子馬頭上坐，咒曰：神卜靈，靈知死知生：知敗知成，知吉知凶，知行知往，某厶某事，吉之與凶，惟卦所從。卜者須清吉，端心定意，事無無中，所用笁子，惟有九枚，枚別有刻數，咒畢總把之，令人課抽一笁，若得二刻得三刻及九刻囗，隨笁依經判之，立即可驗（下略）。」

以上二件，Giles 目（新號 6966 及 6991）俱著錄之，列於占卜類，釋云：

> 6966　Treatise on divination with hexagrams 33、17、37、21、35、64 and 12 from the I Ching(易經). Begin mtd.:upper portion torn away. Left unfd.mediocre MS of 10th cent. Buff paper.
>
> 6991　Divination queries, each followed by 9 answers of different import.Left unfd. Ruled with horizontal lines. mediocre MS. Verso: Small portion of a narrative text, much faded.

按《隋書・藝術・臨孝恭傳》，所著有《孔子馬頭易卜書》一卷，書名與此相同，則是本乃臨孝恭所著也。「立成」一詞，隋唐以來術數書喜用之，試分述如次：

曆術：《四時立成法》，隋劉祐著，見《隋書・藝術傳》。

《曆立成》，唐僧一行著，見《唐志》。

又《青蘿立成曆》。

易占：《易立成》二卷，郭氏（珗）撰。

《易立成》四卷

《易玄（立）成》一卷

《周易立成占》三卷，顏氏撰；俱見《隋志》。

太一：《太一立成》，隋蕭吉撰，見《北史・藝術傳》。

《太一飛鳥立成》一卷，見《隋志》。

《帝一混合三五立成法》，《雲笈七籤》引。

《太一三宮兵法立成圖》二卷，見《隋志・子部》。

九宮：《九州（宮）棊立成法》一卷，後周王琛撰。

《三元九宮立成法》二卷，不詳撰人。

遯甲：《遯甲肘後立成中祕》一卷，葛洪撰，見《隋志》。

《遯甲元九局立成法》一卷。

《遯甲敍三元玉曆立成》一卷，郭弘（一作引）遠撰。

《遯甲立成法》一卷，臨孝恭撰。

《遯甲立成》一卷。

《遯甲時後立成》一卷。

《遯甲三元立成》一卷。

以上不詳撰人，見《隋志》。

元辰：《元辰立成譜》一卷，不詳撰人，見《隋志》。

《隋志》：《梁有雜地基立成》五卷，為阮孝緒《七錄》所收者。又《周易立成占》，顏氏撰；姚振宗謂即北魏之顏惡頭。《酉陽雜俎・貶誤篇》言梁元帝作《連山》每卦引《立成》，或指《隋志》題郭璞之《易立成》；如是術數書以「立成」題名，晉朝以來已盛行矣。

敦煌卷所見立成書卷不一而足，如 P.2534《陰陽書》卷第十三為葬事，題「立成法第十二」，即其一例。日本正倉院東大寺獻物帳古文書有《杜家立成》；杜家殆指唐之杜正倫，是儒書亦採立成為名也。清和碩親王著有《欽定修造吉方立成》；臺灣道教徒開醮文亦有《元辰章立成曆》[1]，立成一名至今仍沿用不替。

立成亦謂之須臾，《後漢書・方術傳序》：「日者挺專（即筵簿）須臾孤虛之術」，李賢注：「須臾，陰陽吉凶立成之法也。」《隋書》、《舊唐書》之《經籍志・術數類》與《新唐書・藝文志・術數類》，有《武王須臾》二卷，即其類。

「立成」一詞，原見《國語》。《周語》云：「夫王公諸侯之有飫也，將以講事成章，建大德、昭大物也，故立成禮烝而已。飫以顯物，宴以食好，歲飫不倦，時宴不淫。」韋注：「立謂立行禮不坐也。立曰飫，坐曰宴。」《說文》五下餕字，《詩・常棣》「飲酒之飫」，朱駿聲云：「不脫屨升堂而饗謂之餕，禮之立成者也。」

1999 年

---

[1] 見侯錦郎 *Monnaies d'offrande* 一書。

敦煌《大學》寫本跋

　　《大學》一篇，《禮記》列於第四十二。鄭玄《三禮目錄》云：「大學者，以其記博學可以為政也。此於別錄，屬通論。」通論為說經之一種體裁，漢人多用之，若東漢洼丹《易通論》即是。《大學》是傳，性質即屬於通論一類。

　　《大學》古鈔本，現可見者，有唐末敦煌莫高石窟所出殘卷。原物現藏倫敦大英博物館，列 S.0575 號。曩年在倫敦屢獲摩挲，用棗紅色厚箋書寫，字大如錢，正楷如顏平原字體，工整無比，與一般寫經卷子不同。存三十六行，起《儒行》末段，接書「大學第四十二，鄭氏注」。由「大學之道，在明明德」以下，至「此之謂自謙」句。以謙為慊，文字與今本《禮記》及岳珂《相臺五經》本無大差異。親民不作「新民」。朱子用程子說，改親為新，僅提出新見。由寫本更足見嘉靖時豐坊偽《大學》石經本之無謂。即程子之改本及朱子之章句本[1]，只是後來重新安排，以三綱分傳，務使眉目分明而已，非其朔也。

---

[1]　詳毛奇齡《大學證文》，明道、伊川對經文皆有移置。

敦煌寫本《登樓賦》重研

　　巴黎國家圖書館所藏敦煌寫卷 P.3480，內有王仲宣《登樓賦》一首，共十四行，著錄於陸翔譯之《巴黎圖書館敦煌寫本目錄》。余旅法京時，曾見原物，略有校記，附於拙作〈敦煌本《文選》斠證之二〉[1]。友人陳祚龍先生另撰〈敦煌寫本《登樓賦》斠證〉[2]，指出此寫卷《登樓賦》全無「兮」字，蓋因「魏武論賦，嫌於積韻，而善於資代」，謂「仲宣製作是賦之先，或已深受魏武之影響」，「不用兮字作為語助與餘聲，當係為求迎合魏武之情調」。陳先生入校諸本，為胡克家刻《文選》，張溥《漢魏百三名家集》，嚴可均輯《全三國文》，為習見之三種本子，並謂各本之有「兮」字，概為衍文。今案《藝文類聚》卷六十三「樓」類，引魏王粲《登樓賦》，亦無「兮」字，茲據影紹興本錄其文如次（以明胡纘序刊小字本參校）：

　　登茲樓以四望，聊暇日以銷憂，覽斯宇之所處，實顯敞而寡仇。接清漳之通浦，倚曲阻之長洲。北彌陶牧，西接昭丘。雖信美而非吾土，曾何足以少留。憑軒檻以遙望，向北風而開襟。平原遠而目極（胡小字本作「梜」），蔽荊山之高岑。路逶迤而修迴，川既漾而濟深。昔尼父之在陳，有歸歟之歎音。鍾儀幽而楚奏，莊舄顯而越吟。人情同於懷土，豈窮達之異心。惟日月之逾邁，俟河清其何極，冀王道之一平，假高衢而騁力，步棲遲而徙

倚，白日忽其西匿。風蕭瑟而並興，天慘慘而無色，獸狂顧以求群，鳥（胡小字本作「烏」）相鳴而鼓翼。原野闃其無人，征夫行而未息，循階除而下降，氣交憤於胸臆。夜參半而不寐，悵盤桓以反側。

文句既多刪節，字亦與《文選》多異。《藝文類聚》為唐高祖武德七年歐陽詢、裴矩、陳叔達奉詔撰集，此敦煌寫卷《登樓賦》，前有劉希夷《代白頭吟》斷句 [1]，則當鈔寫於《類聚》成書之後。是《登樓賦》刪去「兮」字，非始見於敦煌卷，原無足異者。頃循覽是卷異文，覺猶有若干剩義，茲再揚榷論之。

一、盡刪「兮」字為漢以來詩賦慣例

詩賦有助詞兮字者，漢以來異本常刪去。例如《大風歌》：日本九條道秀藏平安朝寫本《文選》，所載《大風歌》三句，皆無「兮」字。[2]《天馬歌》：《史記》並有「兮」字，《漢書》省之，王先謙補注謂應有「兮」字。[3]《九歌·山鬼》：「若有人兮山之阿。」《宋書·樂志》《陌上桑》調《楚詞》鈔，改作「今有人，山之阿」，盡刪「兮」字（參拙作〈楚辭與詞曲音樂〉）。《洛神賦》：宋高宗草書此賦，句尾多無「兮」字。此皆其著例。漢初，賈誼《鵩鳥賦》，史漢所錄，互有不同。《史記·屈賈傳》：「單閼之歲兮，四月孟夏，庚子日施兮，服集予舍……」俱有「兮」字。《漢書·誼傳》則作「單閼之歲，四月孟

---

[1] 終於「須臾鶴妖亂如絲，但看故（古）來歌舞」，下殘。全詩可參《搜玉小集》。
[2] 見吉川幸次郎：〈關於漢高祖之《大風歌》〉，《中國文學報》第三冊，33 頁。
[3] 參看逯欽立：〈漢詩別錄〉，史語所《集刊》第十三本，315 頁。

夏，庚子日斜，服集余舍」，四字一句，刪去「兮」字。[1]《文選》五臣本《鵩賦》，亦無「兮」字。足見西漢時辭賦間將「兮」字省去，亦有移易其位置者。《弔屈原賦》：《史記》「于嗟嚜嚜兮，生之無故」一段，《漢書》作「于嗟默默，生之無故兮」，是其例。即移「兮」字於下句之末。

六朝文士引用楚辭，亦每省略「兮」字。劉勰《文心雕龍·明詩》篇論五言詩之始云：「按召南《行露》，始肇半章；孺子《滄浪》，亦惟全曲。」今按《滄浪之歌》，見於《孟子·離婁》及楚辭《漁父》，又《水經注》引地說，俱作「滄浪之水清兮」，有「兮」字。鍾嶸《詩品序》：「夏歌曰：『鬱陶乎余心。』楚謠曰：『名余曰正則。』雖詩體未全，然是五言之濫觴也。」按《離騷》「名余曰正則兮」，本有「兮」字，此省。《水經·夏水注》：「屈原所謂『過夏首而西浮，顧龍門而不見』。」此《九章·哀郢》文，原有「兮」字，此省。《北史·隱逸·張文詡傳》，引「老冉冉而將至，恐修名之不立」，亦省「兮」字。

或改為其他語助者：《南史·劉勔傳》：劉諒引「帝子降于北渚」，湘東王云「目眇眇以愁予」，今本「以」原作「兮」。具見引用辭賦原句，助字可以省改。《登樓賦》見六朝人徵引者，亦每省去「兮」字。《宋書·王華傳》：「華每閒居諷詠，常誦王粲《登樓賦》曰：『冀王道之一平，假高衢而騁力。』」《文心雕龍·麗辭》篇：「仲宣《登樓》云：『鍾儀幽而楚奏，莊舄顯而越吟。』此反對之類也。」《水經·漳水注》：「漳水又南，逕當陽縣，又南逕麥城。王仲宣登其東南隅，臨漳水而賦之曰『夾清漳之通浦，倚曲沮之長洲』，是也。」臨文引用，省略「兮」字，乃至尋常。再觀王粲所自作各賦，無「兮」字者

---

[1] 惟中間引《老子》「禍兮福所倚」二句，及引《莊子》「其生兮若浮」，「兮」字不刪，餘皆省之。又《史記·伯夷列傳》，引「貪夫徇財，烈士徇名，夸者死權，眾庶馮生」等句，同《漢書》無「兮」字，而《史記·誼傳》則有之，同一書中已自不同。

有：《槐樹賦》、《柳賦》、《白鶴賦》、《鶡賦》、《鸚鵡賦》、《鶯賦》。有兮字在句中或句末者有：《遊海賦》、《浮淮賦》、《出婦賦》、《寡婦賦》、《初征賦》、《羽獵賦》、《迷選賦》、《瑪瑙勒賦》等。是仲宣所作他賦，屢用「兮」字，自非迎合魏武可知。

二、敦煌寫本異文斟補

敦煌寫本，諸多異字，陳先生已略論之，茲更補陳如次：

「聊暇……」

按暇字與胡本同，李善注「暇」字下云：「古雅（切）。」又注：「暇或為假。楚辭云：『遷逡次而勿驅，聊假日消時。』」許巽行《文選筆記》引師古曰：「楚詞云：『聊假日以偷樂。』此言遭遇幽厄，中心愁悶。假延日月，苟為娛樂耳。今俗猶言借日度時。今之讀者改假為暇，失其意矣。」今按《類聚》及唐寫本皆作「暇」，未必為後人所改。

「覽斯宇」

敦煌本此句缺。《類聚》亦作「覽」，與《文選》同；張溥作「覺」，未可據。

「寡求」

按「求」，《文選》作「仇」。「求」常讀為「逑」。《詩》：「君子好逑。」毛傳：「逑，匹也。」《爾雅‧釋詁》：「仇，匹也。」郭注引《詩》：「君子好仇。」《太玄經‧玄測》曰：「謹于婏埶。」范望注：「埶，匹也。」《釋文》：「婏與妃同，埶音仇。」仇與逑、埶字並通。唐寫

本作「求」，乃省借。

「俠清漳」

胡刻《文選》作「挾」，《水經·漳水注》引作「夾」，《類聚》作「接」。

「曲沮」

「沮」字，與《文選》同。《水經·沮水注》：「沮水又南，逕楚昭王墓，東對麥城。故王仲宣之賦《登樓》云『西接昭丘』是也。」作「沮」字是。《類聚》作「曲阻」，恐誤。

又《水經·漳水注》云：「漳水又南，逕當陽縣，又南逕麥城。王仲宣登其東南隅，臨漳水而賦之曰『夾清漳之通浦，倚曲沮之長洲』，是也。」熊會貞《水經注疏》：「沮水注敍昭王墓，東對麥城，隨引《登樓賦》『西接昭丘』以證之。意以所謂西接者，就麥城言，已隱隱以仲宣所登為麥城之樓矣。此於麥城更鑿鑿言之，曰『仲宣登其東南隅，臨漳水而賦之』，且揭出夾清漳、倚曲沮二語，以麥城在沮漳間也，是不從盛弘之當陽城樓之說，酈氏必有所據，今不可考矣。」今按仲宣樓占跡，李善注引盛弘之《荊州記》以為當陽城樓，與酈說異。又《文選》五臣劉良注云：「登江陵城樓。」明王世貞則謂在襄陽，此後出之說，自不可信。

「陶沐」

《藝文類聚》、《文選》並作「陶牧」，《水經注》引亦同，與此迥異。陶牧，地望未詳，五臣張銑云：「陶，鄉名；郊外曰牧。」不言所在。善注引盛弘之《荊州記》：「江陵縣西有陶朱公塚，其碑云是越之范蠡，而終於陶。」按此說實誤，《水經·夏水注》已糾正之。其言曰：

（夏水）歷范西戎墓南（墓在今監利縣西北）。王隱《晉書・地道記》曰：「陶朱塚在華容縣，樹碑云是越之范蠡。」《晉太康地記》、盛弘之《荊州記》、劉澄之《記》，並言「在縣之西南」。郭仲產言在「縣東十里」。檢其碑題云「故西戎令范君之墓」，碑文缺落，不詳其人，稱「蠡」是其先也。碑是永嘉二年立，觀其所述，最為究悉，以觀逕其地，故違眾說，從而正之。

郭仲產有《南雍州記》。據其調查所見，此乃范西戎墓，與陶朱公無涉，酈氏據以駁正諸家說，是也。《史記・越世家》引《括地志》：「齊州平陰縣東陶山南五里有朱公塚。又曹州濟陰縣東南三里有陶朱公塚。」

敦煌寫本作「陶沐」，頗疑「沐」或「木」之異文。[1]古地名以木稱者，如橫木（《左・莊四年》）、杜木（格伯敦）、棍木、楮木（散氏盤），木指都邑四疆之封樹。陶木與昭丘對言，殆指陶地之封樹。姑備一說。

「通于懷土」

「通」，各本作「同」。按《釋名》：「通，同也。」兩字可通。懷土者，陸機有《懷土賦》，可參看。

三、《登樓賦》寫作年代

賦云：「遭紛濁而遷逝兮，漫逾紀以迄今。」李善注引（《書・畢命》）《孔傳》云：「十二年曰紀。」按此文當作於建安十年以後。《三

---

[1] 《墨子・節葬》篇：「越之東，有沐之國。」《列子・湯問》篇作「輒木之國」。是「沐」、「木」通用之證。

國志》二一《王粲傳》：「年十七，司徒辟，詔除黃門侍郎，以西京擾亂，皆不就。乃之荊依劉表。表以粲貌寢而體弱通倪，不甚重也。」盧弼集解云：「粲年十七歲，為漢獻帝初平四年（193）。」又云：「建安十三年（208）八月表卒，時粲年三十二歲，在荊州已十六年矣。」案粲於興平四年之荊州，至建安九年（204）恰為十二年。是年七月，曹操破鄴，自領冀州牧。賦云「逾一紀」，即在建安九年之後，至十三年八月劉表卒，九月劉琮降操，此四年之間所作。《粲傳》又云：

> 表卒，粲勸表子琮令歸太祖，太祖辟為丞相掾，賜爵關內侯。太祖置酒漢濱，粲奉觴賀曰：「袁紹志兼天下，然好賢而不能用。劉表雍容荊楚，坐觀時變，自以為西伯可規，士之避亂荊州者，皆海內儁傑也。表不知任，故國危而無輔。明公定冀州之日，下車即繕其甲卒，收其豪傑而用之，以橫行天下。及平江漢，引其賢儁，而置之列位，使海內回心，望風而願治，文武並用，英雄畢力，此三王之舉也。」

賦中「冀王道之一平，假高衢而騁力」，似發端於曹操收用冀州豪傑之時。建安九年，操領冀州，士已有歸心者。粲是時依劉恰一紀，年二十九矣。其作此賦，操尚未下荊州。又足見敦煌本不用「兮」字為語助，與魏武究無何關係之可言也。

四、餘論

粲長於詞賦，魏文謂其「《初征》、《登樓》、《槐賦》，雖張、蔡不過也」（《典論·論文》）。而陸雲評云：「《登樓》名高，恐不可越。」又云：「仲宣《登樓》，前即甚佳，其餘平平，不得言情處。」

（《與兄平原書》）傳誦既久，擬作亦夥。如晉孫楚有《登樓賦》，其句云「聊暇日以娛心」。又棗據亦有《登樓賦》，有云：「……登茲樓而逍遙，聊因高以遐望……桑麻被野，黍稷盈畝……懷桑梓之舊愛，信古今之同情，鍾儀慘而南音，莊舄感而越聲。」不特仿其體，且襲其句。此文衣被詞人，已非一代，吟誦所致，且及邊陲。拙文前論，愧未周浹，聊因陳君之佳作，重為軫發，仍乞有以教我也。

法京國家圖書館此卷，乃雜錄詩賦，王仲宣此賦之後，下接《落花篇》。其詞云：

> 仲春欲半風始暄，澹蕩先來吹菓蘭，蘭裏□花開不歇，桃花未盡梨花發。蛾眉無數春園裏，共愛春風滿園起。欲舉紅樹弄芳茫（花），更起因風乘洺茫（落花）。花洺因風不因折，飛滿空中下如雪。散衡玉面點凝妝，亂着羅衣碎成纈。紛紛林裏滿林芳，一迴風起一迴香，半着羅裙人掩得，半飛紅沼水漂將。晚來零落花漸稀，見在收將且送歸，㡏中擘得口兼口，袖裏捻看畏卻飛。歸去明朝須早來，且廢新庄（粧）事鏡臺，忽愁一夜風吹盡，一般吹盡一般開。

文采綺豔，未譜出何人之手。因曾錄存，附載於此，以供欣賞，且俟知者。

原載 1962 年《大陸雜誌》特刊第二輯

敦煌本謾語話跋

　　說話的興起 [1]，隋時已有記載。侯白《啟顏錄》言：「秀才能說一個好話。」[2] 唐高力士能「講經論議，較變說話」（郭湜：《高力士外傳》）。《元稹集》自注言及「說一枝花話」（《酬白學士詩》）。此等資料，人所習知。

　　宋以來小說類之書名曰「話」者，略如下列：

新話　如陳善之《捫虱新話》。

佳話　《宋史・藝文志》有劉餗《隋唐佳話》一卷。

閒話　《宋史・藝文志》有耿煥《野人閒話》，又《續野人閒話》二卷、王仁裕《玉堂閒話》。

野話　《宋史・藝文志》有陳正敏《劍溪野話》三卷。

古話　見《東坡志林》「途巷小兒聽三國話」條。

小說　見《桯史》。

清話　如佚名之《道山清話》、僧文瑩之《玉壺清話》。

夜話　惠洪《冷齋夜話》。

客話　黃休復《茅亭客話》。

以上俱見《宋史・藝文志・小說家類》。

---

[1]　參孫楷第：〈說話考〉。

[2]　隋侯白《啟顏錄》，原書十卷，已佚。詳趙景深：《中國笑話提要》。所餘除《太平廣記》徵引之外，又有敦煌殘本。見 S.0610。王利器收入《歷代笑話集》中。

把這一類名稱放在一起，可以看到「話」之一名，在宋代使用之廣泛。陳藏一的「話腴」，更有去蕪存菁的意思了。

一

S.4327 號內，云：「更有師師謾語一段。」末又言：

> 此下說陰陽人楊語話
> 更說師婆慢語話

可惜殘缺不全。此文當是唐人作品，而題曰「謾話」，在新話、閒話等書之前，知唐人已開此風氣。茲將原文鈔錄，並加標點如下：

> 過得今朝便羌（差）。更有「師師謾語」一段，
> 脫空下虹，燒香呵來出頃去逡巡，呼亂說詞。第一且
> 道上頭［神］庭，第二更道東頭庭，第三更道西頭庭。華
> 岳、太（泰）山、天帝釋、北君神、白華樹神、可邏迴、鎮
> 靈公、
> 何（河）怕將軍、獵射王子、利市將軍、水草道路、金頭龍
> 王、可汗大王，如此配當，終不道著。老師闍梨，頃尅（頃
> 刻）中間，
> 燒錢
> 斷送。是浮災橫疾，漸次減除，儻或大限到來，如何
> 免脫？死王強扯（壯），奪人命根。一息不來，便歸後，假
> 使千人防
> 捹，直饒你百種醫術。自從渾沌已來，到而□（今）留得
> 幾個，摠（總）

為灰燼。何處堅牢？大地山何（河），尚猶朽壞，況乎泡電之質，

那得久停！故老子曰：「吾有大患，為吾有身；及其無身，患將

何（物）有？」身是病本，生是死源，若乃無病死何有！

若要不生、不老、不病、不死，除仏世尊，自餘小聖，寧得兒（免）矣！此下說陰陽人楬語話，更說師婆謾語話

瓊枝奇樹早含芳，開折□春鉑繡粧，

清旦每多罵巧語，晚時甚有蜂（蝶）飛忙，

輝華囑對如生豔，灼爍連行似有光，

拾到葉彫身朽故，便同厄病即兂（无）常。

全文共十五行，另詩四行。此文第一行太殘，有數字存一邊。第四行「神」字旁注卜號，點去。下面為「底」字，下文兩見，疑是「底」字。第七行以「頃尅」為「頃刻」。第十一行借「山何」為「山河」，又以「兒」為「免」。第十行「到而」之下，應有「今」字，奪去。第十三行「患將何有」句，「有」上原為「物」字，塗去。詩第二句「春」之上奪去一字。

陰陽人是巫師，《通齋詩話》云：「男巫一種曰陰陽，唐世已有。《南楚新聞》杜悰條云：遂厚賂陰陽者，給杜氏諸子。」《南楚新聞》為尉遲樞撰，可見陰陽人應指巫無疑。

二

細讀這殘卷，末繫七律一首，有話兼有詩，與後來的平話體例頗相近。這段稱曰「謾話」，同卷一作「楬語話」，又寫作「慢」。謾與

慢唐人是通用的。[1] 嵇康《絕交書》有「懶與謾相成」一語，宋陳簡齋
句也有「智與謾相補」[2]。「謾」與「懶」對待而言，都是佻皮語。[3]「謾
語」一名，又見邵溫《聞見後錄》：

> 曰：小兒何得謾語！光自是不敢謾語。

但《後錄》「謾」字應訓欺 [4]，與敦煌卷此段名相同而含義應是不類。
「謾語」取義，當如「謾吟」[5]、漫志 [6] 之例，表示隨便說說罷了。本段
前言「呼亂說詞」，可作為「謾語話」三字的解釋。[7]

與謾語話相類似的有俳語、調話等詞。《五代史記》五十四，馮
道為俳語對耶律德光說：

> 此時佛教不得，惟皇帝救得。

「調話」者，見夏庭芝《青樓集》記元末時小童伎藝云：

> 善調話，即世所謂小說者，如丸走坂，如水過瓴。[8]

孫楷第、葉德均謂「調話」是「詞話」之形訛。[9] 竊謂不然。宋《武林
舊事・官本雜劇段數》所記二百八十本，其中有「說月爨」、「調燕
爨」，曰「說」，曰「調」，乃用白話調謔出之。「俳語」、「調話」和

---

[1] 《漢書・翟方進》傳：「輕謾宰相。」顏注：「謾讀與慢同。」又見《董仲舒傳》、《二龔傳》注。

[2] 《次韻謝文驥主簿》。

[3] 謾又訓慧。見《方言》及《廣雅》。又訓慢易，猶今言怠慢。

[4] 《說文》：「謾，欺也。」

[5] 元結詩。

[6] 《宋志》有費袞《梁谿漫志》、王灼《碧雞漫志》。

[7] 「謾」字有隨便的意思。像《西山一窟鬼》：「墓堆子裏謾應道：『阿公小四主來了。』」（《京本通俗小說》）亦是一個好例。

[8] 葉德輝刻本。

[9] 參見〈詞話考〉，《宋元講唱文學》，43 頁。

本篇的「謾語」，性質是相似的（《世說新語》有排調一類）。

三

此文以師師和師婆對言。「師師」二字，有許多不同意義。《淮南子‧主術訓》：「師師諭導。」高誘注：「師者，所從取法則者也。」文中言：「老師闍梨，頃刻中間，燒錢斷送。」師師可以指多數的老師。此處或指諸 Acarya（闍梨）而言。師婆在《輟耕錄》謂為六婆之一。按比丘尼或稱阿姨曰「師姨」。《翻譯名義集》：「梵云阿梨夷，此云尊者或翻聖者。今言阿姨，略也。」此處師婆，可以說作師姨。

文中所謂諸神，上頭、東頭、西頭之下，皆有庡字。庡，從衣，疑是底字；未敢確定。「天帝釋」應即 Deva-Indra。利市將軍，未詳。夏文彥《圖繪寶鑑》謂宋嘉禾「好作利市仙官和尚，骨格態度，俗工莫及」。虞裕《談撰》亦言「江湖間，多祀一姥，曰：利市婆官」。可汗大王，可汗即 Khan。謾語將華、梵神祇雜糅在一起。可汗大王四字，又可看出是西北邊隅地區說話人的口氣。

此篇似為病者祝福，故有「過得今朝便差（瘥）」句。謂若過得今日，病便可痊癒了。下文所說，先延請眾神，其次燒錢（紙），然後提到死王（即 Yama，閻王）要奪人命，是不可避免的。最後道出「生是死源」。欲免生、老、病、死四苦，惟佛能之。主旨似在宣揚佛教。中間又引《老子》，以明有身是人之大患。末繫律詩，借花枝為喻，指興盛之極，定必衰朽，以明無常（anitya）之理。

楊升庵《十段錦詞話》稱：「一段詞，一段話，聯珠間玉。」此謾語話一段之後，正繼以一段詩。《大唐三藏取經詩話》有說白，又有詞偈。此段末之律詩即詞偈之流。故此謾語話可謂是「詞話」之所

由昉。又按「禪家謂一段話為一轉話」[1]，「謾語話」一段可謂是「一轉話」。高力士的轉變說話，今不可見。唐人說話實例，僅見魯迅所舉段成式一條。[2] 本篇雖殘缺，吉光片羽，足為唐代說書史補一新葉，故為表而出之。[3]

　　港大中文學會編印《小說戲曲研究專號》，徵文及余。愧非當行，以此聊作芹獻。這只是初步研究，尚須專家再行深入探討。近年學人談及此謾話者有張鴻勛（《敦煌學專刊》第三期）及劉銘恕[4]，皆未睹余文，所見有不同處，讀者請參閱之。

　　　　　　《東方》（中國小說戲曲研究專號），香港，1968 年

---

[1] 《佩文韻府拾遺》十卦引蘇軾詩「可憐一轉話」句下按語。禪家慣語云「一轉話」者，例如《傳燈錄·百丈章》：「黃檗曰：古人錯只對一轉語。」《碧巖錄》第九十一則：「請禪客各下一轉語。」又第九十六則：「趙州示眾三轉話。」筠州洞山悟本《禪師語錄》：「有一上座，下語九十六轉，不愜師意。末後一轉語，始得師意。」（《大正藏》冊四十七，510 頁）又《醒世恆言》卷二十一《呂洞賓飛劍斬黃龍》，亦有「一轉語」例。

[2] 見《中國小說史略》。

[3] 此文劉銘恕《斯坦因劫經錄》題作「師師謾語話」，謂：「師師與師婆為對稱之詞。其命意雖不甚明，但『話』字，與《廬山遠公話》、《一枝花話》，在小說流變史上，應並為有益的資料。」

[4] 杭州大學刊《敦煌語言文學論集》，48 頁。

《敦煌俗字研究導論》序

　　文字之正與俗，其區別甚難言也。俗與正相對而言。然何者必為
正，而何者為俗，溯洄以尋根株，資料所限，往往未易遽得其碻證。
顏元孫以躬、軀並為正，今則以軀為異體，觀戰國包山簡字乃作䠶，
則軀何曾非正乎？魏齊別寫，以鳥為象，而馬王堆《繫辭》均以馬字
代象，又何曾非俗乎！

　　《壇經》獦獠一詞，近時潘石禪教授舉敦煌本佛乘，力證獦當為
獵之俗寫[1]，不知武威漢簡，《泰（大）射》獵獲正作獦護。[2]余所見建
初四年簡有獦君[3]，未必果為俗體，獦字實早見於漢代文書，知此類異
文，非局於敦煌寫本，事實更有其遠源也。

　　繼服虔《通俗文》，隋祕書監王劭有《俗語難字》之作，揭出俗
之一義，意存匡正，惜其書靡傳。碑碣別體，近人理董者多，其書滿
家，遠則六國字例，凌雜更甚，遙開六代之先，治敦煌學者倘能溯源
及此，所得當更倍蓰焉。

　　張君涌泉，殫精文字訓詁之學，病敦煌卷子別字之多，人稱訛
火，傳誤滋甚，爬梳剔抉，隱括鱗集，通其條貫，勒成鴻篇。其中偶
舉實例，皆綽有根據，極富創見，矯正時賢之失，尤足多者。此書之
出，允為眾說之歸墟，要亦斯學之鈐鍵，因力促其刊佈，所覬大雅宏

[1]　參見潘重規：〈敦煌寫本六祖壇經中的獦獠〉，《中國文化》第九期，1994。
[2]　參見《武威漢簡》，49頁，北京：文物出版社，1964；又漢熹平石經《儀禮·
　　　既夕》鬋作鬄，漢簡作膈，其見曷、獵通用。
[3]　本片藏於香港中文大學中國文化研究所文物館。

達，多所匡益，釋疑決滯，同掃榛蕪，庶不負作者之精心，兼示來學以易曉云爾。

1994 年 9 月

《敦煌語文叢說》序

　　國內的敦煌學研究單位，杭州是重點之一。由姜（亮夫）、蔣（禮鴻）二先生導夫先路，為敦煌作品審定文讀、考釋辭義，掌握複詞語例，所有取證，從佛典禪籍輔以小說筆記，甄精用宏，解謬達旨，這是他們的主要成就。

　　郭君在貽鑽研訓詁學，獨具神解，可惜英年凋謝，未竟其業。余於 1985 年過杭州，與諸先生把臂，耳飫緒論，久已服膺，而人事倥傯，時不我與，姜、蔣二公墓木已拱。猶喜繼起有人，黃君征以整理《兒郎偉》有聲於時，其尤傑出者也。

　　文獻上複詞之產生，發軔於銅器銘文，詩書成語。凡疊字、駢字，以至三字之同義詞、詩騷中頻頻出現。卜辭云「王二曰俞」，即重言重意之所肇始。佛典輸入而後，由於梵語六合釋，在文法結構上產生了借鏡作用，翻譯家鑄造新詞，因之，大量採用複詞。有人統計，以《賢愚經》為例，書中的複音詞共出現 4183 次，近時的研究在這方面有重大的突破，以同義重複詞與反義併列詞作為研究重點。複詞的形成，二字格四字格成為華梵語文發展的共同軌路，六合釋中的相違格（dvandva）、依主格（tatpurusa）、多財格（bahuvrihi）等，無不大量使用。梵語對吾華語文影響重大可以概見。

　　敦煌文獻中的變文、話本、詩偈（如王梵志詩）與佛典古寫本一類文書之大量面世，經過學人與現行佛典、禪籍比勘之後，使一向冷落的中古語言學展現出嶄新局面，興起了研究熱潮，成為一時的顯學，有許多過去不被注意的佛家文體的新課題像邈真讚、願文、齋琬

文等，逐漸呈現它的獨立性，由於資料的集中，並綜合對比、整理，得到許多新的認識，黃君在這方面做出不少工作和貢獻。本書收集了他的主要論著，給人以極大的方便，特出的例子如本書所收《生經》的校勘記，這是寫卷中有很早年代題記 ——陳太建八年（576）的本子，距竺法護於晉武帝泰始時所譯時間不遠。君以頻伽精舍本校之，諸多發明，是經所載故事，與希臘史家所述埃及古 Rampsinitus 王的佚事相同。[1] 何以印、埃如此吻合，豈由於亞歷山大東征時所傳播，尚待研究。

運用校勘學、訓詁學的規律，產生了質疑問難的多型研究模式和心得，像擠牛乳般濾出點滴的新血液，輸入敦煌寫本的體內，這些縝密的校訂工作，孕育出許多語文討論上輝煌的成果。黃征先生這五十篇大小不一的論文，是多年以來他在學圃上默默耕耘的新結集，也是他多方面不同造詣的具體表現。他自己說道：「有的內容會在不同的篇目中重複討論，前後觀點同或不同，也都不加以刪併。」他不避繁瑣去提出和解決語文上的一些難題，並將研究過程與得失所在一一道出，給人以耳目一新的感覺；同時亦把問題的焦點與來龍去脈勾勒出一個輪廓，顯示出研究的重要意義。這些論點，希望讀者萬勿交臂失之。

1996 年 2 月於香港

---

[1]　錢鍾書舉出，見《文藝研究》，1983（4），已收入《也是集》。

記唐寫本唵字贊

佰希和敦煌卷 P.3986 號為玄宗題梵書，又二行為詩云：「毫立蛇形勢未休，五天文字鬼神愁；支那弟子無言語，穿耳胡僧唉點頭。」書法頗佳。按此詩初見宋熙寧十年陝西咸寧縣臥龍寺石刻，題唐太宗，不作玄宗。

余於法京見沙畹北遊所蒐集此贊有碎拓本，碑額左右刻兩金剛，文字微異，首句作「鶴立虵行勢未休」，第三句作「儒門弟子」，不作「支那」，與寫卷異。元至大元年，河南登封刻石又作玄宗，則與敦煌卷同。《金石萃編》一三七收此，題作《唵字贊》，為京兆沙門惟果立石。題記稱「義靜于西天取得此梵書唵字，所在之地，一切鬼神見聞者無不驚怖」云云，義靜殆即義淨也。此唵字贊，嚴鐵橋《金石跋》卷四曾加著錄。敦煌本亦經王重民採入補《全唐詩》云。[1]

又 P.3679 亦為一《唵字贊》，原物乃一方形紙，中繪蓮瓣八葉，中心書一唵字，以梵音漢字五行，圍書陀羅尼咒詞作圓月狀，內如云：「唵！牟你，牟你，牟你！鞁戾阿毗……」碎墨雜寫四周，各題「弟子陳丑定一心受持」。是為另一形式之唵字贊。

唵字梵語作 aum，源出印度 chāndogya 奧義書：

1. aum ity etad aksaram udgītham upāsita, aum iti hra gāyati tasyopavyākhyānam.

（英譯）Aum. One should meditate on this syllable, the udgītha,

[1] 《中華文史論叢》三。

for one sings the loud Chant beginning with aum. of this (follow) the explanation.

其他奧義書不少以唵字開端，唵是一種 udgītha，在古印度讚誦上，om 有十六種別，詳見波儞尼仙文法書。印度古文字學家討論 om 字所引起語言學上的效果，論著甚繁，今不具述。

《敦煌曲》引論

　　中國文學與繪畫之發展，有一共同之趨向，即逐漸簡單化與寫意化是也。五代《花間集》之詞，如畫中之傅粉，沒骨一路[1]；宋人之詞，格律精嚴者有如院畫，其自我抒寫者，則猶乎水墨畫之作。以其脫離宗教（讚詠）詞及樂工（教坊）詞之羈縻，獨立成為文人之詞；亦如畫之由壁畫、院畫發展而為文人畫。宋代文人嚴別雅詞[2]而擯俗豔之曲，正如畫家之棄匠氣而崇尚士氣，故詞之有士氣者，即為雅詞。畫之與詞，其塗轍正相似也。

　　詞出於樂府，人所共悉。[3]近賢新說，有謂吳韋昭之鼓吹曲，即填詞方法之濫觴[4]；有以南朝吳歌之綺豔，影響詞之內容[5]，此僅就其一端論之。六朝以來，樂府演為宗教文學，佛教之法樂，道教之道曲，多與樂府結緣。唐教坊之法曲、大曲，其曲調來源非一，不少出於宗教。唐時詞與詩界限尚未分明，《舊唐書・音樂志》：「太常舊傳宮、商、角、徵、羽《讌樂》五調歌詞各一卷……皆近代詞人雜詩，至紹又令太樂令孫玄成更加整比為七卷。」又云：「其五調法曲，詞多不經，不復載之。」既稱其書曰「歌詞」，又指為近代「雜詩」，復云「詞多不經」，則其中庸或不少為俚樸之民歌乎？劉（禹錫）、

[1]　況周頤《餐櫻廡詞話》謂：「顧太尉，五代豔詞上駟也……其豔乃益入神入骨，其體格如宋院工筆折枝小幀，非元人設色所及。」
[2]　如曾慥之《樂府雅詞・序》云：「涉諧謔則去之，名曰《樂府雅詞》。」
[3]　王灼《碧雞漫志》：「古歌變為古樂府，古樂府變為今曲子，其本一也。」
[4]　參見蕭滌非：〈樂府填詞與韋昭〉，《國文月刊》14 期，1942。
[5]　參見劉雲翔：〈吳歌與詞〉，《同聲月刊》二之二，1942。

白（居易）唱和之詞，白氏自編之《長慶集》列於（卷六十七）律詩，劉集則廁於（卷八）樂府。張志和之《漁歌》已具長短句形式 [1] 而被目為雜言，俱為詩詞不分之明徵。文人截取法曲、大曲之一段，或製為小調，宜於尊前清歌妙舞。前此之樂府，有一長時期為宗教所利用，至是始純為個人抒情之作，由沉悶變為生動活潑。《花間集》之選，歐陽炯序云：「因集近來詩客曲子詞五百首。」「曲子詞」一名於以成立。炯序又云：「唱《雲謠》則金母詞清。」則敦煌《雲謠集雜曲子》之結集，亦循此一觀點著手；由此兩集所見之曲子詞，其遴選標準可以概見，蓋已脫離一般樂府與宗教性讚詠之範圍矣。

唐代總集，若日本弘仁時期著作之《文華秀麗集》（818）、《經國集》（827），其中皆立「梵門」一類，凡佛教題材皆屬之。《經國集》收詩九百一十七首，分為樂府、梵門、雜詠三類。[2] 張志和之《漁歌》及嵯峨天皇輩之和作，繫在卷十四雜詠，而題曰「雜言漁歌」。敦煌所出唐五代歌曲，大抵有兩大類：一為宗教性之讚偈佛曲，一為民間歌唱之雜曲。前者屬於梵門，後者則為雜詠。衡以嚴格曲子詞標準，梵門之製，不宜攔入，故王重民於《敦煌曲子詞集》中，佛讚之類，概擯不錄。若從文學資料而論，此類佛曲仍大有參考之價值也。

敦煌曲在寫作技巧上固未臻成熟，然在文學史上有其重要貢獻。所發現之新資料，可以說明詞在產生與發展之過程中，民間曲子作品之流行情形，及其如何保存於寺院之實際狀況，對於詞之起源與佛曲之關聯問題，可提供若干答案，本書引論將從此一端作詳細之研究。

敦煌寫卷中，唐五代歌辭之發現為近半世紀中國文學史研究之一大事，自朱彊村校刊《雲謠集雜曲子》；其後王重民就其所目睹者撰為《敦煌曲子詞集》；任二北重加校錄，探賾索隱，涉論廣泛，諸多

---

[1] 參見拙作《詞籍考》「張志和」條。

[2] 參見松浦友久：〈《經國集》論考〉，《中國古典研究》十二，97 頁，早稻田大學印。

啟發，惜未接觸原卷，每沿前人之誤，用力至深，去真相尚遠，然其貢獻，不可磨沒也。

王書於 1956 年復有修訂本，仍有小失。[1] 余於 1965 年杪來歐洲，欣有機緣檢讀英、法敦煌寫卷，考索結果，復有不少新知。爰重為輯錄，略加說明，俾讀者得覘原貌，或有更進一步之了解也。

本編所錄英、法諸卷，敍述特詳，他則據王氏、任氏、周氏（泳先）之書著錄。列寧格勒蘇聯科學院（La section de Leningrad de L'institut des Peuples de L'asie de L'académie Desssciences de L'U.R.S.S.）兩詞，承戴密微教授取得影片，俾資補錄，尤為難得。圖版僅就法京藏物選載。本編正文所收，以曲子詞為主，先為新增曲子資料；次則《雲謠集》及習見之曲子，每首略附校記；又次則少數新獲之佛曲及歌詞附焉。其聯章佛曲，僅列為表，以備考覽。卷末並附韻譜與索引。

是書之作，乃作者受聘法國國立科學研究院（C.N.R.S.）在歐洲滯留九個月間工作之成果，承戴密微教授之指示，及法京國立圖書館 Madame M.R. Guignard（Chef du Cabinet Oriental du Département des Manuscrits de la Biblio-Théque Nntionale）、倫敦大英博物館 MR. E.D. GRINSTEAD 給予方便，友人陳祚龍、左景權、吳其昱諸先生時獲切磋之益，謹此深致謝忱。

1968 年 8 月識

---

[1] 如 P.3137 之「少年夫聟」仍作「小年少聟」。P.3836 之割裂為多段，左景權先生已指正之。見 Note sur la remise en ordre du manuscrit 3836 du fonds Pelliot-chinois, *Mélanges de Sinologie Offerts à Monsieur Paul Demiéville*, pp. 35-40, Planches I- Ⅷ , 1966.

敦煌詞之年代問題

一、S.4332 卷《卄卄㝑》之年代

《菩薩蠻》詞牌已見《教坊記》[1]，崔令欽書所錄止於開元，則《菩薩蠻》詞是時已有之。雖李白之作是否真偽，今尚未有定論，然宋人之說有足注意者：

（1）李易安記開元、天寶間，李八郎[2]能歌擅天下……自後鄭衞之聲日熾，流變之靡日煩，已有《菩薩蠻》、《春光好》、《莎雞子》、《更漏子》、《浣溪沙》、《夢江南》、《漁父》等詞，不可遍舉[3]，依上列各調排次，且知《菩薩蠻》之興似在《漁父》詞之前。

（2）《宋史・藝文志》總集類有：

《謫仙集》十卷，勾龍震集古今人詞，以李白為首。此書《宋志》列於姚鉉《唐文粹》之下，又次於徐鉉《雜古文賦》（許洞編），王欽若、錢惟演所作《義門書堂詩集》（華林編）之前。勾龍震生平未詳，要為宋初人。此《謫仙集》乃集古今人詞者，當為《花間集》以後之詞總集，惜不可考。然以李白所作為首，雖不明言為《清平調》抑《菩薩蠻》、《憶秦娥》，以此證之，太白之詞為人所重視，不待《古

[1] 參見任二北：《〈教坊記〉箋訂》，3、89 頁。
[2] 李八郎即李袞，見李肇《唐國史補》下。
[3] 《苕溪漁隱叢話後集》三十三可以證《教坊記》之說。

風集》之載錄可知矣。[1]

敦煌曲子詞中，鈔錄《菩薩蠻》不一而足，其有涉及年代者，任二北曾舉 S.4332 以證其出於天寶，且指此為最古之《菩薩蠻》。[2] 余在倫敦曾細核原件，為粗黃紙一張，一面書壬午年三月卅日，龍興寺僧願學於乾元寺法師隨願倉便麥事[3]，又言「其願學有往來人言道漢地死亡」云云，此段重鈔一次，文有出入，一面書詞三首，共十一行，起《別仙子》，又書《菩薩蠻》（即「枕前發盡千般願」一首），又書《酒泉子》，僅數句而止，尚未鈔完。兩面筆跡頗相似，知此三首乃出於寺院所鈔寫。《別仙子》有「曉樓鍾動執纖手看看別」句，而紙背於「壬午年三月」兩段文字中間，有隨手雜書「握絳」二字，「纖」字只寫一部份，其偶寫「握纖」二字，當因正面有「握纖手」句。可見正反面之關係，殆先鈔詞，而後書願學事，可推知此三詞當寫於壬午以前，而出僧徒之手。其「菩薩蠻」三字作「卄卄雯」，小字注於「枕前」句之側，顯為後添。「菩薩」字省寫作「卄卄」，與敦煌寺院寫卷慣例相同。[4]

壬午究為何時，任二北據《佛祖統紀》五十三以為天寶元年，因

---

[1] 陳鵠《耆舊續聞》言其家藏李後主《七佛戒戒》及雜書二本，中有《臨江仙》塗注數字，其後則書太白詞數章，是平日學書。不知《菩薩蠻》在其中否？《古風集》詳拙作《詞籍考》，6 頁。

[2] 參見任氏《校錄》，35 頁；《初探》，241 頁。

[3] 此文劉銘恕《斯坦因劫經錄》，頗多鈔失，茲重錄如下，文云：
「壬午年三月卅日龍興寺僧願學於乩元寺法師
隨願倉去己卯年十一月廿二日便麥悸碩粟悸碩
其麥粟於大眾沙彌面上買絹其願學有往來
人言道漢地死匕其王法師徵索此物其物㗊他自
不招言道不取。
握絳……」

[4] 南詔張勝溫畫卷「菩薩」亦作「卄卄」。

是時玄宗敕天下興建開元寺、龍興寺，而此紙適見龍興寺之名。[1]然此龍興寺乃敦煌本地大寺之一。[2]其言「願學有往來人言道漢地死亡」，可見是時敦煌正值吐蕃統治時期。沙州陷於吐蕃在建中二年（781），至大中五年（851）張議潮收復河西，在此期間之壬午，應為貞元十八年（802），若下一壬午為懿宗咸通三年（862），時河西已脫離吐蕃之羈絆矣。此紙之《菩薩蠻》、《酒泉子》、《別仙子》當鈔於貞元壬午之前後，絕非天寶之頃也。

二、P.3128所錄詞「頻見老人星」之年代

此卷錄《菩薩蠻》三首、《浣溪沙》三首、《浪濤沙》三首、《望江南》四首、《感皇恩》二首。《菩薩蠻》中有二首可定年代：

（1）千年鳳闕爭雄 ，何時獻得安邦計？鸞駕在三峰，天同地不同。

三峰指華嶽，唐人詩所云：「天外三峰削不成。」此指乾寧三年（896）唐昭宗幸華州事（詳《新五代史・韓建傳》）。

（2）再安社稷垂衣理，受（壽）同山岳長江水。頻見老人星，萬方休戰征。　良臣安國部，金（今）喜迴鸞鳳。從此後太皆（階）清，齊欽乎聖明。

此首言「從此泰階清」，應指梁開國事。《舊五代史・太祖紀三》：

---

[1] 向達〈倫敦所藏敦煌卷子經眼目錄〉謂此卷背寫「壬午年龍興寺僧學便物字樣」。奪去「僧願學」之「願」字。其依向氏說，定壬午為天寶者，又有張琬〈《菩薩蠻》及其相關之問題〉，載《大陸雜誌》二〇卷一、二、三期。

[2] 參見藤枝晃：〈敦煌の僧尼籍〉，《東方學報》（京都）第29冊，1959，314頁。

（開平元年八月）甲子平明前，老人星見於南極。

（開平二年八月）甲寅，太史奏，壽星見於南方。

（開平三年八月）司天臺奏：「今月二十七日平明前，東南丙上去山高三尺以來，老人星見。」

開平四年八月，車駕西征……庚午次陝府，辛未，老人星見。

（乾化元年八月）癸亥，老人星見。

此後不書老人星，此詞言「頻見」，可定作於開平、乾化左右。因知同卷中《感皇恩》二首所言：

朱紫盡風流，殿前卿想（相）對列諸侯，叫呼萬歲願千秋。

百僚卿相列排班，呼萬歲，盡在玉階前。

《通鑑》記梁受禪，百官舞蹈稱賀事正相合。疑《感皇恩》一類之詞作於此時。故此 P.3128 卷中之詞，有唐昭宗乾寧三年（896）、梁太祖開平元年（907）二事，可為年代之定點。

三、P.3360《大唐五台曲子》之年代

P.3360 為《大唐五台曲子》五首，寄在《蘇幕遮》。[1] 別有《五台山讚文》，敦煌所出同卷甚多。任氏據許國霖書錄北京「鹹」字一八號讚文之第二首曰：「大周東北有五台山。」定此《蘇幕遮》為武后前後作品（《初探》，261 頁）。按《五台山讚文》若 P.4625 云：「大州東北有五台，其山高廣與天連。東台往見琉璃國，西台還見給孤

---

[1]　參見那波利貞：〈《蘇幕遮》考〉，見京都帝國大學《紀念史學論文集》。

園。」及列寧格勒卷亦作「大州東北有五台山」（L 讚文四四）。「周」及「州」之同音別寫[1]，非武則天之周也。

五台山佛教著於《清涼傳》，相傳文殊師利說法於此[2]，亦其常鎮毒龍之所[3]，故《五台山讚文》有「毒龍已除為天海，文殊鎮壓不能翻」，即指此也。自唐代宗時王縉建金閣寺，五台佛教益盛。[4] 四方大德，輻輳其中，異國遠來巡禮者尤眾。吐蕃且遣使來求五台山圖。[5] 大曆間南梁法照來五台入化竹林寺；敦煌經卷中有法照之《淨土五會念佛誦經觀行儀》（P.2066）。至於《五台山曲子》，又有唐明宗天成四年寫本（S.2080 ＋ S.4012）；《五台讚文》，有宋太宗太平興國四年永安寺本（P.2483），皆甚遲之物。按 S.4012 與 S.2080 合為一卷，經綴合後，知所謂《大唐五台曲子》五首者，大唐應指後唐。S.0373 李存勗詩：皇帝癸未年（即同光元年）迎太后句云：「孝道未能全報得，直須頂戴繞彌山。」《舊五代史》二十九、三十二，同光元年五台山僧獻銅鼎。S.0529 定州開元寺僧牒署：「同光二年五月廿九參學比丘歸文狀。」正面記大唐國閻浮提之名山，第一為五台山，兼記中與四方各台周圍八百里大寺十一所僧尼一千餘人，可見後唐初五台佛教情形。《舊五代史》七十一《許寂傳》云：「同光時，以方術著者，又有僧鍼惠，鍼惠初於五台出家，能修戒律……自云能役使毒龍，可致風雨，其徒號曰降龍大師。」[6]《新五代史》七十四：「同光元年，新羅國王金朴英遣使者來朝貢。長興四年，權知國事金溥遣使來。」按渤

---

[1] 任氏又舉卷中「國」字作「圀」，認為作武后之證。按《獻忠心》:「早晚得到唐圀裏。」「國」字作「圀」；P.3086「那梨記圀名」，「國」亦作「圀」，敦煌卷此例甚多。

[2] 參見《文殊師利菩薩現寶藏陀羅尼經》。

[3] 參見《御覽》四十五引《水經注》。

[4] 參見兩《唐書・工縉傳》。

[5] 參見《舊唐書・敬宗紀》。

[6] 降龍大師名李誠惠，本蔚州靈丘人，詳《廣清涼傳》。

海國僧素貞早於太和二年到五台靈境寺；《三國遺事》載太和元年八月五日，新羅淨神太子寶叱徒與弟孝明太子同隱入五台山。至同光時新羅遣使來五台，此讚所述新羅王子即指太和事。

S.0397，記五台山佛殿及旅行日程，為五代佛教寶貴資料[1]，附鈔於此：

> 於大安寺下，其寺寺前有五鳳樓，九間大殿，九間講堂，一萬斤鐘。大悲院有鑄金銅大悲菩薩四十二臂，高一丈二尺。修造功德主、大德內殿供奉慧勝大師，賜紫澄懸。彌勒院主內殿供奉淨戒大師，賜紫澄游。次有經藏院，有《大藏》五千六百卷，經並足。文殊院有長講《維摩經》座主繼倫。門樓院有講《惟識論》、《維摩經》、造《藥師經鈔》座主道樞。寺後有三學院，內長有諸方聽眾經律論進業者，共八十人。院主講《惟識論》、《因明論》、《維摩經》。六時禮懺，長著布衣，不見夫人娘子。有寺主大德，賜紫講《維摩經》及文章懷真。藥師院有長講《法花經》，六時禮懺，著布衣崇德。（下缺）

按此下另黏接一紙，墨甚淡，文云：

> 五月廿一日從北京出，至白楊樹店馮家宿，計五十里。五月廿二日到大于店尹家投宿，計七十里。五月廿三日到忻州南趙家店，六十里。廿四日從忻州行至定相縣，四十里，張家宿。廿五日從定相起至臺山南門建安尼院宿，計四十里。文殊堂後大榆樹兩個。廿六日從建安尼院起，至大賢嶺飯，四十里。兼過山，

---

[1] 五台山佛教史跡，詳小野勝年、日比野丈夫合著之《五台山》，巴黎 Musée Guimet 有五台山圖，為極重要文獻。敦煌莫高窟中有五台山圖，宿白有文（載《文物參考資料》二卷五期）記之。又參 Pelliot 文 B.É.F.E.-O. Ⅷ，504 及 P.Demiéville: *Le Concile de Lhasa* 注 188 頁及 376～377 頁。

名思良嶺，又到佛光寺，四十里，宿。廿七日夜見靈（聖）燈
一十八遍現。兼有大佛殿七間，中間三尊兩面文殊普賢菩薩。彌
勒閣三層七間，七十二賢萬菩薩，十六羅漢，解脫和尚真身塔，
鑠子骨和尚塔，云是文殊普賢化現。常住院大樓五間，上層是經
藏，於下安眾，日供僧五百餘人。房廊殿宇，更有數院，功德佛
事極多，難可具載。廿九日從佛光寺起〔卦〕，又至聖壽寺尼眾
所居受齋食，相去十里。齋竟，又行十里，到福聖寺，寺有（下
缺）。

載入《敦煌曲》上篇

敦煌曲之作者

一、「御製」問題

唐季五代諸帝多能文，尤喜曲子，唐昭宗之《菩薩蠻》、《楊柳詞》，其著者也。史載唐昭宗建旆東還，御延喜樓，送（朱全忠）既醉，遣內臣賜（全忠）御製《楊柳詞》五首。[1] 梁祖亦嗜歌，曾以單州營妓教頭葛大娘所撰新聲，令李振填詞，付後騎唱之，以押馬隊，後訛為《喝馱子》。[2] 唐昭宗之《菩薩蠻》，敦煌卷若 S.2607 所錄，不稱御製，知鈔錄者必為五代人。

敦煌曲有題「御製」者，不知何帝所撰。考《新五代史》三十七《伶官傳》云：「莊宗既好俳優，又知音，能度曲，至今汾晉之俗，往往能歌其聲，謂之御製者皆是也。」今 S.0373 為李存勗同光元年迎太后詩。敦煌卷寫於同光年間者不一而足，若《歎百歲詩》，當即《舊五代史》二十七（《莊宗紀》）伶人所奉之《百年歌》[3]，則《御製內家嬌》一類，可能為莊宗時之作品。《內家嬌》云：「歌令尖新。」《舊五代史》五十六《符存審傳》：「妓曰：俘囚有符存審者，妾之舊識，每令擊節以贊歌令。」則歌令亦當日常用語也。

---

[1] 參見《舊五代史》二、《北夢瑣言》十五。

[2] 參見《碧雞漫志》五。

[3] 《舊五代史·莊宗紀》：「初，唐龍紀元年，帝才五歲，從武皇校獵於三垂崗，崗上有玄宗原廟在焉，武皇於祠前置酒，樂作，伶人奏《百年歌》者，陳其衰老之狀，聲調悽苦。」

《五代史補》卷二：「初，（唐）莊宗為公子時，雅好音律，又能自撰曲子詞。其後凡用軍，前後隊伍，皆以所撰詞授之，使揭聲而唱，謂之『御製』。至於入陣，不論勝負，馬頭才轉，則眾歌齊作。」是當日多目莊宗之作品為「御製」也。

二、可確知之作者

敦煌曲作者，今多不可考。唐末敦煌籍之文士，見於史傳能詞者有張策：「策字少逸，燉煌人……樂章句……妙通因果，酷奉空教，未弱冠，落髮為僧。居雍之慈恩精廬，頗有高致……天祐……為翰林學士，轉兵部郎中知制誥……乾化二年秋，卒。所著《典議》三卷，《制詞歌詩》二十卷。」（《舊五代史》十八）

張策集名《制詞歌詩》，凡廿卷之多，其中必有倚聲之作，惜已失傳。P.3128 中之《感皇恩》，前考應屬梁時作品，或出張策手筆，未可知也。

敦煌曲子之作者，今可確知者：

（1）P.3994《更漏子‧金鴨香》，乃溫庭筠作，並見《花間》、《金奩》二集。

（2）S.2607《菩薩蠻》（「登樓遙望秦宮殿」、「飄飄只在三峰下」二首），唐昭宗所作，見《全唐詩》。

（3）P.3994《更漏子‧三十六宮》、《菩薩蠻‧紅爐暖閣》，俱歐陽炯作，見《尊前集》。

（4）S.6537、P.3271《樂世詞‧菊黃蘆白》，沈宇作，見《國秀集》上《武陽送別》。

附論

其僧人之作可確知者，有悟真，曾作《五更轉》、《十二時》，存序；見 P.3554，其文如下：

謹上河西道節度公，德政及祥瑞《五更轉》兼《十二時》共一十七首，並序：

敕授沙州釋門義學都法師、兼攝京城臨壇供奉大德，賜紫悟真謹〔撰〕

竊以巨唐馭宇，累聖重光，英（英）聲跨於百王，盛烈毌（貫）於千古。加以眾靈叶慶，瑞磼（牒）磼（此字衍）昭彰。鳳錄於是重臻，龜書得以疊朕（映）。一人奏南風之詠，萬姓忻東戶之春，惣（總）六合以〔為〕家，籠八荒而建國。武丁感夢，求獲板築之賓；文王卜兆，而得垂鈞（釣）之士者，則我當今大中皇帝之有天〔下〕也，既有非常之主，必有非常之臣。善政猶傳，君臣同德，劬勞百載（載），經營四方，爭三（七）吐蕃，終基漢室者，則我尚書之美也。伏惟我尚書涯注（渥窪）龍種，丹穴鳳鶵（雛），稟氣精靈，生便五色，討馮陵而開一道，奉獻明王；封祕策而通二庭，安西來貢。天憍（驕）舊族，輒伏而歸。吐谷羌渾，自投戮力；誓為肱股，討伐犮（犬）戎；請抶（拔）沆（坑）埋，引通唐化。尚書量同海〔闊〕，智等江深，遂申一統之圖，兼奏九戎之使。既徹（徹）天聽，聖主忻歡。十道爭馳，一時慶賀。（中略）呈祥表瑞，如斯盛羨（美），人具爾瞻，此則尚書之感應也。先述尚書殊待之功，後錄尚書祥瑞之應。凡一十七詠，韻乏宮商，上題序云，下申其詠。篇篇鉤鑠，句句連環，君子贈言，列之于左。其詞曰（原卷以下失鈔）。

P.2748 卷正面為《古文尚書》；背為《古賢集》一卷，在《長門怨》一首之後，接書《國師唐和尚百歲書》，此即河西僧都統悟真所作。[1]P.3821 為硬黃紙小冊，亦書寫悟真此《百歲詩》拾首，在《女人百歲篇》後，文字略有異同。又 S.0930 亦錄此，不全。

《國師唐和尚百歲書》[2]

勅授河西都僧統賜紫沙門〔悟真〕[3]，年逾七十，風疾相兼。動靜往來，半身不遂。思憶一生所作，有為實事，雖覚（雖競）寸陰，無為理中，功行闕少，猶被習氣，繫在輪迴。自責[4]身心，裁詩十首，雖非佳妙，狂簡斐然。散慮攄懷，潛（暫）時解悶，鑑識君子，矜（矜）勿誚焉（焉）。[5]

以下為詩十首，每首末句皆用「一生身」三字，文見陳祚龍氏《悟真之生平及作品》一書 79～89 頁，茲不錄。《桐江詩話》云：「羅隱詩篇篇皆有喜怒哀樂心志就之語，而卒不離乎一身。故許渾千首溼，人以『羅隱一生身』為對。」[6]觀悟真之詩，知「一生身」乃唐人慣語，不自羅隱始也。

P.2054 之《十二時》長卷，首尾完整，詞中有「中和年」句，必作於僖宗中和以後。卷背有淡墨題端大字一行，文云「智嚴大師《十二時》一卷」，向為人所忽略。智嚴之名[7]，見於 P.3556 卷背記僧

---

[1] 悟真事跡，詳陳祚龍著 *La Vie et les Oeuvres de Wou-tchen（816-895）*，載《遠東學院專刊》LX，1966，巴黎。

[2] P.3720 背牒「僧悟真……充釋門乂（義）學」，另寫「和尚俗姓唐」數字，可證。P.3821 題作《百歲詩》。

[3] S.0930 沙門下有「悟真」二字。

[4] 「自責」下有「輪」字塗黑，再記卜號於其旁。

[5] 此《百歲詩》序，竺沙雅章〈敦煌的僧官制度〉亦鈔錄之，載《東方學報》（京都）第 31 冊，1961，117～198 頁。

[6] 亦見《五代詩話》卷五。

[7] 高僧法號智嚴者，有宋元嘉時人，見《高僧傳》三；又有于闐國籍，唐景龍時人。

人借物一條云（卷面錄後周時代之《邈真讚》）：「智嚴於道場內思惟，次見一和尚將一銀桄（椀）香水，令智嚴洗淨入道場。」與此智嚴大師恐非一人。考 P.2054 卷末署同光二年，學子薛安俊書，與之同時有一智嚴和尚，曾至西天巡禮。倫敦所藏兩卷，可考知其事跡：

（1）S.5981 為一粗厚黃紙，共十八行，文略云：

「大唐同光貳年（924）三月九日，時來巡禮聖跡，故留後記。鄜州開元寺觀音院主臨壇持律大德智嚴，誓求無上普願救拔四生九類，欲往西天求請我佛遺法，迴東夏……智嚴迴日，誓願將此凡身於五台山供養大聖文殊師利菩薩，焚燒此身，用酬往來道途護衛之恩。所將有為之事，迴向無為之理，法界有情，同證正覺。」[1]

（2）S.2659 為一長卷，背書《西域記》，起屈支國，訖「入北印度境，至濫波國」，題曰「《大唐西域記》一卷第一」。接書《往生禮讚文》一卷，又《十二光禮懺文》（為七言偈），末記下列一行：「往西天求法沙門智嚴西傳記寫下一卷。」[2]行筆風格與《西域記》頗相近，惟字較大，似同一人手跡。

此智嚴本鄜州開元寺觀音院之法律僧，曾至西天求法，作《十二時》之智嚴大師，殆即此人也。

載入《敦煌曲》上篇

---

[1] 劉《錄》頗有誤字，茲據原卷改正。

[2] S.0373 署名玄奘之《題半偈捨身山》云：「忽聞八字超詩境，不借（惜）丹軀捨此山；偈句篇留方石上，樂音時奏半空間。」小注云：「在西天。」此五台山之西天也。S.3424 端拱二年往西天，取廿廿（菩薩）戒之僧志堅狀，此西天與智嚴所言之西天正同，亦在五台也。

敦煌曲與寺院僧徒

敦煌曲子詞多保存於佛窟，如 S.4332 之《卄卄募》、《酒泉子》乃鈔於龍興寺，此寺名之可考者也。鈔手之可確知出於寺院者，有僧法琳（鈔《蕭關鎮從地涌出銘詞》），靈圖寺僧比丘龍，淨土寺僧願宗、僧索祐住。寺中學郎、書手，則有淨土寺薛安俊、報恩寺書手馬幸員、永安寺學郎。天成四年寫五台山《蘇幕遮》之孫冰，戊申年鈔《望江南》之令狐幸深，似亦僧徒弟子。以鈔寫書本形式而論，有下列各項：

一、小冊子

S.5556，曲子《望江南》三首，書於《妙法蓮華經普門品》小冊子，上題《觀音經》一卷，有題記「代（戊）申年七月十三日，弟子令狐幸深寫書耳，讀誦願深讀誦」等句，可見為供諷誦之用。

S.5540，此為一大冊，蝴蝶裝共三葉，內一葉乃由兩葉倒貼，不可撕開。第一葉前題《百行章》一卷並序，第二葉雜寫《燕子賦》一段，過葉又記有「白馬駝（馱）經即自林」等句，第三葉首有「山花」二字，有「耄」字下注語。此冊入土甚深，猶塗滿黃泥，污爛不堪。

P.3821 乃硬黃紙小冊，絲欄，共廿葉，二十二面，每面七行，高15.8× 闊 2，鈔詞曲甚多；內容次序，備錄如次：

起「壹拾辭親願出家」，即《百歲篇》（無題目）。

次為《丈夫百歲篇》（壹拾香風綻藕花）。

《女人百歲篇》（壹拾花枝雨斯兼）。

《百歲詩》拾首（幼齡割愛豫投真）。

《十二時行孝文》一本（夜半子、干將造劍國並三）。

白侍郎作《十二時行孝文》（平旦寅，早起堂前參二親）。

《十二時行孝文》一本（夜半子、減睡還須起）。

又《甲子乙丑五行歌訣》一首。

《十二時行孝文》（平旦寅，少年勳學莫辭貧）。

曲子名《感皇恩》（四海清平遇有年）。

同前（萬拜無事減弋鋌）。

同前（聰明兒、稟天姓）。

同前（聰明兒、無不會）。按以上二首乃《蘇幕遮》。

曲子名《浣溪沙》（玉雲初垂草木彫）。

同前（雲掩茅庭書漏〔滿〕床）。

同前（山後開菌蓰藥葵）。

同前（海鷟喧呼別淥波）。

曲子名《謁金門》（長伏氣，住在蓬萊山裏）。

同前（雲水客）。

同前（仙境美）。

曲子《生查子》（一樹間生松）。

《定風波》（刧書學劍能幾何）。

同前（征後僂儸……）。

《晏子賦》一首。

P.3911，小冊存三葉，每葉六行。起「羊子遍野」等句，續鈔《擣
練子》、《望江南》，訖《酒泉子》。絲欄，字甚佳，高 15×闊 10.5。

P.4017 小冊，書《鵲踏枝》，在《九九詩》後，在《太子讚》前。高 14.6×闊 10.2。

S.5852，末題「曲子一本」，惟殘存六上半行。

P.3836 + P.3137，原為蝴蝶裝，分兩折葉；絲欄，每葉四行。現經綴合後，知起於「又同前夜夜長相憶」，訖於《獎美人》「像白蓮出水」句。[1]

二、長卷

唐代宮廷寫卷 [2] 及政府文件，流入寺院往往成為廢紙張，僧徒於卷背隨意鈔寫。而曲子詞有鈔於儒書之後者，若 P.2506 寫於《詩》、《鄭箋》，P.3271 書於《論語》，S.1441《雲謠集》寫於《勵忠節鈔》之卷背是也。曲子最多之卷子為《雲謠集》，英、法各有一卷，並鈔於卷背，且與釋家文件相雜，可斷言其出於僧人之手。茲記該卷之情狀如次：

S.1441 為一長卷，正面全鈔《勵忠節鈔》卷二《自恃德》部，至卷二之《立身》部。卷背鈔《安傘文》、《患難月文》及偈語，《印砂仏文》及《燃燈文》。空數行，下接書《雲謠集雜曲子》共三十首（實存十八首），最後寫《傾盃樂》一詞牌，即不復鈔錄。另倒轉寫《慶楊文》、《讚功德文》（嗽像、《慶経〔經〕願文》）、《患文》。末三行書「優婆夷捨家學道志慕尋禪」等語。知《傾盃樂》未寫完即被僧人取去寫功德文書。

P.2838 長卷，正面書油麥賑，中有中和四年牒及河西僧都統悟

---

[1] 參見左景權 *Remise en Ordre Du MS. P.3836* 一文。

[2] 藤枝晃：〈敦煌出土の長安宮廷寫経〉，《塚本博士頌壽紀念：佛教史學論集》，京都：平樂寺書店，1961，647 頁。

真署名，又黏連安國寺上座勝淨等狀，為光啟二年丙午歲十二月十五日；其背為金山時代之齋文，循紙度高低書寫，可見先有卷面之牒狀，然後利用此卷背鈔錄。卷背所書者為慶幡《開經》、《轉經》、《入宅》等文。《轉經》文內有「金山聖文神武天子撫還龍飛乘乾御宇」句，知為金山天子時代，約當朱梁之世。以下接書《雲謠集雜曲子》共三十首。

由上可見曲子為僧人所愛好。僧人之嫻習樂府小曲，六朝以來已成為風尚。宋之惠休 [1]，齊之寶月 [2]，梁之法雲 [3]，皆其著者。誦習曲子，亦為培養文學根柢，為自作偈讚時偷字減聲之助。五代寺院亦當時之「學府」，文士名臣，出身為僧，其後置身貴顯，考之史傳，如張策 [4]（《舊五代史・梁書》本傳云「未弱冠，落髮為僧，居雍之慈恩精廬」）、聶嶼（《舊五代史・唐書》本傳「嶼，鄆中人，少為僧，漸學吟詠」，後嶼仕唐明宗為起居舍人），其文學修養，即植基於為僧之時。敦煌佛窟，實為當時沙州之最高學府，張議潮且曾為寺院學生 [5]，其他可知矣。

宋人所見南唐李後主所書曲子，多與佛經相雜，如《耆舊續聞》稱：「家藏李後主《七佛戒經》，及雜書二本，皆作梵葉，中有《臨江仙》塗注數字。」又宋《中興館閣書目》有「後主書《誦經回向詞》一、詩詞一……」《墨莊漫錄》言：「宣和間，蔡寶臣致君收南唐後主書數軸……又有《看經發願文》，自稱蓮峰居士。李煜又有長短句《臨江仙》……而無尾句。」（俱見《五代詩話》）今觀敦煌所出《迴向文》、

---

[1] 惠休於宋明帝時還俗（見《南史・徐湛之傳》），其詩深為顏延之所薄（《南史》延之本傳）。

[2] 見《詩品》及《全齊詩》卷四。

[3] 法雲詩載於《全梁詩》卷十三。

[4] 張策以僧返俗為人所鄙，事見《北夢瑣言》。

[5] P.3620《無名歌》，末題「未年三月廿五日學生張議潮寫」。紙粗厚，筆略帶顫，而「月」作「冏」，「學」作「斈」。

《發願文》，車載斗量，而曲子雜書於其中，蓋五代人之習慣有如此者也。

載入《敦煌曲》中篇

敦煌曲繫年

天寶間

　　《禪門悉談章》寫於紙背（S.4583）。此黃紙卷一面書田契，內有開元二十八載，天寶四、五載字樣。

公元 769 年，大曆四年

　　謝良輔等作《憶長安》約在是年前後（任氏《初探》）。列寧格勒有《長安詞》。

公元 802 年，貞元十八年壬午

　　《卄卄舋》寫於龍興寺（S.4332）。

公元 851 年，大中五年辛未十一月

　　張議潮收復河西授節度使，都僧統悟真作《五更轉》及《十二時》以頌德政；共一十七首，惟序尚存，詩已佚（P.3554）。

公元 865 年，咸通六年二月

　　僧福威牒，背題「《歸西方讚》一部」，即法照撰《淨土五會念佛誦經觀行儀》卷中（P.2066，已載《大正藏》卷八十五）。

公元 877 年，乾符四年（丁酉）二月二十日

　　靈圖寺僧比丘龍口鈔白侍郎《楠桃架》詩及「春來春去秋復秋」、白居易之《柘枝妓》七律二首（P.3597）。

同年正月

鈔《論語》卷五，背錄《汎龍舟》、《鄭郎子》、《水調詞》、《鬥百草》、《樂世詞》等（P.3271）。

公元 879 年，乾符六年十二月

蕭關鎮從地涌出銘詞，翌年法琳書之（S.6228）。

公元 884 年，中和四年正月

悟真手批比丘破陰曆。（P.2838）

公元 886 年，光啟二年丙午

《社司轉帖》，前鈔《五台山讚》一行（S.1453）。

同年十二月

《安國寺勝淨狀》（P.2838），此卷後接寫《雲謠集》，內有御製《內家嬌》等。

公元 888 年，文德一年戊申七月十三日

令狐幸深於《觀音經》冊子書《望江南》（S.5556）。

公元 889 年，龍紀一年己酉

李克用於三垂崗玄宗廟聽伶人奏《百年歌》（《舊五代史・莊宗紀》）。

公元 895 年，乾寧二年乙卯

鈔《十二月詩》（P.3812），此詩前有「乾寧二年」一行。

同年六月二十三日

　　靈圖寺比丘惠縈念記《勸善歌》（P.3241）。

公元 896 年，乾寧三年丙辰七月

　　唐昭宗幸華州，登齊雲樓望長安作《菩薩蠻》（《舊唐書·昭宗紀》）。S.2607 卷載此詞，不稱曰「御製」，知必鈔於乾寧之後。

公元 907 年，梁開平元年八月

　　老人星見於南極；P.3128 之《菩薩蠻》、《感皇恩》殆作於此時（說見前文）。

公元 918 年，貞明四年、前蜀光天二年戊寅

　　蜀主王衍作悅神亭，又自為《甘州曲》，使宮人和之（《新五代史》六十三）。

公元 920 年，貞明六年庚申二月

　　金光明寺僧寶印寫梵《散蓮華樂》（S.6417）。

公元 921 年，貞明七年、龍德一年辛巳

　　淨土寺學郎薛安俊寫《目連變》並圖（S.2614）。

同年三月廿四日

　　使君翟書牒，同卷錄《十二時》（P.2734）。

公元 923 年，同光元年癸未、前蜀乾德五年

　　三月上巳，蜀主王衍宴怡神亭，自執板唱《霓裳羽衣》及《後庭花》、《思越人》之曲（《蜀檮杌》），P.2748 有《思越人》。

公元 924 年，同光二年甲申

　　薛安俊書僧智嚴《十二時》（P.2054）。

同年七月七日

　　報恩寺書手馬幸員寫《禪門十二時》（S.0427；北京「鳥」字號一〇同）。

公元 925 年，同光三年乙酉七月廿三日

　　安郎君寫《曲子鵲踏枝》（P.4017）。

公元 927 年，天成二年丁亥七月二十日

　　《齋薦功德文》後書《歎五更》（羅氏《敦煌零拾》）。

公元 929 年，天成四年己丑正月

　　孫冰書五台山曲子《蘇幕遮》（S.2080 + S.4012）。

公元 933 年，長興四年癸巳

　　《中興殿應聖節講經文》背錄琵琶譜（P.3808）。

公元 936 年，清泰二年（應作三年）丙申

　　僧索祐住寫《法體十二時》（P.3113）。

公元 940 年，後蜀孟昶廣政三年

　　歐陽炯序《花間集》。P.3994 中《更漏長》第一首及《菩薩蠻》第一首即歐陽炯作，載《尊前集》。

公元 941 年，晉天福六年辛丑

　　《曲子名目》（《孟姜女》）、卷背有天福六年二月二十四日題記

孔明亮撰、薛善通書邈真讚（P.3718）。

同年十二月十九日

淨土寺顧宗書《禪門悉談章》（P.2204）。

公元 942 年，天福七年壬寅

書楊滿山詠《孝經》十八章（P.3582）。

公元 958 年，顯德五年戊午

舞譜卷背有是年四月押衙安員進牒（P.3501）。

公元 970 年，宋乾德八年（按即開寶三年）

敦煌書手判官李福延寫《十二時》（P.3604）。

公元 971 年，開寶四年

書《學道十二時》（P.2943）。

公元 979 年，太平興國四年己卯十二月三日

永安寺學仕郎僧丑道（？）書《五台山讚》（P.2483）。

載入《敦煌曲》下篇

曲子《定西蕃》
——《敦煌曲》拾補之一

法京伯希和取去敦煌卷 P.2641 號，紙背雜書《定西蕃》一首，文云：

> 曲子一首，寄在《定西蕃》。　事（自）從星車入塞，衝砂磧，冒風寒。度千山。三載方達王命，豈（豈）詞（辭）辛苦艱。為布我皇綸綍，定西蕃。

計共三行。接書《莫高窟再修功德記》，書法工整，字跡似出一人之手。其前又有某氏《上曹都頭詩》一首，句云「譙國門傳縉以紳，善男子即是帝王孫」云云。卷首更有觀音院主釋道真等十人題壁詩並序。字體草率，或為另一時期所書。

《定西蕃》為教坊曲。曲名已見崔令欽《教坊記》。《花間集》溫庭筠有《定西蕃》三首，《尊前集》韋莊有《定西蕃》二首，句式皆為六三三三六五六三；與此相同。前錄第三句「冒」字作「四月」，以句法字數勘之，釋「冒」為宜。宋張先《安陸集》有《定西蕃》三首。句式為六三三六三六五六三，比上片多一六字句。[1]

法京此闋，末句為「定西蕃」，正合本題。當作於溫氏之前，為現存曲子詞中最早之《定西蕃》矣。

杜甫《追酬高適詩》句云：「關塞西蕃最充斥，衣冠南渡多崩奔。」西蕃即指吐蕃，此《定西蕃》應亦謂吐蕃。詞言星車入塞，明指漢使

---

[1]　參見《全宋詞》，72、79 頁。

入蕃之事。自德宗建中元年，蕃漢修好，唐臣使蕃，先後接踵。韋倫、崔漢衡、嘗魯皆曾出使，至建中三年十月十五日會盟定界。[1]貞元三年，侍中渾瑊與吐蕃盟於平涼，為蕃兵所劫，崔漢衡以下將史陷落者六十餘人。此詞言三載方達王命，究作於何年，尚難確定。惟沙州自建中時沒於吐蕃，至宣宗大中二年，張議潮始以瓜、沙十一州歸唐，《新唐書‧吐蕃傳》：「大中三年（849），是歲河隴高年千餘見闕下……皆爭解辮易服。」白居易《縛戎人》樂府云：「眼穿東日望堯雲，腸斷正朝梳漢髮。」邊陲故老，期望西蕃之平定，為日久矣。此詞云「為布我皇綸綍」。《禮記‧緇衣》：「王言如綸，其出如綍。」豈河湟收復後，軺車西征之作耶？

溫飛卿之作《定西蕃》，約在大中時，《舊唐書‧溫傳》：「大中初，應進士。初至京師，能逐弦吹之音，為側豔之詞。」時河湟已歸唐，故《定西蕃》一曲盛行於時，詞人亦喜填此調。

此卷中之譙國曹都頭，據榆林窟第十窟題名有「譙郡開國公曹議金」。譙國指曹氏甚明。S.7401有都頭曹長千書，寫於宋太宗淳化四年五月，與此曹都頭恐無關係。又道真為三界寺僧，敦煌卷中屢見之。《定西蕃》此詞，寫於《上曹都頭》一詩之後，其書寫年代可能較晚，惟詞之撰成，當遠在曹氏以前。

此詞拙撰《敦煌曲》失收，承左東侯兄以影本遠寄，盛意可感，亟為補錄於此。

---

[1]　參見《冊府元龜》卷九八一，《外臣部》。

附

溫庭筠《定西蕃》：

　　漢使昔年離別，攀弱柳，折寒梅。上高臺。　　千曲關山春雪，雁來人不來。羌笛一聲愁絕，月徘徊。（《花間集》）

韋莊《定西蕃》：

　　挑盡金燈紅爐，人灼灼，漏遲遲。未眠時。　　斜倚銀屏無語，閒愁上翠眉。悶殺梧桐殘雨，滴相思。（《尊前集》）

張先《定西蕃》：

　　年少登瀛詞客，飄逸氣，拂晴霓。盡帶江南春色，過長淮。　　一曲豔歌留別，翠蟬搖寶釵。此後吳姬難見，且徘徊。

原載新加坡《新社學報》，1973年

孝順觀念與敦煌佛曲

一

向日整理敦煌佛曲，發覺其主要內容，以下列兩事最為普遍：一為人事推移之無常觀念[1]，梵語所謂 a-nidyá，如《百歲篇》、《黃昏無常偈》是也；其一則為援儒入釋之「孝順」觀念，即本文所欲討論者。

陳觀勝先生（Chén, Kenneth）前於 Filial Piety in Chinese Buddhism（*H. J. A. S.* 28，1968）文中指出佛教《盂蘭盆經》、《佛說孝子經》等，對漢俗影響之深，因謂佛教之異端而獲得中國人之接受，孝順觀念與中國倫理之融洽，亦其主因，其說良是。惟謂佛教徒誦經超度父母，廣及其他眾生，其孝之取義，比漢土尤為廣大。竊謂孝之理論，在漢人著作中，若《大戴禮記》之《曾子大孝》，已言「大孝不匱，中孝用勞，小孝用力」，孝有三等[2]，其義如下：

　　大孝——博施備物（此義已同「泛愛眾」；以孝為「博愛」，即謂孝及於物）。

　　中孝——尊仁安義（此以孝貫通整個道德）。

　　小孝——慈愛忘勞（此僅指對父母子女之間之奉養，最狹義之孝也）。

---

[1] 敦煌有《無常經》，P.2305 背為《無常經》講經文，見《敦煌變文集》，656 頁。

[2] 此數語亦見《禮記·祭義》。釋法琳《辯正論》「外論曰：孝為德本，人倫所先」一段，引小孝、中孝、大孝此語，而論之曰：「此性分之殊也。比夫釋教，其義存焉。」（《廣弘明集》卷十三）

又引「夫子曰：伐一木，殺一獸，不以其時，非孝也」，則謂恩需及於草木禽獸，此則為孝之宇宙義。佛氏在《盂蘭盆經》等所言之孝，如謂「若未來世一切佛弟子，行孝順者，亦應奉此《盂蘭盆》，救度現世父母，乃至七世父母」，似仍局限於「小孝」範圍。自漢帝明詔，以孝悌力田為教，嗣是「孝」之觀念深入人心。南齊時，王儉纂《七志》，經部竟取《孝經》列於眾經之首。[1]邊裔地區，漢化不深之西域佛教國家，若高昌國亦以《孝經》置於學官。孝之精神，遠及遐陬，可以概見。[2]

《孝經》，六朝儒生誦習之亦有倣佛經方法，如禪門日誦者。《梁書》儒林《皇侃傳》：「尤明三《禮》、《孝經》、《論語》」，「性至孝，常日限誦《孝經》二十遍，以擬《觀世音經》。」此為罕見之例。無異取《孝經》作為「儒」門之日誦也。《陳書》卷二六《徐陵子份傳》：「陵嘗遇疾，甚篤，份燒香泣涕，跪誦《孝經》，晝夜不息，如此者三日，陵疾豁然而愈，親戚皆謂份孝感所致。」《南史·顧歡傳》：「有病者問歡。歡曰：『家有何書？』答曰：『惟有《孝經》而已。』歡曰：『可取《仲尼居》置病人枕邊，恭敬之，自差（瘥）也。』而後病者果愈。後人問其故，答曰：『善禳惡，正勝邪，此病者所以差也。』」則《孝經》可以療疾，南朝時有此說。至於誦《觀世音經》可以消災，史書所記，始於晉之徐義，而宋之王玄謨，誦《觀音經》且千遍，卒免見殺。[3]梁劉霽母胡氏寢疾，誦《觀音經》數萬遍（《南史》卷四十九）。自東晉時釋竺難提譯《觀世音菩薩消伏毒害陀羅尼咒經》（嘉興藏萬曆本），宋元徽三年釋法獻至于闐，獲佛牙及《觀世音滅罪咒》（《高僧傳》十三）。故誦《觀音經》可滅罪消災，遂成一時風尚，

---

[1] 參見王重民：〈王儉《七志》〉。《經典釋文·次第》：「王儉《七志》·《孝經》最初。」
[2] 參見羽溪了諦：《西域之佛教》；曹仕邦：〈高昌國《毛詩》、《論語》、《孝經》立學官的原因淺釋〉，《新亞書院學術年刊》（八），1966。
[3] 參見俞正燮：〈誦佛經論及觀世音傳略跋〉，《癸巳類稿》卷十四、十五。

難以服儒術之皇侃，亦不免受其影響。

後漢安世高譯《佛說父母恩難報經》，費長房《三寶記》著錄之，武周《眾經目錄》作《父母勤報經》。此經敦煌卷中常見，如 S.2269 即為《佛說父母恩重經》。

《盂蘭盆經》，譯自西晉竺法護（Dharmarakṣa，《大正藏》冊十六，779 頁）。後代注解甚繁，唐之釋宗密（《盂蘭盆經疏》二卷，崇禎松江李凌雲刊本），宋之釋遇榮（《盂蘭盆經疏孝衡鈔》二卷附科式一卷，明嘉靖沙門明元刊本）、釋普觀（《蘭盆經疏會古通今記》，中央圖書館存宋刊本卷上），明之釋智旭（《佛說盂蘭盆經新疏》一卷），清之釋靈燿（《盂蘭盆經折中疏》，康熙刊本），皆其著者。至於古寫本，敦煌所出，尤不一而足，法京 P.2055 即為《佛說盂蘭盆經》，有翟奉達題記，為其妻馬氏追福，言每齋寫經一卷，於百日齋內寫《盂蘭盆經》一卷，可考見當日寫經制度。P.2185 為《佛說淨土盂蘭盆經》，P.2269 為《（盂蘭）盆經讚述》（卷一殘，《大正藏》冊八五，540 頁），茲不備記 [1]。

梁武帝於大同四年（538）在同泰寺舉行盂蘭盆齋。故盂蘭盆會六朝時已極流行。顏之推云：

> 其內典功德，隨力所至，勿剼竭生資，使凍餒也。四時祭祀，周孔所教，欲人勿死其親，不忘孝道也。求諸內典，則無益焉。殺生為之，翻增罪累。若報罔極之德，霜露之悲，有時齋供；及七月半盂蘭盆，望於汝也。[2]

是顏之推已深信目連故事，故望其子孫能超度之。七月半中元節之盂

---

[1] 中央圖書館善本亦有唐人寫卷子本《盂蘭盆經》一卷。

[2] 宋本《顏氏家訓‧終制》篇。一本無「七月半盂蘭盆」六字。且作「及盡忠信，不辱其親，所望於汝也」。趙曦明謂：「今諸本刪去六字，必後人以其言太陋，而因易以他語耳。」

蘭盆會，梁宗懍《荊楚歲時記》備書其事，陳先生論之已詳。

《唐書‧楊炯傳》：「宮中出《盂蘭盆》，分送佛寺，則天御洛南門，與百寮觀之。炯獻《盂蘭盆賦》。」文略云：

> 粵大周如意元年秋七月，聖神皇帝御洛城南門，會十方賢眾，蓋天子之孝也……八枝初會，四影高懸。上妙之座，取於燈王之國；大悲之飯，出於香積之天。隨藍寶味，舍衛金錢。麵為山兮酪為沼，花作雨兮香作煙。明因不測，大福無邊。[1]

中央圖書館藏舊鈔卷子，有《為二太子盂蘭節薦福》一文，略謂：「伏惟二太子，間生帝子，應現凡間。玉荄（葉）聯於百王，金枝繼於千載，明珠藏於巨海，白玉隱於昆山。抱鳶頷之奇姿，表虎頭之上相……不畺（圖）虎旗才展，龍劍欲飛，地失孤虛，神靈崩背。未審魂飛何界，識散郊坰。惟福事而有依，即資憑而不昧。故於中元令節，秋首良晨（辰），闢盂蘭之道場，開超生之論席者。即我府主太保，為二太子鳷（薦）福之懇也……」中央圖書館目錄題為「唐人寫卷子本，不著撰人」[2]。二太子討寇捐軀，故為盂蘭盆會以超度之。文中府主，不知何人，以其資料珍異，故記之於此。盂蘭之設，所以救拔慈親，宣揚孝道，而供養十方諸佛，亦可為生人薦福。《目連救母》，遂成為應時之戲，於中元節上演，歷時往往一月。

孟元老《東京夢華錄》云：

> 七月十五日中元節。先數日，市井賣冥器：靴鞋、幞頭、帽子……及印賣《尊勝目蓮經》。又以竹竿斫成三腳，高三五尺，上織燈窩之狀，謂之盂蘭盆，掛搭衣服冥錢在上焚之。構肆樂

[1]《楊盈川集》卷一。
[2]《中華叢書》本上冊，75 頁。

人，自過七夕，便般（搬）《目蓮救母》雜劇，直至十五日止。[1]

此事至今尚流行不替，惟國內已絕跡，海外如新加坡、馬來，猶存此俗，至為可貴。馬六甲青雲亭石刻有光緒三十年甲辰（1904）《紹蘭會大伯公碑記》，文云：

> 蓋聞神鬼為德，聖讚其盛，君子之祭也，七成三齋，用是以照其敬者，正所以邀遐福也。矧中元乃地官赦罪之秋，超渡孤幽，脫離苦海，共登彼岸。種種皆福緣善慶，猶宜虔誠普施。故吾先輩昔有設立童子普，後改為峇峇普，曾有捐集公項生息，以為普度之需。[2]

由此文可知海外普度，有一種特殊組織，稱曰「紹蘭會」。蘭即盂蘭之省稱。所超度者，專以夭死之殤子為主，謂之「童子普」，後改名「峇峇普」（峇峇即馬來語 babah，僑生華人男孩子也）。且有公項生息，以為普度之需，與華俗無異。

盂蘭盆，梵語原為 ullambita，義為 hanging[3]，巴厘語為 ullumpati。盂蘭義訓倒懸，宋道誠《釋氏要覽》云：「盂蘭，華言解倒懸也。」民間訛言為「盆」。敦煌《目連緣起》云：「三年至孝，累七修齋，思憶如何報其恩德，惟有出家最勝。」又云：「辦香花之供養，置於蘭之妙盆，獻三世之如來，奉十方之賢聖。」直解蘭為植物，盆為器皿。故《盂蘭盆經》又有譯本作《佛說報恩奉盆經》，亦云《報像功德經》。《大正藏》所收者僅二段，云「闕譯」，附東晉錄，蓋東晉所出，而非足本（中央圖書館藏有嘉興楞嚴寺《藏經》本，萬

---

[1] 關於宋時盂蘭盆之描寫，又見陸游《老學庵筆記》七、陳元靚《歲時廣記》三〇，不具引。

[2] 《紹蘭會碑》，見拙作《星馬華文碑刻繫年》，《書目季刊》五卷二、三期。

[3] 參見 Monier Williams, *A Sanskrit-English Dictionary*, p.219。

曆丁酉刊）。書名之中，已標出「報恩」二字。漢人對梵語每多曲解，如王維字摩詰，乃拆「維摩詰」（vimalakriti）為二，維 =vi（漢訓不也），摩詰 =malakriti，vi-mala 義為無垢，一拆開便不成話，王維幾乎成為王不矣。漢俗語法習慣，與梵文極難配合，往往如此。以上論盂蘭盆各事，為陳先生文中所未及，故補述之。

二

蘇聯所藏敦煌卷子，有《霊（雙）恩記》者，孟列夫、左義林教授已為印行二冊。上冊總論變文體制，下冊專究變文語法，指出《雙恩記》故事雖出自《本生》（Jatāka），但其中孝順觀念，則多得自儒家。其說云：

> The main idea of the pienwen follows the jatāka though there are some changes and additions.
>
> There are more Chinese elements in the description of the characters than in the jatāka.

其故安在？蓋有深遠之歷史背景，有待於抉發。此書往日承孟教授遠寄新加坡，久無以報。近時潘石禪先生重新研究，草成〈變文《雙恩記》試論〉，於鈔寫年代、取名、文字校訂各項，均有新見。惟對於題旨及有關資料，尚有可以補充者。此經題名如第七、十一卷題曰：《佛報恩經》，蓋出自《佛報恩經惡友品》第六。曩於法京 Guimet 博物館見有《父母恩功德經圖冊》，甚為珍貴。又《父母恩重經》一類卷子，如 P.2418 一卷，末有「《誘俗》第六」，「天成二年（927）八月七日，一㝎書」各一行。文中引述《曾子》及《太公

家教》，申明孝之意義。兼又指出「十恩德」字樣。卷前有文云：「此唱經文，是世尊呵責也。前來父母有十種恩德，皆父母之養育，是二親之劬勞。」知此唱經文殘本，原有若干篇，《誘俗》其第六也。又北京「河」字十二號，亦有同類殘文，向達校錄標題曰「《父母恩重經講經文》」。此二篇均收入《敦煌變文集》。至於《大舜至孝變文》（P.2721）、《大目犍連冥間救母變文》（如 P.3107），世所熟知，不欲深論。[1]

又圓鑑大師《二十四孝押座文》，見於 P.3361，題云「左街僧錄圓鑑大師賜紫雲辯述」[2]，亦已收入《敦煌變文集》。此篇除首四句為四言外，其餘悉為七言，一韻到底。有云：「佛身尊貴因何得？根本曾行孝順來。須知孝道善無堰（疆），三教之中廣讚揚。若向二親能孝順，便招千佛護行藏。」又云：「如來演說五千卷，孔氏譚論十八章。孝心號為真菩薩，孝行名為大道場。」有十二句，以孝心、孝行對言，而歸結以「佛道孝為成佛本，事須行孝向耶娘」，亦以行孝為主題，間接以宣揚佛教，會通儒、釋，以如來與孔氏相提並論，末段疊句聲韻鏗鏘可誦，變文之佳作也。

敦煌曲中有關孝順之作品甚多。任二北在普通雜曲中收「《皇帝感新集孝經》十二首」（88 頁）；又定格聯章中收《十二時》「《天下

---

[1] 有關此類論文，如：

金岡照光：〈舜至孝變文の諸問題〉，《大倉山學院紀要》第二輯，1956。

又前人〈唐代民間孝子譚の仏教的一斷面〉，《東洋大學紀要》第十三集，1959。

趙景深：〈董永賣身的演變〉，《讀曲小記》，上海：中華書局，1959，61 頁。

倉石武四郎：〈寫在《目連變文》介紹之後〉，《中國文學研究譯叢》，上海：北新書局鉛印本，1930。

金岡照光：〈中國民間における「目連說話」の性格〉，《佛教史學》第 7 卷 4 號。

趙景深：〈目連故事的演變〉，《銀字集》，上海：永祥圖書館，1946。

餘不具列。

[2] 雲辯卒於廣德元年（763），與楊凝式同時，曾居洛。事見宋張齊賢《洛陽縉紳舊聞記》。

傳孝》十二首」（128 頁），「《十恩德勸孝》十首」（172 頁），共得三首。任氏據劉復《敦煌掇瑣》、羅振玉《敦煌零拾》、許國霖《敦煌雜錄》採入。余於法京獲見原卷，惟未收入拙編《敦煌曲》中。今《敦煌曲》久已問世，因將往日筆記錄其大要於下，以當拾遺。

P.2721

前為《雜鈔》一卷，後為《珠玉新鈔》一卷。《開元皇帝讚》，即接書《皇帝感》「《新集孝經》十八章」。已見錄於任氏《敦煌曲校錄》88 頁。第一首：「新歌舊曲遍州鄉，未聞典籍入歌場。《新合孝經皇帝感》，聊談聖德奉賢良。」餘不錄。此卷背題：「《舜子至孝變文》一卷。」云：「檢得《百歲詩》云：『舜年廿，學問；卅，堯舉之……』」（見《敦煌變文集》二，134 頁）末四行：「天福十五年，歲當己酉，朱明蕤賓之月。」此卷即以《孝經》集成十八章。又背為《舜子至孝變文》，故合成一卷。

P.3910

為硬黃紙小冊，上書「己卯年正月十八日陰奴兒異集」。內鈔《茶（茶）酒論》一卷。

《新合千文皇帝感辭》壹拾壹首，只有九首為七言絕句。

言諮四海貴諸賓，黃金滿屋未為珍。雖煞（然）△乙無財學，且聽歌裏說千文。

天寶聖主名三教，追尋隱士訪才人。金聲玉管恆常妙，近來歌舞轉家親。

偏注《孝經》先□唱，又談《千字》獻名君。一一惣（總）依畫上說，不是歌裏慢虛全。

天地玄黃便清濁，綾羅萬載合乾坤。日月本來有盈昃，

二十八宿共參辰。

…………

末記：「《新合千文》一卷。」蓋以《千字文》組串成句，故云「新合千文」也。

以後接書《新合孝經皇帝感辭》一十一首，字極劣。摘句如下：「張騫本自欲登山，漢帝使還上升天。」「鴛鴦帳裏□須抱，陽（楊）柳園中不忘君。」再下接書《秦婦吟》，不具記。

P.2633

為《斟酌新婦文》，後段有「楊蒲山《詠孝經》壹拾捌章」，摘句云：「《開宗明義章》第一。欲得成人子，先須讀《孝經》。義章恩宭（最）重，莫著髮膚輕。和睦為宗祖，溫柔是弟兄。立身於此道，於後乃揚名。」

以下自「《天子章》第二」至「《廣要道章》第十一」而止。

末記「辛巳年正月五日氾員昌就賽上」一行。

P.3386

前為「大漢三年季布《罵陣詞文》一卷」，末段接書「楊滿川《詠孝經》（旁記『卜』字）書壹拾捌章。「《開宗明義章》第一。欲得成人子，先須讀《孝經》……」至第九章，全是五字句。

P.3582

與上卷接連，存第十五至《喪親章》第十八，末句云：「賣身學董永，孝道不如他。」題：「楊滿山《詠孝經》一十八章。」末三行云：「維大晉天福七年壬寅歲，七月廿二日三界寺學士郎張富詔記。戊辰年十月卅日三界寺學士。」

又雜記:「計寫雨(兩)卷文書,心裏歲歲不疑。自要心身懇切,更要師父周梨。」

按此卷 P.3386 作「楊滿川」,而 P.3582 題作「楊滿山」,P.2633 作「楊蒲山」。按滿與蒲兩字,唐鈔本時時混用,如司馬相如《難蜀父老》:「略斯榆,舉苞蒲。」服虔云:「苞蒲,夷種也。」神田氏影刊《敦煌本文選注》作:「苞滿,蜀地名。」以滿為蒲。新疆之金滿國,《後漢書》作金蒲。「蒲山」之作「滿山」,例正相同。《孝經》可以成詠,此卷寫於石晉時。《五代史記》六十九載:「(漢國子祭酒田敏)以印本五經遺高從誨。從誨謝曰:『予之所識,不過《孝經》十八章爾。』敏曰:『至德要道,於此足矣。』」(《南平世家》)五代人對《孝經》之尊重,可以見之。

敦煌卷子中又屢有《十恩德》及《孝順樂》之佛讚,蓋從藏外偽經《佛說父母恩重難報經》嫁名鳩摩羅什者加以演繹,為有韻之文,以供諷誦。例如:

P.2843

一長卷,題「《十恩德讚》一本」,其文云:

> 第一懷貪受苦恩。說著去不酥。自趁身仲力全無,起坐代人扶(扶)。而羊病,瘁(喘)息麄(粗)。紅鷹漸角(覺)招(焦)枯。報恩十月莫相貽佛。且勸門圖(徒)。

(按此調長短句式,為五七五三三六七五,文字有待細校)

> 第二臨產受苦恩……
> 第三生子忘憂恩……
> 第四咽苦吐甘恩……

　　第五乳飽養育恩……

　　第六迴乾就濕恩……

　　第七洗浴不淨恩……

　　第八為造惡業恩……

　　第九遠行億（憶）念恩。

（以上自第二至第九各解從略）

　　第十究竟憐愍恩。流淚百千行。愛別離苦斷心腸，億（憶）念似尋常。十恩德，說一場。人聞諍（爭）不悲傷。善男子善女人審思量。誓願（應作「莫」）辜父（負）阿耶娘。

（同卷又書《孝順樂》，其辭云：）

　　孝順向耶孃……今日苦相勸，是須孝順阿耶孃。起初第一是懷胎，阿孃日夜數般哉（災）。日夜只憂分離去，思量爭不淚催催。第二臨產更難新，須史前看區（傴）其身，好惡只著一向子，思量爭不鼻頭新（辛）……

（書至第七，以下殘缺。其背面又書：）

　　第十男女不思量，高言德義阿耶孃，約束將來不止肯，曾參日夜淚千行。並憨（勸）面前諸弟子，是須孝順阿耶孃。願德（得）今身行孝道……

　　此外，P.4560 為《孝順樂讚》一本，與《五台山讚》合為一冊子。P.2843、P.3411（存開端二行）、P.4700 並為《十恩德讚》。倫敦斯坦因藏卷子，《十恩德》亦甚夥，若 S.4438、S.5591、S.5687、S.6270、

S.6274 等皆是。[1]

《宋史》卷四二五，趙景緯知台州，「取《孝經庶人章》，為四言詠贊其義，使朝夕歌之」，又「作《訓孝文》以勵其俗」。又《宋史·藝文志》著錄「僧宗頤有《勸孝文》二卷」。以《孝經》設教，改寫為詠贊，此一傳統，至宋代仍相承不絕。而僧人且作《勸孝文》，亦可見儒、釋思想之合流，「孝順」實為極重要之觀念，敦煌所出事例之多，殊無足怪。

其實，儒家父母恩重一觀念，不特佛家吸收之，道教經典亦然。《道藏》洞真部本文類「宿」字下有《太上真一報父母恩重經》一卷，內云：「或薦亡沒，七七修齋，轉誦靈文，以資魂識。不歷塗毒，便得生天，身詣玉京，神遊金闕。」又同卷《元始洞真慈善孝子報恩成道經》[2]。謂元始天尊授此三真，號曰「至孝真王」。又天尊答云：「敬天順地，朝禮三元，如孝父母無有異也。」又洞神部本文類「女」字下有《太上老君說報父母恩重經》及《玄天上帝說報父母恩重經》各一卷。《太上老君說報父母恩重經》中云：「若有眾生能為父母書寫此經……於中元日設大齋醮……若能每月一日，日中清齋，燒香行道禮拜，誦念轉讀此經，罪亦消滅。」明白雲霽《道藏目錄》云：「《神宗皇帝御製玄天報恩經》序」。此文不載《道藏》中，亦可見明代人主對此亦加以提倡也。

《經典釋文》孝經注家有釋慧琳，「秦郡人，宋世沙門」。

《隋書·經籍志·孝經類》有釋慧始注《孝經》一卷，陶弘景《集注孝經》一卷。道、釋二氏，均不能廢也。文廷式謂周松靄〈《佛爾雅》序〉云：「朱石君中丞撰《佛孝經》。」意欲通儒、釋之由（《純常子枝語》卷二十四）。具見孝順觀念，入人之深，《孝經》亦成為三

---

[1] 任二北《敦煌曲校錄》據許國霖《敦煌雜錄》只收「周」八七《十恩德》一首，見該書 172～174 頁。

[2] 「宿」字下。

教所共重視之書。

至於唐時道士亦於七月十五日行盂蘭盆法，法琳《辯正論》已嘆其濫。敦煌道經 S.3061 號為《太上洞玄靈寶中元玉京玄都大獻經》[1]，書法極韶秀。其書蓋據《報恩奉盆經》一類踵事增華，益以正月十五、十月十五，與七月十五，合為三元。近賢討論已詳（見吉岡義豐、秋月觀暎文），道、釋間之相互關係，人所共悉，故不復多及。[2]

武后長壽二年，菩提流支譯《寶雨經》，卷三有「菩薩於彼人前化作父母……如是說已，即便殺害所現父母」一段，《大正藏》該卷 660 頁校語引明注，以為除遣惡作方便，幻設父母，深為置疑，並云：「緬惟在昔，竺典東來，摩騰、竺法蘭二尊者，首譯《四十二章經》。言凡人事天地鬼神，不如孝其二親，二親最神也。《梵綱經》為菩薩戒本言，孝順至道之法，孝名為戒，亦名制止。又如《大方便佛報恩經》、《佛說父母恩難報經》、《孝子經》、《出曜經》、《罪業報應教化地獄經》等，三藏五千軸，陳孝德之談，斥悖逆之罪，聖教屢及之。嘗自言，吾世世奉佛，至孝之行。又言，使我疾成無上正真道者，皆繇孝德也。倘未遍閱藏函，慎勿影借幻喻，迷為謗端。」可見釋氏對於孝道，拳拳致意，即於內典所言，有時亦復疑其不可為典要。而佛終會合於儒，故錄其事，以結吾篇。

《敦煌學》1974 年第 1 期

[1]　參見大淵忍爾：《敦煌道經目錄》，15 頁。
[2]　參見吉岡義豐：〈中元盂蘭盆書敦煌在《中元玉京玄都大獻經》〉，《中野教授古稀論文集》；秋月觀暎：〈三元思想の形成について〉，《東方學》二二。

敦煌資料與佛教文學小記

　　敦煌所出文學文獻，其有關資料及詳細解說，已見金岡照光博士所著兩書，毋庸贅述；惟金著似側重於俗文學方面，其研究心得亦在此，又 Stein 顯微膠卷，曾經全部利用，尋覽殆遍，法京則所知較少，茲就瀏覽所及，略舉若干事加以討論。

先言韻文

　　向治曲子詞，頗怪黃山谷好作豔詞，為圓通秀禪師所呵[1]，何以釋子在敦煌大寺中喜鈔寫曲子於經卷卷背？後悟釋子須作詩偈，中唐以後，教坊曲調，為講唱者所吸收，故僧人喜唱曲子詞，試舉二例：

　　江陵些些師。《宋高僧傳》二十：「釋些些師，又名青者，口自言些些，故號之矣。德宗朝於渚宮遊，而善歌《河滿子》……伍伯於塗中辱之，抑令唱歌，些便揚音揭調，詞中皆訐伍伯陰私……」

　　欽山文邃禪師。《五燈會元》十三「澧州欽山文邃禪師」條，稱其：「顧視大眾曰：『有麼？有麼？如無，欽山唱《菩薩蠻》去也，囉囉哩哩。』便下座。」

　　「一聲《河滿子》，雙淚落君前」，釋子亦喜歌之；《菩薩蠻》則禪師上座時可唱。此二事人所鮮知，故為舉出。今敦煌曲子有《何滿子》四首（S.6537），《菩薩蠻》尤數見。

---

[1]　參見《五燈會元》卷十七。

曲子詞最旖旎動人者，無如 P.2748 卷背之《思越人》、《怨春閨》，諸家均失載，余始發現之，已收入拙作《敦煌曲》。

中唐以後釋子好為詩偈及曲子，孟郊有《教坊歌兒》一詩云：「去年西京寺，眾伶集講筵，能嘶竹枝詞，供養繩床禪。能詩不如何！悵望三百篇。」似對文溆輩一流「和尚教坊」加以諷刺，然僧人之好吟詩唱詞，當時已成風氣，於此可見一斑。

次略言散文

P.2189 背為《梁武帝東都發願文》，內言「弟子蕭衍生生世世，不失今日之心……皇考太祖文皇帝，皇妣獻皇太后」。其皇考諱順之，齊高帝族弟，衍生六歲獻皇太后崩。[1] 考《廣弘明集》二十八《啟福》篇目錄第六有梁高祖「依諸經中行懺悔願文」一題目，文字則缺，《大正藏》於沈約文下注云：「（此）無其文，於下《悔罪》篇中，梁陳帝《依經懺願文》應是。」按《悔罪》篇前為梁簡文之《建涅槃懺啟》，與梁武無涉。此文云「願今日此無遮大會」，《南史》載帝設大會四十六次，捨身四次，此其一次也。此卷末題「（西魏）大統三年五月一日中京廣平王大覺寺涅槃法師智嚴（王重民作智叡）供奉」。大統三年即梁武大同三年，東魏孝靜帝天平四年。廣平王元懷立平等、大覺二寺，《魏書·地形志》廣平郡在司州，故曰中京。此卷後題「令狐休寶書之」。以南朝帝王願文，而北人鈔之，尤為特色。近年莫高窟發現北魏刺繡內有（太和）十一年廣陽慧安造發願文 [2]，可以比較研究。法京伯目有《法琳別傳》：P.3686 與 P.3901 合為一卷，又

[1] 參見《梁書·武帝紀》。
[2] 參見《文物》，1972（2）。

P.4867 實為同卷,為彥琮撰之《沙門法琳別傳》卷中;P.2640 背為《沙門釋法琳別傳》卷下,殘,題作釋伽琮纂,應即彥琮。按彥琮此文現收入《大正藏》第五十卷史傳部二,前有隴西處士李懷琳序。法京此殘卷起自「但琳所著《辯正》,根起有由,往以武德四年仲冬」句[1],訖「案劉向故舊二錄云周惠王時已漸佛教,一百五十年後,老子方以五千文(下缺)又計惠王即莊王孫也以癸(還)(下殘)」,字作行書,出唐人手筆,待與《大正》本合校。法琳文采洋溢,與傅奕、劉進喜諸道士抗爭,貞觀十三年被徙益部,作《悼屈原篇》以自況。其事亦見《續高僧傳》二十四。此《別傳》中徵引逸籍不少,大有助於輯佚。

高僧名作鴻篇、散逸者眾,雜書於敦煌卷中往往可找得一鱗一爪,如益州衛元嵩之《十二因緣詩》,可補余嘉錫之不逮[2],元嵩後上廢佛法事還俗,此當是從亡名為僧時作。唐玄宗時,道氤隨駕幸雒,曾講《淨業障經》,又撰《御注金剛經疏》[3]。《宋高僧傳》稱其造《西方讚》一本,其辭麗。道氤著作存於敦煌卷子者不一而足,而《西方極樂讚》、《西方淨土讚》文敦煌所出亦多,必有出自道氤手者,有待於研討考證。

1980 年秋,承菊池先生約於北海道大學講「敦煌資料」問題,以時間勿遽,不能深入探討,僅就閱讀卷子經驗,略作報告,掛一漏萬,疏舛必多,尚乞方家指教。

日本五山文學家屢次提及禪師用《菩薩蠻》稱偈頌之不當。

(一)日本大鑑禪師《正澄禪居集》題跋中有《跋菩薩蠻》云:「此宋末尊宿偈頌,叢林傳寫甚眾,近年不知何等後生晚學,分類成編且妄名曰《菩薩蠻》,此乃詞曲名也,而以諸祖偈句名之……唐土業林晚輩,不知大法元氣,為此妄談,傳之日本……勿以詞曲卑賤

---

[1] 《大正藏》冊五十,205 頁。
[2] 余著有《衛元嵩事跡考》。
[3] 現有《宋藏遺珍》本。

之名，污瀆吾宗先德。」[1]

（二）又竺仙梵仙《天柱集・跋〈古德偈頌集〉》云：「菩薩蠻三字，自是古詞曲調之名，不知何人以名諸師偈頌之集，真是可笑。」[2]

按正澄本福州連江人，梵仙則明州象山人，由其所言知宋末有以禪家偈頌編為總集，而命名為「菩薩蠻」之舉。

另一五山僧人以「菩薩蠻」為書名。

1980 年 8 月於北海道大學

---

[1] 《五山文學全集》卷一，499 頁。
[2] 《五山文學全集》卷一，723 頁。

敦煌曲子中的藥名詞

　　文學史家一般皆認為藥名詞始於北宋的陳亞。如友人羅忼烈教授便贊同這一說法。近時他在《兩小山齋詞話》十中便說道:「藥名詩始於齊梁,藥名詞則始於陳亞。」陳亞的作品現存的只有《全宋詞》頁八,吳處厚的《青箱雜記》收錄他的《生查子》藥名詞共四闋而已。

　　回憶好些年前,我在倫敦檢讀斯坦因取去的莫高窟所出寫卷,其中列 S.4508 號為一張很殘破的粗楮紙,上面有「大唐三藏和尚行文」一行,已被塗去,又隨手雜書凌亂。原紙寫上一曲子,書法不佳,但可看出是出於唐末人手筆。其詞如下:

> 莨菪不歸鄉。經今半夏薑。去他烏頭血傍了,家附(富)子
> 亳(豪)強。父母依意美,長短桂(挂)心,日夜思量。砂。

詞為五五七五五四四句式,共三十五字(砂字不算)。這一曲子,王重民各家的敦煌曲子詞集都不載。1971 年,初次收入我和法國已故漢學大師戴密微(P.Demiéville)教授合著的《敦煌曲》(*Airs de Touen-houang*)頁二四四,該書由巴黎國立科學研究中心(C.N.R.S.)出版。事隔多年,我嘗經指出這是一首藥名歌,其中嵌若干藥名,和宋代陳亞的藥名詞,可以互相參證。但未能確知這一首雜言長短句應該是甚麼詞牌。後來細心勘校,才發現其句式字數和《連理枝》一樣,可算是調寄《連理枝》的一首曲子。

　　考《尊前集》中有題名李白作的《連理枝》,注云:黃鐘宮。《全唐詩》分作兩首。萬樹《詞律》只收其第二首,注「三十五字」,又

云：「此唐調也，宋詞俱加後疊。」他指出這是宋詞《小桃紅》之半。茲錄如下：

> 淺畫雲垂帔，點滴昭陽淚。咫尺宸居，君恩斯絕，似遙千里。望水晶簾外竹枝寒，守羊車未至。

這首詞我想無人會相信是李白所作的。關於作者是另一問題，今不欲深論。由於《尊前集》題名是李白，《唐五代詞》亦把它收入。下面為行文方便仍省稱曰「李詞」。《連理枝》的句讀向來是有爭論的，如《詩餘圖譜》讀末句「竹枝寒守」、「羊車未至」各四字句，引起了萬樹認為文理可異的譏嘲。在早期詞體未確定，句讀伸縮可以自由，有時增減襯字，字數亦復不定。一般詞譜認為此調以李白詞為正格。敦煌此曲以「鄉」、「薑」、「強」、「量」叶韻，全用平聲。李詞則起句「帔」字為韻，以下叶仄，字數同為三十五字。所差異者，李詞第二韻用四四四句式，共十二字，敦詞則作七五句式，亦為十二字，末韻李詞作四四五句式，此則作五四四句式，共為十三字。最末「砂」字為句尾助聲，不入韻，可以不計。這樣句讀中間雖微有不同，而字數同為三十五字，故可定為《連理枝》詞調，宋人《連理枝》又有雙疊一格。此則為唐調之《連理枝》，可無疑問。

這詞裏面，嵌用許多藥名，如半夏、薑、附子、意美（即薏苡）、桂，父母擬知母，一看便知。烏頭當是首烏，傍即牛蒡之蒡，亦可理解。起首「莨菪」本寫作「莨宕」，宕字上從穴，《本草綱目》：「莨菪一作蘭蕩，其子服之，令人狂浪放宕，故名。」《史記·太倉公傳》：「飲以莨蕩藥一撮。」張守節《正義》：「浪宕二音。」莨菪子又名天仙子，《三才圖會》中有圖。詞中用藥名莨菪，借作浪蕩。陳亞藥名詞句云：

明本《三才圖會》中的「莨菪子」

　　「半下紗窗睡」。半下即半夏。

　　「浪蕩去未來」,「猶未回鄉曲」。(浪蕩即用莨菪藥名)

他似乎是讀過「莨菪不歸鄉。經今半夏薑」這一詞的,無意,一些語彙有點雷同。忼烈兄對「浪蕩」一名無解說,其實亦是藥名。

　　這詞有許多地方不容易了解。半夏薑的「薑」似乎宜讀為半夏彊,意謂浪蕩遠方太久了,到今算來,已過強半個夏天。彊半猶強半,即近半。《世說新語 · 政事》:「僧彌……改易所選者近半。」《廣韻》十陽,強、彊兩字分開。云:「彊與強通用。」下面「毫強」即「豪強」,此語字訓「有力」,即唐韻「強,健也」一義。彊、強二字分押,取義是不同的。

　　最難解的是「去他烏頭血傍了」一句。原紙在「血」字上面有淡墨添了上「了」小字,似是衍文。「烏」看像是「鳥」字,由於比附藥名之首烏,應作「烏」為是。烏頭和馬角,後世詞家每連在一起。[1]

[1]　像清顧貞觀《金縷曲 · 寄吳漢槎》句「盼烏頭馬角終相救」。

烏頭的典故出《續漢·五行志》:「後漢桓帝時京師童謠:城上烏,尾畢逋。」史書說此言「處高利獨食,不與天下共,謂人主多聚斂也」。《太平御覽》九二〇烏部引司馬彪《續漢書》,下面多「一年生九雛。公為吏,子為徒,一徒死,百乘車」等句。杜甫《哀王孫》詩:「長安城頭頭白烏。」注家每引《南史·侯景傳》童謠「的(白)脰烏」說之。黃山谷詩「烏尾訛城角」,亦用桓帝時童謠。「血傍了」的傍,有時通用作並或迸,如「並流」[1],釋文云:「《史》、《漢》傍河、傍海皆作並。」疑此處「血傍了」猶言「血並了」。揣測這「去他烏頭血傍了,家附子毫強」整句的詞意,下面「家」和「子」分作主詞,「附」借音為「富」,「毫」即「豪」。意思是說:「迸盡了血,除去了聚斂的苛政,則家可富足而子弟亦變為豪強。」這裏很費氣力把它說通,仍不免有點勉強!

「意美」者,《倉頡》篇「美意延年」。「桂心」當讀作「挂」心。日夜思量言晨夕思念父母。

這是一首民間通俗作品,文字雖不甚佳,但摭取藥名,堆砌成句,開陳亞的先例,甚堪珍視。陳亞《生查子》有二題,一是《藥名寄章得象陳情》(章得像是泉州人,大中祥符四年〔1011〕以屯田員外郎知泉州,仁宗時同知樞密院事)。一是《藥名閨情》,敦煌此曲可代為擬題:《藥名旅思》,是遊子在外思念父母之作。

最後談一談「砂」字。原詞只寫二行。砂在第三行第一字,是同一人手筆。砂字作為尾音助字,和煞、瞰字相同。歐陽修《漁家傲》:「今朝斗覺凋零瞰。」曹組《點絳唇》:「風更無情瞰。」這些都是語助。唐教坊曲《穆護子》,《樂府詩集》作《穆護砂》,同出於穆護大曲[2]。砂亦作煞,指曲的尾聲。可見此詞末字之砂,音義和煞沒有不同。

---

[1] 《列子·黃帝》篇。
[2] 義為祆教僧侶。

由上面研究，可得到初步結論：

1.《連理枝》唐調，原是單疊，《尊前集》中的李白詞，雖未必為李白所作，但這一詞調，唐時已有之。

2. 唐末人已作藥名詞，陳亞不過步其後塵而已。

敦煌資料很有助於研究文學史上的問題，本文所論正是極佳的一個例子。

在敦煌變文中，偶然亦出現用藥名作問答的詞文，如《伍子胥變文》有一段云：

> 其妻遂作藥名〔詩〕問曰：「妾是仵茄之婦細辛，早仕於梁，就禮未及當歸，使妾閑居獨活。菁茋薑芥，澤瀉無憐，仰歎檳榔，何時遠志，近聞楚王無道，遂發材狐（柴胡）之心，誅妾家破芒消，屈身苜蓿。葳蕤怯弱，石膽難當，夫怕逃人，茱萸得脫，潛形菌草，匿影藜蘆，狀似被趁野干，遂使狂夫茛菪。妾億淚露赤石，結恨青箱。夜寢難可決明，日念舌乾卷柏。聞君乞聲厚朴，不覺蹢躅君前，謂言夫聲麥門，遂使蓯蓉緩步，看君龍齒，似妾狼牙，桔梗若為，願陳枳殼。」子胥答曰：「余亦不是仵茄之子，亦不是避難逃人，聽說途之行李。余乃生於巴蜀，長在藿鄉，父是蜈公，生居貝母，遂使金牙採寶，支（之）子遠行。劉寄奴是余賤朋，徐長卿為之貴友。〔共〕渡蔞河，被寒水傷身，三伴芒消，惟余獨活，每日懸腸斷續（續斷）。情思飄飆，獨步恆山，石膏難渡。披巖巴戟，數值狼胡，乃意款冬，忽逢鍾乳。留心半夏，不見鬱金，余乃返步當歸，芎窮至此。我之半齒，非是狼牙，桔梗之情，願知其意。」[1]

於此可見唐人濫用藥名作文章的習慣，因附記之以結吾篇。昔吳虎臣

---

[1] 《敦煌變文集》，10 頁。

曾論「藥名詩不始於唐」。[1] 余今更論藥名詞不始於宋，世有達者，諒不河漢余言。祝鴻傑、褚良才有〈伍子胥變文藥名詩臆詁〉[2]，可參看。

原載《明報月刊》，1985 年第 20 卷第 9 期

補記

列寧格勒藏《新雕文酒清話》，為黑城所出土，列孟可夫編號二七六，柴劍虹曾撰文介紹，此書不見於《宋史‧藝文志》，《事文類聚》別集卷二十引之。曾慥《類說》卷五五引《大酒清話》二十二則，有二則談及陳亞及第與陳亞詩。[3] 陳亞曾官太常少卿，故又稱曰大卿。司馬光《溫公續詩話》稱其性滑稽，嘗為藥名詩百首，其美者有：「風雨前湖夜，軒窗半夏涼。」則陳亞兼為藥名詩、詞。宋人筆記，若羅燁《醉翁談錄》、江少虞《類苑》等均記其趣聞。

上詞起句用藥莨菪，唐人常服用莨菪酒，《通鑑》記安祿山屢誘奚、契丹為設會，「飲以莨菪酒」，是也。

此詞任老《總編》校訂頗疏。近見項楚《匡補》，定其中二句為：「去他烏頭了，血滂滂，他家附子豪強。」重出二個「他」字，不甚妥當。又視旁注「了」為重文號，謂：「人去頭則死，故僵也，頭既去了，自然引出第四句血滂滂，原文傍是滂字之誤。」但對上下文之烏頭、附子，很難講通，他把附子以下文字分為下片，但又不能確定詞調名。說「附子」雙關父子，指殺害蕩子的仇人，似嫌牽強。又謂「長短桂心」應讀為「腸斷桂心」，引《遊仙窟》中有婢女名「桂心」，

---

[1] 《能改齋漫錄》卷二。
[2] 見《敦煌語言文學論文集》。
[3] 「大」必是「文」之形訛。

雙關女子之名。愚意「長短」詩中常用，羅隱詩：「姮娥謾偷藥，長短老中閒。」「長短桂心」言「總是苦苦掛念」，文義甚安，不必改字。

1995 年 8 月

敦煌曲與樂舞及龜茲樂

敦煌卷所見寺僧頗嗜文學，如靈圖寺僧之鈔白居易《柘枝妓詩》（P.3597）[1]，非僅為文學之用，當日寺院且兼習樂舞，S.3929《節度押衙知畫行都料董保德等建造蘭若功德頌文》云：

> ……又於窟宇講堂後，建此普淨之塔（原注「四壁圖會」云云），是以五土分平，迥開靈刹，三嵽特秀，勢接隆基。輝浮孟敏之津，影輝神農之水。門開慧日，窗豁慈雲。清風鳴金鐸之音，白鶴（鶴）沐玉毫之舞。果唇疑笑，演花勾於花台，蓮瞼將然（燃），披菜（葉）文於菜座[2]……

由「演花勾於花台」句，蓋當時兼演花舞勾隊。[3] 證之宋時史浩《鄮峰真隱大曲》中之舞曲六種，有柘枝舞、花舞，知花舞敦煌佛窟於做功德時亦表演之，意亦兼柘枝舞也。

《菩薩蠻》亦為舞隊。唐懿宗時李可及以數百人於安國寺[4]作「四方《菩薩蠻》舞隊」，唱《百歲詩》，他寺均模仿之。敦煌所出《歎百歲詩》篇，不一而足，殆由於此。龍國寺僧寫《廿廿雩》，雖在李

---

[1] 白氏《柘枝妓詩》，見白氏《長慶集》卷五十三。柘枝，參見向達〈柘枝舞小考〉（見《唐代長安與西域文明》附錄一）與丘瓊蓀〈柘枝考〉（見《音樂論文集》第三冊，22 頁）。

[2] 此文劉銘恕據顯微膠卷轉錄，頗多訛脫，茲從原紙，校正句讀。

[3] 史浩《鄮峰真隱大曲》中花舞云：「兩人對廳立自勾念，念了，後行吹《折花三臺》，舞取花瓶；又舞上，對客放瓶，念各種花詩，又唱《蝶戀花》。」

[4] 見《杜陽雜編》下、《新唐書·曹確傳》。P.3654 即安國寺經目，此或為沙州安國寺之藏經目錄。P.2838 有《安國寺勝淨狀》。

可及之前，然他卷之鈔《菩薩蠻》詞者尚多，疑《菩薩蠻》隊舞，敦
煌僧眾當時必兼習之。而有用紙題額者，P.4640 背記一條云：「十四
日支與王建鐸隊舞[1]額子粗紙壹切。」此為舞隊需用之紙張，王建鐸
則領隊者也。S.2440 背云：

> 隊扙白說：白月才沉（沈）形，紅日初生。擬扙才行形，天
> 下寞靜，爛滿（漫）綺衣花璨璨，無邊神女兒螢螢（熒熒）。青
> 一隊，黃一隊，熊踏。
> 大王吟：撥棹業舩過大江，神前傾酒五三□（字缺半邊），
> 傾伍不為諸餘事，大王男女兼相乞一雙。
> 夫人吟：撥棹業舩過大池，盡情歌舞樂神祇，歌舞不緣別餘
> 事，伏願大王乞一個兒。
> （回鸞駕卻）吟生：聖主摩耶往後薗，頻（嬪）妃婇女走樂
> 暄，魚逩碧波堪賞玩，無憂花色最宜觀。
> 無憂花樹菜（葉）敷榮，夫人彼中緩步行。舉手或攀枝餘
> 菜，釋伽聖主袖中生。
> 釋伽慈父降生來，還從右脅出身胎。九龍洒水早是祝，千輪
> 足下瑞蓮開。
> 相吟別：阿斯陁仙啓大王，太子瑞應極貞祥，不是尋常等閑
> 事，勸作菩薩大法王。
> 婦吟別：前生與殿下結良緣，賤妾如今豈敢專，是日耶輸再
> 三請，太子當時脫指環。
> 老相吟：眼暗都緣不弁（辨）色，耳聾高語不聞聲，欲行
> 三里五里時，雖是四回五回歌。少年莫笑老人頻，老人不奪少年
> 春，此老老人不將志，此老還留與後人。

---

[1] 按上原有武字，側用卜號刪去。

　　四吟：國王之位大尊高，煞鬼臨頭無處逃（從桃），四相之
身皆若此，還漂苦海浪滔滔。

　　臨險吟：可笑峎中耶（也）大峎，靈山會上忍合知，賤妾一
身猶乍可，莫交辜負阿孩兒。

　　修行吟：夫人據解剔（別）揚台，此事如蓮火裏開，曉鏡罷
看（看）桃利（李）面，鉗（紺）云休捶（插）鳳凰釵。

　　無明海水從資竭，煩惱聚林任意摧，努力鷲峰修聖道，新婦
漠讒不擎卻回來。

此卷極為重要，可以明瞭變文於唱誦時兼有舞隊。開首云：「隊
仗白說。」又傍注云：「青一隊，黃一隊，熊踏。」當時以顏色分別舞
隊之左右行列。《宋史・樂志》記菩薩蠻隊：「舞者衣緋生色（《樂
書》作絳繒色）窄（亦作穿）磹，卷雲冠。」此舞隊之服色也。「熊
踏」即指舞蹈之狀。敦煌有舞譜可為證明。變文中云「盡情歌舞樂神
祇」，又云「歌舞不緣別餘事」。可為敦煌演奏佛曲時歌舞相兼情況
之寫照。而「隊仗白說」則為「說白」，《碧雞漫志》五：「李可及所
制舞隊，不過如近世傳踏之舞耳。」

　　此記表演《太子修道》之歌舞劇，[1] 文中所言吟之人物有大王、
夫人、吟生、新婦，可知「吟」即唱詞。吟之題目有「老相吟」、「臨
險吟」、「修行吟」等，其間兼記動作，如云「回鸞駕卻」，而「神前
傾酒」句下云：「傾俖不為諸餘事。」傾俖即傾杯 [2]。《傾盃樂》在敦煌

---

[1]　劉永濟：《宋代歌舞劇曲錄要》，28 頁，此段可補其缺略。

[2]　詳冒鶴亭：〈傾杯考〉，《同聲月刊》第二卷第三號，1942，23 頁。

頗盛行，竇驥詩「笙歌爛漫奏傾杯」是也。[1]

敦煌所出舞譜有二：一為 P.3501，紙薄而靱，字體極似《雲謠集》，謄錄工整。於接連兩紙之處。其背恰書顯德五年（958）四月押衙安員進牒，及戊午年六月十六日清得押衙陰清兒（戊午，即顯德五年），知此舞譜即寫於顯德五年以前。一為 S.5643，乃小冊殘頁，寫於《心經》之後，前有曲子《送征衣》。P 譜存《遐方遠》、《南歌子》、《南鄉子》、《雙鷰子》、《浣溪沙》、《鳳歸雲》六譜。S 譜存《驀山溪》、《南歌子》及《雙鷰子》三調。[2]

朱子《經世大訓》謂：「唐人俗舞謂之打令，其狀有四：曰招，曰搖，曰送，其一記不得。招則邀之之意，搖則搖手呼喚之意，送者送酒之意。」今搖與送均見於敦煌舞譜。其言「相逢揖」、「頭頭頭揖」，余考揖即揖字 [3]，謂作揖也。其他動作又有「請」，疑如《德壽宮舞譜》之呈手 [4]，其他各家討論已詳，茲不復及。[5]

次論敦煌曲與龜茲樂。

---

[1] 竇驥（竇夫子）《往河州使納魯酒回賦》七律云：「驛騎駸駸赴謁相回，笙歌爛漫奏傾杯。食客三千躡珠履，美人二八舞金臺。西園明月劉貞（楨）賦，南楚雄風宋玉才。慕德每思門下事，興嗟世上乏良媒。」（P.4600 賬內偶鈔此詩，亦見陳祚龍《悟真書》中附錄一陳鈔作蹈珠履，余疑蹈應作蹋），此詩可見河西一帶當日繁榮之情況，詩蓋上吐蕃帥尚乞心兒也，尚乞心兒事詳 P. Demiéville，*Le Concile de Lhasa*，281～291 頁。

[2] P 譜初由劉復鈔錄，刊於《敦煌掇瑣》上輯，205～212 頁。神田喜一郎又影入《敦煌祕笈留真新編》下冊。S 譜影入拙作〈敦煌琵琶譜讀記〉，P 譜見圖版 51～53。

[3] 向誤揖字為揖。按趙之謙《六朝別字記》：「揖祝融而求鳥兮。」六朝人「旨」、「耳」每混，知揖即揖字，林謙三、趙尊嶽皆從余說。

[4] 《德壽宮舞譜》名目，見周密：《癸辛雜識》後集。

[5] 敦煌舞譜研究資料，茲列如下：羅庸、葉玉華〈唐人打令考〉（《國立北京大學四十周年紀念論文集》）；冒廣生〈敦煌舞譜釋詞〉（《疚齋詞論》）；任二北〈舞容一得〉（《敦煌曲初探》）；拙作〈敦煌舞譜校釋〉（香港大學學生會《金禧紀念論文集》，1962）；林謙三〈敦煌舞譜的解識的端緒〉（《奈良學藝大學紀要》，1962〔102〕）；《樂苑書刊》二，1962，趙尊嶽〈敦煌舞譜殘缺探微〉（1～4）（《南洋大學圖書館季刊》，1963）。

《太子入山修道讚》云：「一更夜月長，東宮建道場，幡花傘蓋月爭光，燒寶香。共奏《天仙樂》（《天仙子》），龜茲韻宮商，美人無奈手頭忙。聲繞梁。」「龜茲韻宮商」句，P.3065 作「皈資用宮傷」，皈資應是龜茲之音訛。考《隋書》十五《音樂志・龜茲樂》條云：「（煬帝）大制豔篇，辭極淫綺，令樂正白明達造新聲、創……《鬥百草》、《汎龍舟》、《還舊宮》、《長樂花》及《十二時》等曲。掩抑摧藏，哀音斷絕，帝悅之無已。」

煬帝之語白明達，以曹妙達相比。《鬥百草》、《汎龍舟》、《十二時》，具見敦煌曲，此數曲《隋志》附列於《龜茲樂》條。

唐時以上諸曲調則屬法曲。法曲為繼承六朝以來流行音樂而集其大成者，故煬帝之新聲亦包含在內。《唐會要》三十三《諸樂》條，記太常梨園別教院教法曲樂章，其曲名見於敦煌卷者，有《破陣子》、《五更轉》、《汎龍舟》、《傾盃樂》、《鬥百草》諸調。

《蘇幕遮》亦出自龜茲國。慧琳《一切經音義》四十一云：「《蘇摩遮》西戎胡語，正云：《颯磨遮》戲，本出西龜茲國，至今猶有此曲。」然梨園法曲已與龜茲樂雜糅，敦煌流行者為「龜茲韻宮商」，則恐仍用龜茲樂，故余以為敦煌所出之樂譜，實即龜茲譜，故王建宮詞有云「內人皆好龜茲樂」也。

《酉陽雜俎》十二記寧王常夏中揮汗鞚鼓，所讀書乃龜茲樂譜。[1] 韓滉所繪有龜茲樂舞卷，清方士庶猶及見之。[2] 宋沈遼《雲巢集》有龜茲舞詩，明談遷《棗林詩集》[3] 有《西域按舞合樂圖歌》，圖為宋徽宗時畫院吳元瑜繪，此皆重要文獻。

敦煌《五更轉》、《喜秋天》、《詠七夕》其樂調疑即龜茲之《七

[1] 參見拙作〈敦煌琵琶譜讀記〉（見本書第 41 篇），《新亞學報》四卷二期，1960。
[2] 參見方士庶：《畫筆記》。
[3] 《古學彙刊》第十五冊。

夕相逢樂》。[1] 五代時龜茲樂仍盛行，《新五代史》五十五《崔梲傳》記：

> （晉高祖時）禮樂廢久……又繼以龜茲部《霓裳法曲》參
> 亂雅音，其樂工舞郎，多教坊伶人、百工商賈、州縣避役之人
> ……奏於廷而登歌，發聲悲離煩悶，如《薤露》、《虞殯》之音，
> 舞者行列進退，皆不應節，聞者皆悲憤。[2]

法曲在敦煌之流行，可以 S.2146 卷為證。此卷為吐蕃統治下之鈔本，內《轉經文》云：「則我國相論掣脯敬為西征將仕，保願功德之所建矣。」又《行城文》云：「隱隱振振，如旋白鉞之城；巍巍俄俄（峨），似繞伽維之闕……笙歌競奏而啾留，法曲爭陳而槽撥……我當今聖神贊普，伏願壽永固，等乾坤，六夷賓，四海伏……」所云「法曲爭陳而槽撥」，知樂器用琵琶。S.6171 宮詞云：「琵琶輪撥紫檀槽，弦管初張調鼓高。」P.3216《散花樂》中有硃筆加二行文云：「彌陀仏剎難測量，此地常聞重寶香，音□法曲詣（指）皆僵。」法曲唐末尚盛，《新唐書‧李訓傳》載法曲弟子二十人，於茲可見。

《雲謠集》寫於朱梁之際，其曲若《天仙子》，則屬龜茲部舞曲。段氏《樂府雜錄》[3]、《破陣子》亦屬龜茲部，陳暘《樂書‧感皇恩》亦然。《舊五代史》七十八《晉高祖紀四》：「十二月……禮官奏正旦上壽宮，懸歌舞未全，且請雜用九部雅樂歌、教坊法曲，從之。」《宋史‧樂志第十七》言奏鼓吹曲時，或用法曲，或用龜茲。知宋世龜茲樂猶沿用不替，而法曲與龜茲樂並行，蓋一為清樂與俗曲之總匯，一則為胡樂之代表故也。

P.2250 為一粗紙，背記僧籍，間著以筆，正面有句云：「五音

---

[1] 參見《隋志》。

[2] 參見鈴木修次：〈龜茲樂考〉，《諸橋博士古稀祝賀論文集》；潘懷素：〈從古今字譜論龜茲樂影響下的民族音樂〉，《考古學報》，1958（3）。

[3] 參見 Martin Gimm，*Das Yüeh-fu Tsa-lu des Tuan An-chieh* 8.A.7。

兼能淨五蘊……西方鼓樂及弦歌，琵琶簫笛雜相和。——惟宣五會法，聲聲皆說六波羅。」下書「極樂欣猒贊釋靈振」字樣，此應是淨土宗《五會念佛》所用之音樂（可補塚本書之缺），亦以琵琶為主要樂器。

　　P.3539 一小張，正面書「《佛本行集經》憂波離品」八行，又記《阿含經》書名題目五行，背雜記「敕賜歸義軍節度使牒」，其末書琵琶譜指法二行，則為通讀敦煌琵琶譜之惟一資料：

散打四聲　　頭指四聲　　中指四聲　　名指四聲　　小指四聲

一乚尓上。コス士八。仉十比丿。フ云丿尔。丿人厶乜。

　　由此兩行文書[1]，散打四聲一組之處，又有頭指、中指、名指、小指四聲各一組。知當日琵琶之使用，除《行城文》所謂槽撥，又兼用指彈奏。以四指各為四聲，應為四弦四柱之琵琶譜[2]，顯見其所表示者，乃以左手指按弦及空弦（散打）之音位符號也。

　　P.3808 V° 之琵琶譜，卷為長興四年（933）中興殿應聖節講經文，蓋晚唐至五代時物。[3]

原載《新疆藝術》1986 年第 1 期

---

[1]　圖片見林謙三：《正倉院樂器之研究》，第 24 圖版及該書第五章說明，244 頁。

[2]　宋詞中所見獨奏之琵琶多為四弦，姜夔詞：「恨入四弦人欲老。」或疑敦煌之琵琶為獨奏者，然 P.2250 明云：「琵琶簫笛雜相和。」則亦為伴奏矣。林謙三初以《天平五弦譜》音位推斷《敦煌琵琶譜》四相上之音位譜字。其後於唱片《天平、平安時代の音樂解讀》改用四弦法為敦煌之《西江月》編譜。

[3]　林謙三論敦煌琵琶譜論文如下：Study on Explication of Ancient Musical Score of P'i-p'a 琵琶 Discovered at Tun-huang 敦煌，China，《奈良學藝大學紀要》，1955（5-1）。

《雲謠集》一些問題的檢討

一

整理古文書是一樁極吃力而不討好的事，尤其是把古代寫本加以校錄，辨認的困難，轉寫的差異，荊棘滋多。敦煌莫高窟所出的曲子詞，若干年來曾經吸引許多人不惜拋卻心力去探索、鑽研，付出了極大的代價。《雲謠集雜曲子》的校理，便是此中最重要的碩果。

最近看到任半塘先生的大著《敦煌歌辭總編》，其中單單《雲謠集》三十首，竟花了 307 頁來仔細討論，用力至深，用心良苦，令人欽佩。可是任氏橫生葛藤，硬說法京又有第二本的《雲謠集》，強指羅振玉在《敦煌零拾》第二所校印的，是倫敦以外的另一本。他指斥各家，創立新說，反覆推求。書中開宗明義說道：

> 編者寫《初探》時，有一大疏忽：未引羅振玉、王國維《雲謠》跋內有關之語句作證，致讀者於此仍概念不清，茲補錄之。羅書卷二題曰：「《雲謠集雜曲子》共三十首」，其下接注文曰「出敦煌，今藏倫敦博物館」，作雙行小字。於辭十八首（實十九首）畢，跋曰：「此集狩野博士但迻錄其目，及《鳳歸雲》二首，《天仙子》一首；又目錄《竹枝子》以下，均未見記首數。癸亥（按公元一九二三年）冬，伯希和博士為郵寄其全文，則存十八首……以下殘佚十二首。亟為印行，以傳藝林。時甲子正月……」王國維跋文之尾注曰：「癸亥冬，羅叔言先生寄巴黎寫

本至，存十八首，惟《傾杯樂》有目而佚其詞……」觀於此，二跋已肯定伯希和於一九二三年寄此本來，為時較早。僅後此剞劂之朱本因董、羅有舊之故，得借用羅本中所有《柳青娘》第一首末「伴小娘」三字，以補足其辭，斷無羅本先印者對此三字為闕文，反補自董鈔之理。倫敦原本此三字處黑影一片，細看謹可辨「娘」字右下角之微痕跡而已。憑此微跡，何從猜出「伴小娘」三字全文？至於朱本「校記」中對此三字來歷所以全無透露者，乃由董氏補足三字後，始交其本與朱，而未及向朱言明；不然，將是朱本暗中掠美，為不光明矣！此點余曾函問法京人士，直呼伯氏寄羅之本為「伴小娘本」，以引起注意。而久不能答。蓋斯、伯所有前十九首之兩本，源同流異，絕非一本，已「鐵證如山」！當代雖有不同性質之愚公，對此「如山」，終移不得也，及一九七六年潘書內（詳《凡例》末條）發表倫敦本（斯一四四一）照片，在「伴小娘」闕處一塊黑跡上，強加「伴小娘」三字，筆路非唐五代書手所有，欲蓋彌彰，移「山」不成，反留大玷，憾矣！另詳《柳青娘》校。

至於羅書卷二在《雲謠》標題下所以注出「今藏倫敦博物館」字樣者，殆因其書卷一與卷三所載《秦婦吟》及《季布歌》等之原卷，確皆斯坦因所劫而藏於倫敦者。羅氏不檢，類誤及卷二之《雲謠集》，亦注出藏於倫敦之說。向達〈記倫敦所藏的敦煌俗文學〉內，敍《季布罵陣詞文》，曾指出羅書此點為「偶爾筆誤」。未料此一筆之誤，影響太大！竟引起國內鄭、王（重民）輩，國外饒、戴、潘等之盲從，相率閉眼捕雀，矢口否認伯氏所寄為另本，全部抹殺羅書之異文，實為宗派門戶之尤！若依此行事，則《雲謠》校勘之水準將永無提高之望，為害何窮！故此番發微，首揭「寫本性質宜明，而異文吸收宜廣」之義，是非必

爭，絕不妥協！

措辭憤慨激昂，指責羅書在《雲謠集雜曲子》共三十首下面雙行自注「出敦煌，今藏倫敦博物館」一句是出於羅氏之筆誤，但又引證該書羅跋及王國維跋作為立論的依據。今取羅氏在天津印行之散裝小冊原本略加核對，頁四先為王跋共十二行，終於「惜其二十餘篇不可見也」句，絕無任氏上文所引「癸亥冬，羅叔言先生寄巴黎寫本至，存十八首」一段文字。王跋之下，接着便是羅跋，我想這必是他鈔集資料時，把羅語誤作王國維的章節附注，所以事實只有羅氏一跋說及此事，王跋毫無關係。羅跋自言「癸亥冬」伯希和郵寄，任氏對此相信其事為真，但對題目小注，則認為羅氏筆誤，此書只寥寥四頁，羅氏哪有糊塗至此？任氏又提出「伴小娘」三字問題，以為倫敦原本只有「娘」字右角痕跡可辨，而羅書「伴小娘」三字完全，必非出自倫敦本。其實，如果影本模糊，可以查勘原物，非常簡單，而任氏憑他的推理，大罵各家皆在說謊，甚至竟說人偽造，製造出一段不可思議的公案。

他評鄭振鐸說：

> 鄭本跋曰：「羅振玉氏從法人伯希和處得倫敦所藏殘本十八首，據以刊入《敦煌零拾》中。」又曰：「此本仍是倫敦藏本。」鄭氏所以斷然肯定羅氏所得為倫敦藏本者，並無的據，僅憑羅氏曾先得日人狩野直喜寄給斯一四四一所見之辭三首及餘辭若干首之目錄而已（此點已詳於《初探》，一三三頁）；而鄭氏當時不予核實，一意「想當然」，認伯氏所郵之形質不出斯一四四一之外。影響所及，雖如王重民早年曾徧檢巴黎劫藏全部寫卷者，亦信如此，不復考慮有他。更有人強調法京藏卷中，向未見有載《雲謠》前十八首者，亦認鄭說為合，羅本必不能別樹一幟。未

知在國內《總目索隱》（詳「凡例」末條）印行以後，法京亦編纂漢文卷子之新目，其「敘例」中謂《總目索隱》所具之號碼，有少數經過法京多次檢查，已不可考（見左錄）；以此喻彼，又安能限制伯氏當年郵贈羅氏者，便不能另有一本《雲謠》，內容雖同，而文字有異耶？戴編（詳「凡例」末條）謂法京劫藏數千卷，乃伯希和之「贈書」。然則伯氏大贈國家之餘，何嘗不可小贈朋友歟？尤當慮者：問題之實質，並不在藏卷之地點是一是二；雖同地所藏之卷，亦何嘗不可有異文？不校文字，而校地點（英京與法京）與編號人（斯與伯），捨本逐末，捨肉拈皮，何其失計？倘以為認清所當校者在文字一層，頗不易易，必須遲之又遲，俟諸五十餘年以後（一九二四──一九七七），或須俟有上列對照表公布以後，方能達到此步，則此半世紀中，對於《雲謠》之整理工作，顯有不健康之因素長期存在，有待消除矣。
──此鄭氏所不及料者，而王、左、饒、戴、潘諸君所以皆陷在形而上、自欺欺人之深坎中不能拔也。

他把這個問題，複雜化起來，肯定法京必有二本，又評王重民云：

王《集》（指《敦煌曲子詞集》）「敘例」中備述所用敦煌寫卷，曾及「上虞羅氏藏三卷」。集後「附錄」二《引用敦煌卷子一覽》內，又指此三卷所載為《望江南》（按乃《鵲踏枝》第一首之訛，王《集》載在五五頁）、《魚歌子》、《長相思》。於此，獨不提及數量數倍蓰於《魚歌子》等三卷總和之《雲謠集》一卷，何歟？又於《一覽表》內斯一四四一號下，雖指《雲謠》曰「已有《蕙風簃叢書》刻本（按實無其事，詳下文），《敦煌零拾》排印本」；又於《敦煌古籍敘錄》（三三○頁）所載《雲謠》跋內，曾曰「羅振玉據伯希和攝影者，印入《敦煌零拾》，羅氏有跋，

記其原委，並附王靜安先生跋，考之甚詳」云云；若於《集》之中卷實錄所謂十八首之各調名下，卻不照其書原例，注出《敦煌零拾》；在各辭之校異處，亦絕未提到羅本一字。又於《總目索引》之「散錄」部分一八「敦煌曲子詞殘卷目錄」三「上虞羅氏購得者」一節（三五二頁）內，但著錄《敦煌零拾》之「小曲」、「俚曲」等零星歌曲，絕不提《雲謠集雜曲子》十八首，若無其事，若無其文，既褊且怯，一至於此。設使上列表內之四十六項在王氏所謂「據伯希和攝影者」中，一一符合，則王《集》等對羅本所有之排拒竟如此乾淨絕決，豈非狹隘之極！王氏所謂「攝影」說，他處未見。設若綜合四十六項內容、王氏攝影說、戴編「贈書」說，融為一義，則伯氏贈羅攝影之原文，乃斯一四四一以外之另一寫本，二者絕不能混，尚有何疑乎？

復肯定羅本乃 S.1441 以外之另一寫本，對潘重規《新書》於「伴小娘」三字在影本上施術複製加以責難。云：

> 〔「伴小娘」三字有疑〕前章末三字「伴小娘」甲本所無，而朱本忽然而有，來歷不明，大是疑案！凡否認乙本之獨立性者，應有以解答。乙本所寫範圍到此為止，以下惟見於伯二八三二而已。事尤怪者：斯一四四一本乃出於機製膠片放大，面目如何，舉世一致。「伴小娘」三字適在一濃厚墨跡掩蓋下，僅存「娘」字有下角兩筆可辨，憑此區區殘跡，斷難推出「伴小娘」三字全文。而潘書既不信有伯希和另傳一本，又非用「伴小娘」三字全文不可，在伊書發表之斯一四四一影本上，竟於施術加字複製後，獨使三字清晰可辨，與舉世發行之斯本不同，則未免誑世欺人，非篤實治學矣！此端一開，將使人心大壞！流弊胡底？願潘氏有以昭告世人！世人不可欺也。

又論朱彊村前後二本，對「伴小娘」三字不作闕文之非，更推論英京之本，董康所見時尚存，追問何時遭遇災害，致此三字之消蝕。越推越遠。其說云：

> 諸家校議中，以「伴小娘」三字來歷問題較複雜，當先說明甲本情況。甲本寫右辭之末三字，地位已到行之盡處。「樓」下尚應有三字，原本字跡消蝕，僅剩末字右下角，作如「尺」之殘跡而已。倘專憑此殘跡，實難推想到原是「娘」字。董鈔縱精細，要不過如此，難於寫出三字全文。而朱本前後兩刻，對「伴小娘」三字不作闕文，不在「樓」下列三空格，竟載出三字全文，究何所據？何以在「校記」中不著一字？一若董鈔原有此三字，不致啟讀者之疑者。未慮甲、乙二本流傳遍天下，有目共睹。羅書較朱本之初刻早一年問世，又人所共知，對此又焉得不疑！明明是朱本不甘此三字之闕，遂暗中採用羅書，於表面若無其事，有如卷端異文表後之所論者，何歟？所謂「伴小娘」本對朱本既大有助，何必仍加以深閉固拒？朱本以後之諸本相從得助者，又紛紛然，而對其事則皆諱莫如深，其中要以王《集》與饒《編》為尤甚，大可不必矣。
>
> 或謂董康一九二四年以前到英京錄甲本時，此三字尚存，其消蝕乃以後事耳云云，則亦不符卷面實況。因斯一四四一漫漶處甚多，從《柳青娘》第二行向左延展，第三、第四、第七行之下端字跡均有消蝕。第七行乃一大缺口，似刀剪所傷，不能說第四行下端之失去「伴小娘」三字，乃絕無僅有之事，獨為一九二四年以後所造成者。倘此類卷面之殘缺皆構成於一九二四年以後，則英京庋藏敦煌寫本之處究曾於何年何月，遭何種災害？致禍延此卷，則向無所聞也，不能憑主觀想像或捏造。故從「伴小娘」三字在兩卷中一存一亡以判，知甲、乙實乃二本，絕非一本，已

無復懷疑之餘地矣。何況「小娘」二字別見於〔○○○九〕，非
生造詞彙，不必向羅深文周納，故入人罪而後快。

他又說：「饒《編》曰：『《初探》強調法京有《雲謠集》二本，非是。』
……曾無第三字之說明，是但斷案全無事由也，無由之斷，豈非武
斷？」

校勘古書，文字異同，只是本子上的糾紛，向未聞牽涉人事，
想不到「伴小娘」三字，竟引出這麼多的麻煩，形成這樣令人難堪的
局面，不可謂非學術上的悲劇！究竟「伴小娘」三字的實際情形是怎
樣？記得我在倫敦檢讀原件（圖一），這三字清楚可辨。日前我和學
生檢取顯微膠卷再細加觀察，三字雖上面蒙蓋有一些墨跡，但「伴」
字非常清楚，仍可辨認。

圖一

　　任氏說：「從《柳青娘》……第七行乃一大缺口，似刀翦所傷，不能說第四行下端之失去『伴小娘』三字，乃絕無僅有之事。」他處處使用推理，但我影出的複本，「娘」字相當清楚，「小」字若以燈光射透紙背，亦清晰可觀，完全沒有失去。任氏想像下之倫敦此本「伴小娘」三字是失去的，所以他在書中對柳青娘這一句，寫成「斷劫粧摟□□□」作三個缺文來處理，異文表上亦然，故屢屢說道「伯存斷滅，不容蒙混」，是肯定兩本的鐵證。現在實情明白了，完全出自他自己的錯覺。他的細心、費盡心力從異文去追尋明白，精神可佩，奈所見膠卷沒有弄清楚，妄下判斷，制造混亂，何得說人家捏造！「伴小娘」既有而非無，羅氏之書分明是根據倫敦本，案情亦可大白了。

　　我以前只說「非是」，因為《雲謠集》在法京編目中，只有一本，這是事實，亦是常識，毋庸多費唇舌。王重民是法京敦煌卷子編目負責人之一，他深知此中曲折，對羅氏《零拾》本的異文，大半出於羅氏辨認不清，故避而不論。任氏自言致函法京詢問，直稱羅書為「伴小娘本」，法京不答，我想是尊重他老人家不欲和他爭論。而任氏自信心太強，用考據推理方法，迂迴曲折，來證成他的假設，不從常識去判斷、實物去核對，一味孤往自用，勞而無功，連羅氏自己說「今藏倫敦博物館」已經指出來歷，還不相信，而硬說是出自他的筆誤，又復無端生出王氏攝影說、戴氏贈書說種種空穴來風的理論，甚至說潘公偽造，則太離譜矣。

　　異文之多，我想因為早期照相技術不佳，紙面灰暗，拍照效果差，引起校者的臆改，是不免的。

　　當年伯希和捆載而西，法京老輩院士不信任他，認為清朝泱泱大國，豈有這樣多的古物古本給人隨便搬去之理，有人還說這些都是偽品，伯氏欲和他比武決鬥，後來作罷。這批遺書終要經過一段長時間的整理，方才藏入國家圖書館，標上 Pelliot Chinoise 的編號。我相信

在初期伯希和本人未必弄清法京敦煌卷子中的《雲謠集》。由於日本狩野直喜在英迻錄其目，羅振玉知道了，和伯氏通信，伯氏才向英京索取，寄給羅氏。羅氏跋文中已說得很清楚，所以羅氏注明「今藏倫敦博物館」；如果原藏法京，他絕不會這樣張冠李戴的！

令人詫異的，任氏說道「二跋已肯定伯希和於一九二三年寄此本來」，但一檢任書年表，第二頁這樣寫着：

> 一九〇九……伯希和將由北京回國，王國維為餞行，非常
> 友好（見王著《集蓼篇》）。八月，伯希和從法國寄給羅振玉敦
> 煌寫本照片，其中有《雲謠集雜曲子》。

這椿事分明是在癸亥（1923），何以繫於 1909 年？與羅跋和自己之說矛盾。《集蓼篇》是羅振玉的自傳，竟說是王著，豈非「錯上加錯」，開頭第二頁便有這些錯處，可見繫年之不易！不要處處責人太苛！任氏臆測法京必有另一本，還說「戴《編》謂法京劫藏數千卷，乃伯希和之『贈書』。然則伯氏大贈國家之餘，何嘗不可小贈朋友歟？」世間事哪有如此兒戲！他在《雲謠集》開頭便列出另一丙本，說是伯希和寄羅振玉本，今既證明羅本即是倫敦本，我們的結論：《雲謠集》連法京計，實只有二本而已。

二

任老和我的爭論，主要的焦點有二：一是對曲子年代的不同看法，二是對於曲和詞界說含義的差距，謹說明如次：

（一）關於曲子年代

《敦煌曲》中時代一章，提出討論的只有三件事：

一是 S.4332《廿廿舞》（《菩薩蠻》）之年代；二是 P.3128 關於頻見老人星的年代；三是 P.3360《大唐五台曲子》的年代。另拙書附有〈敦煌曲繫年〉，完全以卷子上所記明確年代排列，根本不涉及曲子的內容，即《雲謠集》因本身無正式書寫年代，雖然知道它的上限以金山國為斷，只有旁證年代，亦不正式列入。現在我要說明一下我的方法與立場，我不同意把某一曲子孤立地從內容去作揣測，而必須結合卷子前後的聯繫點，包括字體、人名、地名的歷史關係去探索，如果沒有可依據的定點，寧可存而不論。由於曲子本身只有辭藻，很少有有說服力的年代內證，故許多曲子的年代，我完全不敢妄說。

我討論年代的三件事，第一樁指出任老前書把該文件的壬午，定為天寶元年之不確，按實當為十八年之壬午（802）。他開始很不以為然，現在卻說我對了。第二樁我以老人星的出現作為歷史定點，因為 P.3128 前面所錄的曲子《菩薩蠻》三首，首為「燉煌自古出神將」，次即有「頻見老人星」句，又次為「鸞駕在三峰」句，即指唐昭宗幸華州事。「出神將」一詞，一般認為是敦煌陷蕃以後作（任老新說謂為德宗建中初作，似用林玫儀說，今不評論），結合前後的兩首曲子，不容易說是盛唐或中唐的作品，而老人星在朱梁時確有連續五年出現的記錄，故主此說。任氏自己勘正前說云：「《初探》論時代未慮星現之特徵，推右辭作昭宗光化，更誤，當廢。」我沒有駁他，他自己摒棄前說。但他從《冊府元龜》查出至德、上元、寶應續見老人星三次，遂另定上辭之作宜在肅宗時，我卻不同意，主要理由有三：

（1）上辭云「頻見老人星，萬方休戰征」、「從此後泰階清」，我們看是時安慶緒之亂未已，接着史思明之子朝義又入寇，四海沸騰。

寶應元年的建巳月（四月）甲寅聖皇天帝（玄宗）崩，丙寅肅宗崩。朝廷多災多難，與詞的內容不合。

（2）任書觀點注意「再安社稷」及「回鸞輅」二語，欲以比附上皇自蜀回都之事。須知朱全忠當日因唐天子奔華州，全忠以梁王迫其遷都洛陽，唐天子終遣使賜以「迎鑾紀功碑」（《新五代史・梁本紀》），卒以篡唐。「回鸞輅」以指「迎鑾」事，亦無不可。以「梁」代「唐」，建以新祚，故云社稷重安，「從此後泰階清」，乃諛者之詞。

（3）老人星在肅、代、憲諸世皆有記載。以肅宗時而論，有下列三次：至德二年（757）八月、上元二年（761）八月、寶應元年（762）九月（是時肅宗已死，入代宗朝）。從公元 757 年至公元 761 年是間隔好久才出現，不若朱梁時一連五年重疊現瑞。《太平御覽》五引《春秋文耀鉤》曰：「老人星見則主安，不見則兵起。」梁臣以此獻媚，故云「頻見老人星」，「頻見」字眼，是年代關鍵，故我仍維持舊說。

如果懷疑朱全忠時代未有明確的曲子出現，請看最近新查出的資料為任書所未詳的，記明「開平己巳」書寫的「上酒曲子《南歌子》舞譜」（S.5613），證以唐昭宗餞梁王（全忠）於延喜樓，賜《楊柳枝》五曲（《新五代史》），可見其時朝廷風尚，習以曲子用作酬應賞給飲宴之品，是肅、代時代所沒有的。

至於第三樁關於《五台山讚》中的「周」、「州」兩字的校勘，任書殊未精到，且多出於臆改，不得不加以申辯。

此讚重複本至多，但只有北京「鹹」字型大小作「大周」一見，另一殘本誤作「大同」（S.4039），其餘各本都作「大州」。「州」與「周」同音可互借，不待論。大凡校勘異文，如何取捨，觀點不同，遂多入主出奴之見。試問此處共有六本以上都作「大州」，且與下文「大州都督」字眼一樣，三佔從二，何以偏要選取僅一見的「周」字以為正本而摒棄其他？分明是先有成見在胸，否則決不出這一招的。

　　茲就英、法兩處卷子所見，上文和下文都作「大州」，列出如下：

S.4429

　　「大州東北有五台山」

　　「大州都督不信有文殊」

S.4039

　　「大同東北有五台山」，存前五行，下句缺後十五行，內兼記《十空讚》一本，「同」字誤

S.5456

　　「大州東北有五台山」，下多缺

S.5487

　　「大州東北有五台山」

　　「大州都督不信敬有文殊」

　　前為《悉達太子讚》一本

　S.5473

　　「大州都督不信有文殊」

　　內記《佛母讚》一本，鈔《五台讚》多殘缺

S.4625

　　「大州東北有五台山」

　　「大州都督不信有文殊」

　　可見大州與大州都督兩句用字重出的實況。任書把上文的大州改作「大周」，下文的大州改作「代州」，既不一致，而隨意校改，他在書中所記述，某本作某，對勘原文，多不符合，不遑縷舉。茲要指出的是兩處同作「大州」，都是指五台山的所在地代州，大州指的是地，上文「大州東北」即指代州之東北，下文大州都督指唐代河東道轄下的代州都督府。《元和郡縣圖志》「隋開皇五年改肆州為代州」，

代州有五台縣,「五台山在縣東北百四十里」。東北方向正合。任書欲改上文之大州為大周,說:「大周指武周,以京師長安為代表地,五台山在其東北。」把地名變作國號,增文足義,取長安為代表地,在文義上很難說得通。按下文的大州都督不得為大周都督,則上文的大州自不得為大周,明白易見,何必迂迴曲說到這樣的地步?

尚有進者,「大州東北有五台山」一句的句式是襲用道宣的《感通錄》。妙濟在《廣清涼傳》上《清涼得名》一章說:

> 按《大唐神州感通錄》云:代州東西有五台山者,古稱神仙之宅也。[1]

再看道宣書裏的原文:

> 岱州東南五台山,古稱神仙之宅也。[2]

道宣這書撰於麟德元年(664),唐初五台山的實際情形,可見一斑,他和作《古清涼傳》的慧祥時代相若,道宣記五台一段文字,以後屢見人引用。《五台山讚》的作者亦襲用其文。任氏不知《大唐神州感通錄》即道宣所著,又不知此書現尚存,乃從《圖書集成》引用之文,大論其方位,謂「云大周東北」乃合,云「代州東北不合」,任書在《讚》的解題說:「首先作辭時代早在初唐。」既云作於初唐,何能預先言及武周?他把許多曲子儘量推前,但這《讚》必不可能,因為《讚》中分明說及「代州都督不信有文殊」一句,這位不信文殊的人物乃是開元二十三年王嗣。在《廣清涼傳》卷中《州牧宰官歸信十八》一項提到的代州都督,「第一位是開元十八年代州都督薛徽,第二位便是開元二十三年代州都督王嗣」。由是可證此《讚》寫作年

---

[1] 《大正藏》冊五十一,1105 頁。
[2] 《大正藏》本書卷下,424 頁。

代必在開元以後。任書談到他列舉卜天壽寫卷內有以「州」代「周」者八處，拿來證明此《讚》作辭時代必在武周，不知武周證聖元年（695）分五台、崞二縣置武筵縣。少帝唐隆元年（710）改為唐林縣。武周時，五台的轄境與道宣時又有不同。請讀者專家看看，經過上面的分析，他這一「有力」的證據，還站得住嗎？

在此我將連類談談另一首禮五台山偈的《長安詞》的時代問題。這詞的問題點在「第二首」的「五花吟」三字。柴劍虹最先校勘，把五花改作「玉華」，說是玄奘法師的玉華宗。但我再細核各本字形如下：

　　　　五花吟（S.5540）
　　　　五華吟（L.1369）

花與華是一字，不成問題，二本的「五」字都很清楚，柴君說 L 本是「玉華」，「玉」字可能看錯，任書說：乙寫「王」，「玉訛五」。他則認是由「王」訛為五，可見原來還是「五」。另外 P.3644 此句作「四方取則慕華欽」，只有「華」字和別本相同，絕沒有「玉」的異文。這樣從寫本原貌看來，「玉華」一說是不易成立的。我們當從「五花」一語另尋解釋。[1] 道宣在《神州感通錄》說：「南台三十里內多是名花，遍於峰岫，俗號花山，中有聖寺。」《廣清涼傳》云：「又《感通錄》上卷，宣律師問天人云：今五台山中台之東南二十里見有大孚靈鷲寺……南有花園可三頃許，四時發彩，人莫究其所始，或云漢明所造，或云魏孝文所作，互說不同。」今看《廣傳》上《寺名聖跡六》下云：

　　名花五：曰菊花 孝文十二院花 廿五鳳花 百枝花 鉢囊花

---

[1]　我從前的一些說法，自是不安。

所謂「五花」或者指此。五花吟即對花山、花園的吟詠。從五台山當地聖跡覓證據，諒較迂遠曲折改字的玉華說為可信，姑且提供一說。任書馬上採用柴說，便斷定此詞作於初盛唐梵僧得聞玉華宗新法而作偈，其實大前提尚需研究，下得太快的結論，如何能令人置信呢？

此外，我在〈作者〉一章，談到「御製」問題，爭論的重點在《內家嬌》一曲，任書十分肯定曲中人物是楊玉環，他舉出八條證據，任氏強調林鐘商《內家嬌》「風流第一佳人」句，引李白「宮中誰第一，飛燕在昭陽」為佐證，謂非太真莫屬。試看宋王珪《宮詞》中屢見「選進仙詔第一人」、「仙詔第一已知名」之句；「第一」二字，任何佳人都可使用的。[1] 我個人認為這曲子只是描寫某女道士，無法確指為誰，就中「除非卻應奉君王，時人未可趨顏」是假設語氣，只說她有資格入宮。另一首云「及時衣著、梳頭京樣」，貴妃在長安，何必豔稱「京樣」？必欲說是指楊太真，有點牽強，還是存疑的好。任書說「所謂御製，乃製曲非製辭」。我們看 P.2555 背面詩長卷，已經過許多人研究，其中有《御製勤政樓下觀燈》一首，書法秀麗，「御製」云云，確指玄宗所作。[2] 可為佐證。如出樂工，何得稱為「御製」？理由至為簡單！《敦煌曲》於〈作者〉章，舉出唐昭宗及後唐莊宗都有御製之作，史有得證。《雲謠集》接書於金山國文件之後；而金山國政權消滅時間，近年唐長孺研究認為不能早於乾化四年（914），乾化四年（甲戌）十月已有曹仁貴牒 [3]，可證其說。是金山國下限可終於公元 914 年，下去後唐同光只有九年耳。法京《雲謠集》卷內的《內家嬌》沒有注明「御製」，另在 P.3251 號乃題以「御製臨鐘商《內家嬌》」

---

[1] 任氏竟誤宋王珪為唐太宗時諍臣之王珪。引其句而為之解云：「指皇帝於夾城內新闢地點，污辱宮女，珪寫李世民之惡，任至如此！」所言十分可笑。

[2] 原寸影本及考證詳《書法叢刊》，36、57 頁。

[3] 詳《敦煌書法叢刊》十五冊《牒狀二》。

字樣，我曾推測莊宗「為公子，雅好音律，又能自撰曲子詞」[1]，「汾晉之俗，往往能歌其聲，謂之御製者皆是」[2]。故疑此詠女道士的《內家嬌》，和莊宗為公子時所作的曲子詞，或者有點關係，後來傳播到西陲。任氏認為「《內家嬌》之寫情，百分之百屬風流猗狃一類，何能作莊宗陣前振作士氣之軍歌？」不悟莊宗傳世最有名之作品，如「一葉落，褰朱箔……」（見《尊前集》），與宋人所傳出於斷碑之《憶仙姿》[3]，何曾非風流猗旎之作乎？《新五代史‧唐本紀五》「存勗尤喜音聲歌舞俳優之戲。（哀帝）天祐五年（908）即王位於太原」，時存勗二十五歲[4]。他為公子即在此之前。《雲謠集》對「湛」字不避唐諱，由於寫於朱梁之際。對《內家嬌》亦不題御製，其時存勗尚未代梁登位。我以前記述前後事跡未清，致引起誤會，現再為辨析明白。至P.2838 題上「御製臨鐘商」字樣，必是入同光後，宮廷以此詞配以林鐘商合樂，它和《雲謠集》寫作時間是有先後之別的。我這一說法，是否合理，還需仔細推敲。

（二）其次談曲與詞的含義問題

任書有他的立場，他說：「《雲謠》等在唐代乃雜曲子，本不是詞，招牌鮮明。」他對王國維以來諸家另換招牌，稱之為曲子詞，深表不滿。《雲謠集》固然是曲子，但說它不是「詞」，把曲與詞明顯劃分，有無語病，我恕不多談，讓其他專家去詳細研究。任書宗旨是標榜唐曲，來和宋詞對抗。向來誤認慢詞起於宋，以柳永為其魁首，自敦煌曲子發現以後，看法大為改變，例如《傾盃樂》非始於柳永，《雲

---

[1] 《五代史補》。
[2] 《新五代史‧伶官傳》。
[3] 見楊湜：《古今詞話》。
[4] 彼卒於同光四年，年四十三。

謠集》已有之，長興某年寫卷背面的琵琶譜，有《傾盃樂》、慢曲子、急曲子多首；一向以中唐以來作長調者只有杜牧一人的《八六子》，我在法京最先錄出《怨春閨》（P.2748背）正是《秦淮海》一路的長調傑構，聲情之美，與《洞房深》可相伯仲，故不能謂篳路之功肇於小杜。自晚唐至五代，舞筵歌唱，無不賴曲子清絕之辭，以助樂舞嬌嬈之態。S.5613號《書儀》之後有上酒曲子《南歌子》兼記節拍與舞容，為梁開平三年己巳（909）時所書，故知《雲謠》一集亦與綺筵侑酒不能絕緣，與《花間集》正是一脈相承，何能切斷其間血緣之關係？

任書廣收並蓄，許多無曲調名的，他都給予某一名目，雖加上〔 〕號，表示代擬，畢竟沒有實據，我們處理這種資料，便沒有他這樣的膽子的！所謂王梵志《迴波樂》（S.4277）之二十餘首白話詩，已經人考出即南朝僧寶志的《大乘讚》十首之九，加以刪改之作。梵志有一首是把《釋亡名詩》加以改作（以上項楚先生之說）。任書之前王序說道：「單就《迴波樂》一調看被長期囚禁在列寧格勒……就達一百四十多首。」其實這批材料已經陳慶浩發表了[1]，看來是詩而不是曲，蘇京是卷之末，有題記云：「大曆六年正月日，鈔王梵志詩一百一十首，沙門法忍寫之記。」法忍寫明是「詩」，不能輕易看作合樂謳唱的歌詞。這些都不當隨便列入失調名的雜曲裏。岑參的《冀國夫人歌辭》七首自是絕句，見於P.2555號長卷，其前與後都是詩，任氏說它：「題曰歌詞，知七辭非徒詩，而為聲詩，應入曲子聯章。」又說：「題中著明為歌詞，有此一詞字乃構成聲詩之有力標記。」可惜沒有調名。岑詩當日是否入樂？曾付歌唱，實很難說，既無明證，何能謂其失調名？《宋史・藝文志》著錄《歷代歌詞》六卷，既標「歷代」二字，則不限於宋代可知。如果凡有一「詞」字便可收採，那麼

---

[1] 參見《敦煌學》第十二輯。

《文選》中樂府類上石季倫的《王明君詞》當然亦是聲詩了，這樣一來，試問濫乎不濫？[1]

有些句子人家已論定了，例如《山花子》節拍「悔、悔、悔」，在第一個悔字之下確有二點，我首先指出，謂如「天天天」句式之例。其後潘重規先生亦說「悔悔悔和陸放翁的《釵頭鳳》之『錯錯錯』同體」，林玫儀《斠證》採用是說，殆成定論。而任書仍作「悔□□」，一如《校錄》之舊，豈非去瑜而存瑕。《擣練子》人家已改正了[2]，而一字不說；有的誤字人家在《法曲子論》鈔正了，何須重談。《行路難》句讀，只一點之差，出自鈔寫者，自是疏忽，因未附勘誤表，是正之可耳，而百般詆毀，有失忠厚！書中指斥各家，言多過火，而謗儒罵佛，處處皆是，已越出學術範圍。他如說圖版中造假像，是他自己忘卻圖版之側，記有數字，以示其次序（圖版安排乃出 H.Vetch 之手），而肆意挑剔，更不應該。許多觀點與角度不同，還待好好討論，只是硬說法京有《雲謠集》二本，分明出於刻舟求劍，必須澄清，故論之如上，仍望專家們多多指正。

附帶談一點文字過錄，易於弄錯的問題。閱讀敦煌寫本，原物有時紙太舊、墨太灰暗，反不如影本之清晰；影本的缺點則每每因背面墨書現出的陰影而致誤會。以《雲謠集》而論，目前影印本能照原大印出者只有法京一本，見二玄社印拙編《敦煌書法叢刊》第十六卷。我曾取此本和倫敦本放大二倍與任書每首所錄原文字形比勘，發覺任書所刻之字多數失真，往往誤添筆畫，大抵為陰影所誤，甚且有原本有而漏去一字者，略舉如次：

《鳳歸雲》第二首《貪苦戰》之「貪」，甲、乙本均作「貪」，任書 78 頁作貧（第二行），大誤。

---

[1]　我以前說張策集名《制詞歌詩》凡廿卷之多，其中或有曲子之作。我的重點是在下面的「歌詩」二字，不是其上的制詞，照任說歌詩即聲詩，如何說得去呢？

[2]　見《敦煌曲訂補》。

「卦卦皆虛」法京本重文號作〻，英倫本作ㄚ，任書作「ㄥ」，誤。

《傾盃樂》法京本「憶昔笄年」，「昔」字十分清晰，任書原寫作「憶黃」（200 頁）。其校語云：「黃改昔，形訛。」按原卷分明是「昔」不是「黃」，不訛。

「戟臺重整」法京「粧」上有「對」字，任書原寫（200 頁）缺乏，是不應該的！

他如皃（即兒＝貌）任書誤寫作皃，不成字。另一首《傾盃樂・久俱香閨》，任書「久」誤作「文」。

又下文兒（兒）誤作「見」。

如「蕊」，任書誤作「蕋」，根本無字。

下面《內家嬌》末句「時人未可趨 顏又」，任書「又」誤作「文」，復與上文誤聯在一起。

夠了，不再舉了。校書如掃落葉，不能必其無誤！任書欲保存原貌，而反失真，太可惜了！我的討論到此為止。

原載《明報月刊》，1988 年 6 月號，略有增訂

《雲謠集》的性質及其與歌筵樂舞的聯繫

—— 論《雲謠集》與《花間集》

　　去年 6 月間，我於《明報月刊》發表過一篇〈《雲謠集》一些問題的檢討〉，問題的重點，在指出《雲謠集》的寫本，英、法兩地所藏只有二本，沒有第三本，所謂羅振玉的「伴小娘本」為法京所藏之第二本一說，基本是出於錯誤的推論。潘重規先生亦有文加以訂正，看來是可以論定的。拙文當中復談及該寫本年代的上下限：

　　1. 法京本《雲謠集》恰寫於金山國文件之後，金山國下限不能早於梁乾化四年（914）。

　　2.《雲謠集》中有一首詩題曰《內家嬌》，但在法京另一寫本（P.3251）卻題作「御製臨（林）鐘商《內家嬌》」，確鑿指出是御製；我因推斷這必是出於唐莊宗李存勗早年手筆。存勗即位在同光元年（923），《雲謠集》鈔寫時，他尚未登位，所以不題曰御製；另一紙則鈔於他即位之後，所以寫明是御製，因此可斷《雲謠集》寫成的下限不超過後梁。這一論點，至今仔細推敲，仍是牢不可破。

　　我復指出最近查出的敦煌新資料有記明後梁開平己巳的上酒曲子《南歌子》的舞譜（S.5613）正值朱全忠的時代。「上酒」的意思是甚麼？據《唐語林》卷八有三條涉及唐人酒令的記錄，其一說：

　　　壁州刺史鄧宏慶，飲酒至「平」、「索」、「看」、「精」四字……自後聞以《鞍馬》、《香毬》，或《調笑》拋行時，上酒招搖之號。其後平、索、看、精四字與律令全廢，多以《瞻相》、《下次据》上酒，絕人罕通者。《下次据》一曲子打三曲，此出於

軍中。邠善師酒令聞於世。[1]

李肇《國史補》同樣記載鄧氏此事，云在高宗麟德時。所謂平、索、看、精四字亦見王梵志詩。詞調的《調笑令》和《拋毬樂》即出自酒令。搖、据是舞姿動作，見於敦煌舞譜。「瞻相」又作戲瞻相，薛能詩云：「瞻相趙女休相拽，不及人前詐擺頭。」亦是酒令的動作，拽、頭的舞容，亦在敦煌舞譜中出現。「下次据」是一種酒令，見於皇甫松《醉鄉日月》書中的排列如下：

　　下次据令 —— 列第十四
　　上酒令 —— 列第十六

這類酒令可以用一曲子打成三曲子，三催慢拍，儘量拖長，這種習慣在軍中很是盛行，當日軍人喜歡飲酒，以此種酒令取樂。在邠州舉行的最為出名。邠州唐代為邠寧節度使治所，屬關內道。至若鄧宏慶的壁州則屬山南道。[2] 軍人們都喜歡這種娛樂，從京畿的邠州到山南的壁州皆然。上酒《南歌子》即取《南歌子》曲調作為上酒之用的。朱全忠是軍閥出身，有許多記載談及他喜歡聽歌的故事。唐昭宗舊時供奉的琵琶樂工關小紅，朱全忠求得之，為彈奏《楊下采桑》[3]，崔胤執拍為全忠唱曲 [4]，可見他對曲子的愛好，他本人亦是詠詩唱令的一把能手。晚唐幾位皇帝都樂此不疲，我姑且從《通鑑》的唐紀及他書鈔出下列各條來看看：

敬宗 寶曆二年（826）六月己卯，上幸興福寺觀沙門文淑俗講。

---

[1] 《唐語林校證》，742 頁。項楚謂末句當作「邠帥善酒令聞於世」，善帥二字誤倒，師又帥之誤。

[2] 俱參見《元和郡縣圖志》，中華書局本，60、1063 頁。

[3] 參見《北夢瑣言》一二〇條。

[4] 參見《舊唐書》卷一七七。

文宗 善吹小管，樂工黃米飯作《文敘子》，採其聲以為曲子。

開成四年（839）十月，幸會寧殿作樂。召教坊劉楚材四人⋯⋯

宣宗 作《傾盃樂》新聲 [1]，製《泰邊陲》樂曲。

武宗 會昌四年（844）上聞揚州倡女善為酒令，敕淮南監軍十七人獻之。

懿宗 上好音樂宴遊，殿前供奉樂工常近百人；十二年，樂工李可及作《歎百年曲》，其聲悽惋，舞者數百人。[2]

昭宗 乾寧四年（897）七月（在華州）令樂工唱御製《菩薩蠻》詞。[3]

可見中晚唐以來，諸帝對於曲子樂舞無不喜歡，《唐語林》還說：會昌年間，武宗常往教坊作樂，諧謔如民間。他們常和優伶混在一起玩耍。孫光憲記：「僖宗好蹴毬、鬥雞為樂。謂俳優石野豬說：朕若作步打進士，亦合得一狀元。」（《北夢瑣言》第一條）這裏所謂「步打」，步或指舞姿，打即打令、排打、拋打之類。敦煌本《父母恩重經變文》：「酒熱花開三月暮，但知排打《曲江春》。」唐詩飲宴，打某一曲子習慣稱為打，如打《還京樂》之「打」，「《下次据》一曲打三曲」之類。僖宗即以能步、能打自負。他是一位年輕人，駕崩時才二十七歲。當時公卿名士亦與教坊伶人相處酬嬉。如孫光憲書卷四記薛侍御昭緯及溫庭筠之事。昭緯恃才傲物，好唱《浣溪沙》詞。薛昭緯，有人認為即《花間集》之薛昭蘊（或以為非）。但孫書另有一則逸文記：「唐孔緯嘗拜官，教坊伶人至，求利市。石野豬先到⋯⋯後有一伶至，乃召俯階，索其笛，指笛竅問曰：何者是《浣溪沙·孔子》？伶大笑之。」[4] 石野豬只是一優伶，乃自皇帝以下至於官員都和

---

[1] 參見《樂府雜錄》。

[2] 參見《通鑑》，標點本，8161 頁。

[3] 參見《舊唐書·昭宗紀》。

[4] 《太平廣記》二五二孔緯條引《北夢瑣言》。

他相狎。笛上的《浣溪沙‧孔子》說明唱《浣溪沙》時，吹笛來合奏。由石野豬之事，可以看到唐季樂工如何得到朝廷及文士的優待，作為文娛活動的幫閒者。後來唐莊宗與伶人狎戲正是晚唐留傳下來的生活習慣。唐代教坊的組織十分龐大，請看下面：

> 文、武二舞部一百四十人，散樂二百八十一人，仗內散樂一千人。音聲人一萬二十七人。

官方編制上能謳唱的音聲人竟有萬人之多。昭宗幸華州時，他寫成《菩薩蠻》詞，立即命樂工唱出。當日他逃難的隨員，還有一些音聲人呢。

自昭宗被劫遷以後，百官蕩析，名倡伎兒，皆為強諸侯所有。[1]五代曲子詞所以盛行，我想主要是因為唐宗室教坊樂工優伶之四散，入於割據方鎮之手，促成宴會侑酒文娛事業發達的風氣。觀《宋史‧樂志》稱：「平荊南得樂工三十二人，平西川得一百三十九人，平江南得十六人，平太原得十九人。」西蜀的樂工，為數獨多。《花間集》所以編集於蜀，正由於其地舞樂最盛，冠絕一時，而前蜀後主王衍及後蜀主孟昶都是詞人，能寫曲子。王衍且自執板，唱《霓裳羽衣》及《後庭花》、《思越人》等曲於怡神亭。[2]由於他們及韋莊的提倡，故曲子詞傳誦尤廣，趙崇祚遂得編集成書。惟趙氏似乎未見過《雲謠集》。

敦煌所出若干寫卷，涉及曲子及樂舞而有明確年代記載的，大都集中在五代。試看下表：

公元 909 年 梁開平己巳 上酒《南歌子》

914 梁金山國文件，《雲謠集》下限

923 後唐同光元年莊宗御製《內家嬌》

---

[1] 參見《北夢瑣言》第二八〇條。

[2] 參見《續唐書》二十五。

933 後唐明宗長興四年講經文 寫於琵琶譜背

940 後蜀廣政三年 趙崇祚《花間集》編成

955 後周顯德二年牒 舞譜寫於卷內

這些有注明年代的寫卷，都圍繞於五代時期，《花間集》正在這期間編成，並非偶然，因為這一時期，是歌令尖新發展到最高潮的階段。

由酒令產生令辭，即是後來詞中的小令，這是詞的短篇製作，只是代表詞的一部分。《雲謠集》題曰「雜曲子」則包括長篇的慢詞和短篇的令詞，比較全面。

上面所記的敦煌寫卷，實際應該有三類：

1. 只記曲子名目，兼記琵琶弦柱名，這是樂譜。

2. 只記曲子名目兼記舞蹈節奏與動作的，這是舞譜。

3. 記曲子名目與文辭而不及樂舞的，這是曲子總集，《雲謠集》即屬於這一類。

值得研究的還有「雲謠集」這個名稱。現在大家都讀作「雲謠」，可是在英、法兩寫本裏面，分明均題作「云謠集雜曲子」，而同卷中所見的「雲」字，不一而足，從沒有簡寫作「云」的，有人認為仍應照原本稱為「云謠集」，不必作「雲謠集」[1]，這是很有道理的。若然，則云謠之「云」，乃是語詞。《詩經》在動詞的上面用「云」字之例甚多，像「云憎」、「云觀」、「云從」，則「云謠」者，《說文》言部：謠訓徒歌。《爾雅·釋樂》「徒歌曰謠」，「云謠」也者，言其可以供歌唱耳。故知《雲謠集》原屬歌曲集，與琵琶譜之屬於樂曲集，性質不同。

曲子有時只有樂曲，有譜字而無文辭，其詞既成，再由樂工唱之。唐昭宗登齊雲樓，令樂工唱所製之《菩薩蠻》，是先有詞句，然

---

[1] 林玫儀說。

後樂工製譜，由音聲人唱之。

《雲謠集》英、法二本共題稱三十首。集中所見的曲調有《鳳歸雲》、《天仙子》、《竹枝子》、《洞仙歌》、《破陣子》、《浣溪沙》、《柳青娘》、《傾盃樂》、《內家嬌》、《拜新月》、《拋毬樂》、《漁歌子》、《喜秋天》等曲調。這些曲調見於琵琶譜的有《傾盃樂》及《浣溪沙》，見於舞譜的有《鳳歸雲》、《浣溪沙》。

《鳳歸雲》為唐教坊曲，見於《樂府詩集‧近代曲辭》的有滕潛二首之齊言七絕體，是集所收四首，都是雙疊，每疊九句四十字左右。以後柳永的《鳳歸雲》亦為雙調體，而有一百一字與一百十八字兩體之殊。《鳳歸雲》的舞譜有三譜，用常調拍段（所謂拍常），從「令」至「据」諸動作各佔三拍。譜上詳記其他有關舞容的拍數。《雲謠集》中前二首《鳳歸雲》，其詞題曰《閨怨》；另二首言及錦衣公子，顯然是歌伎的唱詞。

《洞仙歌》詞，蘇軾記彼曾見眉山九十歲的朱姓老尼，在孟昶宮中聽到其納涼於摩訶池上的詞句，即《木蘭花》起句「冰肌玉骨清無汗」，東坡為足成之，成八十三字一體。此事又見楊繪（元素）的《本事曲》和《墨莊漫錄》等書。《洞仙歌》體制甚繁，竟有三體之不同 [1]，《雲謠集》所收得二首，令人可審知北宋以前《洞仙歌》的體制。觀其句云：「擬鋪鴛被，把人尤泥。須索琵琶重理，曲子彈到、想夫憐處。」「卻再攲衷鴛衾枕。」宛然是伎兒的口吻。令人想起為梁太祖彈奏《采桑》的琵琶樂工關小紅，她所唱的曲子，不知有這樣風流婉麗「把人尤泥」嗎？[2]

《浣溪沙》亦出唐教坊曲，又名《浣沙溪》。唐五代曲子中最為大宗，共得九十餘首，與《楊柳枝》可相匹敵。《花間集》中孫光憲

---

[1] 一百一十九字、一百二十三字、一百二十六字。萬樹頗譏其訛錯。
[2] 尤泥，宋人作尤殢，戀昵義。

便有十九首，其中一首破下片為七七三三三格。《雲謠集》所收只二首，其一云：「偏引五陵思懇切，要君知。」其一云：「玉腕慢從羅袖出，奉杯觴。」分明是上酒的歌詞。

《傾盃樂》，《集》收二首。P.3632《鄉伖周狀》附詩一首云：

> 謹奉　來韻並寄曲子名。
>
> 作夜拳蓋（？）伖取贏，至今猶匿《素中情》。賽拳應有《傾盃樂》，□仁爭（怎）敢不相迎。

《素中情》即曲子名《訴衷情》。

當日歌唱《傾盃樂》時，即在飲酒猜拳之際，故又有《傾杯令》之名。

琵琶譜中的《傾盃樂》分曲子及慢曲子，為多型曲調。證之柳永《樂章集》中的《傾盃樂》，體制及宮調甚繁，《傾盃樂》自是標準的長調酒令著詞。

敦煌雖處邊陲，藝術活動非常發達，以繪畫論，有畫院（伎術院）、畫行之設，我想寺院裏面應該有教坊一樣的組織，《雲謠集》即為準備謳唱之用，故名曰《雲謠集》；又稱為「雜曲子」，似乎表示與法曲子不同性質。這可能原是西北地方的唱本，寺院中的「和尚教坊」，亦用它作誦習之資，故加以鈔存。

敦煌唐代共有十八大寺，既是宗教的重心，亦是文化教育與群眾娛樂的場所。S.5613 的上酒《南歌子》舞譜，只存前詞。鈔寫者名叫德深（？），好像是一個和尚，他自記道：「開平己巳歲七月七日悶題。」他在煩悶的時候，鈔寫上酒曲子的舞譜來消遣。可見和尚亦懂得「打令」。在長安的寺廟內向來有戲場存在[1]，敦煌的大寺必有戲場。我們看《節度押衙知畫行都料董保德等建造蘭若功德頌文》云：

[1] 《南部新書》「長安戲場多集於慈恩，小者在青龍、薦福、永壽」之類記載。

菓脣疑笑，演花勾（句）於花臺。蓮臉將然（燃），披葉文於葉座。

花勾即花舞 [1]，這是寺中的舞蹈。我以前嘗舉出 S.2440 背詳記隊仗白說及不同的吟詠形式。其旁注云「青一隊，黃一隊」。這一資料經過許多人的研究，都認為是戲劇的雛形，可見寺院內演戲的情況。敦煌寺戶中所有供役的車頭、車家的記錄，像淨土寺己亥年（939）的破曆殘，便記着「布壹疋，氾家四郎車頭念誦人」、「布壹仗（丈）肆尺，吳丑昌車頭念誦人。」在歸義軍時期，車頭已成為沙州寺院經濟供役的重要項目。車頭是從寺院的需求來賺取雇價，亦就成為寺院的重要施主。車頭死去後，寺院和尚常派出「念誦人」去做功德，必須誦經奏樂。和尚有時隨手記下一些有關音樂的文件用以備忘。在拙作《敦煌曲》中特別對於曲子文件由寺院僧徒鈔寫的情況有詳細記錄。葉嘉瑩女士嘗根據拙書寫了一首絕句：「唐人留寫在敦煌，想像當年做道場。怪底佛經雜豔曲，溯源應許到齊梁。」她對當日俗曲歌舞與寺院佛徒結合的密切因緣，有總結性的說明 [2]，我在這裏不想再多贅述。

葉女士文中有幾句話涉及唱「白綾襪」、唱「黃畫帔」各得布若干尺一段，似是誤將佈施估物，叫賣唱物名的動作，誤會為唱曲。以前任氏曾蹈此誤，已有人加以指正。楊聯陞好久以前在他所著的 Buddhist monasteries and Four Money-raising institutions in Chinese History（*Studies in Chinese Institutional History*, pp.209-211）已討論過，這一小疵是需要刪去的。寺院和尚要念經、作偈，「唱導」是他們必修的科目，所以有關樂舞的上酒曲子與舞譜和琵琶譜弦柱名目以及曲

---

[1] 宋史浩《鄮峰真隱大曲》云：「兩人對廳立自勾念，念了，後行吹《折花三臺》，舞取花瓶；又舞上，對客放瓶，念各種花詩，又唱《蝶戀花》。」

[2] 參見《靈溪詞說》「論詞的起源」一節。

子種種，都是他們需要鈔寫的材料，實際上屬於他們學習上的應用範圍。《雲謠集》既是一種唱本，它和《花間集》是有同樣的謳唱用途。

任氏認為《雲謠集》之作，「為適應合樂歌唱之方便」，「僅《內家嬌》二首，《拜新月》次首，原作不出民間之手，曲樂工選來，餘辭之作者應皆出於民間。」均無明確證據。須知教坊之音聲人，能合樂唱出曲子之樂工，亦是政府較低級的人員，綺筵上的優伶與伎兒，亦為官家所豢養，不得謂他們是屬於民間。

任氏強調《雲謠集》大多數是盛唐時代的作品，他的主要根據有兩點：一是集中不少描寫征夫怨婦，與府兵制有關，這一層，龍榆生很早疑其「或且出於安史亂前戍卒之遠向西陲者，攜以同去，故得存於敦煌石室」[1]。這當然是出於揣測。另一是《內家嬌》二首描寫女冠，任氏列出許多證據，說明是刻畫楊貴妃的本事。記得臺靜農在討論南唐耿先生《煉雪圖》一文曾說過：「任二北根據《內家嬌》的末二句，說為楊太真事而作，且即在楊為女道士後將冊為貴妃前，不免出於臆測。任氏此說想證明此詞寫於盛唐，使吾人知道盛唐已經有了長短句的詞。」[2] 這一說的不可靠，已是有目共睹。《花間集》裏面，有許多《女冠子》的曲子，都是描寫女道士的作品，和這首《內家嬌》正是一樣的類型。《雲謠集》中各曲子的寫作年代，由於沒有堅強的內證，一時無從論定，是否出於安史亂前之戍卒，西傳而及於邊疆，抑作於當地民間的勞人怨婦，都很難說。任氏強調是集為民間作品，把它與出於達官貴人所作的《花間集》對立起來，認為《花間》之類飲筵歌唱才是「曲子詞」。但是，《雲謠集》中像《浣溪沙》的「纖手令行勻翠柳，素咽歌發遶雕樑」，何曾不是「綺筵公子、繡幌佳人」[3] 一類的句子？《花間集》之作，大都是公子佳人在酒邊樽前的娛賓遣興

[1] 〈詞體之演進〉，《詞學季刊》創刊號，上海：民智書局，1933。

[2] 〈書《宋人畫南唐耿先生煉雪圖》之所見〉，《龍坡雜文》。

[3] 〈《花間集》序〉。

之什。《雲謠》中不少的曲子，正是同樣性質的作品。

不少學人認為「詞」是曲子辭的文人化，可以裴誠、溫飛卿作為代表。添聲《楊柳枝》在飲筵上競唱其詞，這即是「打令」。其實打令不止是文人所喜歡，武人有更甚焉。前引《唐語林》分明記着：

> 《下次据》一曲子打三曲子，此出於軍中，邠善師（帥善）酒令聞於世。

邠帥的酒令，在晚唐時非常著名，故王讜特別加以記錄。它的特點是把一曲子打成三曲子的《下次据》令。唐末軍人都喜歡唱曲：

> 田牟鎮徐日，每與驕卒雜坐，酒酣撫背，時把板為之唱歌……每有賓宴，必先厭食飪酒。[1]

唐代的酒令，花樣百出。邠帥酒令即出於軍中，在在證明武人對於酒令的愛好。上述《楊柳枝》詞可說是晚唐朝野很熱門的流行酒令，上自皇帝唐昭宗，下至軍閥朱全忠，在酒筵中都有這一打令的作品，所以我說「打令」不限於文人，武人亦應包括在內。何得偏袒一邊，單說是文人化呢？

《雲謠集・內家嬌》說：「善別宮商，能調絲竹，歌令尖新。」柳永云：「妙盡尖新。」[2] 晏殊云：「鬥尖新。」[3] 歌令盛行不是盛唐的文化背景，而應是晚唐裴、溫前後的事情，那時興起了拋打令的熱烈風尚。飲宴時用香毬、花盞來代替舊時的籌旗、骰盤。白居易詩云：「香毬趁拍迴環匝，花盞拋巡取次飛。」徐鉉《拋毬樂》辭云：「歌舞還飛毬，金觥碧玉籌。」這是拋毬打令的寫照，故曲子有《拋毬樂》

---

[1] 《舊唐書》十九《懿宗紀》咸通三年。

[2] 《浪淘沙》令。

[3] 《山亭柳》。

的調名。《雲謠集》中所收亦有《拋毬樂》二首：其一起句為「珠淚紛紛濕綺羅」，其一起句為「寶髻釵橫墜鬢斜」，看來還是花間綺筵繡幌之作。敦煌變文《難陀出家緣起》云：

> 飲酒勾巡一兩盃，徐徐慢拍管弦催，各盞待君下次勾，見了抽身便卻迴。

邠帥軍中的《下次据》，在這幾句所描寫中可以得到充分的了解，這當然是指「一曲子打三曲子」的拋打令。

《雲謠集》中還有《傾盃樂》二首，所謂「銀酥體雪透羅裳裏，堪娉與公子王孫，五陵年少風流壻」一類的句子，想亦是當筵唱出的歌詞，《傾盃樂》是屬於送酒應令而作的「著詞」的曲調，《北夢瑣言》說：

> （沈）詢嘗宴府中賓友，乃便歌著詞令曰：
> 莫打南來雁，從他向北飛，打時雙打取，莫遣兩分離。及歸，兩夫妻併命焉，時咸通四年也。[1]

這類送酒的「著詞」，已有人作深入研究。他進而說明「著詞」即是詞體的前身，由此產生了以「詞」為名的摘藻一體。王小盾〈唐代酒令與詞〉並列出下面的一條公式：

> 曲子辭→著詞→詞

我則認為「著詞」根本是曲子詞的某一種形態，「曲子詞」和「詞」只是命名上繁簡的差別，這三者實是一事，不應該有先後的區分。

曲子施於侑酒時，為著詞，曲子並不都是侑酒，如敦煌卷 S.5613

---

[1] 《太平廣記》二七五「歸秦」條引。

寫明為「上酒《南歌子》」，但《南歌子》還有不施於上酒而為純粹抒情之作的。我們從范攄對於裴諴和溫岐兩人所製打令一類作品的描寫，先說他們「好作歌曲，迄今飲席多是其詞焉」。再則云「又為新添聲《楊柳枝》詞，飲筵競唱，其詞而打令也」。仔細玩味這段說話，所謂「詞而打令也」即是說這種作品是「詞」同時亦是「打令」。可見所謂歌曲、打令和詞三者實是一件東西，歌曲即是曲子，打令便是著詞，我們能夠說他們作品是由歌曲生出打令，然後由打令產生出「詞」嗎？

由上面的討論，我們知道《雲謠集》中的歌曲有許多分明是「酒筵競唱」之作，是否為西北邊陲的民間所作，抑或原為文人作品，從外地傳入，不可確知；如果硬要把它與《花間集》劃為民間和文人兩個截然不同的界線，事實是很困難，亦是不必要的。

張錫厚兄曾利用唐詩速檢系統，檢索「御製」二字，共二十八見，全無與唐玄宗及楊貴妃本事有關之作，最後說所謂御製《內家嬌》，極有可能為莊宗所作。[1]

原載《明報月刊》，1989 年 10 月號

---

[1] 《九州學刊》二○。

唐末的皇帝、軍閥與曲子詞

—— 關於唐昭宗御製的《楊柳枝》及敦煌所出他所寫的《菩薩蠻》與他人的和作

　　詞體的產生，向來是中國文學史上熱烈討論的問題。最近數十年來，由於敦煌資料中出現許多寫明某詞牌名目的曲子詞，更引起一些不同的看法。為《敦煌歌辭總編》寫序的王悠然先生大力突出敦煌曲子的「民間性」。他引用任氏的新說：「唐詞派……還陷於只要『花間』，不要『民間』的大嫌疑中……范老《通史》面對……敦煌民間歌辭……只勉強提到一首殘辭的一段而已，其餘的力量只管用去捧溫（庭）筠登上唐詞壇的正統寶座……請問：溫庭筠是啥子『勞動人民』？」王氏補充道：「真想不到『花間』與『民間』的兩間，竟然會被大史家混為一『間』，豈非史壇的怪事！」他居然責備范文瀾是個史盲，其實捧溫飛卿為詞的開山祖，是傳統的說法，如果真的錯誤，亦不應該由范氏來負責。到底敦煌寫本中的曲子作品是不是都出於民間？許多曲子，任書考證出於民間所作，是否正確？是不是惟有「唐代民間文藝才是唐代文藝之母」？經過仔細考察之後，他所謂出於民間，事實每恰恰相反。例如唐昭宗的《菩薩蠻》，敦煌寫卷中收存有三首和作，任氏強調出於工匠之手，視為民間作品，這一新說是大可商榷的。本文重點即在指出敦煌卷中所見的曲子，有的不特與民間絕無關係，且出於最高統治者和軍閥的大手筆，下面討論的是非常有趣的例子。

一

唐季五代時候，雖然天下大亂，正如韋莊在《秦婦吟》中所說「內庫燒為錦繡灰，天街踏盡公卿骨」，儘管殺伐不已，戰禍頻仍，人主仍然好聲樂，吟詠閒作，李唐末代皇帝哀帝的父親昭宗[1]便是當時這樣的重要角色。《舊唐書・昭宗紀》說他「攻書好文，有會昌之遺風」[2]。他所作的曲子詞，像題寶雞驛壁的《巫山一段雲》，登華州城樓的《菩薩蠻》，朱彝尊的《詞綜》列為唐詞的冠冕。當日連軍閥出身的朱全忠亦會謅幾句，《通鑑・唐紀八十》云：

> （天復）三年（903）二月戊戌，全忠辭歸鎮，留宴壽春殿，又餞之於延喜樓，上臨軒泣別，令於樓前上馬。上又賜全忠詩，全忠亦和進。又進《楊柳枝》辭五首。百官班辭於長樂驛。[3]

「進」字《通鑑》另一本作「賜」，標點本採用「進」字，似是不對的！據《舊唐書・昭宗紀》云：「上臨軒泣別，又令中使走送御製《楊柳枝》詞五首賜之。」《新五代史》卷一《梁紀》亦說「賜《楊柳枝》五曲」。劉昫是五代人，所記當更近實情，故以作「賜」為合。如果作「進」，則全忠不止能詩，且亦工於填詞了。據元胡三省注：「《楊柳枝》辭，即今之令曲也。今之曲如《清平調》、《水調歌》、《柘枝》、《菩薩蠻》、《八聲甘州》，皆唐季之餘響。又唐人多賦《楊柳枝》，皆是七言四絕。」《楊柳枝》辭是酒令，為飲宴時文娛之作品。《通鑑》記載唐武宗會昌四年（844）秋「上聞揚州倡女善為酒令，敕淮南監軍選十七人獻之」[4]。昭宗亦喜歡這一套，曾經舉兵犯闕的李茂貞，史

---

[1] 哀帝李柷是昭宗李曄的第九子。

[2] 會昌是武宗年號，說見下文。

[3] 標點本，8604~8605 頁。

[4] 胡注：「酒令者，行令而飲酒也。唐人多好為之。」見《通鑑》，8001 頁。

稱他在「乾寧元年來朝，大陳兵衞，獻妓女三十人，宴之內殿，數日還藩」[1]。好酒令歌伎正是會昌以來的遺風。可惜昭宗這《楊柳枝》詞五首久已失傳了，沒有留下來。

在倫敦大英博物館的敦煌寫卷，列 S.2607 的卷子，雖然有幾段殘缺，其中鈔錄的曲子多首，其中《菩薩蠻》六首，有二首即是唐昭宗登華州城樓的名作。原文如下：

> 登樓遙〔望〕秦宮殿，翩翩只見雙飛鷰。渭水一條流，「千山與萬丘。」野煙遮遠樹，陌上行人去。何處有英雄，迎歸大內〔中〕？

> 飄颻且在三峰下，秋風往往堪霑灑。腸斷憶仙宮，朦朧煙〔霧中〕。思夢時時睡，不語長如醉。何日卻迴歸，玄穹知不知？

王灼《碧雞漫志》錄這二首，推許昭宗為「作者」。莊綽《雞肋編》說：「華州子城西北有齊雲樓基，昭宗駐蹕韓建軍，嘗登其上，賦《菩薩蠻》詞云：『安得有英雄，迎歸大內中』者是也。」沈括《夢溪筆談》五云：

> 今此辭墨本猶在陝州一帶佛寺中，紙札甚草草。余頃年過陝，曾一見之，後人題跋多盈巨軸云。

這詞宋人記載甚多，可惜沈括當日所見到的紙本，後面許多跋語他沒有記錄下來。這首詞亦有稱之為「詩」的，像蔡居厚《詩史》云：「陝郊有唐昭宗詩。」[2]但據沈括引《新五代史》稱，所作原是三章，實不止二首。《新五代史》二十八《韓建傳》：

---

[1] 《舊唐書·昭宗紀》。
[2] 《詩話總龜前集》四十二引。

昭宗登齊雲樓，西北顧望京師，作《菩薩蠻》辭三章以思歸，其卒章曰：「野煙生碧樹，陌上行人去，安得有英雄，迎歸大內中？」酒酣，與從臣悲歌泣下，建與諸王皆屬和之。建心尤不悅，因遣人告諸王謀殺建，劫天子幸佗鎮。

但《舊唐書・昭宗紀》則云：

> （乾寧）四年七月甲戌，帝與學士、親王登齊雲樓，西望長安，令樂工唱御製《菩薩蠻》詞，奏畢，皆泣下霑襟，覃王已下並有屬和。

此事《新唐書・昭宗紀》及《通鑑》都不載，但可確定的有下列數點：

1. 作詞時間是乾寧四年（897）七月甲戌日；據陳垣《二十史朔閏表》，乾寧四年八月二日朔為甲戌，是時已入八月矣。
2. 原製《菩薩蠻》三首，為人傳誦的只有兩首，其實應尚有一首。
3. 屬和的人物見之史傳確知的，親王有覃王，方鎮大臣有韓建。

二

茲將其他各首《菩薩蠻》的歷史背景，加以說明如下：

同前一首（圖一）
御園照照紅絲罷。金風墜落霓枝槎。柳色政依依，玄宮照漾池。　　每思龍鳳闕，惟恨累年刦。計日卻迴歸，象似南山不動微。

這一首向來不得其解，亦不知作者為誰。因其中有「御園」、「紅（朱）絲」、「玄宮」、「龍鳳闕」、「不動微（太微）」諸字眼，是帝王身份才用得上，我疑心應當是昭宗御製三首之另一首。試為箋釋如下：

紅絲即朱絲。此用《公羊傳》典故。昭公二十五年云：

> 日有食之。鼓，用牲于社。日食，則曷為鼓用牲于社？求乎陰之道也。以朱絲營社，或曰脅之，或曰為闇，恐人犯之，故營之。[1]

日食用朱絲以營之，是助陽抑陰的意思。其時岐下李茂貞諸將犯闕，朝廷岌岌可危，已成日食景象。照照即「昭昭」，宋玉《九辯》云：「去白日之昭昭兮。」五臣注：「白日喻君。」昭昭而作照照，因此處必用仄聲，此是昭宗自喻。「罷」字吃緊，「紅絲罷」者，言無朱絲以營之，嘆朝廷上扶陽抑陰之無人。昭宗用這一典故非常切合其身份。

「玄宮」出《莊子・大宗師》：「顓頊得之，以處玄宮。」李頤注：「玄宮，北方宮也。」《墨子・非攻下》：「高陽乃命禹于玄宮。」《藝文類

圖一

---

[1] 何休注：「社者，土地之主也；月者，土地之精也。上繫於天而犯日，故鳴鼓而攻之，脅其本也。朱絲營之，助陽抑陰也。」

聚》引《隨巢子》:「天命夏禹於玄宮。」玄宮乃指帝之所居,非昭宗本人不足以當之。「不動微」指太微宮。《太平御覽》卷六天部引《大象列星圖》云:「北斗七星近紫微宮南,右太微北,是為帝車,以主號令,運乎中央而臨制四方。北斗五星一名天極,一名北極。」此首末句云:「象似南山不動微。」微即太微,昭宗自比於太微帝星,意謂儘管局勢像「邦之杌隉」不安,我還是如南山屹然不動的太微帝座。如在他人,安得有這種口吻?故可斷為昭宗御製,又考昭宗登齊雲樓時在七月。《本紀》云:「乾寧三年七月癸巳,駐華州。四年七月甲戌,製《菩薩蠻》。」詞云「金風」,季節亦合。《類篇》六中:「椸、架,所以舉物。」架又作「㮨」,此寫本架字從木作㮨,可補字書。

任氏稱:「右辭因作者率意,歌者傳訛,寫者信手:演出許多矛盾,難以疏解。主要在紅絲二字之扞格:若是絲,則『照照』、『點點』及『罷』字俱非。若非絲,『紅絲』又別指何物?……『柳色依依』當非秋柳,何來金風?『微』亦費解。」他於是大奮其如椽之筆,肆加改竄。把「照照」改為「點點」,把紅絲「罷」改為紅絲「掛」,把「金」風改為「因」風,完全以意為之,信口開河。又定這首詞是「從李曄來華州之臣工將回長安而有所作」。詞中無數典故,出自帝王口吻,任氏均漠然置之,反說是作者率意,歌者傳訛,非妄說而何?

又一首:

> 千年鳳闕爭雄〔離〕棄。何時獻得安邦計?鑾駕在三逢
> (峰),天同地不同。宇宙憎嫌惻,金(今)作蒙塵客。閫
> 外有忠常,思佐聖人王。

此首口吻,可能出自覃王。宇宙憎惻,正說明是時帝與諸王處境之艱窘。首句「爭離棄」,是原無奔華州之計,而離京出走。「鑾駕在三逢,天同地不同」指韓建強脅帝「且駐三峰」之下。「地不同」三

字似對韓建深致不滿，殊可玩味。「金（今）作蒙塵客」，謂從主上蒙塵於此。末二句，從巴黎 P.3128 卷，「常」與「王」協韻，可從。S卷作「思佐口聖人」，中缺一字留空格，恐有訛誤。

考覃王之嗣用，本於乾寧四年六月，被任為鳳翔節度使，以代李茂貞。王赴鎮，而茂貞不受代，圍覃王於奉天。七月……韓建移書李茂貞，貞乃解除奉天之圍，覃王遂歸華州。[1] 覃王回華州正是七月之事，隔一月即與諸王同被韓建所殺。

此首，任書謂與昭宗李曄先作二首，體屬聯章。按稱為和作則可，聯章則殊屬不必，彼不知昭宗原作是三首，不是二首。史明謂覃王有和，此首口氣惟覃王可以當之，故茲定為覃王所作。

倫敦本此首多缺，因原紙寫此詞部分有殘泐。幸巴黎 P 本全首完整，文字清晰，可以互補。法京本總題在曲子《菩薩蠻》之下共鈔三首。前二首即「敦煌自古出神將」。此首既為覃王作，其年代可以論定，法京是本字體，明出五代人手筆，足見當時昭宗及諸王和作，流傳人口，故被書寫雜廁於同詞牌之他作。可惜，法京本只錄此一首，不及韓建諸作，末由參校。

同前一首：

> 常慇血怨居臣下，明君巡幸恩霑灑。差匠（匠）見修宮，謁（竭）誠無有終。奉國何曾睡？葺治無人醉，剋日卻迴歸，願天涯惣（總）之（知）。

按此首核實應是韓建和作，其堅證有二：

1.「血怨」指乾寧四年（897）八月間建坑殺十一王事。《舊五代史》十五《韓建傳》：「（乾寧）四年二月，有詣建告睦王已下八王謀殺建，建囚八王於別宅……八月，建以兵圍十六宅，通王以下十一王並遇

---

[1] 參見《通鑑》，標點本，8505 頁。

害於石堤谷。」

2.「差匠修宮」一句,即指建初佐李茂貞修宮室。《通鑑》:「乾寧三年十月丁巳,以韓建權知京兆尹。先是茂貞曾上表請罪,願得自新,仍獻助修宮室錢,韓建復佐佑之,竟不出師。」[1] 其後建正式被任命為修宮闕使。在光化元年九月,詔以韓建為修宮闕使,諸道皆助錢及工材,建使都將蔡敬思督其役。既成,二月,建自往視之。[2] 胡注:「《實錄》云:茂貞進錢十五萬助修宮闕。按十五萬乃百五十萬貫。」

此詞「血怨」二字任氏書前後均改作「血願」,語殊不可通,今知韓建殺十一王對昭宗誠為血怨,其心深負疚,故用「血」字。

潘重規指出:「任氏誤解『差匠見修宮』,以為是華州修造行宮之工匠和昭宗的作品,事實上是說不通的!因為『常慙血願居臣下』、『竭誠無有終』,決不符合工匠的身份口吻;況且『差匠』的意思是差遣工匠,所以作詞的人應該是差遣工匠的人而不是工匠。」[3] 其說甚的!而任氏先有成見,不肯接受潘說,在《總編》仍堅持原有說法,不符合上下文義。惟潘氏不知韓建後來正式被派遣為修宮闕使,詞中「葺治」二字,出於負責修宮闕之職,不是憑空而來;今為補苴二樁證據,這樣說來,此詞便可讀通了。

《舊唐書·昭宗紀》:

> 三年……秋七月,壬辰,岐軍逼京師。
>
> 癸巳,次渭北,華州韓建遣子充奉表起居,請駐蹕華州,乃授建京畿都指揮安撫……等使。
>
> 甲午,次富平。韓建來朝泣奏……願陛下且駐三峰,以圖恢復。

---

[1] 參見《通鑑》,8495頁。

[2] 參見《通鑑》,8514頁。

[3] 《敦煌詞話》,41頁。

乙未，次下邽。丙申，駐蹕華州，以衙城為行宮。時岐軍犯京師，宮室廛閭，鞠為灰燼，自中和已來葺構之功，掃地盡矣。

「葺構」二字，正如此詞中之「葺治」，韓建自護駕起，至李茂貞願助修宮錢，而建佐佑之，「葺治」二字乃有着落。

此詞不特和韻，而且和意，昭宗原製云「思夢時時睡，不語長如醉」，此則云「奉國何曾睡」、「葺治無人醉」。韓建表示他竭誠為國，以盡勞勩，葺治宮室，是沒有喝醉酒的！收句最末一字，潘氏辨認為「西」，然於字形不近，我看或者是「之」或「知」的同音字，今從王佩諍校，訂作「知」，以協原韻。

《舊五代史·韓建傳》云：

> 乾寧三年四月，昭宗遣延王、通王等發兵討李茂貞，為茂貞所敗，車駕幸渭橋，即日次富平，將幸河中，建奉表迎駕……許之。
>
> 七月十五日，昭宗至華下，下宮士庶相繼而至。且尋加中書令，充京畿安撫制置等使，又兼京兆尹京城把截使。
>
> 昭宗久在華州，思還宮掖，每花朝月夕，遊宴西谿，與群臣屬詠歌詩，歔欷流涕。
>
> 建每從容奏曰：臣為陛下修營大內，結信諸侯，一二年間，必期興復。
>
> 乃以建兼領修創京城使，建自華督役輦運工作，復治大明宮。[1]

《舊史》所記，與歐史略異。建復任修創京城使，故詞中對於葺治之事，念念不忘。

---

[1] 中華書局 1976 年版，卷十五，204 頁。

任氏太注重「民間性」，連這一首詞的寫作權，都不肯給予韓建，偏偏說是華州修葺行宮之工匠，對李曄「飄飄」一詞之和作，又從末句「願天涯總知」，說明是「民間派」文學水準不高之表現；且說「韓建為方面之臣，幕中何至無文人可操觚，塵下如此」。我人既了解韓建之為人及當日歷史背景，任氏出於工匠之說，自可不攻而破。

> 自從鑾駕三峰住，傾心日夜思明主。慣在紫微問，笙歌不暫閒。　受祿分南北，誰是憂邦國？此度卻迴鑾，須交（教）社稷安。

王重民云：「南北指南北司，南司指廷臣，北司指宦官。（僖宗）中和元年孟昭圖上疏云：『……北司未必盡可信，南司未必盡無用……』與此疏對閱，其事跡明白。」[1] 按《通鑑》繫孟氏上此疏於是年七月庚午，是時僖宗日夕與宦官同處議天下事，待外臣殊薄，故孟氏有此議。疏入，而田令孜屏不奏，辛未，矯詔貶孟氏為嘉州司馬，遣人沉於蟇津。[2] 惟此詞所言之南北司，似另有本事。《舊唐書・昭宗紀》：

> 乾寧二年（895）五月甲子……茂貞、行瑜極言南北司相傾，深蠹時政，請誅其太甚者。[3]

是時韓建陳入覲緣由，上拜召升樓，賜之尾酒，宴之於同文殿，李茂貞、行瑜極言南北司相傾，深蠹時政，請誅其太甚者，乃貶宰相韋昭度、李磎，尋殺之於都亭驛[4]，殺內官數人而去[5]。《通鑑》卷二六〇云：

---

[1] 《曲子詞集》。
[2] 參見《通鑑》，8255、8256 頁。
[3] 《舊唐書》，753 頁。
[4] 按此指南司。
[5] 按此指北司。

　　行瑜與茂貞、建各將精兵數千入朝。（五月）甲子，至京師
……三帥奏稱：南北司互有朋黨。

　　始三帥謀廢上，立吉王保，至是聞李克用已起兵河東，行
瑜、茂貞各留兵二千人，宿衛京師，與建皆辭還鎮。[1]

詞中所言分南北，應指是時之事，與僖宗無關。《舊唐書‧昭宗紀》
云：

　　是（八）月，延王（戎丕）自太原還。韓建奏曰：「自陛下
即位已來，與近輔交惡，皆因諸王典兵，兇徒樂禍，遂致輿駕不
安，比者……而建以謀逆聞。」[2]

三帥以南北司既受祿而互相傾軋，又諸王掌兵，以召危亂，今諸王已
除，社稷可安矣。故此首口氣，疑亦韓建所作，以剖明其心跡，若
然，則當在是年八月，與七月帝登齊雲樓令樂工唱御製《菩薩蠻》，
相隔只一月而已。「此夜迴鑾」句，任氏以為在光化元年，乃想當然
之論。

三

　　今總結上列考證，重新訂定諸詞之作者如下：

昭宗御製三首：

1. 向來已確定，不必討論。

2. 向來已確定，不必討論。

3. 《御園照照紅絲罷》。

[1] 《通鑑》，8469、8470 頁。

[2] 中華書局 1975 年版，卷二十上，762 頁。

覃王作：

4.《千年鳳闕爭〔離〕異》。

韓建作：

5.《常懃血怨居臣下》。

6.《自從鑾駕三峰住》。

這樣便可全部講通。任氏不知韓建亦好文事，不必委諸部屬。《新史・韓建傳》稱：「建初不知書，乃使人題其所服器皿床榻，為其名目以視之，久乃漸通文字。見《玉篇》喜曰：吾以類求之，何所不得也。因以通音韻聲偶，暇則課學書史。」歐史謂其通聲偶，是建本人亦能詩可知。本傳又云：「（昭宗）作《菩薩蠻》辭三章以思歸……酒酣，與從臣悲歌泣下，建與諸王皆屬和之。」似建和作不止一首，可能有三首，一與諸王同作，今不可見；一為修宮所作；一在殺諸王之後，故有「常懃血怨居臣下」之語。君臣各製三章，自是講得通的。

敦煌曲子裏面有年代定點的甚少，這一組唐昭宗的《菩薩蠻》及別人的和作，其歷史背景非常清楚，有的寫作時日在史籍上尚歷歷可考，何得輕易視為民間作品？

現在，我附帶要談幾件事：

（一）曲子的分類問題

《總編》採用分類體例，每每把同一組詞割裂安排於數處，憑任氏本人一時的體會，主觀性地歸納，很不可靠。如《常懃血怨》一首，他既視為修葺行宮工匠的作品，列於「力作」四首之一，以為是民間作品，故特別加以捧場，可謂無目！

（二）曲子的入樂問題

任氏強調在敦煌發現的一切是有音樂性的歌詞，而反對不主聲而專主文的「唐詞派」。其實，過於主聲和過於主文，其失惟均。在沒有充分證據以前，是不能說敦煌所有的曲子都是入樂的。像上面所談的上酒的《楊柳枝》和昭宗的御製《菩薩蠻》，當日嘗命樂工唱出，自是入樂；至於覃王及韓建的和作，就未必入樂，史書沒有記載，如硬欲說它曾付之歌唱，又有甚麼必要呢？

（三）對曲子原文改字的問題

任書最為人詬病的是他任意輕易改竄原文。如「照照」即「昭昭」，不得任意改為「點點」；「血怨」，不得以同音改為「血願」是。那些隨便改字，充滿篇幅，大家普遍認為即任書最大毛病。

（四）他不知當時的軍閥們都喜歡酒令，隨時即興亦會謅幾句曲子

不要小看那些軍人像韓建之流，他喜歡舞文弄墨，何必假手於幕下？

再說《楊柳枝》令詞，胡三省《通鑑》注：「《楊柳枝》在唐季酒令盛行之日，亦作為酒令常用之物。」觀薛能詩句「鞍馬傳杯用《柳枝》」可證。唐末官僚在宴會中很喜歡歌唱作歌詞，《舊唐書・崔胤傳》：

> 天復二年，（朱）全忠自岐下還河中……（崔）胤……持板

為全忠唱歌，仍自撰歌辭，贊其功業。[1]

可見唐末五代軍人喜歡唱令詞的習慣。這類作品，出於軍閥，和民間都沒有一點關係。

通過上面的詳細研究，大英博物館 S.2607 卷子中鈔在一起的六首《菩薩蠻》這一組詞，是昭宗御製和王子及近臣所作，史實證明應該是覃王及韓建的作品，怎樣能說是民間作品？

曲子的「民間性」，應有限度，不能一手遮天地，說甚麼都是民間性！須知詩有本事詩，詞亦有本事詞。敦煌曲子有明顯史實背景可作為年代定點的寥寥可數。而這一組曲子，由於向來研究者未能深入，引起許多不必要的誤會，把分明是王室和官僚的作品，隨便看成民間性，豈不是誤人了麼？

1988 年 7 月初稿，1989 年 7 月改定

孫光憲《北夢瑣言》十五：「文宗、宣宗皆以詩賜大臣。昭宗駐蹕華州，以歌辭賜韓建，以詩及《楊柳枝》辭解賜朱全忠……」余上文論標點本《通鑑》應作「賜」朱全忠，不當作「進」。孫氏所記，又一佐證，補記於此。

原載《明報月刊》，1989 年 8 月號

---

[1] 中華書局 1975 年版，卷一七七，4586 頁。

從敦煌所出《望江南》、《定風波》
申論曲子詞之實用性

　　一種文體的產生和發展，往往有賴於它的實用性。換言之，它必須有某種實際用途，方才能夠為人所採用而延續下來。文學史上繼樂府和詩之後，「詞」是一種新興的文體，它必依附着某一詞牌，有一定的句式與音律的結構，有時還要合樂，可以歌唱。它一向被目為軟性的文學作品，是抒情的、遣興的和音樂結上不解緣的特殊文體。

　　其實所謂「曲子詞」不特只是抒情的，有時亦是說理的，由於人類具有軟硬心腸兩種不同的心態，詞不僅是軟性，同時亦是硬性的。詞在作為一新文體誕生以後，有一長時期被人使用作為和歌訣無甚分別的一種便於記憶的韻語，拿來宣傳教義和作為某一項應用技術的口訣，這一現象向來為中國文學史家所忽略。本文將注重詞的實用性這一側面，提出新的課題來彌補一般文學史的缺口，企望引起大家去注意正視文學史上的一些重要不可抹殺的事實。

　　自從敦煌莫高窟出現大量關於曲子詞的寫本以來，人們對曲子詞的早期形態，有了新的認識，在所見敦煌曲子詞中，抒情的作品和實用性的作品兩者往往並存。舉例言之，《望江南》小曲如：「天上月，遙望似一團銀。夜久更闌風漸緊，與奴吹散月邊雲，照見附（負）心人。」（從王國維校）是多麼婀娜動人的抒情之作。我們看另一首《望江南》云：「曹公德，為國託（拓）西關。六戎盡來作百姓，壓壇河隴定羌渾。雄名遠近聞。」（S.5556）則是歌頌歸義軍節度使托西大

王曹議金在政治上的功績，別有它的實際用途。又如《定風波》：「攻書學劍能幾何？爭如沙塞騁儜儸。手執六尋槍似鐵，明月龍泉三尺斬新磨。堪羨昔時軍伍，漫誇〔儒士〕德能〔康〕四塞，忽聞狼煙起，問儒士，誰人敢去定風波。」（P.3821）這是塞上健兒磨劍騎馬豪放抒情之作。但我們看另一首《定風波》發端兩句：「陰毒傷寒脈又微，四肢厥冷厭難醫。」又下片有「頭面大汗永分離。時當五六日，頭如針刺汗微微」之句。描寫風濕傷寒之狀，艱澀乏味，宛如《脈經》上的文字，絕不像婉約的曲子，這亦是實用性的詞體。自從有了大量的敦煌資料提供新的記錄以後，人們對於詞的產生的有關問題，因之有很多不同的看法，自然比早期僅僅着眼於年代的先後和困於「詩之餘」一類糾纏不清的老問題顯然有極大的進步和改變。有人把問題轉移到作者方面，認為曲子完全是出於民間不知名的群眾，而把它拿來和過去出於貴族階層吟風弄月的《花間集》一路對立起來，目為民間與花間二派，強為派定，抑揚任聲。其實，這一大批曲子究竟出於何人所寫作與編集，是很難給予明確的答案。由於初期從寫卷轉錄過來的人們，沒有把卷子上的記錄情況確切報導給大家知道，而且把曲子重新加以整理時，不惜隨意改易文字，強前人定稿的曲子或傳寫諸多訛失的稿本，像老師給學生改卷的情形，另行批改，加上許多新的潤飾，是否符合原作者的本意，亦無從論定。雖然如此，但曲子的鈔寫分明多數出於寺院僧徒之所為，如果沒有接觸到原物，是很難想像有這樣情況。

關於鈔手所屬的寺院在紙上寫明白的，有龍興寺、靈圖寺、淨土寺、報恩寺等等；鈔寫本子的式樣，有小冊子，有作廢紙使用之經卷，包括儒書或道觀所珍重而書體極為端正遒麗的寫經，書於背面之上，有的是出於一時興到的信手塗抹。何以和尚們那麼有興趣去鈔寫這些曲子呢？其中是有道理的！出於和尚需要學習寫　點韻文來表達

思想作為說偈之用，他們便很應該學習「唱導」的工作來「宣唱法理，開導眾心」，所以要接受念經、唱誦、撰擬文辭的訓練。在唐季僧人與道士都擅長聲贊的事情，其時還需通過考試。《舊五代史》卷四七《末帝紀》云：

> 清泰二年三月，功德使奏試僧道事云：「……其僧尼欲立講論科、講經科……禪科、聲贊科……焚修科，以試其能否。」從之。

所謂「聲贊科」是考試科目之一。可見和尚要修習這類學科，因此它們要鈔寫曲子、聲贊一類的韻文。莫高窟所出大量贊唱有關的卷子，可能其中有些是僧徒為應付考試而謄寫作為練習寫作時參考之用的。

敦煌寫卷中的曲子總集，大家都知道《雲謠集雜曲子》是至今可以見到的最早總集。它僅有文字而不附樂譜。另有一種僅有曲名的樂譜而無文辭的，像 P.3808 號卷子，在另一面寫着二十五首曲子的琵琶指法譜，其實這亦應當算是一種形態的總集 —— 帶有樂譜的曲子總集，但可惜頭尾不完整，沒有集的名稱，這也許是出於某僧人的鈔寫。宋人所見的《霓裳譜》正是有聲無辭之譜，這一長卷在卷子《長沙女引》、《撒金砂》二曲的中間，即列第一二四行起的一曲譜，書寫的字體與上面完全不同。我們細看譜字旁側記着的拍子號口處，有些地方是給上段的紙張貼上，是兩紙互相接連，原卷是由三個不同的人，在不同時期所書寫，先有樂譜，後來再黏連成卷。在另一面的長興四年（933）《應聖節講經文》，自然是後來之所書寫。這些問題我長期經過仔細勘察原物和研核，方才得到這一結論，我另有文章加以說明。

茲拈寫本另一例來研究，像 P.3113 開端寫明「《法體（體）十二時》一本」，這是清泰二年（935）所寫的，其題記云：

時後唐清泰貳年〔歲〕在丙申三月一日，僧弟子禪師索祐住發心敬寫《法體十二時》一本，日常念誦，願一切眾生莫聞怨唒之聲，早達佛日，令出苦海。

這當然是僧徒日常諷誦的本子。這本題曰「法體」，雖指佛法體性而言，可能兼指法曲，屬於大曲一類，因為依十二時分作十二小段，若從大曲摘編出來而篇幅較短的便稱曲子。五代時有「法體」之名，到了北宋，又有所謂「法曲子」者，吳曾《能改齋漫錄》卷二說：「京師僧念《梁州》、《八相太常引》、《三皈依》、《柳含煙》等，號『唐讚』，而南方釋子作《漁父》、《撥棹子》、《漁家傲》、《千秋歲》唱道之辭。蓋本《毗奈耶》。」毗奈耶是梵語 Vinaya，意思是戒律。唱道是出於僧律的規定，法曲子由法曲而生，以前我寫過一篇〈法曲子論〉，可以參考。這些《三皈依》、《柳含煙》的曲子，原來是配上音樂的，在河南、陝西的古樂流傳曲調，至今尚有遺留的舊譜。茲錄河南開封相國寺的《三皈依樂曲工尺譜》（見本文附錄一）如下：

一五六　　六五五一尺　　尺五一。

五六五工六　　一五六工六尺一尺

尺一尺　　工六尺尺五一五六

六五五一尺　　尺五一　　五六五工六。

一五六尺 ── 捷子

工六尺一尺　　五六五　　五六

陝西鼓樂的曲目亦有《三皈依》一曲，其他成都寺院的《峨眉山古樂》

復有《三皈依》曲。[1]這一佛曲，現在還流行着，但句式已屢有改變了。《柳含煙》，毛文錫已用此調填詞，西安西倉鼓樂社的康熙二十九年鈔本，亦有《柳含煙》曲（見本文附錄二），具見流傳很有來歷。

至於《撥棹子》，唐時有釋德誠所撰的《船子和尚撥棹歌》，他的事跡，詳見華亭朱涇編的《船子和尚機緣》，後人整理成為《機緣集》，書中收船子和尚的《漁父歌》詞三十九首。最近施蟄存把它重印，廣為流傳（上海文獻叢書本）。查元代道士張雨有《漁父詞》二首，贊船子和尚云：

> 此物由來不可名。絲綸收去水波平。長抱膝，可憐生。誰共簑衣臥月明。

> 上鈎金鱗不用多。踏翻船子便高歌。猶有在，問如何。問取儂家張志和。

這二首詞則為施氏所印《機緣集》中所不載，今為補錄於此。

以上是釋氏演法唱導，宣講教義的曲子，有它在宗教上之實用意義的。

在北宋釋氏的著述中，還有許多這種性質的曲子不為人注意而埋沒的，有待於好事的人去做鉤沉輯佚的工作。《五更轉》一曲是宣教最常用的「唐贊」，一直到宋代，道教的張天師把它改成七言句式。全真教的始祖王嘉，亦寫出新的《五更令》，摘錄幾句如下：

> 一更初，鼓聲慢。槌槌要，敲着心猿意馬。細細而，擊動錚錚，使俱齊擒下。

> 萬象森羅空裏掛。潑焰焰神輝，惺惺灑灑。明光射入寶瓶宮，早兒嬌女姹。

---

[1] 參見《音樂研究》，1956（1）。

尚有二更分、三更端、四更高、五更終各章，不錄。[1]王重陽很喜歡填詞，用來傳道，他從柳永的曲子中吸取養料，有《解佩令》一首，夫子自道地說道：

> 愛看柳詞，遂成平生顛傻，心猿輕忽。《樂章集》、看無休歇，逸性攄靈，返認識、修行超越。仙格調、自然開發。四旬七上，慧光崇兀。詞中味，與道相謁。一句分明，便悟澈、耆卿言曲。楊柳岸、曉風殘月。

他悟出詞中的味道與道教的「道」正相倚為用，因而構成他獨特的講道說理的「仙格調」，劉勰《明詩》篇說：「正始明道，詩雜仙心。」這回卻是「詞雜仙心」了。由於重陽祖師的提倡，他的門下士無不亦步亦趨，更大量這樣去寫作，展開唱導的實際功用。《道藏》中倚聲之什車載斗量。唐圭璋輯《全金元詞》，共598頁，內收山主菩提偈《臨江仙》十二首，全真教徒自王重陽以次至丘處機之流，迄於長筌子的《洞淵集》，由162至596頁，共佔434頁，猗歟盛哉！這樣作品都是說教之作陳陳相因，多數沒有文學價值，如果用《花間集》的尺度來衡量，它們應該不算是詞，但它們都用詞牌來掛羊頭，甚且把詞牌亦換了另一個名稱[2]，主要是用來「點化道友」。我們可以說北宋北方金朝的曲子詞全是走法曲子一路，完全是宗教性的作品，這一事實，寫文學史的人一向都忽視了。這是曲子施於宗教上的實用性的一個側面。

此外，把曲子作為歌訣來看待，後來所謂山醫占卜以及風角等等數術方面的文學作品，特別喜歡用《望江南》詞牌，以其簡單，便於諷誦記憶。

---

[1] 參見《全金元詞》，214頁。

[2] 如《聲聲慢》改為《神光燦》之類。

　　敦煌曲子中列 P.3093 號的《定風波》三首是醫方歌訣，是卷正面為《彌勒講經文》，背為醫方有朱砂法疾風方、地黃丸方等，即接書《定風波》，茲舉一例：

> 風濕傷塞脈緊沉。遍身虛汗似湯淋。此是三傷誰識別。情切。有風有氣有食結。時當五六日，言語惺惺精神出。勾當如同強健日。明醫識，喘粗如睡遭沉溺。

此類的作品分明是醫方歌訣體。

　　近時有人說道：「初唐李靖作的《兵要望江南》有七百首之多。」他們誤認這些《兵要望江南》，真的是李靖的作品，但在另一不同的寫本卻題作易靜所作。我見到的另一鈔本現存於臺北國立中央圖書館，書名題曰《李衛公望江南》二卷，《浙江採集遺書總錄》則作《李衛公望江南歌訣》，把它直稱為「歌訣」了。

　　易靜的《兵要望江南》現已收入《全唐五代詞》，共五百首，凡分二十六類，從《占委任第一》起，至《占霞第二十六》止，所有的詞句都作三五七七五句式，這樣句式的《望江南》是唐末以來最受人歡迎而用作歌訣的曲子。宋代的目錄所見計有下列各書：

> 1. 王永昭（一作紹）《望江南風角集》二卷。[1]
> 2. 包真君《望江南詞》一卷。[2]
> 3. 《周易斷卦夢江南》一卷。[3]
> 4. 《大道夢江南》。[4]

---

[1]　見《宋史・藝文志・五行類》。
[2]　《崇文總目》作《道術望江南》一卷。
[3]　見《崇文總目》。
[4]　見《紹興四庫闕書目》。

關於《兵要望江南》，有的標題竟作《神機武略兵要望江南》，見《崇文總目》著錄，況周頤《蕙風詞話》說：

> 《兵要望江南》，武安軍左押衙易靜撰。起《占委任》，止《占毈》，最五百二十首。詞雖不工，具徵天水詞學之盛，下至方技之士，亦諳宮商。

他認為這批《望江南》詞，應當入宋代，可以代表天水的詞學；如是，則宜從《全唐五代詞》移入《全宋詞》了。其年代問題，尚是懸案，有待於好好研究。我們從上面著錄的《望江南》諸書，包括軍事的占候、風角、斷卦、大道諸方面，其書名亦得稱為歌訣，而實際的用途，與歌訣的作用基本沒有甚麼不同，只是便於諷誦記憶而已。這算是曲子實用性的又一側面。關於《李衞公望江南》，我已經加以整理，其中有詞二百四十一首為《兵要》之所無，幾乎每類都可補易靜本之缺。全書蕪雜，年代先後尚待釐別，遽爾說它全屬於初唐李靖所作，有點同於囈語！此書頃已由新文豐印行，讀者可取參考。

　　總結以上的論述，曲子詞的興起，在五代至北宋，不是純為抒情的，而是兼以施用於說理的。這樣的作品，有它大量的數目，單以《望江南》一體而論，論兵要的有七百首之多，其他失傳的亦有相當篇幅。至於用之宗教場合和應用技術方面，都作為便於記誦的韻語。我於 1971 年在法京印行的《敦煌曲》一書中，曾有這樣的論斷：「從《詞集》所隸屬之類別及其功用，可見詞在初期於唐五代北宋之際，另有一實用價值，與歌訣無異矣。」我現在還維持這一看法，是否有當，還望專家們加以指正。

原載《第二屆敦煌學國際研討會論文集》，1991 年

補記

關於《李衛公望江南》國內又有三種本子。一為清乾隆時白山王乘綱袖珍精鈔本二卷，首都圖書館藏，有序謂獲「《望江南》曲於清涼寺之西壁」。又一為四川省圖書館藏鈔本。尚有明萬曆辛自修刊本，有錢塘張振先跋稱「《李衛公望江南集》以今年壬午刻保定郡中，蓋祗奉督撫大中丞辛公檄也」，壬午即萬曆十年（1582）。任半塘、王昆吾編著之《隋唐五代燕樂雜言歌辭集正編》卷三，全加採錄，共七百十三首。已改題作「失名」，不復肯定為李靖作，惟仍列於初唐。三本互校，著其異文，可以參考。近陳尚君《全唐詩續拾》卷三十七至四十，將上列七百首《望江南》皆隸於易靜名下，亦未甚妥。參拙編〈《李衛公望江南》序錄〉，臺灣新文豐影印，臺北中央圖書館藏該書影本。

附錄一　開封大相國寺《三皈依》樂譜

河南開封市大相國寺始建於北齊天保六年（550）。宋時，大殿之前設有樂棚。命僧、道場打花鈸、弄椎鼓，遊人無不駐足（見《東京夢華錄》）。《夢溪筆談》卷十七記「相國寺四畫壁，乃（涿郡）高益筆，有畫『眾工奏樂』一堵」。相國寺存有世代傳鈔樂曲譜五本，共有樂曲一百八十二首。承尼樹仁先生鈔示《三皈依》曲工尺譜，茲錄如上，以餉讀者。

本曲譜屬管色譜，以具有特性樂管來定音位。據稱音符中「。」為平吹音高，「．」為超吹音高（「捷子」意未詳）。此《三皈依》自是汴宋之舊曲。《釋氏要覽》所言北宋時《三皈依》之法曲子，此曲譜正可追溯其淵源，故為附載於本文之後，以供參考。

《三皈依》樂曲工尺譜

三　皈　依

$$\dot{1} \cdot \overset{2}{\frown} \dot{1} \quad 6 5 6 \dot{1} \mid 5 \cdot 3 3 2 \mid 2 \cdot 3 \quad 5 \mid 6 \quad 6\dot{1}2\dot{3} \mid \dot{1} \quad \dot{1}6 \quad 53 \mid$$

天(哪)	尊(哪)	永	脱(呀)
世(哪)	世(啊)	得	聞(哪)
上(啊)	乘(啊)	不	落(啊)

$$2 \cdot 3 5 \mid 5 6 \dot{1} \quad 6 \dot{1} 5 \mid 3 \quad \overset{\text{1.2.}}{3 5} \mid 6 \cdot \dot{1} 2 \dot{3} : \parallel \overset{\text{3.}}{\dot{3}} - \mid \dot{3} \quad 0 \parallel$$

輪(哪)	迴。(哎)衆 等	咚……咚
正(哪)	法。(哎)衆 等	
邪(呀)	見。	

鐺子 $\begin{cases} \frac{4}{4} \end{cases}$ 鐺 鐺 鐺 鐺 | 鐺鐺 鐺鐺 鐺 鐺 |

鼓 $\frac{4}{4}$ 咚咚咚·咚咚咚咚·咚 | 咚咚咚咚咚咚咚咚·咚咚·咚 |

鐺鐺 (鐺鐺) 鐺 鐺 | 鐺鐺 鐺 鐺鐺 鐺 |

咚咚咚咚咚咚咚·咚咚·咚 | 咚咚咚·咚 咚咚 咚·咚 |

鐺鐺 鐺 鐺 鐺 | 鐺鐺 …………… 0 |

咚咚 咚·咚 咚·咚咚 | 咚 咚 …………… 0·咚 |

鐺 鐺 鐺 鐺 | 鐺 — 鐺 — | 鐺鐺·0 0 ‖

咚·咚咚·咚 咚咚 咚咚 | 咚 0 0 0 | 0 0 0 0 ‖

現時法事

《禪門日誦》中早課及晚課皆唱《三皈依》：

> 自歸依佛　當願眾生　體解大道　發無上心
> 自歸依法　當願眾生　深入經藏　智慧如海
> 自歸依僧　當願眾生　統理大眾　一切無礙
> 和南聖眾⋯⋯

胡耀據全國均同稱《三皈依》與白馬寺、少林寺北派《小皈依》詞同曲異，成都寺院音樂中所載峨眉山西之詞而曲調天一相同（《音樂研究》，1986）。

附記之《三皈依佛》一曲，至目前尚存，而詞文與曲調已大有轉變。

西安鼓樂，歌章內有《三皈依》，見李石根《西安鼓樂志稿・各主要鼓樂社的保留曲目》（1980年）。

四生九有同登華藏玄門八難三途共入毘盧性海

○自歸依佛當願眾生體解大道發無上心○

○自歸依法當願眾生深入經藏智慧如海○

○自歸依僧當願眾生統理大眾一切無礙○

「和南聖眾」 華嚴經典雲棲舊本皆稱自歸於其紹

歸依與體解大道發無上心者出之如不念三飯但念

流通本皆通法也

南無一真法界湛寂圓融豎窮三際橫遍十方清淨

法身毘盧遮那佛。

南無華藏世界坐大寶華得四無畏妙德莊嚴圓滿

報身盧舍那佛。

單月王〓〓／三歸依

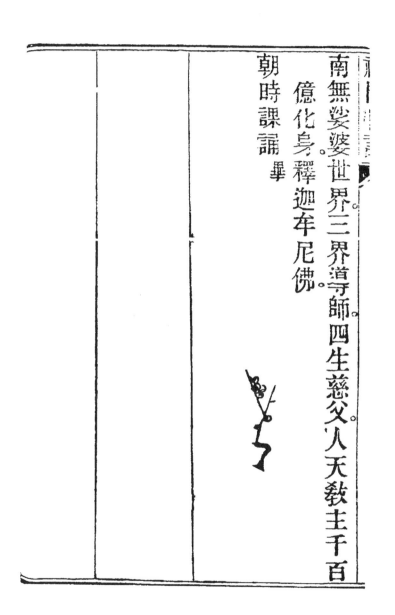

南無娑婆世界三界導師四生慈父人天教主千百

億化身釋迦牟尼佛。

朝時課誦畢

附錄二　陝西西安西倉鼓樂社《柳含煙》樂譜

　　這支《柳含煙》曲，是西安西倉鼓樂社大清康熙二十九年六月鈔本，余鑄傳譜；由西安音樂學院曲雲譯譜並配詞。毛文錫原詞「幾回攀折贈行人」，配詞缺「攀折」二字。我們欣賞這首配樂歌辭，會自然地感到樂曲色彩和音調上的明顯變化。用現代音樂的語言來說，這些和諧響亮的音韻，珠串在以六一三六為主幹音形成的穩定的小調式樂曲上，使全曲洋溢着誘人的生機，造成了和諧的音響與迷人的情境，給讀者一種甜蜜的美學享受。

　　我們也可以從佛曲的民間性以及它在中國文學史上所佔的地位，看到它真正的價值，得到它的社會地位和審美地位。至於佛曲的影響，可以說是既深且廣的，到了宋代，在民間已經出現了如《九張機》一類的淺顯通俗的作品。

柳含煙[1]

（ 5 3｜3 2 1 2　2 3｜5 3 2　1 1｜1）3 5　6 1｜6　5 6　1 5 3｜
　　　　　　　　　　　　　　　　　河橋柳，佔芳　春。

3·5 6 1 6 5 3　5 3 － 3 5 6 － 1 2｜6 5｜3 5 5·6 5 3｜2 2 － 3 5｜
映水含　煙　拂露，幾　　　回贈　　行人，

6 1 6 5 3｜3 2 1 2　2 3 1 5 3 2 1 1｜1（1 2 3 3｜5 5 2 1｜
暗　傷　　　　　神。

2 3 2 －｜2 3 2 1 2｜1 1 －）3 5 6 1 6 － 5 6｜1 6 5　3　3 5｜
　　　　　　　　　　　　　樂府吹為　橫　笛　曲，能使

6 1 6 5 3 3｜3 3 5 6 1｜6 5｜3 5 5 6 5 3｜2 2 － 3 5｜6 5 6　5 3｜
離腸斷　　　續。不如　移　植在　金門，　近　天

3 2 1 2 2 3｜5 3 2 1 1｜1（5 6 1 6 5 3｜3 2 1 2 2 3｜5 3 2 1 1｜
恩。

1）1 3 1　5 6｜5　5 3 2 1 2 2 5｜7 6 5 － 5 3 2｜6 2 3 2｜2 1　7 6 5 －｜
能使離 腸斷　　　　續。不　如 移植在 金門，

5 6　5 4 3 2 1 2｜3（3 5　6 5　3 2｜3　3 2　3 3　1 3）‖
近 天 恩。

---

[1] 錄自陝西省廣播電臺文藝部編:《古樂弦歌》二，油印本，24～25頁。

柳含煙懺法彌陀佛各章

福壽堂《鼓段全本》（一），宣統二年本月吉日立

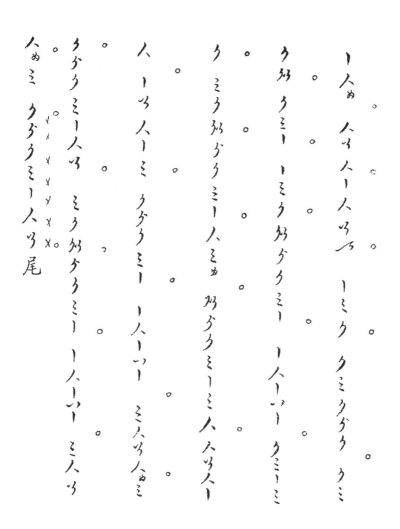

福壽堂《鼓段全本》（二），宣統二年本月吉日立

福壽堂《鼓段全本》（三），宣統二年本月吉日立

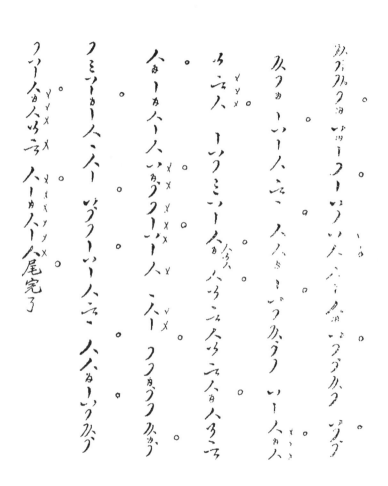

福壽堂《鼓段全本》（四），宣統二年本月吉日立

柳含煙[1]（懺法彌陀佛歌章）

上調

---

[1] 李石根解讀：原譜見福壽堂《鼓段全本》，宣統二年本月吉日立，原編號：鼓樂
譜字第十八號。饒注：此曲只作歌章（伴奏）吹奏，故不宜多加新腔，亦不在坐
樂與行樂中使用，由於過去僧人皆為鼓樂演奏者，故上附鈔於鼓樂鈔本之中，此
二曲全為出家人誦經時，用笙、管、笛進行的伴奏曲調，故稱歌章（或各章）。

6 1̇7 6 5 | 3 3̲2̲ 3̲4̲ 3 | 3 6 5 3̲ 5̲ |

6 — 5 6 | 1̇ 7 6 5 | 3 2̲3̲ 5̲6̲ 5 |

5 1̇7 6̲5̲ 3̲5̲ | 2 2̲1̲ 2̲3̲ 2 | 2 3 1 2̲ 3̲ |

5 — 6̲7̲ 6̲5̲ | 3 3̲2̲ 3̲4̲ 3 | 3 5 2 1̲6̲1̲ |

2 • 3̲ 5 — | 6̲7̲ 6̲5̲ 3̲6̲ 2̲3̲2̲ | 1 — 5 6̲5̲6̲ |

1̇ 7 6 5 | 3 3̲2̲ 3̲4̲ 3 | 3 5 2 1 |

2 • 3̲ 5 — | 6̲7̲ 6̲5̲ 3̲6̲ 2̲3̲2̲ | 1 • 6 1 — ‖

×̲ ×̲ ×̲ ×̲ × ×

大三皈依[1]

尺調

$\frac{4}{4}$ 1 − 5̈7 65 | 1 2432 12 1ᵛ| 5̇1 65 4 35 |

2 21 23 2 | 2 3 6̇1 5 | 23 21 615 6 |

6̣ 1 1 61 | 2·3 5̇1 65 32 | 1 − 121 56 |

1 23 54 32 | 1 1″7 12 1 | 1″7 65 17 65 |

1 − 1″7 65 | 1 2432 12 1ᵛ | 6 5 65 6 |

6̣ 5 5″7 65 | 1̇7 65 4 3 | 2 21 61 2 |

2 3 6̇1 5 | 23 21 65 6 | 6 12 1 − |

23 5̇1 65 32 | 1 − 121 65 | 1 23 54 32 |

1 17 12 1ᵛ | 1″7 65 17 65 | 1 − 1″7 65 |

1 2432 12 1ᵛ | 6 5 6̇1 2̇1 | 5 − 35 23 |

5 2 35 32 | 1 12 1 − | 35 6̇1 5 − |

35 6̇1 5·6 | 23 21 65 6 | 6 12 1 − |

---

[1] 李石根解讀：原譜見福壽堂《鼓段全本》，宣統二年本月吉日立，原編號：鼓樂譜字第十八號。饒注：1. 此曲與道派鼓樂城隍廟安身緒譜相同，惟缺「行拍」。2. 此曲原鈔本為僧派社所傳。3. 此曲僅供誦經時笙、管、笛等樂器伴奏使用，故名歌章（各章）。

$$\underline{23}\ \underline{5\dot{1}}\ \underline{65}\ \underline{32}\ |\ 1\ -\ \underline{17}\ \ \underline{65}\ |\ 1\ \underline{23}\ \underline{54}\ \underline{32}\ |$$

$$1\ -\ \underline{1''7}\ 1\lor|\ \underline{1''7}\ \underline{65}\ \underline{17}\ \underline{65}\ |\ 1\ -\ \underline{1''7}\ \ \underline{65}\ |$$

$$1\ \underline{2432}\ \underline{12}\ 1\lor|\ 3\ 5\ 6\ 5\ |\ \underline{23}\ \underline{21}\ \underline{61}\ \overline{2}\ |$$

$$\overline{2}\ 5\ \underline{5\dot{1}}\ \underline{56}\ |\ \dot{1}\ -\ \underline{65}\ \underline{43}\ |\ 2\ \underline{21}\ \underline{61}\ \overline{2}\ |$$

$$\overline{2}\ \underline{35}\ \underline{6\dot{1}}\ 5\ |\ \underline{23}\ \underline{21}\ \underline{65}\ \overline{6}\ |\ 6\ \underline{12}\ 1\ -\ |$$

$$\underline{23}\ \underline{5\dot{1}}\ \underline{65}\ \underline{32}\ |\ 1\ -\ \underline{1''7}\ \ \underline{65}\ |\ 1\ \underline{2432}\ \underline{12}\ 1\ |$$

載入《敦煌曲續論》

敦煌詞箚記

近見周紹良兄寄來《敦煌文學作品選》68 頁《菩薩蠻・枕前發盡千般願》一首。解題引《敦煌曲初探》云:「此卷背後錄『壬午年龍興寺僧學便物』字樣,據《佛祖統紀》五三『玄宗敕天下諸郡,建開元寺、龍興寺』。天寶元年乃壬午,此字據可能寫於天寶元年,故此詞可能為歷史上最古之《菩薩蠻》。」今按此詞原紙《菩薩蠻》寫作「廿廿雺」。我在英京曾摩挲原件,是一粗黃紙,書手應該是龍興寺僧願學,所記時間是「壬午年三月卅日」。此處人名漏去一「願」字。天寶元年壬午三月僅得二十九日,而是紙分明記「三月卅日」,當應是貞元十八年之壬午。我在《敦煌曲》190 頁已加以辨正,林玫儀亦贊成是說,任老近時在《總編》亦已改正前說了,認為我是對的,不應再沿前誤!至此詞末二句作「休即未能休,且待三更見日頭」。原紙顯然是作「日頭」,我久已訂正。高國藩君仍沿王《集》及《校錄》作「月頭」,並加上不正確的注解,似可不必。

以上《菩薩蠻》。

《舊唐書》本紀十四云:

> 憲宗元和四年(809)夏四月……武功人張英奴撰《迴波辭》惑眾,杖殺之。

可惜《通鑑》不載此事,其文字不見流傳。

S.4277 號的王梵志詩,四十二行,存詩二十三首,現已得知與蘇

京 L.1456 號題王梵志詩一百一十首，原是一卷之折。[1]S 卷最末一首結句云「五內無六賊」，與 L 卷前內有句「□思除六賊」，正相銜接。蘇京法忍寫卷在第十七行有題目云「王梵志《迴波樂》」六字，其第七十五首起句云：「迴波來時大（六）賊，不如持心斷惑。」「來時」可能應作「爾時」。此首為六言十二句，自然可說是《迴波樂》。以下第七十六首至八十一首都是六言，或八句或十二句，但起句都沒有用「迴波爾時」四字，是否亦屬於《迴波樂》，卻很難說。任書收錄之作為七辭一組，是有問題的。這可證明並不如《唐聲詩》所肯定為六言四句格，及開端卻不離「迴波爾時」四字之定型。法忍於大曆六年（771）五月□日鈔王梵志詩一百一十首，其中僅有一首用「迴波來時」四字，其事在張英奴作《迴波辭》之前三十八年，大概開元時《迴波樂》已甚流行。題王梵志詩撰者非出一人，亦非一時之作，雜湊成章，間亦偶一用是體。元和間張英奴所作的《迴波辭》，不知內容怎樣，亦可能即以「迴波爾時」起句。這一條資料從未見人引用，故附記之以供研究。

以上《迴波辭》。

原載《九州學刊》，1992 年第 4 卷第 4 期

《怨春閨》（P.2748）一首，為余所發現，敦煌曲中罕見之佳製，其中「含笑闔、輕輕罵」一句，間有異議。

任老《總編》改闔字為覷，謂「作闔不可解」。按原文分明是闔，蓋承上文「頻頻出戶」句而來，文氣銜接，闔謂闔戶也。上文已有戶字，故下面用作動詞之闔，其 object 自可省略。此詞擅用疊字如頻頻、嘶嘶、輕輕，凡三處疊字，盡俏皮之能事，具修辭技巧之工，開

---

[1] 參見朱鳳玉：〈敦煌寫卷 S.4277 號殘卷校釋〉，《敦煌學》第十二輯，1987（2）。

後來李易安《聲聲慢》之先路。闔戶字眼本諸《易繫辭》「闔戶謂之坤」，綽有來歷。倘如任說改闔為覻，索然無味，尤與原卷不合，不可從。

　　以上《怨春閨》。

1995 年 8 月

「唐詞」辨正

一、為「唐詞」進一解

　　學術愈辨愈明；亦有求之過深，橫生枝節，支離漫衍，如治絲而益紛者。近時學術界對於「唐詞」的新說即是其中之一例，有重新檢討之必要。由於敦煌石窟所出《雲謠集雜曲子》是一部有關倚聲的總集，說者目為詞集的大輅椎輪，它卻用「雜曲子」三字來命名，並沒有使用「詞」字，亦不稱曰「曲子詞」，於是引出一些新的說法。

　　任半塘在《敦煌歌辭總編》的例言中，開宗明義便說道：

> 此編堅決畫清「宋帽唐頭」之「唐詞」意識，而尊重歷史，用「唐曲子」及「唐大曲」兩種名稱代之。

他毫無餘地要取消「唐詞」這一名稱，肆力抨擊自王國維以來使用「唐詞」一名的諸家，他的理由是這樣的：

> 夫「詞」，乃趙宋雜言歌辭體之專名也。蔣氏（禮鴻）倘認《雲謠·鳳歸雲》等之體即趙宋之「詞」，即趙宋有詞並盛行時，唐人逝矣！逝矣！安從預曉預行此體，而規橅之歟？故「敦煌詞」一名立足不穩，王國維誤人！「雲謠集」三字下原本寫「雜曲子」，唐人用對大曲言，不云「雲謠集曲子詞」。「曲子詞」初盛唐有之，此名始見〈《花間集》序〉。王重民誤認 P.2838 既寫於朱梁間，《雲謠》各辭即作於朱梁間，故借用晚唐五代達官貴

人自命作之「曲子詞」名，以名唐代民間作品，已覺未合。而
《雲謠》諸作中，國人早已識其有盛唐作品在，今復肯定其數，
且在一半之上，顧尚可貿貿然捨棄原選原寫之名，而妄易以二百
年後始見之名乎？[1]

他批評蔣氏不用《雲謠集雜曲子》原名而易稱為「敦煌詞」之不妥。
他認為「詞」是趙宋雜言體的專名，不可用以稱《雲謠集》中的作品。
可是，吾人應該注意：把倚聲之作稱之為「詞」，是否專限於「趙宋」
一代？唐人果真從未有這一稱謂嗎？至於使用「唐詞」一名，如果始
於王國維，才能說人們受到王氏所誤。任氏自己明知「曲子詞」三字
見於〈《花間集》序〉，而「曲子詞」一名分明帶有「詞」字，其文
出於五代時《花間集》詞作者之一歐陽炯之手；其事已在趙宋之前，
單就這一點來推敲，安得謂「詞」字為趙宋所專有？豈非自陷於矛盾
乎？他偏偏要責備王國維在《人間詞話》中有一總概念曰「唐詞」，
謂：「王氏見《鳳歸雲》二首、《天仙子》一首而已，即出其自己創造
之『唐詞』概念，以強加於唐代民間之作品，可乎？」這樣說來，他
認為「唐詞」這一概念是出於王國維的創造，故推說各家都為王氏所
誤。實則，這是一個毫無根據的主觀論點！我們試看朱竹垞《詞綜》
卷一，早就列出「唐詞」六十八首。在朱氏之前，萬曆年間，常州人
董逢元輯有《唐詞紀》十六卷，雖然《四庫提要》對這書沒有好評，
但他分明已使用「唐詞」一名，可知在明代早已出現了！其他不必多
事徵引，這可證明「唐詞」概念絕不是王國維始作俑的！

　　唐五代人的著作中，許多地方都提到「詞」字。《花間集》詞另
一作者孫光憲，他的《北夢瑣言》，便稱溫庭筠的集名《金荃集》為
「詞」，原文如下：

[1]　上海古籍出版社，1987，94～95頁。

其詞有《金荃集》，取其香而軟也。[1]

溫飛卿的作品，在劉昫的《舊唐書》本傳中稱他：

能逐弦吹之音，為側豔之詞。[2]

這些都用「詞」字來概括溫氏的作品，而不稱之曰曲子或雜曲子。至於「曲子詞」一名，除〈《花間集》序〉之外，孫光憲《北夢瑣言》亦說：

晉相和凝少時為曲子詞，布於汴洛。洎入相……終為豔詞玷之。契丹入夷門，號為曲子相公。[3]

他的書中，屢屢用「詞」字，如記：

唐路侍中巖……鎮成都日……以宮妓行雲等十人侍宴。移鎮渚宮日，於合江亭離筵贈行雲等《感恩多》詞，有「離魂何處斷，煙雨江南岸」。至今倡樓也。[4]

《花間集》中牛嶠有《感恩多》二首，此斷句應是發端二句。又記：

天復三年，昭宗移都東洛，既入華州，百姓呼萬歲……沿路有《思帝鄉》之詞，乃曰：紇干山頭凍殺雀，何不飛去生處樂？況我此行悠悠，未知落在何所。

可見唐末五代時，「詞」字已甚通用。他所載錄有《感恩多》詞、《思

---

[1] 龍沐勛〈詞體之演進〉引《北夢瑣言》，但不見於該書林艾園校本。
[2] 卷一一九下，據百衲本影印明聞人詮的覆宋本。
[3] 卷六，一一〇條。
[4] 卷三，三二條。

帝鄉》詞諸斷句。林大椿書，昭宗僅錄四首，無此《思帝鄉》詞。查溫飛卿、韋莊都有《思帝鄉》，押平韻，句式與此不同。光憲於後唐明宗天成初，至江陵，歷事荊南高氏三世。此書即在荊南時所作，與歐陽炯同時，二人不約而同都使用「曲子詞」一名。

再驗之敦煌寫卷中，不少大曲、曲子在曲名之下多繫有「詞」字，如 S.3271 卷內題：

> 泛龍洲詞
> 鄭郎子詞
> 水調詞
> 樂世詞

S.6517 題：

> 劍器詞 [1]

任氏《校錄》都把各「詞」字刪去，是不忠實的！

其實，「詞」字的使用，唐人在宴會時亦常見之，唐孟棨《本事詩‧沈佺期》條云：

> 嘗內宴，郡臣皆歌《迴波羅》，中宗命群臣撰詞起舞。佺期詞曰：迴波爾時佺期，流離嶺外生歸。身名已蒙齒錄，袍笏未復牙緋。[2]

孟棨書自序題光啟二年唐司勳郎中，他乃是僖宗時人。《迴波羅》即《迴波樂》，此稱為「詞」而不稱「曲子」。又唐昭宗所寫的曲子，在《舊唐書‧本紀》都稱之為「詞」，如云：

---

[1] 參見拙作《敦煌曲》，41 頁。
[2] 津逮秘書本。

送御製《楊柳枝》詞五首賜之[1]。

令樂工唱御製《菩薩蠻》詞。

於曲子名目下加一「詞」字，標明這種作品是「詞」，在唐人著述中，時時可以見到。

白居易《醉吟先生傳》：

又命小妓歌《楊柳枝》新詞十數章，放情自娛。[2]

白氏《楊柳枝》共有十首，所謂「古歌舊曲君休聽，聽取新翻《楊柳枝》」是也[3]，他自稱為新「詞」。范攄的《雲溪友議》云：

裴郎中諴，晉國公次子也，足情調，善談諧。舉子溫岐為友，好作歌曲，迄今飲席，多是其詞焉。裴君既入臺，而為三院所謔曰：「能為淫豔之歌，有異清潔之士也。」裴君《南歌子》詞云：「不是廚中串，爭如炙裏心，井邊銀釧落，展轉恨還深。」又曰：「不信長相憶，擡頭問取天。風吹荷葉動，無夜不搖蓮。」又曰：「犖蠗為紅燭，情知不自由。細絲斜結網，爭奈眼相鉤。」二人又為新添聲《楊柳枝》詞，飲筵競唱其詞而打令也。詞云：「思量大是惡因緣，只得相看不得憐。願作琵琶槽郍畔，美人長抱在胷前。」又曰：「獨房蓮子沒人看，偷折蓮時命也拚。若有所由來借問，但道偷蓮是下官。」溫岐曰：「一尺深紅朦麴塵，舊物天生如此新。合懽桃核終堪恨，裏許元來別有人。」又曰：「井底點燈深燭伊，共郎長行莫圍碁。玲瓏骰子安紅豆，入骨相思知不知？」湖州崔郎中蠡言，初為越副戎，宴席中有周德華。

[1] 「之」指朱全忠。

[2] 宋刊《白氏長慶集》卷十。

[3] 見《唐五代詞》，33頁。

德華者，乃劉採春女也。雖羅嗊之歌，不及其母，而《楊柳枝》詞，採春難及。崔副車寵愛之異，將至京洛。後豪門女弟子從其學者眾矣。溫、裴所稱歌曲，請德華一陳音韻，以為浮豔之美，德華終不取焉。[1]

范攄，吳人。《唐書・藝文志》注稱為咸通時人，他居住會稽若耶溪，與方干同時。[2] 他和溫飛卿的時代相接，這段記載，其中用若干個「詞」字，可注意者四事：

1. 指裴誠、溫岐所作的歌曲為「詞」。

2. 在詞牌下附加「詞」字，如《南歌子》詞、新添聲《楊柳枝》詞、《楊柳枝》詞是。

3. 飲筵所唱曰詞，同時亦是打令。

4. 二人的作品，都稱「詞云」、「詞曰」。

《雲溪友議》這條材料，非常重要，完全沒有用「曲子」二字，都稱曰「詞」，足見這時作為歌曲的「詞」，不但應運苗長，而且成為新文體了。證之《樂府紀聞》所述：

　　宣宗愛唱《菩薩蠻》詞，令狐綯假庭筠手，撰二十闋以進。

溫飛卿時，「詞」的名稱，已很通行，和「曲子」一樣都可使用。這與「曲子」名稱在五代與北宋時並行不悖，完全一樣，故和凝可被稱為「曲子相公」，柳永《樂章集》內尚保存「續添曲子」，情形正相同。

由上舉事實來看，我們不能咬定「詞」是趙宋的產物，只有宋人的作品才可叫做「詞」。從晚唐到五代，「詞」與「曲子詞」均同樣被人廣泛派上用場，何必強分畛域，硬說唐代只有「曲子」而沒有「詞」

[1]　上海涵芬樓景印常熟瞿氏鐵琴銅劍樓藏明刊本。

[2]　參見余嘉錫《四庫提要辨證》卷十七，1023 頁。

呢！

裴諴的《南歌子》詞是五言四句的齊言體，如范攄說，分明為「詞」。敦煌所出 P.3836 的雜言長短句體的《南歌子》，文云：「夜夜長相憶，知君思我無？……漫畫眉如柳，虛勻臉上蓮……天天天。因何用以偏。」遣詞命意，彷彿從裴諴句子而來，其間關係如何？還有待我們去尋思玩味。

《楊柳枝》到元代還被稱為「令曲」，元時胡三省《通鑑》注云：

> 《楊柳枝》即今之令曲也。今之曲如《清平樂》、《水調歌》、《柘枝》、《菩薩蠻》、《八聲甘州》，皆唐季之餘聲。又唐人多賦《楊柳枝》，皆七言四絕，相傳以為出於開元梨園樂章。[1]

可見元人仍稱《楊柳枝》曰令曲，與范攄所說「《楊柳枝》，詞而打令也」，正是一樣。唐人的《楊柳枝》以陳子昂所作「萬里長江一帶開，岸邊楊柳幾千栽。錦帆未落干戈起，惆悵龍舟去不回」一首為最早，詠隋煬帝事。[2]裴、溫的新添聲《楊柳枝》仍是齊言七絕，唱時只是添助聲而不添字。惟敦煌 P.2809 及橋川藏本的《楊柳枝》作七四七五七四七五句式，則為添字，其文如下：

> 春去春來春復春　寒暑來頻。
> 月生月盡月還新　又被老催人。
> 只見庭前千歲月　長在長存。
> 不見堂上百年人　盡總化為塵。

如果把七字句寫作大字來讀，兩兩對偶，自成為一首絕句，其他都是襯字。顧敻的《楊柳枝》作七三七三七三七三句式，亦與此異。從寫

---

[1]　標點本，8604 頁。
[2]　林大椿《唐五代詞》失載。

作技巧論，遠不及是篇之婉媚動人，可惜如此佳篇竟不知出於誰氏之手。

任半塘之書，廢去「詞」字不用，而改稱曰「歌辭」，他強調主聲而不主文的立場，非常堅決。需知敦煌所出的歌曲，未必統統合樂，實則歌詞與樂曲本為二事。胡三省在後周顯德七年下注云：

> 廣順中，太宰卿邊蔚奏：敕定前件祠祭、朝命舞名、樂曲歌詞，寺司含有簿籍。伏恐所令與新法曲調，聲韻不叶，請下太常寺檢詳校試。若或乖舛，請本寺依新法聲調，別撰樂章、舞曲，令歌者誦習，從之。[1]

胡氏引邊蔚語，實出自後周顯德時兵部尚書張昭的奏議，他加以節錄。從上列邊蔚的奏章，可以看出樂曲與歌詞事實分開，則「歌詞」也者，只是可以謳唱的文詞，而未必合樂。後周時有「新法曲調」，與「別撰樂章」的整理工作。所謂「樂章」，唐協律郎徐景安著有《歷代樂儀》三十卷，王應麟於《玉海》卷一○五稱這書第十卷題曰「樂章文譜」，有解說云：「樂章者，聲詩也。」任氏著《唐聲詩》一書，追尋「聲詩」一名的來歷，最早即溯源到徐氏此語。如徐說，聲詩即是樂章，後周整理之樂章，曾合新法曲聲調加以比勘檢校。上文引胡注，謂《楊柳枝》出於開元梨園樂章，是樂章與入樂之大曲、曲子有密切關係，故後來柳永稱其集曰《樂章集》，具見「歌詞」與「樂曲」、「樂章」含義大有出入。《楊柳枝》原是梨園的樂章，在盛唐時，樂章實為「詞」之前身，任氏力譏唐詞意識之不符合歷史，不知令詞亦即樂章，打令可稱曰「令詞」，令下加「詞」字，與曲子之稱「曲子詞」，在曲子下加一「詞」字，詞兒的結構同例，何必膠柱刻舟，徒滋煩擾，故附為釐正，非好辯也。

---

[1] 標點本，9594 頁。

二、「唐詞」再辨

　　近年詞學界興起一派新的論點：由於敦煌寫卷所出的《雲謠集》，標題曰「雜曲子」，因此，有人倡議唐代但稱「曲子」、「大曲」，未有「詞」的名稱。近見《詞學》第六期，夏瞿禪翁紀念特輯中，任半塘大聲疾呼地指責夏老，並提出「堅決廢除唐詞」一名號。他說：「唐詞是宋人喊出來的！」又說：「依調填詞的詞，並非始於北宋。初唐李靖早有七百首格調一律的《兵要望江南》。」作為倚聲的「詞」字是否在唐代完全沒有出現？關於這一問題，我在 1989 年第 11 期的《明報月刊》，已經寫了一篇《為「唐詞」進一解》，給以澄清。後來，我又把臺灣中央圖書館所藏舊鈔本《李衛公望江南》一書，加以整理，由新文豐出版公司印行。此書共有七百二十六首，內容非常雜亂。和張璋、黃畬二人合編的《全唐五代詞》中卷所收的《兵要望江南》比較，增加了二百四十一首之多，可說是託名李靖的各式各樣《望江南》的大雜燴。這書編成必在宋代，不能夠視為李靖的作品。我在該書序錄已指出，宋代目錄書所著錄的有下列各種不同的《望江南》：

> 王永昭《望江南風角集》二卷（見《宋史‧藝文志‧五行類》）。
>
> 包真君《望江南詞》一卷（《崇文總目》作《道術望江南》一卷）。
>
> 《周易斷卦夢江南》一卷（見《崇文總目》及鄭樵《通志》）。
>
> 《大道夢江南》（見《紹興四庫闕書目》）。

查題名李衛公的《望江南》書中，《風角》列在第二，共三十二首之多；《周易占候》二十一首，列於第二十六。我懷疑這本書實際即是

把宋時流傳的那些作為占驗歌訣使用的《望江南》，集合在一起。這本書的前面有一篇跋文題曰：「（梁）貞明三年中，休安劉鄩鄩謹跋。」這裏重覆了一個「鄩」字，「鄩」實是「鄩」之誤。劉是密州安丘人，梁的大將，新、舊《五代史》都有他的專傳。這一跋文是出於偽托。

這本題《李衛公望江南》的印行，人們可以明白真相，可以知悉這書所收錄的不同時期不同主題的《望江南》內容如何構成的過程，它決不可能是初唐人的作品。

1990 年 5 月，我在哈佛大學東亞系作過一次演講，談到曲子詞另有實用性一路，其中大部分是應該隸屬於雜文學範疇，不能隨便作純文學來看待。這批七百餘首的《望江南》，便是一最重要的例子。這說明曲子詞被作為實用歌訣工具時混亂及蕪雜的程度。

我們不能鹵莽滅裂地把這些《望江南》統統看作李靖的作品，還有待於仔細研究，哪可貿然便斷言唐初李靖已經寫出了數百首的《望江南》！這本書的出版，除了提供五行術數早期的歌訣性質的倚聲作品資料之外，對於曲子詞的起源實際情況的了解，我想應該有相當的幫助。

尚有進者，五代時，能詞的國君，南唐二主，眾所周知，其他工於旖旎曲子，還有後唐莊宗李存勗。《五代史補》說：

> 莊宗為公子，雅好音律，又能自撰曲子詞。其後凡用軍，前後隊伍，皆以所撰詞授之，使揭聲而唱，謂之「御製」。至於入陣，不論勝負，馬頭才轉，則眾歌齊作。

任氏以為莊宗只是一個武夫，何能寫出「風流旖旎」一類綺靡之音？他既誤把分明標題曰「御製」的《內家嬌》，說成為唐玄宗詠楊太真之作；他為了欲否定《五代史補》所確指當日李存勗的作品有「御製」之稱一說，竟謂：「將《內家嬌》視為莊宗御製之臨陣軍歌，則

堅決不同意者，首先當為莊宗李存勗本人。」他花了許多篇幅，談這一問題，竟忘記了《尊前集》中收莊宗的詞有四首之多，像「長記欲別時，和淚出門相送」的《憶仙姿》（即《如夢令》），「畫樓月影寒，西風吹羅幕」的《一葉落》，風格幾乎與韋莊、秦觀的作品，可相伯仲。蘇軾《如夢令》序云：「此曲本唐莊宗製，名《憶仙姿》，嫌其名不雅，故改為《如夢令》。蓋莊宗作此詞，卒章云：『如夢如夢，和淚出門相送。』因取以為名云。」按東坡略有誤記，宋人以為即出莊宗之手，這二首亦收入朱彝尊編的《詞綜》。莊宗行世之佳製，竟是抒情之作，沒有甚麼軍歌被流傳下來。任氏認為莊宗只能寫作軍歌之「男聲」，純是偏見；連《尊前集》、《詞綜》都未及檢讀，疏忽至此，令人駭怪！

《總編》書中有許多標新立異的怪說，試舉一例：在 S.0329 號裏有一首《木蘭花》的曲子，雖只有「曲子名」三字，沒有記明《木蘭花》的調名，但從句式看來和辭中有「木蘭花一墮」之句，必是《調寄木蘭花》，毫無疑問。試錄其辭如下：

> 十年五歲相看過。為道木蘭花一墮。九天原（願）地覓將來，餘將後遠（院）深處坐。又見胡牒（蝶）千千箇。由（遊）住尖（簷）良（梁）不敢坐（坐）。傍人不乃（耐）苦項須，恐怕春風斬斷我。

這是一首白描之作，十分生動，敦煌曲子詞中罕見的佳構。任書從字形、音的近似，多作改訂。如把「墮」改為「朵」、「願地」改作「遠地」之類，全出於臆改。「花一墮」指花萎謝，意思更深一層，「願地」的「地」是語助，「願地」和詞曲常見的「坐地」、「立地」語例一樣，原自通順。只是「坐」字複出，《廣韻》三十九過：「㘴，安也。」我疑心第二個坐字讀為㘴，即謂飛來飛去不能安定下來。任說「蝶」字

作「牒」，字形和卷中「虞侯」下面草書牒字同，證明借牒為蝶，這是對的。「尖」音近簷，「良」借為「梁」，這些都是我的忖測，「項須」二字不可解，或有寫誤，任氏改作「相須」。我的校勘方法，儘量保存原貌，不欲任意逞臆妄改。這首的最後一句警句引起許多議論，任氏解說道：

> 右辭寫一少女被掠，患難中之危急心情。反映社會現實，錄下奴隸痛苦，遠非花間人物陷在荒淫腐朽生活者比，極可貴！

又引王悠然《序餘偶記》云：

> 看來她是十五歲的女孩，被人自遠地拘來，深深關鎖，都無自由，她悶對一樹盛開的玉蘭，那無知的蝴蝶，紛紛擾擾，似還自由……她生怕遭到春風的處決，和花同盡！春風對萬物何嘗都是哺育？生機中原正寫殺機：這樣話，文人歌辭中見過麼？編者[1] 責「詞學究」們，知要花間，不知要民間，兩「間」區別究在何處？曰：正在此耳！《花間》五百首內，能見此一「斬」字否？從來未見，亦不能見。

這首曲子竟被看成奴隸社會的寫照，由於解者頭腦裏裝滿了奴隸……一類的字眼，詞中的主角便給劃定身份，看來不免滑稽可笑！王氏還繪影繪聲，說這個女孩被人深深關鎖着。文學作品可以很主觀地作種種不同的看法，但這樣肯定卻是太大膽了！不知「斬春風」的句子乃是釋家們常用的字眼。日本五山時期的詩僧雪村友梅的《岷峨集》中，他二十四歲時在蜀獄中偈便有「電光影裏斬春風」之句。記得法國戴密微（P.Demiéville）教授著有關於僧徒臨終詩的法譯，第一

---

[1] 按指任氏。

首便舉出六朝時僧人的詩句已有「斬春風」之語，這書不在手頭，以後當再為補述。禪詩裏斬斷葛藤一類說話非常普遍，「斬」字毫無奇特之處。春風可斬人，亦可以為人所斬，主動、被動，詩家盡可任意抒寫來表現他的文學技巧。至於詞中主角是怎樣一個人？是男是女？是僧徒是奴隸？則無從下斷語。禪僧的作品往往慣用俗語，但不能完全說是來自民間，又何必揚此抑彼，無端為「兩間」築起一道莫須有的防線來自找麻煩呢！

五代北宋之際，《木蘭花》一調有時被用作輓歌。《湘山野錄》云：「錢思公謫居漢東，日撰一曲曰：城上風光鶯語亂，城下煙波春拍岸……輓鐸中歌《木蘭花》，引紼為送。」錢惟演是吳越王錢俶之子，仕宋卒諡曰思。從這裏記載，《木蘭花》可在引紼送葬時唱出。細玩 S.0329 這首詞意：先說時日相看已消逝而去，花亦萎謝了。茫茫宇宙裏，希望尋覓遙遠的未來，只好在後園呆坐等待着！（眼看）無數成千上萬的蝴蝶，在簷際楔間飛來飛去，不能夠安棲（勾引起無限的感觸）。縱使旁人不耐（耐是願辭）而苦苦相須（扶持之意），恐怕春風還是要斬斷我的！尋繹曲子深意，似在慨嘆無常。人是不能免於一死的降臨，用「春風斬斷」來作象徵手法，故這首很可能即是送殯時唱的《木蘭花》，是很適宜作為輓歌用的。我這一揣測，也許不無是處，不妨提出來，請大家指正。

這一首情意纏綿悱惻，雖無《花間》一般鏤雲篩月的麗句，但蝴蝶千個，仍然是充滿「獨殊機杼之功」（歐陽炯〈《花間集》序〉）的巧思。「花間」二字五代人常用之，《花蕊夫人宮詞》有「進入花間一陣香」之句。好的曲子，不必限於《花間集》或《雲謠集》，這首的意境既不是《花間》所有，更不是《雲謠集》中所有，應該特別加以表彰。花間與民間何有絕對的界限？《花間集》所以為人重視，由於當時只有這一部總集流傳之故，我們又何必以今人的心態來對它妄加

菲薄，而大作翻案文章！我們看元代以「無一點塵俗氣可置之陶、韋間」的倪雲林高士，他有時還欣賞《花間集》，他在《水仙子‧因觀〈花間集〉作》一首，亦會吟出「繡簾風暖春醒，煙草粘飛絮，蛛絲罥落英。無限傷情」的句子哩！

三、關於「斬春風」的出典

上文談及敦煌曲子《木蘭花》裏面有一句「恐怕春風斬斷我」，是依據六朝時僧人臨終詩「斬春風」之語。執筆時，只憑記憶，未注明出典。查此語乃見《景德傳燈錄》卷二十七《諸方雜舉徵拈代別語》一項目之下，諸禪師討論僧肇逸事：

> 或問僧：「承聞大德講得《肇論》是否？」曰：「不敢。」曰：「肇有物不遷義是否？」曰：「是。」或人遂以茶盞就地撲破，曰：「遮箇是遷不遷？」無對。

因此在該項之中，另有二條再說及僧肇，其一云：

> 僧肇法師遭秦主難，臨就刑，說偈曰：「四大元無主，五陰本來空。將頭臨白刃，猶似斬春風。」

注引玄沙云：「大小肇法師，臨死猶寱語。」[1]

這即是「斬春風」一語的來歷。我又說過「斬」字沒有甚麼奇特之處。茲再舉《傳燈錄》同卷中一條語錄為證：

> 罽賓國王秉劍詣師子尊者前，問曰：「師得蘊空否？」師曰：

---

[1] 《大正藏》五十一冊，435 頁。

「已得蘊空。」曰:「既得蘊空,離生死否?」師曰:「已離生死。」曰:「既離生死,就師乞頭,還得否?」師曰:「身非我有,豈況於頭!」王使斬之,出白乳。王臂自墮。

注言:

> 玄覺徵云:「且道斬著斬不著。」玄師初受請住梅谿場普應院,中間遷住玄沙山,自是天下叢林海眾皆望風而賓之。閩帥王公(按或指王審知)請演無上乘,待以師禮,學徒餘八百,室戶不備。師上堂良久,謂眾曰:「我為汝得徹困也還會麼?」僧問:「寂寂無言時如何?」師曰:「寱語作麼?」

下面還說:「不消箇瞇(瞇)睡寱語便屈卻去。」可見「寱語」一詞是他的口頭禪。玄沙於梁開平二年十一月示寂,年七十四,他是晚唐五代初期時人,他對僧肇此偈有「夢囈語」的批評,可知「猶似斬春風」一句在當時禪林極為流行。敦煌 S.0329 曲子「恐怕春風斬斷我」之句,同卷中有「大順三載壬子歲二月日」字樣,大順乃唐昭宗的第三年(892),寫本年代和此偈傳誦於禪林,時間情況正相符合。慧皎《高僧傳》卷五《僧肇傳》,只說「肇於晉義熙十年卒於長安,春秋三十有一矣」,但沒有提到這一臨終詩。我說「六朝時僧人」,應該改正作「東晉」才是。

　　至於法國戴密微(P. Demiéville)教授所著的《漢人臨終詩》(*Poèmes Chinois d'avant la mort*)[1],對僧肇此詩的法譯,把「似斬春風」譯作 pour decapiter le vent du printemps,何等漂亮!書中漢文「四大元無主」句,「元」字誤寫,應正作「之」。

　　檢《佛教典籍選刊》本宋代普濟的《五燈會元》卷六收有僧肇法

---

[1]　1984 年,巴黎出版。

師臨刑說偈「猶似斬春風」此條，廁於唐末禪月貫休之前，蘇淵雷點校，此條注語引作「玄妙」云云（345 頁），普濟似乎不識僧肇為何人，故把他列於《未詳法嗣》項目之下。《肇論》在宋代，已有釋文才著《新疏遊刃》，現存有萬曆刻本，但流行不廣。至於點校本之「玄妙」，分明為「玄沙」之誤，故為指出。校書如掃落葉，可見讀書之不易。昔人云：日省誤書，亦是一適。可惜今人沒有這種閒情，卻免於錯誤，是不容易的。

附記

唐代究竟有沒有「詞」，是文學史上的一件大事，理應辨明。作者曾撰文三次，在香港《明報月刊》1989 年 11 月號、1990 年 12 月號、1991 年 2 月號發表。現在將三篇合為一篇，加以修訂。

原載《九州學刊》，1992 年第 4 卷第 4 期

法藏敦煌曲子詞四種解說

一、《雲謠集》

　　P.2838 原為一長卷，《雲謠集》三十首即寫於中和四年（884）沙州上座體圓等牒之背，金山國時代《慶幡文》、《開經文》等之後[1]，可視作是集鈔寫年代之上限，當不能早於張承奉稱金山國天子之年，與《花間集》之有孟昶後蜀廣政三年（940）歐陽炯序相較，猶在其前，自為現在所知雜曲子詞最早之總集。

　　倫敦 S.1441 亦為《雲謠集》，鈔於王伯璵著之《勵忠節鈔》之卷背。標題同稱「《雲謠集雜曲子》共三十首」，實際只鈔《鳳歸雲》等十八首。末闋《傾盃樂》只寫詞牌名，到此而止（參見本文所附圖一至三）。法京此卷亦題曰「《雲謠集雜曲子》共三十首」，實僅得十四首，亦非全帙。以斯、伯兩卷相合，去其重覆，正符三十之數。

　　此卷起《鳳歸雲》、《閨怨》二首，出一人手筆。以下接《傾盃樂》，乃出另一人所書。第一首《鳳歸雲》詞牌下「街」乃是「閨」字，潘重規寫作「街」，誤。第二首題《又怨》，「怨」即「怨」字。拙著《敦煌曲》61 頁注四校云：「斯、伯兩卷俱題作《鳳歸雲‧街》，『街』乃『閨』字，寫卷『門』字多作『彳』，《閨怨》為二詞共用之題目，蓋一題分寫兩處。」前人亦有連續作「鳳歸雲徧」，「徧」字是「閨」之誤認。

---

[1]　參見《法京所藏敦煌群書及書法題記》牒狀卷。

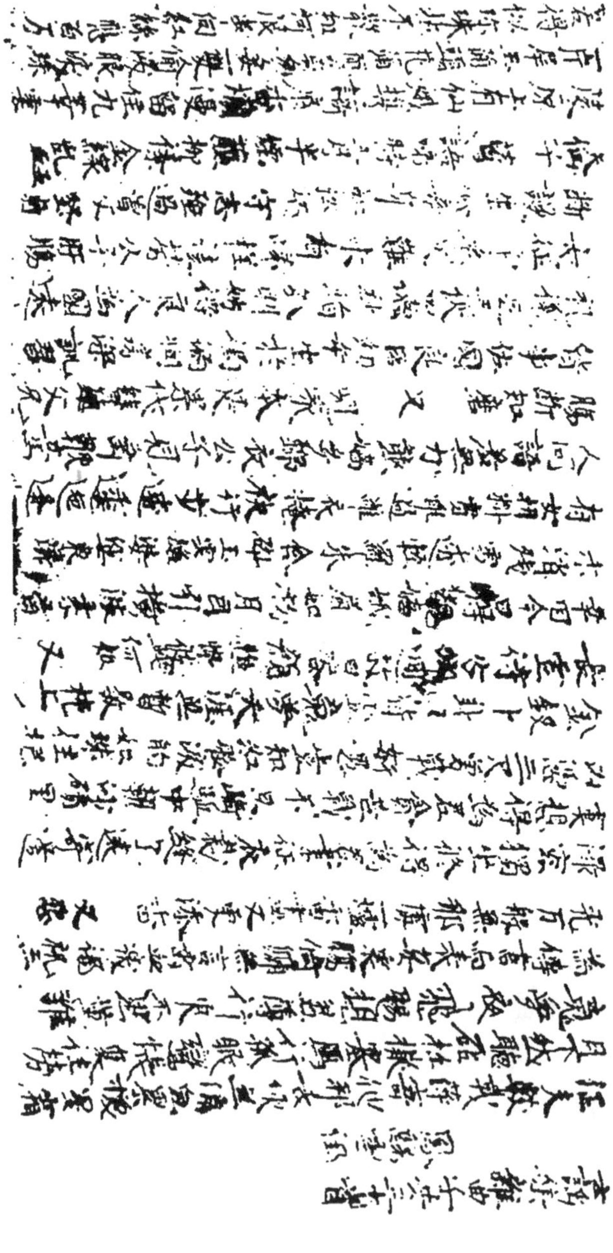

圖一　S.1441《雲謠集》（一）

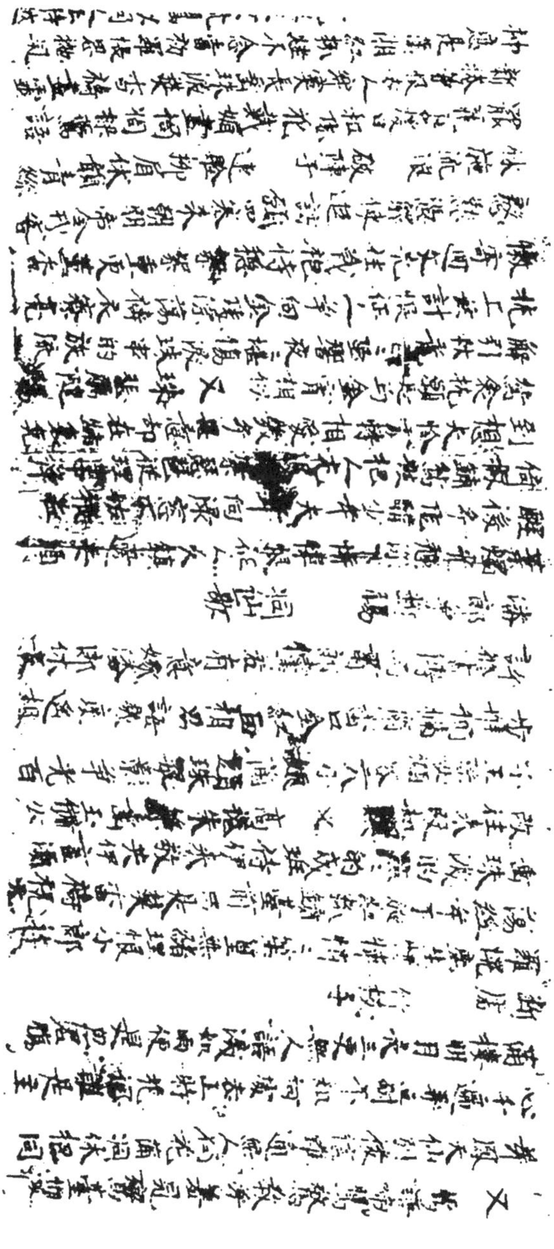

圖二　S.1441《雲謠集》（二）

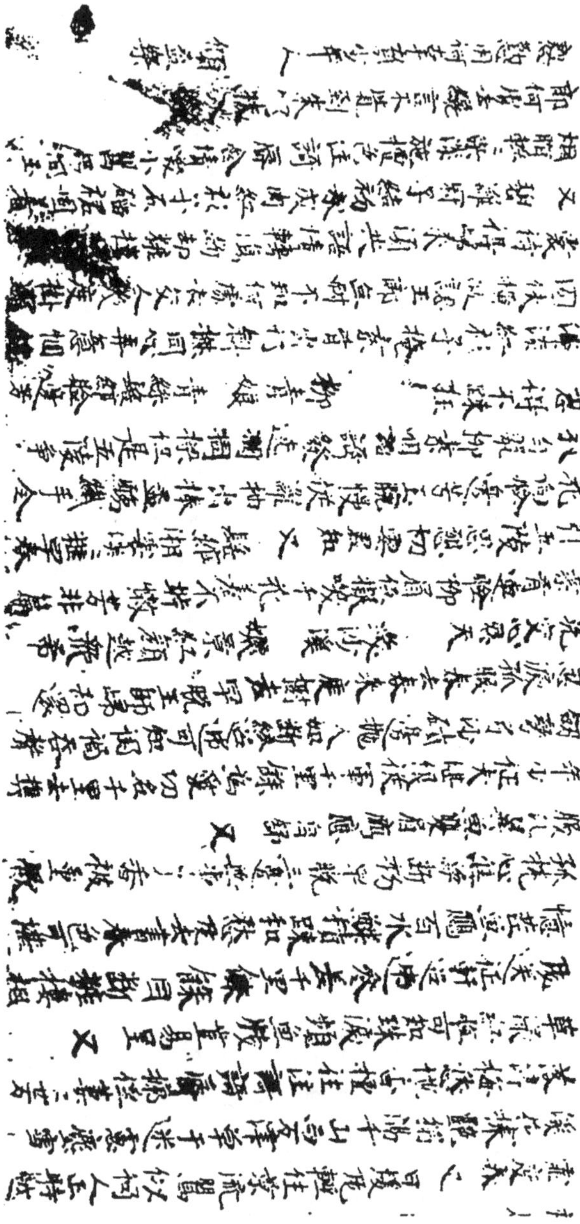

圖三　S.1441《雲謠集》(三)

此卷向來校訂者多家，多喜隨文義輕改，殊有未妥。內有假借字，如以「榭」為「麝」，借「攔」為「蘭」。有自行改字，如「麼」，原作「磨」，繼改為「麼」。有確為誤字者，如「明如刀割」與下句「口似珠丹」互為對文，「明」字自是「眼」之寫訛，另一首有「兩眼如刀」語可證。

有較為特出之例，如《拋毬樂》「珠淚芬芬濕綺羅」，借「芬」為「紛」，先秦書已有之，如《墨子‧經說》篇：「義志以天下為芬。」王闓運云：「芬即紛字。」《老子道經》第四章：「解其芬。」馬王堆乙本作「芬」，甲本作「紛」，是其證。[1]

又斯本《天仙子》第一首《香爛漫》，《竹枝子》第一首《只是焚香禱告天》。「香」字從「田」，即是「香」字。日本天曆二年（948）寫本《漢書‧揚雄傳》「颴曄曄之芬苓」句，注引晉灼云「愍屈原光香」。顏師古注：「苓香，草名也。」「香」字亦作「香」[2]，與此本同。

此卷向來已有不少影本，計巴黎刊之《敦煌曲》，臺灣印行之《雲謠集新書》、《敦煌詞話》，皆不如本書依原大印出之精，故歷來印行之《雲謠集》，當以本書為最善。

二、詞五首

P.3994 鈔五代曲子詞五首。其中《更漏長》即《更漏子》，《魚美人》即《虞美人》。《更漏子》第一首是歐陽□作，與林大椿編《唐五代詞》203 頁所收《更漏子》頗有歧異，「秋夜露」作「秋夜水」，「塵鏡彩鸞孤」作「鏡塵鸞影孤」。

---

[1] 參見黃生：《字詁義府合按》，北京：中華書局，1984，「字詁‧紛、雰」條，20頁。

[2] 據京都帝國大學影印本。

　　《更漏子》第二首是溫庭筠作，紹興本《花間集》卷一所收，「玉爐香」作「金鴨香」，「紅蠟淚」作「紅臕淚」[1]，「眉翠薄」作「眉翠盡」，「夜長」作「夜來」，甚多異文。

　　此寫本「漏」作「漏」，「華」作「莘」，「壺」作「壼」，皆別體。

　　字極拙重健拔，在歐、柳之間，毫鋒取勢，可與王寀《汝帖》第十二卷所收李後主書、《江行初雪》畫卷趙幹題字[2]相頡頏，可定為五代時書風，在書法史上應為極難得之妙品。

三、詞三首

　　P.3333 原一紙，鈔《菩薩蠻》二首及《謁金門》一首。《菩薩蠻》第一首「倏遞」即「迢遞」。「摽荢不漸亭」之「漸亭」即「暫停」，二字易明，「摽荢」似是「摽勞」，或讀作「漂流」。

　　第二首「孝釵工書苦」自是「學劍攻書苦」，「攻」省作「工」。「墼雪冣飛熒」句問題最多。熒即「螢」。「冣」即「最」，讀為「聚」。「墼」即「墼」字。《說文》十四篇下，厽部「垒」字下云：「絫，墼也。」俗作「壘」。段玉裁注：「積墼為牆曰垒」。「墼」有「積墼」義。

　　此句用車胤苦學典故，車胤事見《晉書》卷八十三本傳。P.2524號類書《勸學》有《聚螢》條，注云：「車胤，字武子。家貧無油，絹袋盛數十螢讀書，冬即映雪。」[3] 又 P.2748《古賢集》有「車胤聚螢時影（映）雪」句。《全芳備祖》有韓境序云：「不知螢幾聚，雪幾映。」此詞「墼雪冣飛熒」即「積雪聚飛螢」之意。任二北讀「墼」為「塹」，於義不合。「呂年」當讀「累年」，任校作「多年」，亦非。「偷光路」，

---

[1]　臕即臕俗字，蠟為蠟俗字，見《廣韻》入聲二十八盍。宋本為是。
[2]　參見臺北故宮博物院《故宮書畫錄》增訂本卷四。
[3]　原文作「雪映」，為「映雪」之誤。

任氏讀「路」為「露」，是。[1]

　　《謁金門》一首，亦見 P.3821（參見本文所附圖四），兩本對校，頗多異文：

P.3333	P.3821	
常伏氣	長伏氣	
蓬萊宮	蓬菜山	「菜」，「萊」之誤
錄竹桃花	緣竹桃花	「錄」、「緣」，皆「綠」之誤
清粢(齋)	峒中	
聞道諸仙來至	聞道君王詔旨	
復菓禽書歡喜	眼裏琴書歡喜	「禽」，「琴」之誤
遠謁金門	得謁金門	

[1]　參見任二北：《敦煌曲初探》。

圖四　P.3821《謁金門》

四、詞三首

P.2748 正面為《古文尚書》孔安國傳《洛誥第十五》至《蔡仲之命第十九》殘卷。背起錄詞三首,二為《思越人》,一為《怨春閨》。王重民《敦煌曲子詞集》增訂本失收。余始補入《敦煌曲》中,諸詞錄文,可參拙作《敦煌曲訂補》[1]。

《思越人》詞調已見《花間集》,張泌(卷第四)、孫光憲(卷第八)、鹿虔扆(卷第九)皆有之。第一首殘缺過甚,如「一枝花,一盞酒……幾度擬判(拌)判不得」,知為酒令。

《怨春閨》文字綺麗纏綿,鑄詞之工,已近《花間》風格,為敦煌曲子中上乘之作。書法疏朗可喜。《思越人》第二首「低聲問」之「問」字,「門」作「ⁿ」,與《雲謠集》之「閨」字「門」作「ⁿ」相同,可知為晚唐常見字體。

1993 年,載入《敦煌曲續論》

---

[1] 見《史語所集刊》第五一本,1980 年。

《敦煌曲續論》小引

　　《敦煌曲》於 1971 年由法京科學中心印行，為中法文本，余撰寫導論，戴密微 (P. Demiéville) 教授加以法譯。其書限於體例，當時用力者有二事：一為增補新獲曲子，一為校訂任氏《校錄》擅改之處，俾復原狀。嗣是以後，海內外曲子詞之研究著述，蔚為巨觀，雲蒸霞蔚，浸成顯學。

　　迨 1987 年任老擴大舊構為《敦煌歌辭總編》，收辭達 1300 首，已逾越曲子之藩籬。其所標揭「堅決肅清宋帽唐頭之『唐詞』理論」，一時震撼文學界。其後項楚先生著《總編匡補》，所商略者凡百五十事，獨於《雲謠集》則缺而勿論。歷年以來，余對《雲謠集》及唐昭宗諸作，多所討論；「唐詞」問題，更與任老持不同意見，拙文散在海外各雜誌，搜覽不易，今聚而觀之，前後商榷：「曲子」與「詞」含義、性質之異同，與夫詞體發生、演進之歷程，暨樂章之形成及整理之經過，凡此種種，或於早期詞史之認識，不無小補。項書長於文字之校理，余則措意於史事，兼及法曲、樂譜，取徑不同，而所得亦異。以作為余前著之續貂，覽著或有取焉。

1995 年中秋日

敦煌琵琶譜讀記

　　唐開元天寶間，西域樂譜輸入日多，時人極愛好之。《酉陽雜俎》云：

　　　　玄宗常伺察諸王，寧王常夏中揮汗鞁鼓，所讀書，乃龜茲樂譜也。上知之，喜曰：天子兄弟當極醉樂耳。[1]

是當日流行有所謂龜茲樂譜。此類樂譜，今無傳本，惟敦煌石室所出，列 P.3808 長卷，有《品弄》、《傾盃樂》等十調，似可視為與龜茲樂譜有關涉之一例。又敦煌所出舞譜，巴黎、倫敦俱藏之，疑與龜茲舞有關。是譜國人多名曰工尺譜，然所記乃琵琶柱名，與工尺不類，正其名稱，宜題作「琵琶譜」云。

一、卷子情狀

　　是譜現藏巴黎國家圖書館鈔本部，余旅法京時，曾假觀並過錄一遍。原卷一面為「長興四年（後唐明宗年號，933）中興殿應聖節講經文」，首尾完具[2]。樂譜即書於卷另一面，可能出五代時樂工之手。
　　譜之筆跡有三種，自《品弄》至《傾盃樂慢曲子》第三首為一類，由是空數行；接書之字體，較為工整，至《長沙女引》為一類；

___

[1]　卷十二，四部叢刊本。
[2]　全文已由向達鈔出，載其所著〈唐代俗講考〉附錄一。

由《長沙女引》過遍，字體頗草率，以至卷末《水鼓子》，下即殘缺。《長沙女引》過遍處，細審之，紙係黏接，中間有無缺字，不可得知。

　　此譜王重民於《敦煌曲子詞集》曾敍及之，題為「工尺譜」，云：「載《傾盃樂》等八譜」。任二北《敦煌曲初探》仍之，而指出譜有九調，王氏漏列《急胡相問》。然余目睹原卷，開首為《品弄》一調，在《傾盃樂》前，實為十調。

　　法京敦煌卷子，現多重行裝裱，此卷亦已裱成長軸，譜字點畫，審辨較易。余所見此譜影本，有向達氏所攝[1]，及日本東京大學教授岸邊成雄見貽兩種，卷首皆斷爛，「品弄」二字，尤模糊不清，並為裝裱前之攝本。林謙三文刊於《奈良學藝大學紀要》（1955〔5-1〕），末附摹寫本一葉及五線譯譜，於「品弄」二字，仍加以問號，蓋林氏未睹原卷，故不敢決定。又卷中有校改之處，如《急胡相問》第一行第五字之「ス」，即以墨點去，故影本作形。諸影本於首末兩段，不甚清晰，茲再將余所過錄者，重為摹出，以備考校焉。

---

[1]　現複製於潘懷素譯、林謙三所著《敦煌琵琶譜的解讀研究》之卷首。

首段

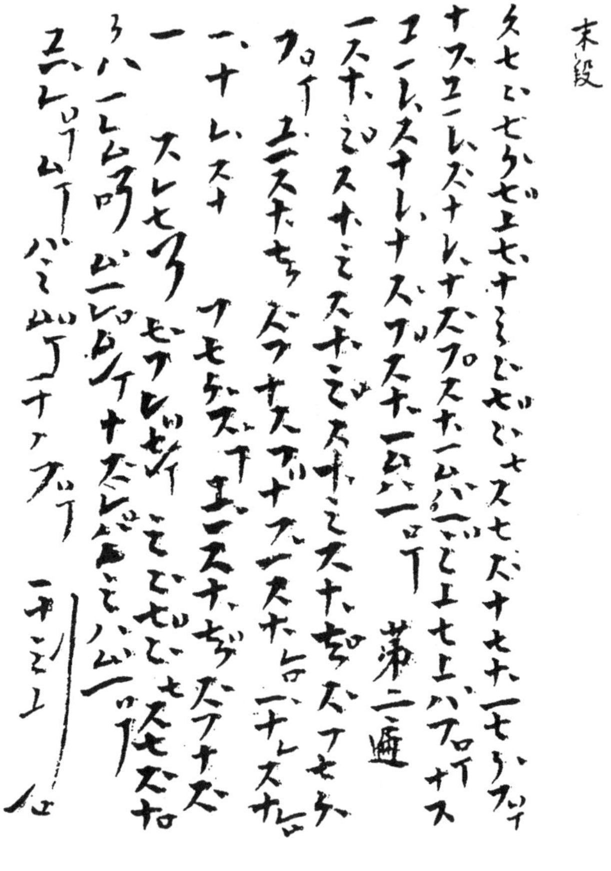
末段
第二遍

二、曲調考略

是譜共曲調十：曰《品弄》、《傾盃樂》、《西江月》、《心事子》、《伊州》、《水鼓子》、《急胡相問》、《長沙女引》、《撒金砂》、《營富》，茲略為考述如下：

《品弄》

《品弄》應即《品令》，弄為小曲，與「令」義同。周清真《片玉集・單題類》，有《品令梅花》一首，入商調。宋人品令有數體，山谷有六十五字體，呂渭老有六十四字體，秦淮海又有五十一、五十二字兩體，石孝友有四十九字體。是譜《品弄》非一遍，又有重頭者，宋詞殆截取其首遍，故曰「品令」。

《傾盃樂》

《傾盃曲》在北周為六言。（許敬宗《上恩光曲》歌詞啟云：「近代有《三臺》、《傾盃樂》等豔曲之例，始用六言。」）至貞觀間，裴神符造《琵琶傾盃樂曲》（詳下）；又《傾盃曲》，太宗時因內宴詔長孫無忌撰辭（見《唐志》及《通志》卷四九）；玄宗時，舞馬曲亦用《傾盃樂》（見《明皇雜錄》及《唐音癸籤》十三）。《舊唐書・樂志》記：「玄宗日旰，即內閑廄，引蹀馬三十匹，《傾盃樂》曲，奮首鼓尾，縱橫應節。」《新唐書・樂志》亦言：「玄宗嘗以馬百匹盛飾，分左右，施三重榻，舞《傾盃》數十曲。」（又《通考》卷一四五記之尤詳）張說之集有《舞馬》詞，六言六首，注分《聖代昇平樂》及《四海和平樂》二種，說者謂即明皇時之《傾盃樂》也。《唐會要・諸樂》條，太常梨園別教院，教法曲樂章等，內有《傾盃樂》一章。《傾盃》蓋梨園當日誦習之曲。降及宣宗，喜吹蘆管，復自製新《傾盃樂》，事載《樂府雜錄》（《唐音癸籤》十四列入觱篥曲）。蓋唐時宴集，每奏

《傾盃曲》。歐陽詹詩「等閒逐酒《傾盃樂》」，鮑溶詩「玉管《傾盃樂》」，並其證。

唐代，《傾盃樂》所屬宮調，今可知者，有太簇商（見《羯鼓錄》）、黃鐘商、中呂商（天寶十三載七月十日太樂署供奉曲名）。至宋因舊曲更造新聲。《宋史》九十五《樂志》所載，計《傾盃樂》有正宮、南呂宮、道調宮、越調、南呂調、仙呂宮、高宮、小石調、大石調、高大石調、小石角、雙角、高角、大石角、歇指角、林鐘角、高般涉調、黃鐘羽、平調、中呂、黃鐘宮、雙調、林鐘商、歇指調、仙呂調、中呂調、般涉調，凡二十七調。其見柳永《樂章集》者：仙呂宮有《傾盃樂》，大石調有《傾盃樂》及《傾盃》，林鐘商有《古傾盃》，黃鐘羽有《傾盃》，散水調亦有《傾盃》及《傾盃樂》，格調之繁，可以概見。

日本雅樂亦有《傾盃樂》，據大神基政撰《龍鳴鈔上》所記，又名《醉鄉日月》。有序、破，拍子十六，二反三反；換頭，急拍子十六，三反（《群書類從》三四二）。由四人舞云。

《西江月》

詞譜謂此調始於歐陽炯，然敦煌兩出雜曲子，已有《西江月》三首。此樂譜屢注「重」字，即重頭，又一為慢曲子。《張先子野詞》有《西江月》二：一入中呂宮，一入道調宮。柳永《樂章集》，《西江月》入中呂宮。

《伊州》

《樂府詩集》七十九，《伊州》歌辭五首，及入破五首。引《樂苑》云：「《伊州》，商調曲，西京節度蓋嘉運所進也。」按蓋嘉運於開元二十五年至二十八年為安西道節度使（見萬斯同《唐鎮十道節度使表》）。此曲即是時所進。伊州隋為伊吾郡。貞觀四年置西伊州，

屬涼州都督府，今新疆哈密。《唐書‧樂志》：「開元二十四年，升胡部於堂上。而天寶樂曲，皆以邊地名，若《涼州》、《伊州》、《甘州》之類。」白居易詩：「老去將何散老愁？新教小玉唱《伊州》。」溫庭筠詩「一曲《伊州》淚萬行」是也。

《伊州》本為大曲，可摘遍唱。故陳陶聽金五雲唱歌，有句云：「歌是《伊州》第三遍，唱著右丞征戍詞。」據《樂府詩集》，第三遍乃「聞道黃花戍，頻年不解兵，可憐閨裏月，遍照漢家營」，非摩詰詩。宋洪炎（玉甫）詩云「為理《伊州》十二疊」（《艇齋詩話》引）。似宋時此曲有十二疊。敦煌是譜《伊州》有三：一在《營富》下；其二在《心事子》下，一慢曲子，一急曲子，似為摘遍者。

唐時《伊州》屬側商。宋時凡七商曲。王灼《碧雞漫志》云：「《伊州》見於世者，凡七商曲。大石調、高大石調、雙調、小石調、歇指調、林鐘商、越調，第不知天寶所製，七商中何調耳？王建宮詞云『側商調裏唱《伊州》』，林鐘商，今夷則商也，管色譜以『凡』字殺，若側商即借『尺』字殺」。《白石歌曲琴曲側商調》小序云：「側商之調久亡。《伊州》，大食調。黃鐘律法之商，乃以慢角（即第三絃慢一暉）轉絃，取變宮變徵散聲（再慢四六絃即成側商調）。」大食即大石，只是七商調之一耳。

《水鼓子》

《水鼓子》見《樂府詩集》八十《近代曲辭》，為無名氏七絕一首。起句「雕弓白羽獵初回」，沈際飛謂此《水鼓子》後衍為《漁家傲》。考歐公《近體樂府》卷二《漁家傲‧十二月詞》，其《八月詞》後有闕名題記：「言荊公謂此乃永叔在李太尉端願席上所作《十二月鼓子詞》。」（據雙照樓影宋吉州本）又別一《漁家傲》十二首，注引京本《時賢本事曲子後集》，亦稱為《鼓子詞》，是影《鼓子詞》即宋人之《漁家傲》也（歐陽玄《圭齋文集》卷四《漁家傲南詞》十二闋，有

序謂效「歐公十二月《漁家傲》鼓子詞」)。殊不知《鼓子詞》與《水鼓子》關係如何？此譜《水鼓子》有三，又似為大曲（《唐音癸籤》十四，琵琶譜有《水牯子》，與《水鼓子》名頗相似）。

其他《急胡相問》為《胡相問》之急調。《胡相問》，曲名，與《心事子》俱見《教坊記》。《營富》，任二北疑為《瀛府》，尚待證。《長沙女引》、《撒金砂》，曲調無可考。

三、論絃柱名

是譜譜字頗為奇侅，遍索漢籍，無可印證，驟視之不啻天書，惟日本雅樂之琵琶古譜記法，則多相類，蓋即琵琶譜也。

茲錄日本大神雅季之《懷竹鈔》，所記琵琶絃柱名手法如下（見《群書類從》卷三四三），以資比較。

絃名

一 乚 丩 上

柱名

工下（丁）七八 一柱　凡十七丨 二柱

フ乙　　乙厶 二柱　斗コ乙也 四柱

手法

乚丩撥拘　丩返撥 火 急移

引 延引 丁 彈停 了 彈了

又《夜鶴庭訓鈔》繪有琵琶圖，與《教訓鈔（八）》兼記絃柱名，略有異同。如：

丩《教鈔》、《鶴鈔》作彳

コ《鶴鈔》作乞

丨《教鈔》作卜《鶴鈔》作法

丄《鶴鈔》作上

乙《教鈔》、《鶴鈔》作之

ヒ《鶴鈔》作比

今勘以敦煌譜，譜號與上列三書，大抵相同；其間微有出入者，如敦煌之：

九 應即《竹鈔》之凡。（第一絃第二柱）

て 應即《竹鈔》之ユ。（第二絃第三柱）

セ 應即《竹鈔》之也。（第四絃第四柱）

屮 應即《竹鈔》之斗。（第一絃第四柱）

ス《竹鈔》所無，即下。（第二絃第二柱）

按《天平琵琶譜》亦有ス號，據日人考證謂為第二絃之第一柱。又敦譜或同於《教鈔》、《鶴鈔》，如：

之（第三絃第四柱）

或同於《竹鈔》，如：

ヒ（第三絃第二柱）

ム（第四絃第三柱）

丄（第四絃名）

丨（第四絃第二柱）

按除「丨」外，《教鈔》亦同。

日本正倉院藏有《天平琵琶譜》一葉，為天平十九年[1]七月二十七日，書於「寫經料紙納授帳」殘紙之背者，但錄黃鐘《番假崇》一〇曲（收入《大日本古文書續修》第三十七帙七，芝葛盛氏發現）。

---

[1] 公元 747 年，即唐天寶六載。

所見譜字如**几てセス屮** 並與敦煌譜同，惟無拍之「□」。《天平譜》為唐玄宗時寫本，以是證知敦煌此譜，亦為唐之琵琶譜。

正倉院琵琶譜《番假崇》，與日本琵琶樂書《三五要錄》（藤原師長撰，南宋前期人）中之《番段宗》相同。日本學者目為五絃琵琶譜者，為唐代五絃琵琶之譜，如扶桑近衞公爵所藏者，題曰《五絃琴譜》。其絃柱名多出「四」、「五」、「九」、「子」等號，則為敦煌譜所無，九為第五絃之第一柱，子為第五絃之開放絃（即不用指按柱之絃音）。今考敦煌譜譜號，與《懷竹鈔》、《教訓鈔》、《夜鶴鈔》之四絃琵琶，幾無不合，故知當屬四絃四柱。

唐代琵琶，四絃與五絃俱流行，而四絃四柱為最普遍。正倉院所藏奈良朝之琵琶有五具，屬於五絃五柱者一，其餘皆為四絃四柱（參《東瀛珠光》、《正倉院御物圖錄》等書）。與今日本雅樂之琵琶全同。唐代龜茲琵琶，亦為四柱（見《唐書·驃國傳》），敦煌之琵琶譜，亦屬於四絃一類。[1]

余初據日本古樂書《懷竹鈔》等，以比勘敦煌是譜，冥行暗摘，深以為苦。嗣知林謙三氏已先我作考釋，其論文載於《月刊樂譜》（1938 年 1 月）及《日本音響學會志》（1940 年第 2 號），惜未獲睹，亟託東友物色影讀之。繼得林謙三君郵贈其近著 "Study on Explication of Ancient Musical Score of P'i-p'a 琵琶 Discovered at Tun-huang 敦煌，China.[2]" 及 "On Ancient Musical Score of P'i-p'a 琵琶 Discovered at Tun-huang" 敦煌 [3] 二種，於是林君之書，悉獲寓目。深喜向所猜度者，林君均已一一闡明，且彼因調查正倉院所藏 8 世紀之

---

[1] 近衞家《五絃譜》為卷子鈔本，書法近奈良朝寫經體，外題《五絃琴譜》，末有「承和九年三月十一日」題記。目錄著調曲並廿七種。羽塚啟明撰有〈五絃譜管見〉一文，於諸曲調頗有考證。（見《東洋音樂研究》第 1 卷第 1 期）

[2] 《奈良學藝大學紀要》，此文已由潘懷素譯出。

[3] 《日本學士院會刊》Vol.32，No.7，1956。

笙竽，其上所寫古體符號，可與琵琶譜印證。如是琵琶譜字絃柱位
名，可以論定矣。茲錄林君〈笙律二考〉一文中所列舉琵琶及笙譜二
表於後，以資參考。

日本琵琶及笙譜譜字對照表

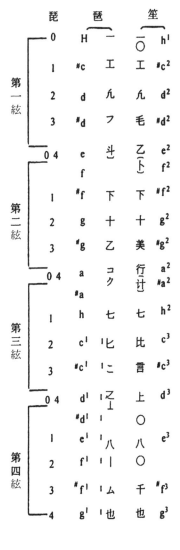

日本正倉院南倉所藏笙管古體與今體對照表

古	ム	十	ス	レ	ユ	乙	一	八	セ	く	七	リ	上	凡		レ	ヒ
今	千	十	下	乙	工	美	一	八	也	言	七	行	上	几	乞	毛	比

四、論音符記號與曲調體制

譜之絃柱名既明，其每行右側之音符記號。林君文中已論之，茲再贅陳如次：

‧　　此號亦見《天平譜》，當如今琵琶譜，表示拍號。

▭　　《品弄》及《天平譜》無此號。以他譜觀之，如《傾盃樂》內「‧」號有三十五至四十，而「▭」號有十四至十六者，知「▭」與「‧」，必為板眼之號。大抵三眼（「‧」）之後，繼以一板（「▭」），是其常例，即為三眼一板；有時四眼一板。任二北亦主「‧」為眼，「▭」為拍，其說是。《撒金砂》譜「▭」號作 D，乃口之草體。

火　　《傾盃樂》於約當一半，在スㇺ與スㇺ中間，旁注「火」字。考《懷竹鈔‧案譜法》，於「火」下注云「急移」。《天平譜‧番假崇》亦於第四行「七」下注一「火」字，極小。其他日本古樂譜若橫笛、篳篥、箏、琶，均以「火」為急移之號。又稱「火急」，如貞和三年刊之《新撰要記鈔》之《萬秋樂橫笛譜》，凡序中後三帖，每帖中注「火」字數見。有相接者——皆示急移，即兩音符間之急奏，如琴譜「急車（急連）」之例。敦煌譜「火」字記號，取義應如此。[1]

丁　　《天平譜》習見此號。《懷竹鈔》云：「丁，彈停。」則丁為停頓之號。殆如《詞源》所謂「丁住」之丁，或如七絃琴之「少

---

[1] 任二北就《傾盃樂》譜，謂火似所以分前後片，非也。

息」。今觀《傾盃樂》末段注三「丁」號，《慢曲子西江月》末注二「丁」號，《又慢曲子》及《心事子》末注二「丁」號，《慢曲子伊州》末亦注兩「丁」號，並留空一格，則丁為彈停無疑。

ㄅ ㄅ〉　《懷竹鈔》「ク」為返撥之號。則「ク〉」疑合注返撥與挑二種法。

丿 〃　曲末恆見，此類記號疑「丿」為挑，「丶✓」即彈挑，以此收音。[1]

丿　此號每記於二個絃柱名以上之側，《天平譜》第一行之「一乚ㄣ八」尤其顯例。廣東琵琶譜凡數工尺連彈為一音者，每施此丿號，疑敦煌譜取義亦同。或即弗或帚之類之動作。[2]

又譜字之間，恆見旁注小字，如《傾盃樂》之ㄜ ㄜ 㔾，《急胡相問》之九 七ㄜ，其側寫者亦絃柱名，疑為襯音。

粵譜凡加裝飾音之工尺，每側記於下，例正相似。

附論一　掄與揬

琵琶指法有輪，唐時已有之，其字亦作「掄」。曾見敦煌石室所出寫卷，列 S.6171，為宮詞若干首，其中有二首云：

> 晉王欲幸九城宮，便著羅衣換小紅，聞道書坊新樂□（不明），莫交鸚鵡出金籠。
>
> 琵琶掄撥紫檀槽，絃管初張調□高。理曲遍來雙腋弱，教人把筋餵櫻桃。

[1] 如今譜《春江花月夜》末作泛音彈挑，可為佐證。

[2] 華秋蘋《琵琶譜》云：「大指挑子至纏，急用力挑上謂之『拂』，四指從纏作急勢，一齊掃下謂之『掃』。」

詞極優美，其言琵琶攡撥，尤為唐代音樂史之重要資料，故附於此。琵琶自裴洛兒以手彈奏，然而撥器仍未廢，曹剛尚然。白香山詩云：

> 撥撥絃絃意不同，胡啼番語兩玲瓏。[1]

可為證也。今惟福建南部琵琶，尚有橫抱撥彈者，餘均豎抱指彈。

日本雅樂琵琶，至今尚用撥器，不用手撝，仍是唐法。《教訓鈔》（八）云：「大唐貞觀中，始有手彈之法。注云：手彈法，近代已廢，自裴洛兒始為之。」[2] 又引蔣魵《切韻》云：「㧪，琵琶撥也。」原注：「音麗，俗用撥子。」《一切經音義》引《字書》「㧪，揩也」[3]，日人蓋以「㧪」為「撥」之專字[4]，並記於此，以廣異聞。

至其曲調體制，林文亦有詳論，茲尚需補充者二事。

〔慢曲子〕

本譜標明「慢曲子」者有七。慢曲子似起於中唐以後，《碧雞漫志・念奴嬌》條云：「唐中葉，漸有今體慢曲子。」又「蘭陵王」條云：「周齊之際，未有前後十六拍慢曲子耳。」按敦煌此譜，《慢曲子傾盃樂》、《慢曲子西江月》、《慢曲子心事子》，皆十六個「ㅁ」號，足見十六拍為慢曲子通例，可證王灼之說。林謙三氏以為本譜若干曲子，為唐代末期所產生者，其說是也。

〔頭尾〕

譜中有「重頭」及「從頭」術語。重頭者，劉貢父《詩話》云：「重頭歌詠響璁琤，入破舞腰紅亂旋，重頭入破，絃管家語也。」按《詞

---

[1] 《聽曹剛琵琶》詩。
[2] 《群書類從》。
[3] 《玉篇》以㧪為衝突字。
[4] 按蔣魵亦作蔣魴，《日本見在書目》有蔣魴《切韻》三卷，《倭名類聚鈔》亦引之，漢土未聞。

源》謂慢曲有「大頭曲疊頭曲」。其《謳曲旨要》云「疊頭豔拍在前存」，疊頭應即重頭。

《急胡相問》云「卻從頭至『王』字末」，即謂從開頭至「王」字再奏一遍。七絃琴譜有「從頭再作」術語，譜字作從豆丙乍，言一句或數句重彈一遍，與此應同。

尾者，《羯鼓錄》言記雙流縣丞李琬論曲，雖至精能而無尾，意盡而曲不盡，故須索尾，或可以他曲「解」之，以盡其聲。按尾即所謂解也。《唐音癸籤》十五引邐叟云：「隋煬帝以清樂雅淡，曲終復加解音，至唐遂多解曲，如《火鳳》用『移都師』解，《柘枝》用『渾脫』解，《甘州》用『吉了』解。」可見有借他曲為解者。《詞源》云：「曲尾數句使聲字悠揚，有不忍絕響之意。」曲尾有長有短，其長者如本譜《長沙女引》中注「尾」字。全遍凡八拍，末又有一解六拍是也。曲尾，七絃琴恆作泛音尾聲，琵琶亦時有之[1]。此類如屬「解」者，不盡依本調住字，而可借他曲為之。

尾之短者，有時僅一二句。敦煌是譜曲之結句，恆見記四個絃柱音為句，大抵有二種：

1. 異曲而絃柱名相同者，如：

《長沙女引》煞、《慢曲子》、《心事子》與《傾盃樂》、《伊州》之另一曲，收句均為 ㄅㄴヒ刂。

2. 同曲而絃柱名互異者，如：

《水鼓子》有二種　　　　《傾盃樂》有二種　　　　《伊州》有三種

---
[1]　如《陽春古曲》。

譜中常見末句時隔一空格，或示此為餘聲，但取悠揚不盡之意，如玉田所說者。

附論二 唐時胡琴（琵琶）分秦楚聲

琵琶亦稱胡琴 [1]。唐人書，間亦以琴稱琵琶者，《雲仙雜記》二引《辨音集》有「辨琴秦楚聲」條云：

> 李龜年至岐王宅，聞琴聲曰：此秦聲。良久，又曰：此楚聲。主人入問之，則前彈者隴西沈妍也，後彈者揚州薛滿。二妓大服，乃贈之破紅綃、蟾酥麨。龜年自負，強取妍秦音琵琶捍撥而去。

按此所謂琴聲應指胡琴之琵琶，故下云取「琵琶捍撥」。楊時百《琴話》載此，乃以為七絃琴，並引陳暘《樂書》言「吳聲」、「楚聲」解之，實為大誤。由《辨音集》所言，唐時琵琶有秦楚之別，殆猶後來之分北派南派。敦煌譜所載《伊州》等曲，自是標準之秦聲；若《長沙女引》，顧名思義，或與楚聲有關，未可知也。

五、論琵琶定絃兼評林謙三之調絃說

琵琶四絃，姚燮《今樂考證》云：「首絃曰子絃，次絃曰中絃，三絃曰老絃，四絃曰纏絃。」今簡號作「ㄓ口ㄗㄠ么」。

---

[1] 《樂府雜錄》記唐文宗時，鄭中丞善胡琴，即指琵琶。又五絃琵琶亦稱五絃琴，如近衛所藏《五絃琴譜》。

　　阿拉伯琵琶之第一絃，係由六十四絲造成，第四絃由二十七絲造成，故第一絃猶漢土之纏絃，第四絃即為子絃，日本亦以最粗者為第一絃。

　　考琵琶子絃、纏絃之名，已見於唐人詩，茲舉如次：

　　子絃　張祜《王家琵琶詩》云：「金屑檀槽玉腕明，子絃輕撚為多情。只愁拍盡《涼州》破，畫出風雷是撥聲。」

　　纏絃　元稹《琵琶歌》：「琵琶宮調八十一，旋宮三調彈不出。玄宗偏許賀懷智，段師此藝還相匹，自從流傳指撥衰，崑崙善才徒爾為。獷聲少得似雷吼，纏絃不敢彈羊皮……」

可知四絃中「子」、「纏」之名，由來已久。

日本琵琶四絃四柱表

	第一絃	第二絃	第三絃	第四絃			第一絃	第二絃	第三絃	第四絃
	#F	H	e	a			一	乙	ク	上
第一柱	#G	#c	#f	h	第一柱		工	下	七	八
第二柱	A	d	g	c·	第二柱		几	十	七	一
第三柱	#A·	#d	#g·	#c·	第三柱		フ	乙	ニ	ム
第四柱	H	e	a	d·	第四柱		斗	工	之	也

　　此用德國記音，H 即英美之 B。

　　上列為現行盤涉調調絃法，即日本古平調調絃法，與阿拉伯古代 Root 同型，是四絃四柱琵琶之基本方法。

　　上表為日本所傳琵琶四絃四柱，現行盤涉調之配置，林氏文中有詳細說明，唐代琵琶只有四相而無品，日本雅樂正與相同。中國現代琵琶製作與此不類，而律呂之配置，大抵第二、三絃相距一律，內外

（子纏）絃高低八度。如常用之正工調之空絃為伬合四尺，小工調則為合上尺六，最高者之乙字調則為仩凡六上，此並與日本異。其有相無品之琵琶彈法，今惟福建泉州之南曲尚然，其按絃但以四相為主，而不按品，王光祈考證蘇祗婆所用琵琶，與阿拉伯琵琶相類，其四絃各柱定音之法，日本雅樂琵琶猶謹守之，其第一柱與第二柱間為閏柱，所謂「古代中指」，即上圖之第二柱，惟日本第二柱較阿拉伯「中指」之音為高。[1] 今就敦煌譜所記絃柱名號，悉同於日本琵琶一層論之，欲於敦煌琵琶有所尋證，自宜取資於扶桑，林謙三之論文，其重要性即在此也。

關於敦煌所出本譜調絃法，林氏窮二十年工夫，致力於此，僅略具端倪，林氏研究之法，依字體分為三組，復就最末一句相同之譜字，加以歸納，因斷定本譜有三種調絃法之異，竊以為此種推論，其出發點大有可商：

1. 字體之不同，無關於曲調，又譜字所記，乃屬絃柱名，其音可變動不定，雖同絃柱名，因宮調不同而每異其工尺。

2. 結聲所以定其宮調，只有看其結尾主音，不必全看其「整句」，此即所謂「住字」也。二十八調住字各有不同，故欲從曲子最末一整句，推知其宮調，其途徑反嫌迂遠，因一整句除主音外其餘可增減變化也。故本譜收句絃柱名相同者，其工尺未必相同。

3. 曲譜最末一句有在「煞」字之下者 [2]，如是其主聲似在「煞」之上，非在此最末一句。尚有記譜時，隔開一字之位置者 [3]，此即《詞源》所謂曲尾，但取餘音，不足以定主聲。有時得以他曲「解」之，

---

[1]　參見王著《中國音樂史》。

[2]　如《傾盃樂》之急曲子，《教坊記》云：「聲曲終謂之合殺。」

[3]　如《長沙女引》、《伊州》。

則尤非住字本音矣 [1]。

故林氏此種逆推法，過於機械，只能依所見譜字推測調絃之某種可能性，但對於「住」字及該曲所屬宮調，無從確知。其所譯五線譜，充其量只表現音之高低而已，而不能定宮商也。林氏研究結果，以為《傾盃樂》、《伊州》在敦煌譜不屬於商調，而是一種變調，頗異於文獻之記載。考《傾盃》，唐時有太簇商、黃鐘商、中呂商，皆屬商調。至宋別造新聲，及有其他二十七調，此譜為唐末之物，接近北宋，可能不屬商調。至若《伊州》一曲，如王灼所記，宋時共有七商調，唐之《伊州》，如王建言則為側商，雖借他（尺）字殺，仍舊屬商調也。所謂借煞即曲尾不盡依主聲，此種現象，相信在敦煌琵琶譜中應有不少。因各譜不著宮調名，末由考索。茲略提出所見，以俟方家進一步之研究焉。

附　中日琵琶曲調關係之推測

日本琵琶，傳自中國，其曲調如《啄木調》。宋人詩詞中屢見之：

> 歐陽修《於劉功曹家見楊直講女奴彈琵琶詩》云：「大絃聲遲小絃促，十歲嬌門彈《啄木》。啄木不啄新生枝，惟啄牙槎枯木腹。啄木飛從何處來，花間葉底時丁丁。林空山靜啄愈響，行人舉頭飛鳥驚。」

> 蘇軾《潤州甘露寺彈箏》云：「與君合奏芳春調，啄木飛來霜樹杪。」

> 張先《醉垂鞭·贈琵琶娘詞》云：「琵琶金畫鳳。雙絛重。倦眉低。啄木細聲遲。黃蜂花上飛。」

---

[1]　參見《夢溪筆談》論「諸調殺聲，不能盡歸本律，故有偏殺、側殺、寄殺、元殺之類」。

　　姚勉（寶祐元年廷對第一）《賀新涼》云：「深意在，四絃
輕摘。香塢花行聽琢木。翠微邊，細落仙人屐。星盼轉，趁嬌
拍。」自注云：「妓喚惜，程秋幹席上作。」[1]

《琢木》為琵琶調名，應即《啄木調》，琢、啄字異而實同。「此云四
絃輕摘」，知不用撥而用手彈也。摘為指法之一，華秋蘋《琵琶譜》
云：「且，提也。左按絃，右大、食兩指摘起一絃即放，如絃斷之
聲。」《停雲譜》指法十一法中，其一曰「提」，即此[2]。日本《啄木
調》，第一絃至第四絃調絃法為 GGdg 及 AAea，不知宋人之調絃法，
是否相同，末由深考。又日本琵琶有曰雙調者，調絃法為 Adea，與
今琵琶小工調（D 調）定絃之合上尺六（Adea）及正工調（即 G 調）
定絃之伬合四尺（Adea）相同。考宋太宗製琵琶獨彈曲破諸調，有
《連理枝》，一屬蕤賓調，一為雙調；一名《小桃紅》；一名《紅娘
子》，一名《灼灼花》。「雙調」之名亦同。不知視此如何，由調名之
雷同，足見日本琵琶曲調多自中國傳去，此尤宜注意者也。

六、略論琵琶譜源流

　　琵琶古譜，向鮮刻本，宋時流傳，有賀老琵琶譜。賀老琵琶譜，
《夢溪筆談》卷六云：「予於金陵丞相家，得賀懷智琵琶譜一冊。其序
云：『琵琶八十四調，內黃鐘、太簇、林鐘宮聲，絃中彈不出，須管
色定絃。其餘八十一調，皆以此調為準，更不用管色定絃。』」其遺

---

[1] 《全宋詞》卷二五〇，7 頁。

[2] 琵琶指法名稱多採自古琴而稍變，「摘」於琴法，本為名指向外出絃，與此微異。
　　又如琵琶所謂「撚」，即琴絃之「撮」，則異其稱謂。

說猶有可考,故沈存中持以證元稹之詩。惜其譜至南宋已失傳。[1]宋太宗製琵琶獨彈曲破諸調,其目今猶存。[2]若琵琶譜之有刻本,據稱以嘉慶二十三年無錫華文彬(秋蘋)琵琶譜為最早。[3]

華氏之譜,共三卷,六十四曲,題曰《直隸王君錫傳譜》,有西板十二曲、文板五曲、武板七曲、大曲十面十三段、(正調)雜板一曲(即《普庵咒》),其目亦著於姚燮《今樂考證》。清初琵琶譜別有《太古傳宗琵琶調宮詞曲譜》,即以琵琶為主樂器,以其他絃索伴奏,中有琵琶調《西廂記》曲譜,清初蘇州曲師顧子式手訂,康熙間,湯斯質、顧峻德重編,此為昆曲之琵琶譜,乾隆十四年刊行。

光緒二十一年,有平湖李清芬芳園氏之《南北派十三套大曲琵琶新譜》。此書今最通行,然李譜記古典作者,多有問題。如以《霓裳曲》為裴神符作。[4]誤「秦漢子」為隋時人名[5],皆極可疑。《今樂考證》所列譜目,有浙江陳牧夫派、西板正調四十九曲,及大曲《將軍令》十段、《霸王卸甲》十段、《海青拏鶴》十八段、《月兒高》十段、《普庵咒》十六段。又錄江南派琵琶目,按此大部分已載李芳園書中。

後此樂家,乃稍稍以琵琶譜刊佈,如瀛洲古調、怡怡室、玉鶴軒、養正軒諸譜,世所共悉,茲不具論。民國福建林鴻編《泉南指譜

---

[1] 葉德輝〈《宋祕書省續編到四庫闕書目》序〉,經部樂類「賀懷智撰琵琶譜一卷,闕」。據《直齋解題》,《祕書省四庫闕書目》乃紹興所改定,故知南渡以後,其書已闕。

[2] 參見《今樂考證·緣起》。

[3] 楊蔭瀏《中國音樂史綱》說。

[4] 按《唐會要》,天寶十三載太常署供奉曲名,下云:《婆羅門》改為《霓裳羽衣》。白傳《霓裳羽衣歌》:「楊氏創聲君造譜。」自注:「開元中,西涼府節度楊敬述造。」又《碧雞漫志》三論此曲原委尤詳。裴神符,貞觀時人,去開元已遠。

[5] 李譜於「淮陰平楚」下注:「隋秦漢子作。」按《舊唐書·樂志》云:「今清樂奏琵琶,俗謂之『秦漢子』,圓體修頸而小,疑是絃鼗之遺制。其他皆兌上銳下曲項,形制稍大,疑此是漢制,兼似兩制者,謂之『秦漢』,蓋謂通用秦漢之法。」又見《通典》卷一四四《琵琶》條。此類琵琶為四絃十二柱,可見「秦漢子」乃器名,非人名。

重編南樂譜》（六冊），所記琵琶指法及工尺字與一般不同，為琵琶別派。樂譜之中，以琵琶譜流傳最少，今乃於敦煌石窟，獲此唐代殘譜，其可寶貴，為何如耶！

至於古譜，扶桑流傳，除正倉院《天平譜・番假崇》殘葉外，見於著錄者，有伏見宮家藏之琵琶譜，題開元六年唐孫賓筆[1]，為年代最古之譜。後此有藤原師長之《三五要錄》、藤原孝時之《三五中錄》。又山井基壽、山井景順之琵琶譜，皆唐樂曲譜。[2]而近衞公邸世傳古鈔《五絃譜》，尤為研究唐代五絃無上之祕笈。具詳見林謙三氏考證。此域外琵琶譜流傳之概略也。[3]

七、裴洛兒與《傾盃樂》

敦煌此譜，《傾盃樂》有二，甲譜後有慢曲子及曲子，並注「重頭尾」；又有急曲子，注「重頭至住字煞」；乙譜「傾」字作「頃」，不附慢急曲子之譜。唐時此曲為體頗繁，自北周有六言之《傾盃曲》。《隋書・音樂志》記「牛弘改周樂之聲，獻奠登歌六言，象《傾盃》曲」。入唐之後，燕樂琵琶，有《傾盃樂》曲，乃貞觀末裴洛兒所造。洛兒亦稱裴神符，王溥《唐會要》卷三十三《讌樂》條云：

[1]　參見東京音樂學校編：《雅樂及聲明圖書展覽會目錄》。

[2]　日本琵琶傳授，向有京都山井氏及天王寺樂家林氏兩派之爭，其後人並著有琵琶系譜一類之書。參看平出久雄編：《山井景昭氏雅樂藏書目錄》。

[3]　關於琵琶種類，可參看日本岸邊成雄著〈琵琶の淵源〉（載《考古學雜誌》二十二，1936 年 10 月 12 日），此文又譯成英文，The Origin of the P'i-p'a by Shigeo Kishibe，載 The Transactions of the Asiatic Society of Japan，vol.XIX 1940，Tokyo。瀧遼一：〈東洋に發達せる琵琶につひて〉，《東洋音樂研究》第九號。此二篇對於「秦漢子」辨析甚詳。又常任俠：〈漢唐時期西域琵琶的輸入和發展〉，載《民族音樂論文集》第一集。

貞觀末，有裴神符者，妙解琵琶，作《勝蠻奴》、《火鳳》、《傾盃樂》三曲，聲度清美，太宗深愛之。高宗末，其伎遂盛。

此語蓋本諸《通典》，見卷一四六「坐立部伎」注，其文全同，而作裴裨符。考神符兼擅五絃，其奏琵琶，實始廢撥用手。

唐劉餗《隋唐嘉話》：「貞觀中，彈琵琶裴洛兒，始廢撥用手，今俗謂琵琶是也。」

《新唐書·樂志》：「五絃，如琵琶而小，北國所出。舊以木撥彈，樂工裴神符初以手彈，太宗悅甚，後人習為搊琵琶。」

由上列二條互證，知裴神符即裴洛兒也。唐擅琵琶者多裴姓，與曹綱同時又有裴興奴亦妙解琵琶，則在洛兒之後。杜佑記洛兒所作琵琶三曲，除《勝蠻奴》譜無可徵外（《勝蠻奴》，天寶時改為《塞塵清》，屬林鐘羽，即平調，見《唐會要》），《傾盃樂》見於敦煌此譜，為四絃琵琶。《火鳳》則見於日本近衛家藏古鈔五絃琴譜，則為五絃琵琶，斯俱為琵琶唐譜，雖未必裴洛兒之原製，然不失唐音之遺，亦華夏音樂史上之瑰寶矣。

附 《火鳳》小考

《火鳳》最早記載，見於《洛陽伽藍記》卷三「高陽寺」條云：

王有二美姬，一名修容，一名豔姿……豔姿善火鳳舞。

知唐以前已有此曲。《通典》記貞觀末裴神符妙解琵琶，作《勝蠻奴》、《火鳳》、《傾盃樂》三曲，則殆因舊曲改作新聲。日本近衛家藏古鈔五絃琴譜（實為五絃琵琶），內有平調《火鳳》。考李百藥作《火鳳辭》（見《全唐詩》樂府十一），又《樂府詩集》卷八十引《樂苑》

云:「《火鳳》，羽調也。又有《真火鳳》。」《唐會要》天寶間太樂署值奉之曲名，內有林鐘羽，時號平調，有《火鳳》、《真火鳳》、《急火鳳舞》。元稹《法曲詩》云:「《火鳳》聲沈多咽絕，春鶯囀罷長蕭索。」即指此也。唐曲多有「解」者，如《火鳳》即用移都師解之（見《唐音癸籤》十五）。日本五絃之平調《火鳳》，是否天寶舊曲，不可得知，惟《火鳳》曲調之繁，可概見矣。

八、餘論——由敦煌琵琶譜論板拍及工尺符號之起源

敦煌琵琶譜之發現，對中國音樂史上尚有若干問題，可提出研究者。

（一）唐代記拍之方法

譜中以「▭」、「‧」為板拍之號，其慢曲子多十六「▭」、「‧」與王灼說相符。後世記拍以「□」為正眼，「▭」為側眼（《九宮大成譜》凡例），由此譜徵之，足見淵源之遠矣。

（二）工尺譜字之來源

工尺七字，舊時學者以為最早見於《夢溪筆談》卷六。然姚燮引《唐琵琶錄》云:「以合字定宮絃，則工尺之譜，不始於宋也。」工尺字之來源，論者不一其說:

1. 出楚詞《大招》說 [1]　《大招》云「四上競氣」，上舉諸家謂即

---

[1]　參見明唐荊川:《稗編》卷四十二;清毛西河:《竟山樂錄》、《律呂正義》。

字譜所由昉，此說了不足據。清徐養原等已駁正之。

    2. 象聲說　明方以智云：「合字似呵，四字似思，一字似伊，尺字似扯，六字音靈悠切，凡字音似翻，高凡字似泛，五字似嗚，即今簫管七調諸法。」

    3. 出蘇祇婆琵琶說　凌廷堪《晉泰始笛律匡謬》。

    4. 樂譜以△□為號說　清翟灝謂古作樂譜，初以△□形狀為識，如《禮記·投壺》魯鼓、薛鼓之法。

    5. 出阿拉伯說　田邊尚雄《中國音樂史》云「厶等記號當來自西域，恐即出於回教中」。

    6. 出於篳篥說　朱謙之〈《燕樂考原》跋〉：「景祐二年李照說：『篳篥中去其五六兩字，則胡部調曲不可成矣。』五六即字譜上之五六。」

    眾說紛淆，莫衷一是。考陳暘《樂書》作於北宋末，其言曰：「今教坊所用上七，後二空，以五凡尺上一四六勾合十聲譜其聲。」考宋人詩詞每言及工尺字者，周密《浩然齋雅談》載張樞宮詞云：「銀箏乍參差竹，玉軸新調尺合絃。」石正倫《漁家傲》云：「貪聽新聲翻歇指。工尺字。窗前自品瓊簫試。」[1] 皆其例證。《樂書》一一九言唐人讌樂半字譜[2]，殆即宋世流行俗字譜[3]之濫觴。其見於朱子《琴律說》、白石《旁譜》、《詞源》、《事林廣記》等書，寫法略有出入。近年新出西安何家營鼓樂譜，亦有此類譜字，如「厶」之為「合」，「人」之為「尺」，「マ」之為「四」，與宋譜同；亦有稍變者，如「工」作「丨」，「六」作「ㄅ」，「五」作「ㄅ」，「一」作「、」。又五台山寺院管子樂譜「六」作「𠃊」，即存「六」之上端，「五」作「乙」，即

---

[1]　《陽春白雪》，又《全宋詞》二三七。

[2]　其言曰：「……令均容班部頭任守澄，並教坊正部頭花日新、何元善等，注入唐來讌樂半字譜，凡一聲先以九絃琴譜，對大樂字，並唐來半字譜，並有清聲。」

[3]　即工尺草體及簡寫。

存草體「五」之一半 [1]，此足見俗字嬗變之跡。

唐代譜字可見者，賴敦煌此琵琶譜及日本《五絃譜》正倉院唐代笙管律字，其中字體，實有不少與宋人工尺俗字相似者。試舉如下：

> 工 —— 琵琶第一絃第一柱
> 九 —— 琵琶第一絃第二柱
> 一 —— 琵琶第一絃（空絃）

以上三字，笙譜亦同，與工尺譜之「一」、「工」、「凡」全符。

　　フ　　琵琶第一絃第三柱。此與宋工尺之「俗」字作「フ」相同。

　　ユ　　琵琶譜第二絃第四柱。朱子《琴律說》「尺」字作「ユ」，與此形同。

　　ス　　《天平五絃琵琶譜》有之。日本笙譜及現行之琵琶譜作「下」。和音 ge，即上下之「下」字。林謙三謂不如看作數字「六」之簡體，按此與宋俗字「六」之作「欠」略近。

　　上　　琵琶譜作「⊥」，似古文「上」字，為第四絃。笙譜作「上」，此與工尺之「上」形同。

　　厶　　琵琶譜為第四絃第三柱 [2]。此與白石《旁譜》、《詞源》之「合」字形同。

　　丩　　琵琶譜第三絃，笙譜作「行」，與宋俗字「凡」之作「丨」略近。

　　L　　琵琶譜第二絃。與宋俗字之「勾」形相似。

　　マ　　琵琶譜第三絃第三柱。與宋俗字之「四」作「マ」同形。

　　由上列比較所得，可見宋時工尺俗字，與唐人琵琶笙等記譜之字

---

[1]　各譜未見，茲據《中國音樂史》參考圖片第四輯圖片，參說明書所翻譯五線譜，推勘而得。

[2]　又第一絃第四柱之「丩」，《五絃琵琶譜》作「厶」。

有密切關係。茲據林謙三氏所記，此類譜字之音階，附記如下，以資比較：

日本（琵琶）譜字

$^\#f'$		n	d'	e	a	$^\#c$	c	$^\#f$
ム	乙?	一	⊥	レ	コ	エ	几ク	下?

漢工尺字

ム	マ	一	上	ピ	コ	エ	凡クリ	欠六
（合）	（四）			（勾）	（尺）			（六）

如以「下」比況「六」，則「下」與「ム」恰為同音之 $^\#f$，此與「合」、「六」之情形正相彷彿。唐代此類譜字，琵琶與笙大致相同，似可目為工尺譜字之前身。

其中惟高音「五」字不見相似者，按李照說篳篥去其「五」、「六」則不成音，始悟「五」、「六」之符號，或與篳篥譜有關。今考日本所存古篳篥譜，其一與正工調音階恰相合，兩符號多同，茲比較列舉如下（採自林氏《隋唐燕樂調研究》）：

正工調

舌 g^1	五 a^1	工 h^1	凡 c^2	ム	$^\#c^2$	六 d^2	四 e^2	一	$^\#f^2$	⊥	g^2	丁 a^2
上	尺	工	凡	（清）	凡	六	五		乙	（清）	乙	仕

此中關係如何，至堪玩味。

於是可得一假設，即工尺律呂[1]之構成，乃取之笙、琵琶、篳篥

---

[1] 即合四上勾尺工凡六及陳暘《樂書》、《遼史‧樂志》所列之十字等。

各譜字,加以組織以配宮、商、角、徵、羽、變宮、變徵七聲,肇於何地何人,固不可深考。而其年代當在唐時,此類古譜正為考索其來源之重要資料。至於各種譜字次序排列之比較,及與十二律呂之關係,暨調首[1]等等問題,牽涉至廣,非此所欲詳論。茲略提出工尺譜字與琵琶古譜相關之處,以供研究,想亦治中國音樂史者之所樂聞也。

頤按,近年陳應時有〈工尺譜字原理之猜想〉一文[2],所論視此進步多矣。舊說仍存之,以覘昔年未成熟看法之一斑云。

1960 年

---

[1]　即以何者為黃鐘。
[2]　載《民族民間音樂》,1985（3）。

記大英博物院藏敦煌舞譜

敦煌舞譜，世所流傳者為法京所藏 P.3501 號卷，載《遐方遠》、《南歌子》、《南鄉子》、《雙燕子》、《浣溪沙》、《鳳歸雲》六譜。劉復始為錄出，刊於《敦煌掇瑣》上輯四六，題曰舞譜（劉書記伯目為 3561，誤。應作 3501）。神田喜一郎又影入《敦煌祕籍留真新編》下冊。倫敦大英博物館所藏敦煌經卷，亦有舞譜殘葉小冊，舊列 S.5643，新編列 7238 號。僅《驀山溪》、《南歌子》、《雙燕子》三調，餘則調名殘缺。此冊前有曲子《送征衣》，及《佛說多心經》。

Lionel Giles 所編目錄，謂為 Tables of musical notation，實即舞譜也。此冊世間未曾流傳，茲附於此，俾與法京卷子，合為雙璧。

敦煌樂譜可定為龜茲樂譜，則此類舞譜，又疑與龜茲舞有關。

宋沈遼《雲巢集》卷一有《龜茲舞》詩云：

> 龜茲舞，龜茲舞，始自漢時入樂府，世人雖傳此樂名，不知此樂猶傳否？黃扉朱邸畫無事，美人親尋教坊譜，衣冠盡得畫圖看，樂器多因西域取。紅綠結袵坐後部。長笛短簫形製古，雞婁揩鼓舊所識，鐃貝流蘇分白羽。玉顏二女高髻花，孔雀羅衫金畫縷。紅靴玉帶踏筵出，初驚翔鷺下玄圃。中有一人奏羯鼓，頭如山兮手如雨。其間曲調雜晉楚，歌詞至今傳晉語。滇爰曲罷立前廡，歎息平生未嘗睹。清都閬苑昔有夢，寂寞如今在何所？我家家住江海涯，上國樂事殊未知。玉顏邀我索題詩，它時有夢與誰期。（《沈氏三先生集》）

此為僅見有關龜茲舞之資料，其舞容及舞出人數、伴舞樂器，約略可考，故併錄之，以供參考。

原載《新亞學報》，1960 年 2 月第 4 卷第 2 期

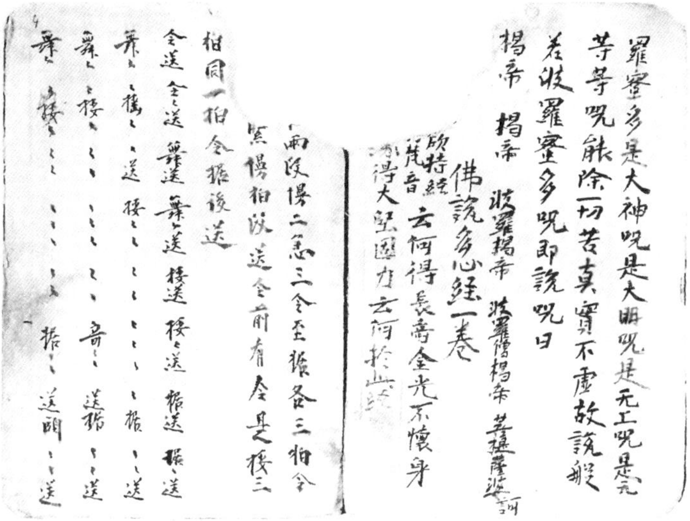
羅蜜多是大神呪是大明呪是无上呪是无
等等呪能除一切苦真實不虛故說般
若波羅蜜多呪即說呪曰
揭帝 揭帝 波羅揭帝 波羅僧揭帝 菩提薩婆訶
佛說多心經一卷
受持經 觀音 云何得長壽金光不懷身
得大堅固力 云何於此經
兩段慢二急三令至據各三拍令
緊慢拍段送令前有令是挼三
拍同一拍令據後送

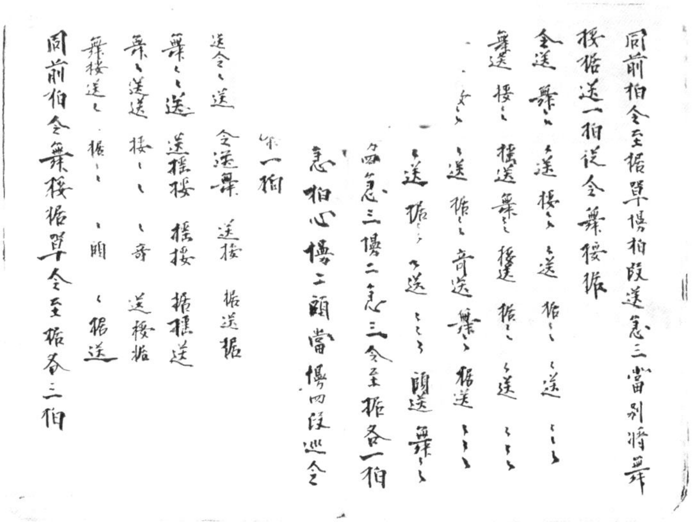
同前拍令至據單慢拍段送急三當別將舞
挼據送一拍從令舞挼據
兩急三慢二急三令至據各一拍
急拍心慢二頭當慢四段巡令
同前拍令舞挼據單令至據各三拍

大英博物館藏敦煌舞譜殘葉（一）

大英博物館藏敦煌舞譜殘葉（二）

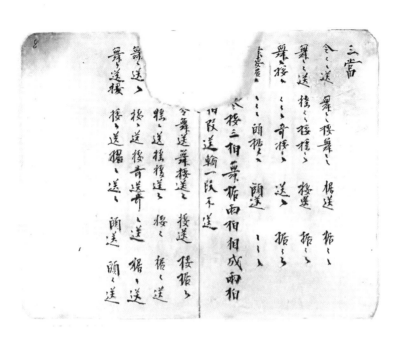

大英博物館藏敦煌舞譜殘葉（三）

《敦煌舞譜》校釋

　　伯希和取去之敦煌古寫卷子，有記舞蹈者一卷，無撰人名氏；列P.3501號。載《遐方遠》、《南歌子》、《南鄉子》、《雙鷰子》、《浣溪沙》、《鳳歸雲》六譜。劉復始為錄出，刊於《敦煌掇瑣》上輯四六（頁二〇五至二一二），題曰《舞譜》，日本神田喜一郎影入《敦煌祕籍留真新編》下冊。世間流傳，有此二本，自劉書刊佈以來，國人從事唐代舞譜之研究者，已大有其人，就淺陋所知，有下列各種：

　　羅庸、葉玉華：〈唐人打令考〉（按夏承燾有〈令辭出於酒令考〉，《詞學季刊》三卷二號。而未徵引敦煌譜）

　　冒廣生：〈敦煌舞譜釋詞〉（《疚齋詞論》）

　　趙尊嶽：〈敦煌舞譜詳解〉（一九五一年香港大學學生會會刊，署名秋艇）

　　任二北：〈舞容一得〉（《敦煌曲初探》）

諸家僅依劉氏過錄之文，試加詮釋，均未睹影本，故於原文多辨認未精。茲重為考校，探索如下：

一、校文

　　劉氏《掇瑣》記P.3561，按當作P.3501。

　　令　原卷明作令；非「念」字。令即打令，凡言令，均見於譜前。如《遐方遠》「令令、舞舞舞」，《南歌子》「令令、令送舞」，《南

鄉子》「令令令送舞」，《雙鸞子》「令舞挼据」。《事林廣記・癸集》記酒令，於《卜算子令》云：「先取花一枝，然後行令，口唱其詞，逐句指點，舉動稍誤，即行罰酒。」《全唐詩》有《打令口號》，行令之後，乃繼以舞，令即指行令甚明。

挼　原卷作「挼」或「挼」，為一字，葉氏誤為「按」。《浣溪沙》下：「准前令，挼三拍，舞据兩。」劉作「接三拍」，「接」乃「挼」之誤，舞譜無「接」字。

奇　原卷明作「㝈」或「奇」，劉書概作「奇」，致諸家不能辨。任氏云：「本作奇，是否確為『奇』字，無可考。」冒氏釋「㝈」為「喝」之殘字，尤誤。

揖　原卷《遐方遠》下：「相逢揖」，又：「頭頭頭，揖」。任氏云：「譜原作㧎」，又云：「可能為『据』字之訛。」按其字從才不從木。葉引《詞源》「七敲八揖」以說之，認為「揖」字。趙作揖，謂為揖之別書。今按揖乃揖字。趙之謙《六朝別字記》：「揖祝融而求鳥兮。六朝人胥茸每混。」知此亦即揖字也。宋本《白氏長慶集》二詩題：「春葺新居」，葺即茸，宋刻書體，「茸」旁並同此。「相逢揖」即「相逢揖」，古謠所謂「他日相逢下車揖」也。蓋舞時動作之一。云「頭頭頭揖」，謂頭舞既畢而作揖也。此一字之審辨，可破諸家之惑，鑿破混沌，殊堪稱快。

愚　劉寫作急，是。

請　任氏云：「譜中僅一見，而繫一ㄥ……抑果為『請』而不訛，無可考。」按見《遐方遠》，原卷明作「請ㄥ請」，不必疑。

至　「《鳳歸雲》：拍，常令ㄥ据，各三拍。」《掇瑣》照原形錄出，按同調下：「准前拍，常令至据，各三拍。」以本文互證，知為「至」字，此偶作草體耳。

〃〃　此重文記號，絕無可疑。《掇瑣》概作「ㄥ」。葉氏不能

辨，定為表示節拍。任氏謂頗似宋詞音譜拍眼之 𝅘，皆誤。

（是譜末行起句。《掇瑣》有「送搖」二字，原卷二字只存一半）

＊ 又龍門造像緝作**絹**及**緝**[1]，偏旁之**耳**形亦同。（按此條應在前揖下）

二、略釋

唐代舞蹈，其詳不可悉考，段安節《樂府雜錄》記有「舞工」一節。《全唐詩》有《打令口號》云：「送搖招由，三方一圓，分成四片，送在搖前。」朱子《經世大訓》謂：「唐人俗舞，謂之打令，其狀有四：曰招、曰搖、曰送，其一記不得。蓋招則邀之之意，搖則搖手呼喚之意，送者送酒之意。」周密《癸辛雜識後集》，言得故都《德壽宮舞譜》二大帙，並記其名目。唐宋舊譜，今不可復睹。惟日本天福元年（四條天王年號，即南宋紹定六年，公元 1233）左近衛將監狛宿禰近真氏之《教訓鈔》（七），為《舞曲源物語》，全卷記舞譜名目。又弘長三年（龜山天王號，即南宋景定四年，公元 1263）寫之《掌中要錄》及《掌中要錄祕曲》，所記舞姿尤備[2]，此為比證唐宋舞樂最佳之資料。任氏輩均未能及之，不免冥行摘埴。日譜於舞蹈之身段動作，若肩肘手足，均有精細臚列，較《德壽宮舞譜》之侈陳特殊名稱，更易了解，以視敦煌譜，固多踵事增華。有若干且為某一樂調所專有者，如合掌之用於蘭陵王是。敦煌舞譜，意多未明，而是譜中之舞勢名目，有可互相參證者：

据 當即居。《舞曲源物語・舞譜名目》云：「居，左膝突右据突也。」謂以膝据地。譜中又有「落居」，《掌中要錄》又有「打居」節

---

[1] 詳見水野清一、長廣敏雄：《龍門石窟研究・龍門石刻錄・異字表》。

[2] 二書載《續群書類從》卷五百二十九與卷五百三十，即第十九輯上管絃部。

目。「居」與「据」同。猶《玉田謳歌旨要》之「掮」，《羯鼓錄》則作「肯」（《錄》云：「掌下肋肯聲，是以手拍。」）或從手或省，固一字也。下拽作曳，例亦同。

　　拽　當即曳。謂曳手也。《舞譜名目》云：「曳手：左曳、右曳。」日舞《萬秋樂》入破四帖有云：「左右手寄，左曳，坤踏；向右曳，南踏，向左曳，巽踏；向右曳，東踏；向左曳，艮踏，向右曳。」又《萬歲樂》屢見「曳入」動作[1]，《德壽宮舞譜》《雁翅兒》有「拽」之一目，當即此也。舊解拽盞，或說拽聲，非是。

　　奇　當即寄。《舞譜名目》云：「寄，依。序三寄八拍子，二寄四拍子，一寄六拍子七拍子一寄。」又有「並寄」、「前進寄」、「後退寄」諸目。日籍《掌中要錄》及《要錄祕曲》，記各曲舞姿尤詳。如《羅（蘭）陵王》一帖中有「左踊寄右踊寄」，二帖有「左寄」，五帖有「隋手寄」；《三臺》二帖有「東並寄下西並寄下」，又《皇陣樂》四有「西寄下東寄，亦右肘二依寄」。各曲寄數不同，若「案摩」五寄，「陵王」三寄，目於寄下注「依」字，則寄殆依倚之狀。敦煌譜作奇，與「寄」自是一字。

　　約　即約手。《舞譜名目》：「約手有左右。」按《掌中要錄祕曲》又有「絡」，如《寶壽樂》三帖「右手絡」、「左手上二絡」，絡疑與約異名同實。

　　以上諸舞容，漢籍無考，今從日本舞譜，可略窺其一斑。其他舞目諸家均有論及，尚有須補充者：

　　掭　為舞姿之一。劉攽《中山詩話》記唐人酒令：「大都欲以酒勸，故始言送而繼承者辭之，搖首掭舞之屬皆卻之也。至八遍而窮。」已見掭舞二字，《東京夢華錄》七：「每遇舞者入場，則排立者義手舞左右肩，動足應拍，一齊群舞謂之掭曲子。」故方以智《通雅》云：「掭曲謂舞曲也。」考《元氏長慶集》二十四《和李校書新題書

---

[1] 《碧雞漫志》四引杜佑《理道要訣》「唐時太簇商樂曲有萬歲樂」，日樂或本此。

新樂府十二首·五絃彈》云:「挼歌按曲皆承詔,水精簾外教貴嬪。」原注:「挼,蘇雷反。」集韻:「挼,挼也,蘇回切。」挼古通墜及綏[1],挼殆與「垂」同用。白居易詩:「小垂手後柳無力。」《樂府雜錄》舞有大垂手小垂手是也。[2]

搖　朱子言唐人俗舞,有「招、搖、送、(邀)」。搖為舞目,亦見《全唐詩·打令口號》及《中山詩話》。

送　亦舞容。白居易《霓裳羽衣歌》「嫣然縱送游龍驚」是也。亦見《打令口號》及《中山詩話》。

頭　疑即《德壽譜》之「舞頭」。即頭之動止,多用於舞終。如《遏方遠》末「頭頭」,《南歌子》於末「据送頭」,《南鄉子》末「頭頭送」,《雙鸂子》末「送頭送」,《浣溪沙》末之「頭頭頭」,《鳳歸雲》末之「頭送頭頭送」是。

請　疑即《德壽譜》之「呈手」。趙氏謂或拱手抱手,以示禮示妮於座客,其說近之。

𢭃　𢭃字他書無證,趙氏謂即草書「与」字,誤下筆為四點;与,為施為贈,其神態與送差近。按朱子言起舞四句號有「送、搖、招、(邀)」。《小舞鄉約譜》言「四勢唐人謂之送邀招搖,古人謂之進退馳張」。「𢭃」或「邀」歟。未可知也。

其餘如「舞」字,義易解,不煩說。挦為挦字,解見上。

其譜中習見有關樂舞之用語,宜加解說者:

改　《鳳歸雲》譜云:「《浣溪沙》拍,改送。」按日舞譜有「打改手」一目。《掌中要錄·三臺》有「打改足」之動作。「改」殆言改換。任氏以為「解」,恐非。

裹　即裹字。《鳳歸雲》云:「霑(雙)送,裹,令挼,中心:單

---

[1] 《儀禮·特牲饋食禮》「挼祭」,《士虞禮》作「墜祭」,今本作「綏」。

[2] 《德壽宮舞譜》有左右垂子,為雙拂、抱肘、合蟬、小轉、虛影、橫影、稱裹七種動作。

送，裏，舞据頭拍。」裏疑謂裏頭。日本有「裏頭樂」。《教訓鈔》謂李裕作，蓋以錦羅絹綾裏頭拂之。

打　凡言打，皆指打板打鼓，以為節奏也。《遐方遠》：「遇可段即可段，不可遇段打。」言過段不可輒打（鼓、板）也。《南鄉子》：「前後三拍，當杅（打）。」按《教訓鈔》（七）記鼓事打樣：「向右，大鼓與拍子相待，打左足，踏，打右足，打左足，打右足，打左足，此間指左手，打右足，打左足。」云云，可見隨其步伐而施打。此處「打」字非指舞言，當如詞源「打揹」之打。

拍　即拍子。《敦煌譜所見名目》，有一拍、兩拍、三拍、八拍等之別。又有「不定拍」、「間拉」、「慢拍」。按日本《教訓鈔》（七）記舩樂打樣：「樂人一一隨拍子，打迴，何拍子無定。」此即所謂「不定拍」也。又《教訓鈔》（九）打物部：「羯鼓者，於新樂之拍子，而為樂器指南。」凡樂緩急長短，可依此鼓之遲速也。可為羯鼓打。又列其打樣有掇拍子、教拍子、破急連間打、破拍子籠拍子等，可補南卓《羯鼓錄》之所無（羯鼓法，宋時已失傳。故《夢溪筆談》記邠州父老死，羯鼓遺音遂絕。日本猶傳唐羯鼓法，見《教訓鈔》）。按拍子除鼓外，或以鈸，謂銅拍，又或以板或以手[1]。《教訓鈔》打物語法，尤為研究古拍子之重要比較資料。

中心　《浣溪沙》：「前急三，中心舞，後急三，中心据。」日籍《舞樂小錄》有云：「最末舞人立中央。」中心即中央。

常令　各譜習見「常令」一詞，《教訓鈔》：「《春庭樂》有四帖，拍子各十，如常舞。」「常令」義視此。謂通常慣例之行令。「常舞」與「常令」同例。令謂打令，為舞勢，非「舞拍」，任說已詳之。

段　譜中「段」皆作「叚」，乃俗寫。譜於《遐方遠》稱「前後段」，於《南歌子》稱「兩段」，《雙鷟子》稱「單鋪中段」。又有「五

---

[1] 《羯鼓錄》「掌下朋肯聲，是以手拍」。

段子」一名。按《中山詩話》引謎語：「急打急圓，慢打慢圓，分為四段。」則段乃指樂章過段，即遍也。任氏以「中段子」為調名恐未然。《碧雞漫志》記曾見一本《涼州》排遍有「二十四段」。又云：孫光憲等「有《後庭花》曲，皆賦後主故事，不著宮調，兩段各四句。似令也。今曲在，兩段，各六句，亦令也」。「段」義應作如是解。

　　送破曲子　見《鳳歸雲》譜。《醉鄉日月》中「觥錄事」七文云：「律錄事顧伶曰：命曲破送之。」《唐書・五行志》：「樂曲多以邊地為名，有伊州、甘州、涼州等。其曲遍繁聲：皆謂之入破。」張端義《貴耳集》：「天寶後，曲遍聲繁，皆名『入破』，『破』者破碎之義也」。《羯鼓錄》：「尤宜促曲急破，作戰杖連碎之聲。」按樂曲有序、有破、有急，日本所傳唐樂《三臺鹽》、《傾盃樂》俱有破二帖、急三帖，各有拍子十六，而《傾盃樂》於破第二帖加三度拍子，急於終帖加一拍子[1]。所謂「破曲子」，應指急破之破，或說為打送曲調名，恐非。凡上疏說，多取資於日本古樂書，以相比附，所謂禮失而求諸野。雖僅具椎輪，較之任氏，已稍進一步，而有待於揚榷者尚多。其任氏已診發者，則不復詳及云。

　　武進趙叔雍先生以詞曲之學馳聲海內，頃欲為敦煌曲二探，補任氏二北之不逮。比相過從，出示敦煌舞譜詳解初稿，而予適得是譜影本，因撰此篇以就正焉。曾謂稽古之事，莫先於考文；文字之辨認，實為考證之鎡基。然後因形以課義，循義以論事，庶幾怡然理順。惜諸家於此未遑致力，遽以論斷，則譬築層臺於大漠之中，未有不傾圮者也。故本篇於「揖」、「奇」諸字，細心辨析，以求至當。惜聲樂非所夙習，凡所申說，慮多皮傅之論，質之趙君，仍乞有以匡其違失也。

丙申二月饒宗頤識

---

[1] 《教訓鈔》（三）嫡家相傳舞曲物語。

附 日本舞譜名目^[1][1]

見方上見右見左見　仰方右仰左仰

肩指右肩左肩　肩繫手右手左手

伏肘諸伏肘左伏肘右伏肘　去肘諸去肘左去肘右去肘小諸去肘下去肘

合肘左右手合諸手　合掌左右手合

重手有散手

披肘左右手　指肘左右手

持上手諸手　打替有左右

下肘左手右手　振肘

違肘　呂乙左肘折右肘折左肘折右如此

捲手左手 右手　曳手左曳右曳

違手左右　折手左右

約手有左右　打改手有左右

覆手有左右　面繫手諸手 左手 右手

手面有左右　袖取手

袍前取手　腰掃諸手

突左右　腰付左手右手

延立　落居

押足諸足左足右足　走前走 尻走

儒趨陵王有　居右膝突 左膝突

迴左迴逆 右迴巡 ⋯⋯⋯下略

1962 年香港大學學生會《金禧紀念論文集》

---

[1]　《教訓鈔》（七）。

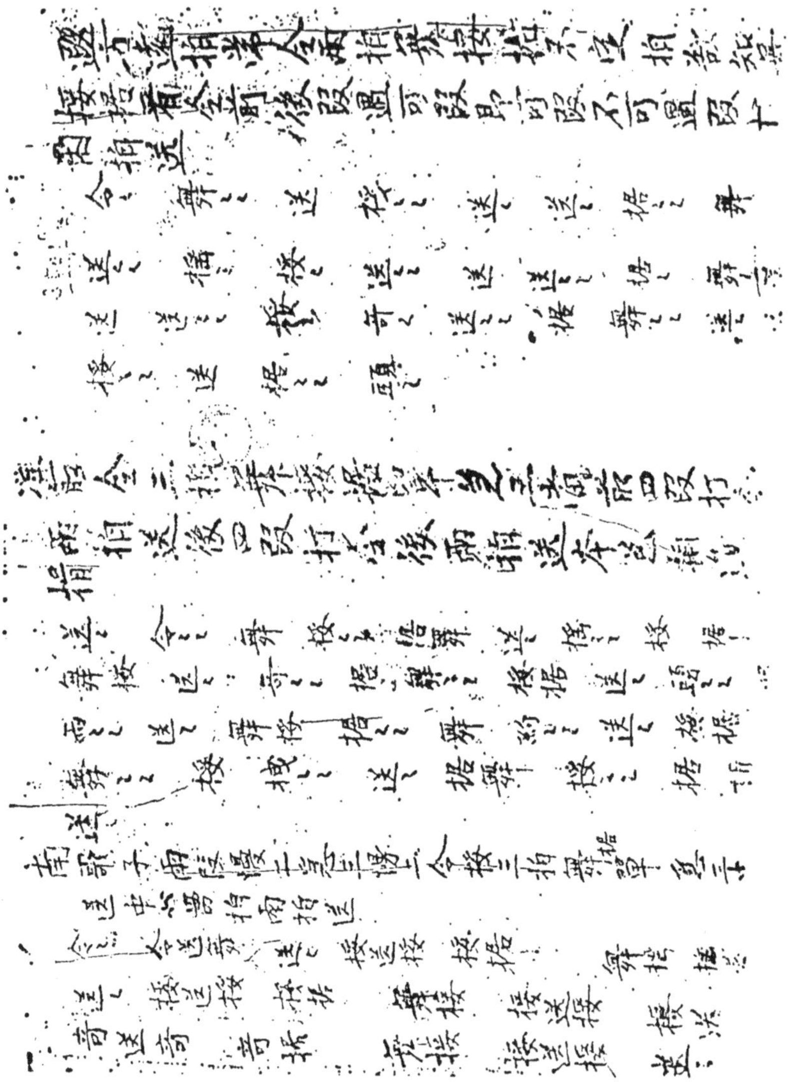

圖一　敦煌舞譜 P 譜（一）

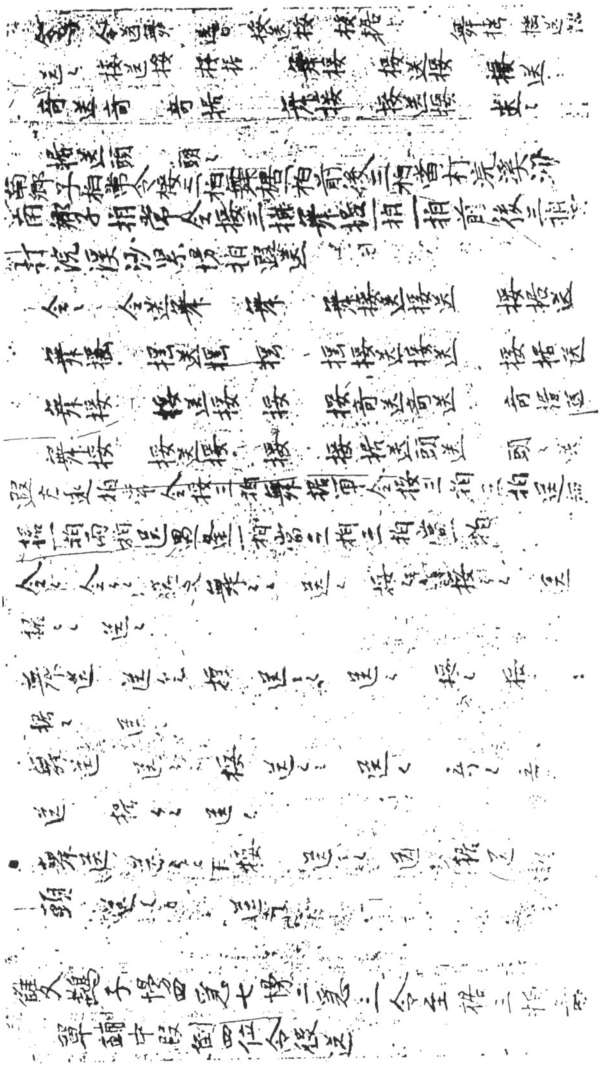

圖一　敦煌舞譜 P 譜（二）

敦煌琵琶譜與舞譜之關係

　　有新資料然後有新學問。近半世紀以來，各地民間樂種譜錄不斷發現，音樂研究領域中於是有古譜考證之學，就中以莫高窟所出樂譜，最為膾炙人口。中外學人，不惜拋盡心力，鑿險縋幽，從事研索，討論之精，闡述之富，令人驚歎。

　　自 1938 年林謙三等發表論文以後，余於 1956 年在法京初睹原卷，亦嘗妄有所載述。1981 年 12 月葉棟先生初為譯譜工作，引起同行之熱烈興趣，三載以來，討論文字，林林總總，蔚為奇觀。林謙三草創之文，國內不易覓到，曩時粗有譯稿，未及寫定。因囑門人李銳清君重為迻譯，李君與京都同好反覆細訂，至再至三，勒成定本。[1]

　　敦煌樂譜現可見者僅有三事，皆非完整之篇，今欲據此片段叢殘，以恢復唐樂真貌，求之過深，言之覼縷，難免捉襟見肘。余於 1986 年 9 月蒞法京，參加禮學會議，重至國立圖書館東方部，得館長 Mrs. Monique Cohen 之許諾，取出有關樂舞原卷各件，細心勘讀，積疑因得冰釋。對於時賢新說，欲為之揚榷，以求其是。由以資料之不夠完整與充實，大抵諸家所擬構者，出於聯想者尚屬不少，衡以詮

---

[1]　見上海音樂學院學報《音樂藝術》，1987（2）。

釋學之規律，仍大有商榷之餘地。[1] 惟可論定者，約有數端：一為樂譜必為琵琶譜而非管色工尺譜，諸家探討意見已漸趨一致，尤以二十譜字之發現，足以提供確證。二為譜曲子不可遽視作大曲之組合，各家所見亦略同。三為「囗」、「‧」之為節拍記號，而以「囗」為板號，惟西安鼓譜其中不少以「×」為板號者，則為敦煌譜之所無。然「囗」、「‧」之表示節拍，則無疑也。[2]

何昌林君說，王氏女琵琶譜是敦煌琵琶譜之祖本。考王氏女乃王保義之女。《通鑑》云：荊南行軍司馬王保義勸從誨具（安重進）奏其反狀，事在晉天福六年（941）。[3] 保義之女，其婚年料不能在此之前。至於將譜刊石，當在更後，安得謂其夢中所得之譜，先於長興四年講經文卷背鈔寫之譜？長興四年，王氏女年齡殊難推定，料尚在髫髻之歲，何得謂王貞範製序之琵琶譜早於敦煌譜而為其祖本耶？有關琵琶之故事，說者每每故神其說，侈言其曲譜出自神仙夢中所授，《酉陽雜俎》六所記王沂的傳說，和荊南王氏女之事大略相同，似均不足為典要。

---

[1] 敦煌寫卷正面、卷背未必有絕對關係，書寫者多不記名，要確認書者為誰，在無可靠證據之情況下，不宜隨便推斷。如 P.3539，雜書某一文件，復順手記琵琶譜字二行，從字跡論，只可推測二紙文字同出一人手筆。但欲指定係何人所書，殊屬不必。此段文字轉錄者，已誤軋為軌，誤「更兼」二字之下，顯然辭意未完。今遽定「軋軋」是鈔寫者，試問文義上下如何聯貫？故知不能成立。至 P.3808 一卷，欲從講經文所見人物事跡，迂迴曲折，以推論其另一面之樂譜，書寫者出於某僧之三位助手，完全出於聯想，殊難令人置信。席君臻貫親睹原卷，只說「琵琶指法，必然寫於 915 至 935 年間」。至為何人所書？何年所寫？存而不論，最為客觀。

[2] 參見吳釗：〈宋元古譜「願成雙」初探〉，載《音樂藝術》，1983（3）。吳氏舉唐徐景安《新纂樂書‧樂章文譜》中云「文譜，樂句也，文以形聲，而句以局言」，就是說「句也是一種節拍的標誌」。張世彬認為「囗」是「句」字的減筆。屠建強君云：「如此說能證明，始能定『囗』是拍。」按據《唐摭言》「牛僧孺曾語韓愈拍板是樂句」，余謂以「囗」表示句，實早見於戰國之楚帛書，以「囗」為分句分段之號，漢簡亦有之。知「囗」號之形成已早源遠而流長。

[3] 標點本，9222 頁。

　　五代之時，琵琶譜之流佈，各地皆有之。陸游《南唐書》十六《周后傳》云：「故唐盛時，《霓裳羽衣》最為大曲……后得殘譜，以琵琶奏之。」馬令《南唐書》：後主嘗得琵琶舊譜，樂工曹生善琵琶，周后得以重訂《霓裳》曲譜。[1] 此南唐之琵琶譜也。後蜀王衍宴怡神亭，自執板唱《霓裳羽衣》。[2] 蜀以琵琶擅長者有石潨為唐故樂工。[3] 知當時琵琶有譜，傳播各地，何止荊南之王氏女譜？何君似認琵琶諸譜同出一源，於理有未安。

　　何君以南音之調門比附敦煌譜之三種不同字跡。其說南音之由來，嘗舉後主長子李仲寓被封為清源（泉州）郡公攜家入閩為證。考《通鑑》卷二八八《後漢紀》稱「唐主置清源軍於泉州，以留後效為節度使」，事在漢隱帝乾祐二年（949），是為清源置軍之年代，遠在敦煌琵琶譜鈔寫之後。今按「仲寓」字訛，宜作「仲寓」，此為籀文「宇」字。《十國春秋》寓亦作仲寓。鄭文寶嘗為清源郡公仲寓掌書記（《十國春秋·鄭彥華傳》），仲寓死於郢州，見《宋史》卷二六七《張洎傳》。又考中主之弟良佐，於保大八年至武夷山，主會仙觀，留其地三十七載。《十國春秋》十九云：「予嘗讀閩志，中載後主弟良佐修道武夸山，後主勑有司建會仙觀，封良佐為演道沖和先生。」《武夷山志》：「南唐李良佐，字元輔，元宗璟之弟也。保大八年，辭璟訪道入武夷，遂居焉。舊觀在洲渚間，璟敕有司移剏今址，賜額會仙……又鑄鐘重千餘觔……良佐居武夷三十七載。坐化於觀之清虛堂。」沖虛觀今猶存，遊武夷者均到其地。南唐張紹嘗作《沖祐觀銘》。由此可證南唐與閩之交往甚早。中宗保大時，良佐已入居武夷，不必溯源於後主之子仲寓。南琶之來源如何，尚待細考，若欲牽涉清源郡之事，則殊可不必。

---

[1]　卷六《女憲傳》。
[2]　參見《十國春秋·蜀後主本紀》。
[3]　參見同書《潨傳》。

　　敦煌琵琶，文獻所載，以用撥為主。《酉陽雜俎》云：「開元中，段師能彈琵琶，用皮絃，賀懷智破撥彈之，不能成聲。」（中華書局81年版，65頁）是用撥彈。敦煌琵琶必用撥，下列文獻可為佐證：

　　S.2146《內行城文》：「法曲爭陳而槽撥。」

　　S.6171 宮詞：「琵琶攦撥紫檀槽，絃管初張調鼓高。理曲遍□雙腋弱，教人把箸餵櫻桃。」

　　琵琶用撥，初見於北齊造像，參看〈琵琶沿革圖解〉。[1]

　　新疆石窟在庫木吐拉第 24 窟唐宋時期所見曲項四絃琵琶，右手仍用木撥彈奏。[2] 此與日本現存唐樂琵琶之用撥相似。南唐彈琵琶，見於《韓熙載夜宴圖》，正是用撥。唐伯虎臨韓熙載此圖亦作執撥狀。[3]李後主為昭惠誄稱「曲演來遲，破傳邀舞。利撥迅手，吟商呈羽」[4]，足為證明。前蜀王建墓內石刻伎樂，其琵琶仍用撥，其形甚大。[5] 雖中國奏琵琶亦有用手彈者，然龜茲樂之胡琵琶，自是用撥。林謙三所擬測者全以用撥為主，各家多忽略之。敦煌二十譜字字分記次指、中指、名指、小指各四聲，則當日亦雜用指彈奏。陝西渭北拴馬石刻所見琵琶用撥橫彈與豎式搊彈，演奏方法，正以用撥為主。

　　敦煌琵琶二十譜字，所見散聲四，其他十六字為四柱四相，不見品位，是有相而無品。日本藤原貞敏於公元 838 年帶回日本之唐代

---

[1]　載《音樂藝術》，1985（2）。

[2]　參見《中國音樂》，1985（2），周菁葆文。

[3]　參見《藝苑掇英》第七期。南唐周文矩《合樂圖》中，樂隊之琵琶已有品，且用手彈奏（參見吳釗：《中國音樂史略》，124 頁）。此圖之可信性如何？尚待研究。此圖現藏於 *Cleveland Museum of Art*，何惠鑑定為北宋時期，畫者不詳，畫名：Ladies of the Court (Kung-chung-tu)（《宮中圖》）。由撥彈到指彈之遞變，現存實物資料如：王建墓石刻樂工圖，和武宗元《朝元仙仗圖》卷中琵琶均是使用撥子彈奏。撥彈之廢棄，被指彈取代的時間，有人說是在元代，參見韓淑德、張之年：《中國琵琶史稿》，143 頁；又丘瓊蓀：《讌樂探微》，111 頁，「曲項琵琶手彈的開始時期」。

[4]　《十國春秋》十八，《後主昭惠國后周氏》。

[5]　參見馮漢驥：《考古學論文集》，圖版五。

琵琶亦是四相無品位之琵琶，陳暘《樂書》亦未述及加新柱之曲項琵琶。唐五代之琵琶，四絃四柱，而無品位，眾所共悉。而南琶曲項，四相十品，品旁有兩月眉出音孔，橫抱彈奏，自不是唐五代遺制。傳統琵琶，則為四相十二品，其第七品與第十一品在 D 調（小工調）上之中立音為「↑ 4」，與 4 主要是為使 D 調上取得此常用之中立音而設計。近時劉天華將舊琶之十二品改為十三品，程午嘉又改為六相十八品。[1] 可見琵琶品位在音樂史上是疊有增改。增品之事，自屬後起，其特殊音位，是可以用重按或推位來升高或降低去表現變調之音。

定絃之說，林謙三初從三種不同字體區別為三組；何以筆跡不同而調式必異？林氏初無堅強之論據，然已重視終句之結拍。余嘗提出定絃必依煞聲為主，而煞聲結拍之句，實有「一スㇼハ」及「一 几レヒノ」、「一ナ彡⊥」三式，與不同之筆跡相應，故不得視二十五曲只用一種定絃法。若謂此三種不同之定絃乃由一人在演奏時轉軸撥絃，不若謂由不同之三人，運用三種不同之定絃，較為近理。時賢論定絃之法，取途大抵有二：一為參考南音調式作為定絃借鏡之依據，葉、何二家主之 [2]；一為從曲子所屬宮調，再看其煞聲，加以推測，如《傾盃樂》在第一組中殺聲皆為「八」，如以八為商調以作主音。在第二

---

[1] 參見吳犇：〈傳統琵琶的特殊品位對樂曲的影響〉，《中國音樂》，1986（2）。

[2] 葉譯三組 dfad' 佔二組。按南音空絃 d#fad' 專於「四不應」時才用之。而四不應譜必將樂器定絃全部改低全音，惟琵琶子絃例外，保持 d' 音不變。（參見《民族民間音樂》十八期，趙宋光文）葉氏何以如是定絃，不曾說明理由，又不辨其中曲折，只言參照南音琵琶的絃音，證據似嫌不足。

組不同筆跡中《傾盃樂》之殺聲則為「｜」，當為小二度清商[1]。是說席氏臻貫主之。兩者之中，自以後者較有理據。

莫高窟所出寫卷，涉及舞譜者，實有多件，原物分貯法京及英倫。P.3501 卷背之譜，劉復最先鈔出，刊印於《敦煌掇瑣》，影本則初見於神田喜一郎之《敦煌祕籍留真新編》。劉錄倉促摹寫，辨認多有不確。1956 年余在巴黎睹原卷後嘗撰校釋，略有舉正，如「相逢揖」之「揖」字，證以六朝別字，是「揖」而非「揖」，其一例也。[2]嗣在倫敦，獲悉大英博物館列 S.5643 號舞譜殘冊，及撰《敦煌琵琶譜讀記》，即以影本附載於末，由是世乃知有第二舞譜，日本林謙三繼以討論。譜中如單、巡、輪等動作，為前此所未見。又 P.3719 號《浣溪沙》殘譜，只存三行，其言「慢二急三慢三急三」，所記節奏，容與舞蹈相關，當是舞與樂之合譜，雖寥寥數字，不宜漠視之。

舞有獨舞、隊舞。獨舞如莫高窟第 61 窟之《維摩詰經變》，世所熟知。隊舞見於敦煌經卷者，早歲撰《敦煌曲》時，嘗初指出 S.2440 號卷背中「青一隊，黃一隊，熊踏」為例，此一資料已為人所常引證討論。鄭棨《開天傳信記》：天寶初有劉朝霞者，獻《賀幸溫泉賦》。其文今存於敦煌寫卷中，凡兩見，有句云：「青一隊兮黃一

---

[1] 《傾盃樂》長調，見《雲謠集》。在柳永《樂章集》中所見《傾盃》，有下列不同宮調：

《傾盃樂》仙呂宮（上ㄠ）、大石調（ㄥ太簇）黃鐘商按即越調

《古傾盃》林鐘商（歇指調南宮）小食

《傾盃》黃鐘羽（般涉博南宮）、散水調（南呂商）

宋時《傾盃》所屬宮調之不一如此，敦煌譜之《傾盃》結拍，調式有二，自不足為異，且急、慢曲子，又復不同，具見其變化之繁多，詳席臻貫〈敦煌曲譜第一群定絃之我見〉一文。

以前夏敬觀在《詞調溯源》中曾細析其宮調。萬樹《詞律》所收《傾盃樂》即有九十四字、九十五字、一百零四字、一百零五字、一百零七字、一百零八字及一百十六字共十體。

[2] 世習知之《張猛龍碑》有「詩人詠其孝友，光緝姬□，中興是賴」句，緝即緝字。

隊，熊踏胸兮豹擎背。」[1] 說者謂此乃描寫天子之儀仗。考段安節《樂府雜錄》記當時樂部與清樂部、龜茲部等並列者有熊羆十二，皆以木雕之，高丈餘。熊踏與樂部之熊羆部或有關係。天子出行，樂隊可與於其列。樂隊亦自成舞隊。王灼記李可及所製舞隊，「不過如近世傳踏之舞耳」[2]，當時舞隊之區分顏色，戴面具，以至作為形形色色之動物，為傳踏之舞態。P.3272 記「一日，歲祭拜……定興郎君踏舞來」，是元正有踏舞之俗。

凡此類敦煌舞譜，零璣斷璧，嘗其一臠，不足以見當日樂舞之全，固不待言。惟舞之為狀，容態多方，存於壁畫者，摹繪而申述之，自可有助於對此殘譜之了解。

正史之中有記載敦煌舞者，《遼史・太宗紀下》：

> 會同二年十一月丁亥，鐵驪、燉煌並遣使來貢。
>
> 三年五月庚午，以端午宴群臣及諸國使，命回鶻、燉煌二使作本俗舞，俾諸侯觀之。

《遼史・樂志・諸國樂》亦記會同三年端午命回鶻、燉煌二使作本國舞。兩次復述其事。可見遼人對敦煌本國俗舞之重視。入宋以後，敦煌曹氏已為遼之屬國（詳見《遼史・屬國表》）。回鶻舞之著者，有射雕回鶻隊。敦煌本國俗舞之特色何在？仍有待吾人從壁畫資料之仔細觀察而加以論列也。

近時李正宇指出 S.5613 號《書儀》，在《與夫書》標題下方小字四行，為《南歌子》舞譜，移錄其文，刊於《敦煌研究》第 9 期。余再從顯微影本細勘，李氏所錄尚有不少訛字，茲重為校正。如下文（原件參見本文後附圖一）：

---

[1] P.5037、P.2976 兩號，作進士劉瑕述。
[2] 《碧雞漫志》五。

上酒曲子《南哥子》兩段，慢二急三慢二。令至据，各三拍。單鋪（六），雙補。

近令前捋（捔）。引單〔鋜〕（鋪）。舞据諫。霎（雙）補。令接，急三，三拍折一拍。

遇接：三拍折一拍。雙補。舞据後，後送。

開平己巳歲七月七日問題。德深記之。

此為有紀年之譜，甚為可珍。書寫時間為後梁開平三年（909）。開端記明是「上酒曲子」，則此類乃用於宴樂舞蹈之雜曲子，《南歌子》即其一，原為酒令，可以確知，此一新材料[1]值得細研。下列諸事，宜加以討論：

（一）急與慢

舊時成說以為小曲之詞，只為徒歌而無舞，侑觴亦然。今觀此譜，知其不然，酒令亦可有舞。一人之舞，見於四川廣元南宋墓舞曲刻石，女伎一人，裹展腳襆頭，著圓領或交領之窄袖袍服，以手絞袖，腰束帶，或扭腰揚手，或屈膝揮袖，作舞蹈狀。說者謂即《樂書》所謂「優伶舞大曲惟一工獨進」者。琵琶譜卷中同一曲子有急、慢之別，表列如次：

《傾盃樂》二	《西江月》	《心事子》	《伊州》
慢曲子三	慢曲子二	慢曲子一	慢曲子一
又曲子一			急曲子一
急曲子二			

[1] 單鋪「鋪」字形分明作鋪，李氏釋「鉾」，不確。又下文「引單鋜」句，李誤川作「鈜」。以文例衡之，當是鋪。

王灼《碧雞漫志》云：「唐中葉漸有今體慢曲子。」今字指南宋初期，慢曲子實起於中唐。《宋史·樂志》稱：「其急慢譜諸曲幾千遍。」可謂盛矣。同一曲子可分急與慢，張炎《詞源·拍眼》篇「慢三急三拍子，三臺相類」是矣。上引舞譜中記《南歌子》「兩段慢二急三慢二」。此類記拍數之曲子，其他舞譜亦數見，故知同一曲子因拍子之急慢，可以形成「又一體」。又因宮調之異，其譜及字數更繁，如《傾盃樂》在琵琶譜中，即有七譜之多，萬樹嘗因其「調異故曲異」，因有「世遠音亡」之嘆。今者新材料逐漸發現，如《事林廣記》之《願成雙譜》，即有雙勝子急，帶有「急」字當是急曲子，近賢研究以為「急」即一板二眼[1]，由是知清人以用韻多少區別急慢曲子[2]，實為非是！

（二）平拍與行拍

西安鼓吹樂坐樂之套詞，若東倉、顯密寺樂器社之樂曲有慢拍之平拍與急拍之行拍之結合演奏，呂洪靜舉出二例：

> 平拍　如《望吾鄉（慢）》（♩=70）：「是一首六十六小節之慢曲……特有的——梆子是兩小節為一個節拍單位，也就是唐時的一拍。」
>
> 行拍　如《十八錘（快）》（♩=130）：「此曲以比前曲幾乎快一倍的速度演奏……是以一小節作為一個節拍的單位。」

在平拍奏慢曲《望吾鄉》之後，緊接以快曲行拍之《十八錘》，藝師稱行拍為「收曲」，其記譜法往往慢、快兩曲連寫，

---

[1] 吳釗說。

[2] 方成培《香研居詞麈》說。

不分段。在慢、快兩曲銜接處有「入行拍」或「行拍」之字樣[1]。
今取西安鼓樂此種以行拍接平拍曲體，以解釋琵琶譜上慢曲子與
急曲子之分體及舞譜上「《南歌子》兩段慢二急三慢二」之現象，
最為恰當。《南歌子》凡兩段慢二急三慢三可以說是用平拍先奏
兩遍，緊接以行拍三遍，再用慢曲平拍奏二遍。一首《南歌子》
曲子雖小，既有兩段，又繼以慢二急三慢二之反覆演奏，時間則
相當長，配以舞蹈則甚有可觀。[2]

以行拍曲子作收曲，說者謂極似隋唐時西域伎樂西涼、龜茲、疏勒、
安國之解曲與歌曲及舞曲之連接形態。

歌曲 —— 解曲 —— 舞曲
歌曲 —— 舞曲 —— 解曲

《羯鼓錄》稱：凡曲有音盡聲不盡者須以他曲解之，如《耶婆娑雞》
用《屈柘急遍》解，《屈柘》用《渾脫》解之類。陳暘《樂書》亦指出：
「解曲乃龜茲、疏勒夷人之制，非中國之音。」（卷一六四「解曲」）
敦煌之琵琶樂譜所奏是用龜茲樂，所謂「龜茲韻宮商」，故有解曲之
曲體。夫以急曲子慢曲子相互遞用，如上舉之歌曲、舞曲與解曲之連
接形態，此正是西域樂曲之特色。

（三）單與霎（雙）

P譜「單」字屢見如下：
《返方遠》：「准前令，三拍。舞，授、据 —— 單：急三。當前四

---

[1] 在西倉樂器社保存之古曲譜《送神章》、《一江風》等則為行拍之樂曲名。
[2] 呂洪靜：〈隋唐解曲淺說〉，《交響》，1986（4）。

段打令，兩拍送；後四段打令，後兩拍送。本色。相逢揖。」

《南歌子》：「兩段，慢二急三慢二。令、揨三拍，舞据 —— 單：急三，中心送，中心慢拍，兩拍送。」

《前返方遠》：「令至据，三拍。打五段子，送，送不單行。」按此處稱單行。

《浣溪沙》：「拍：常令三拍。舞揨、据 —— 單：舞，引舞。据，引据……」

《鳳歸雲》：「雙：送，裏。令揨，中心；單：送，裏。舞据頭拍。」按此處雙送與單送對言。

「准前。令，揨，三拍。舞据 —— 單打《浣溪沙》，拍段送。」按此處稱單打。

斯譜所見「單」字如下：

> 同前。拍令至据，單慢拍，段送，急三……
> 同前。拍令舞揨据單。令至据，各三拍。
> 《蕎山溪》……令至据，單：輪添一拍……
> ……据，單：巡輪，各添兩拍。
> 《南歌子》……令至据　　單巡輪，各添兩拍……
> 至据，單巡輪，各添兩拍。
> 同前。拍令舞揨据 —— 單：令至据，各三拍。

又言單鋪、雙補者：

> 伯譜《雙鶯子》：「慢四急七慢二急三。令至据三拍。三段單鋪，中段倒四位，令後送。」

　　此處云「單鋪」，應於「鋪」字斷句[1]。在新發現之斯譜中，「單鋪」又二見，其文如下：

> 令至据，各三拍。單鋪，雙補。
>
> 近令前揖。引、單〔鋪〕。舞据諌。雙補。
>
> 遇接：三拍折一拍。雙補。舞据後，後送。

從上舉各例，曰單打、曰單行；單送與雙送對言，單鋪與雙補亦對待而言，可見一人為單，兩人為雙，單指獨舞，雙指對舞。雙補者謂舞者一人入場之後，續一人入舞。《東京夢華錄》卷九《上壽禮節第一盞御酒》云：

> 舞曲破擷，前一遍，舞者入場，至歌拍，續一人入場。對舞數拍。前舞者退，獨後舞者終其曲，謂之舞末。

故知單鋪當指一人入場。所謂：

> 舞，接，据 —— 單
>
> 舞据 ———— 單
>
> 令至据 ———— 單
>
> 令舞接据 ——— 單

以上各例，是指舞、接、据各動作都由一人作舞，故云「單」。舞者二人先後入場，記「單」以示一人，記「單鋪雙補」則先單後雙。陳暘《樂書》卷一八五「女樂下」云：「至於優伶常舞大曲，惟一工獨進，但以手袖為容蹋足為節。」廣元宋大曲石刻其一有七人樂隊伴奏，一人作舞蹈，即「一工獨進」之象，乃是獨舞。宋時舞蹈見於史

---

[1] 趙叔雍讀作「鋪中段」，謂「凡所加之襯託即謂之鋪，其曰中段者謂可多用某調中之若干節奏」。今知「單鋪」一詞屢見，則鋪非指襯託明矣。

浩《鄮峰真隱漫錄》,《太清舞》、《柘枝舞》為五人之舞,《漁父舞》為四人之舞,劍舞為二人對舞。尤以劍舞所示舞目,最足取與此舞譜作比較研究,舞分前、後兩部,初部由樂部唱《劍器》曲破,作舞一段了,二舞者同唱《霜天曉角》。後部亦由樂部唱曲,作舞《劍器》曲破一段。[1]

敦煌舞譜 P 譜所記《遐方遠》分前四段及後四段,《南歌子》兩段,《雙鷰子》三段。其分段情形尚可想見其彷彿。

漢代巾舞歌辭有哺及相哺,說者謂為輔之假借,因訓相哺為相和。五代舞譜之單鋪雙補,鋪、補可能即哺之同音假借。因舞者作舞一段了即同唱某曲。如劍舞初部作舞一段了,二舞者同唱《霜天曉角》,《漁父舞》則「齊唱《漁家傲》」,齊唱便是「相哺」。

趙叔雍以武戲舞容比方,謂有單起(一人)、雙起之分,舞有單、雙,樂亦如之,鼓板可以領舞可以定拍。今劇之《鑼鼓經》以搭字為單籤,八字為雙籤,雙籤勢密,單籤勢疏,各極其妙。單、雙亦相互運用,今古正同一轍。

（四）据與瞻相

唐代上酒有所謂「下次据」者,《唐語林》卷八云「多以《瞻相》、《下次据》上酒,絕人罕通者」,《下次据》一曲子,出於軍中邠善師酒令聞於世。

在皇甫松的《醉鄉日月》中,下次据令列於第十四,而上酒令列於第十六。二者大有分別。《下次据》把一曲子打成三曲子,定必拉長其音,即所謂「慢三」。《羯鼓錄》:凡曲有音聲不確者,須以他曲解之,如《耶婆娑雞》同《屈柘急遍》解,《屈柘》用《渾脫》解之類。

---

[1] 舞罷,二人分立兩邊;別兩人漢裝者出,對坐。

其辦法很像「解曲」，所以一曲子可以打成三曲子。

至於「瞻相」，亦為令之一種，或作「占相」。《太平廣記》卷二七三引《盧氏雜說》云：「坐中若打『占相』令，除卻尚書莫點頭。」又薛能詩：「瞻相趙女休相拽（盃），不及人前詐擺頭。」瞻相指舞時動作互相顧盼，漢代巾舞歌詞中的「相哺」，略同《南歌子》舞譜中的「雙補」。該譜云「三拍折一拍。雙補。舞据後，後送。」相哺與雙補似是「瞻相」的另一同義語。在行使瞻相令時，有拽盞，《唐語林》：

> 上行杯，望遠行，拽盞為主，下次据副之。

拽盞時拋打令，即下籌的動作。大凡初筵先用骰子，微醉以後，漸入酒令，以此為樂，《醉鄉日月・觥律事》條，備載其事。

（五）前揩

下一字李誤作「括」，應是「揩」字行書，如伯《遐方遠》之「相逢、揩」（席君謂此句相逢上有一字脫漏，細審原卷實無之）。關於揩字尚需重加申說。任二北初定此字為從木從胥，水源渭江徘徊於揩、楈二說之間不能定。王克芬則採任說，以「楈」字《類篇》訓犁，擬議為舞蹈化的掘地動作。去年 9 月我在巴黎取原卷細校，其字分明是從才，右無一點，自是從才從鵲，絕無疑問。辨析文字往往需細入毫髮，所差雖只是一點，而分秒必爭。此字影本不明，易生誤會，以才為木。故閱讀敦煌卷子有時還需看原物方能解決問題，顯微膠卷亦無能為力。此即一有關鍵性之例子。遼僧行均《龍龕手鑑》云：

> 揩，伊入反——讓也。

又相居反，取水具也。（《新編》，124 頁）

此處字兼收揖與揖二音。其實訓水具之揖，字又作捉，與揖異字，同見於《說文》手部。與揖字應有區別，宋遼之間已混為一文。揖之作揖乃六朝以來俗寫，偏旁之㠯慣例常作「㫪」。潘重規在《龍龕手鑑新編》一書末附有《手鑑敦煌寫本字體相同表》，於頁四收揖字，亦定揖即「伊入反」之揖，是也。故揖必為揖字，可以斷定。相逢揖（揖）、前揖皆是舞者動作，前者謂兩舞者相值時作揖，後者謂舞人在侑酒時向前揖之動作。[1]

（六）引

《南歌子》「近令前揖。引」。《浣溪沙》：「舞，引舞。」引者，《武林舊事》四《乾淳教坊樂部》在「雜劇色」吳、李二人名下，皆注稱：「引，兼舞三臺。」引即雜劇之引戲角色。戲有引，舞亦有引。在宋金墓葬中雜劇磚雕形象中，引戲亦作舞蹈狀，可見其概。（參廖奔：〈中州出土北宋戲曲文物論考〉，載《戲曲研究》十八）

（七）𧪳與挼

𧪳之動作只一見。意指作促迫之舞容。《類篇》：「𧪳，蘇谷切。餔旋促也，一曰飾也。」按《說文》訓「𧪳」為「餔旋促也」。《類篇》取其說。段玉裁不解其義。竊疑「餔」可讀為哺，舞者哺（唱）而旋促其容。推知𧪳為舞之動作，此說可補段注。漢《巾舞歌》解云：「復來推排，意何零，相哺。」此舞譜云：「引單鋪。舞据𧪳。雙補。」

---

[1] 北京故宮博物院藏南宋雜劇絹畫及廣元南宋墓雜劇石刻都有兩人對揖之科範。

二者比較，推排有如舞据，相哺有如雙補，正可比方，諫在此是旋促之動作，以指舞容甚合。《廣雅》五《釋言上》：「諫，督促也。」訓諫為促，諫為舞容，得此梁時舞譜而益信。

按者宋人稱為「按曲子」。《東京夢華錄》九：「每遇舞者入場，則排立者叉手，舉左右肩，動足應拍，一齊群舞，謂之按曲子。」此為眾所習知。動足應拍之為按。《廣韻》十五灰：「按，擊也，素回切。」《類篇》訓按為推。宋時內燕，酌酒已，樂師抗聲索樂，不言何曲，但云「攉酒」。（程大昌《演繁露》十一「啐酒」）攉酒之目的是促樂，攉亦作「按」，《東京夢華錄》「上壽」，「唱引曰綏御酒」是也。綏、攉同音，催促之意。按，素回切，是亦音綏。

（八）折與拍

S譜云：「遇按：三拍折一拍。」按以動足應拍。言遇按曲子時用急拍，三拍可折作一拍。折字，《詞源》云「折拽悠悠」。姜夔《旁譜》「↗」之號即是折，折低半音，如今之「降記號」。折字已見於此梁時之舞譜，前所未知（「遇」字極清晰，李氏作「過」，誤）。

廣元大曲石刻上有二件皆為舞者，女伎一人，樂隊七人，所執樂器自左至右其中有二人持拍板，可見舞時合樂以拍板為其節奏，故舞譜必記拍數。禹縣白沙宋墓壁畫繪有高髻女子手執拍板唱曲。《都城紀勝》「瓦舍眾伎」：「唱叫、小唱謂執板唱慢曲曲破，大率重起輕殺。」故知執板自唱、慢曲及曲破均有其例。

（九）輪與巡

S 譜《驀山溪》云：「輪添一拍。」又《驀山溪》與《南歌子》俱云：「巡輪，各添兩拍。」漢代《巾舞歌》中有「復車（轉）輪」、「相哺轉輪」之語。說者謂如今時舞臺上轉圓場之舞態，良信。漢制，宴舞必旋轉，《吳書》記「陶謙舞又不轉，郡守張磐曰，不當轉耶！」可知舞之有轉，乃為常規。趙叔雍稱：「輪為舞伎巡迴起舞之專辭。如班底打連環套子為往復巡迴輪轉之勢。惟賓筵之舞，人數無多，非隊舞可比，故樂譜所用亦少。」按此《南歌子》為酒令著詞，巡與輪當與行酒有關，知輪為轉，則巡乃行酒依次為巡。

唐代行語令時，有所謂拋巡、勾迎等動作。在巡時飛盞謂之「拋巡」。白居易句：「香毬趁拍迴環匝，花盞拋巡取次飛。」巡者，酒一通為一巡。「下次据」亦作「下次句」，巡中作「一次据」謂之「句巡」。如《難陀出家緣起》云：

飲（仗）酒勾巡一兩杯，徐徐慢怕管絃催。
各「閣」盞待君下次句（据），見了抽身便卻迴。（P.2324）

下次据可以一曲打成三曲子，這時攔着酒杯，等候曲子拖慢，由一曲子慢作三曲子，這是飲酒慢兵之計，其拍是徐徐慢拍，如是謂之「句巡」。觀《驀山溪》與《南歌子》皆稱，「巡輪，各添兩拍」可證。蘇鶚演義謂以酒巡匝喚尾，宋詞屢見，亦稱為藍尾。敦煌王梵志詩云：

本巡連索索，樽主告平平。當不怪來晚，覆盞可連精。

「索」、「平」、「看」、「精」是行酒所置四字令，見《唐語林》卷八「壁州刺史」條。酒能打通關的謂為巡流：

　　《葉淨能詩》：淨能奏曰：此尊大戶，直是「巡流」。每巡可加三十五十分，卒難不醉。（S.6836）

　　巡匝為嚦尾，以酒行至末座，連飲三杯以慰之。舞之動作必與行酒配合，故各添一拍。

（十）送

　　送不止一義。在「令令舞舞舞，送送送」此種情形之下，送當是舞容。《朱子語類》稱「唐人俗舞謂之打令，其狀有四，曰招，曰搖，曰送，其一記不得。蓋招則邀之之意，搖則搖手呼喚之意，送者送酒之意。」劉放《中山詩話》：「唐人飲酒，以令為罰……大都欲以酒勸，故始言『送』，而繼承者辭之。搖首、按舞之屬，皆卻之也。至八遍而窮，斯可受矣。」是送與按，亦有配合行酒之動作。

　　舞有送，曲亦有送。《古今樂錄》：「凡歌曲終皆有送聲。《子夜》以『持子』送曲，《鳳將雛》以『澤雉』送曲。」是曲之送聲亦曰送。《鳳歸雲》云：「准前。令，按，三拍。舞据 ── 單打《浣溪沙》拍段送。」席臻貫謂此處送字可解為斷送，即其第二片用《浣溪沙》作斷送。凡演奏之前後，奏別一曲收尾稱為「斷送」，如《武林舊事》所記特詳。舞譜中《遐方遠》第二片用《浮圖子》作送，即此之類。此類送曲實即上述解曲之另一形態。[1] 常氏讀舞譜中段送作斷送，將所有譜中出現之段字概讀為斷送之斷。但在是譜之《南歌子》開頭即云：「兩段，慢二急三慢二。」此處「兩段」即不宜讀作「兩斷」。故知舞譜之段字仍當依舊說為是。

---

[1]　參見呂洪靜文。

（十一）打

打即打曲。打謂以鼓板打曲，說見《羯鼓錄》。樂舞中打拍最重要，有指揮作用。《遐方遠》下言「打五段子送」，又言「打《浮圖子》送」。《鳳歸雲》下言「單打《浣溪沙》拍段送」，「單打」一詞，見《武林舊事》「有單打《大聖樂》」（五段子似是五代詞調之《金浮圖》，見《〈教坊記〉箋訂》，287頁附表）。亦即打令，《雲溪友議》謂《楊柳枝》「飲筵競唱其詞而打令」是也。

唐代酒會的先後次第，非常分明。[1] 但敦煌舞譜則拽、頭、按、請……各動作名目，有齊整之排列，不能強分何者為上酒令，何者為下次据令，何者為瞻相令，似五代以後，酒令配合樂舞，無復如前區別之微細；復加以雜用，不一定屬之某一酒令，如以前之規定者。

（十二）本色與裏

P譜者《遐方遠》下云：「本色。相逢揖。」據此，舞劇上使用「本色」一語已見於五代時之舞譜。《東京夢華錄》：「諸雜劇色皆諢裏，各服本色。」此處本色以指舞者服裝而言。《教坊記》「聖壽樂舞，皆隨其衣本色」其義亦同。

《鳳歸雲》下云：「雙：送，裏。令按，中心；單：送，裏。」按《夢華錄》記第一盞御酒，「其餘樂人舞者諢裏，寬衫。」又上壽「教坊色長二人……皆諢裏，寬紫袍金帶。又「教坊樂部列於山樓下綵柵中，皆裏長腳幞頭。」是「裏」者當指服裝，使呈異姿，凡雙送、單送時皆有裏。廣元大曲石刻舞旋女伎即裏展腳幞頭。

《朱子語類》卷九二云：「唐人俗舞謂之打令，其狀有四，曰招，

---

[1]　如《辭鄉日月》所記第十四下次据令，十六上酒之類。

搖，曰送，其一記不得。蓋招則邀之之意，搖則搖手呼喚之意，送者送酒之意。舊嘗見深村父老者餘言，其祖父嘗為之收得譜子，曰兵火失去。舞時皆裏幞頭，列坐飲酒，少側起舞。有四句號云：送搖招搖，三方一圓。分成四片，得在搖前。人多不知，皆以為啞謎。」朱子此段文字，十分重要。可知舞譜所記之裏，即指舞者裏幞頭。其四句號，當日亦不易曉，而送搖字樣，與敦煌舞譜完全吻合，故附記之，以供參證。

（十三）破曲子

P譜《鳳歸雲》下云：「准前拍常令至据各三拍。打段前一拍送，破曲子。」按破曲子猶大曲之入破。《東京夢華錄》卷九：「第八盞御酒⋯⋯三臺舞合曲破。」史浩記二人劍舞，前部云樂部唱劍器曲破，作舞一段了，二舞者同唱《霜天曉角》。後部亦略同，俱由樂部配合唱曲破，可見破曲子不是曲名。趙云：「如今劇訓子弟曰：『此處當撥高加緊，傳譜者隨而謹識破字，以為識別。』」

（十四）悶題

上一字從門，門之作门，《雲謠集》之閨字正同。門內一字看似「小」，實是心之行書，李氏誤釋為「簡」。悶題者，謂心煩悶，聊題舞譜以抒寫耳。

尾聲

敦煌琵琶譜與舞譜之探索，為近年音樂界熱烈討論題目，家各立說，新義紛陳，本文之作，有破有立，評其未安者，而存其可信者，務折中於至當。開平舞譜最為嶄新資料，抉發獨多。時賢新著，眾所周知，篇幅所限，未能一一著其出處，指其得失，讀者諒之。舞樂研究，在敦煌學領域內，較屬專門，從事者皆此道之宿學俊彥，必能匡我不逮，多所指正，拋磚引玉，企予望之。[1]

本文為 1987 年 6 月在香港舉行之國際敦煌吐魯番學術會議
提出之論文改訂本

---

[1] 本節採用樂舞有關資料，可參考下列各文：
楊公驥：〈西漢歌舞劇巾舞《公莫舞》的句讀和研究〉，《中華文史論叢》，1986（1）。
席臻貫：〈敦煌舞譜交叉研考又題唐樂舞絕書片前文句讀字義析疑〉（稿本），《中國音樂學》，1987（3）。此文頗多勝義，承作者郵示，特此志謝。
呂洪靜：〈隋唐解曲淺說 —— 西安鼓吹樂源流考之三〉，《交響》，1986（4）。
廖奔：〈廣元南宋墓雜劇、大曲石刻考〉，《文物》，1986（12）。

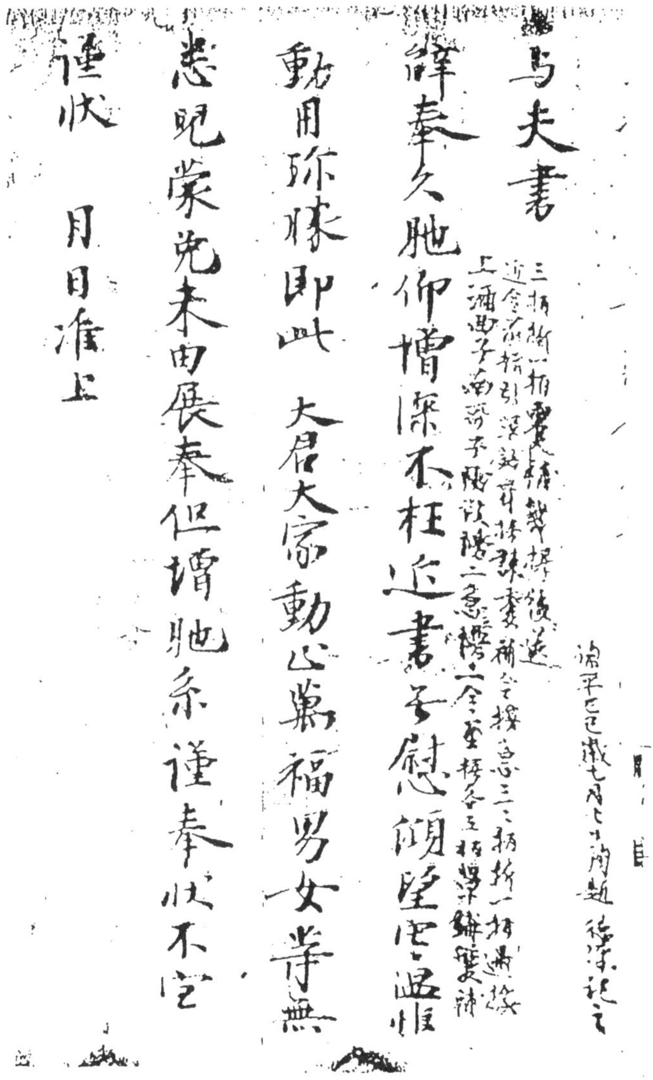

圖一　舞譜《南歌子》

琵琶譜史事來龍去脈之檢討

　　P.3808《長興四年講經文》，另一面鈔寫琵琶譜，其時代背景向來無人能作深入探索。近時何昌林先生對此問題，寫有若干文章，從敦煌僧侶梁幸德的行程，考出是譜的鈔寫年代，應是公元 934 年閏正月，鈔寫地點在洛陽，鈔寫人是梁幸德的三位助手。又從孫光憲《北夢瑣言》中「王氏女」條作為線索，及南平國高從誨與後唐之關係，以為長興四年應聖節中有南平國玉泉寺僧參與講經活動之記載，從而考證此琵琶譜實是王氏女琵琶譜之轉鈔件，其祖本即出於王氏譜。他所謂敦煌琵琶譜的來龍去脈，簡單說來即是如此。彼所發表有關是說文章不止二三篇[1]。

　　我嘗反覆加以推勘，後唐明宗時期，瓜、沙二州正值歸義軍節度使曹議金執政。其政策，一面奉中原正朔遣使入貢，一面與于闐聯婚。在 P.2706 號《轉經道場四疏》中有下列的記載：

> 請大眾轉經一七日，設齋一千五百人，供度僧尼一七人……當今聖主帝業長隆，三京息戰而役臻，五府輸誠而向化。大王受寵，台星永曜……東朝奉使，早拜天顏；于闐使人，往來無滯……長興四年（933）十月九日弟子河西歸義等軍節度使檢校令公大王曹議金謹疏。

另長興五年（934）正月廿三日疏亦云：「朝貢專使，來往不滯於關

[1] 載《音樂研究》，1985（3）；《陽關》，1984（5）；《中國敦煌吐魯番學會研究通訊》，1985（3）、（4）等刊物。

山；于闐使人，迴騎無虞而早達。」又長興五年二月九日疏云：「朝廷奉使，驛騎親宣；于闐專人，關山不滯。」[1] 是時沙州與洛陽唐室有密切交往，正是事實。

《冊府元龜》卷九七六《外臣部褒異門》：「閔帝應順元年（934）閏正月，瓜州入貢牙將唐進、沙州入貢梁行通、回鶻朝貢安摩訶……」何君舉出法京 P.3564 號《莫高窟功德記》提到僧侶梁幸德正在役使工匠繪製第 36 窟壁畫之際，奉曹議金之命入貢洛陽，被後唐敕封為「僧政臨壇供奉大德闡揚三教大法師賜紫沙門」。因謂此即講經文中唱詞第九首所說「師號紫衣恩賜與」其人。又因 P.3718 號《邈真讚》中梁幸德讚說：「路隘張掖，玁狁侵纏，戕鸞值網，難免昇乾。」遂謂「這就是說梁幸德一行由洛陽返回敦煌途經張掖時，梁因遇盜而不幸身亡。所帶行李資財難免損失，經籍文書之類亦然。現在留存下來敦煌琵琶譜只是當年全部轉鈔件中一小部分」。

今核此兩項文件，似何君未細讀原物，茲摘錄原文開頭數句如次：

> 《功德記》：「敕中龍沙，厥有弟子釋門僧政臨壇供奉大德闡揚三教大法師賜紫沙門香號願清，故父左馬步都虞候、銀青光祿大夫、檢校國子祭酒、兼御史中承（丞）、上柱國、安定梁諱幸德……」（參圖一）

> 《邈真讚》：「唐故河西歸義軍左馬步都虞候、銀青光祿大夫、檢校左散騎常侍、上柱國、梁府君《邈真讚》并序。釋門僧政兼闡揚三教大法師賜紫沙門靈俊撰。府君諱幸德，字仁寵，先苗則安定人也。」（參圖二）

由上記載，何君之說蓋有數處可商：

---

[1] 拙編《敦煌書法叢刊》第一五卷牒狀（二），東京二玄社印。

1. 梁幸德不得謂為僧侶，他曾官檢校國子祭酒，是沙州的高級教育長官（張議潮女婿李明振即曾任涼州司馬檢校國子祭酒兼御史中丞，見《隴西李氏再修功德記》，其官銜與梁幸德正相同）。

2. 具有釋門僧政臨壇供奉大德闡揚三教大師賜紫沙門之香號，乃是幸德之子願清，何氏誤認為幸德本人。

3. 另有此一僧銜者，乃是為幸德撰《邈真讚》之釋門靈俊，與梁幸德無關。

據《邈真讚》云：「奉貢東朝，不辭路間之苦……恩詔西陲而准奏，面遷左散騎常侍，兼使臣七十餘人。」足見當日使臣人馬之盛。梁幸德字仁寵，與《冊府元龜》所記入貢之梁行通，雖同是姓梁，但未必是一人。至於沙門賜紫，極為尋常，幸德子願清與撰《邈真讚》之靈俊皆然。講經文中之「師號紫衣恩賜與」句，不知指誰氏；但不得加諸「面遷左散騎常侍」官居國子祭酒而非沙門之梁幸德，可知幸德只為使臣七十餘人之一耳，其「迴程屆此鬼方」而身歿，自是事實，何以見得敦煌寫卷現存之樂譜即為幸德之遺物，可謂純出猜想！

考後唐明帝長興年號只有四年，沙州道遠，中原消息甚遲，故於閔帝應順元年正月仍書長興五年年號。應聖節必為九月九日。向例，是日集緇流於中興殿講論，此講經文即當時之話本。後面詞句中有云：「程過十萬里流沙，唐國來朝帝三（主）家。師號紫衣恩賜與，總交（教）將向本鄉誇。」（P.3808）何君謂師號紫衣即指梁幸德，今知幸德非釋門人物，何君連類推想此講經文之唱詞即出自梁幸德所編寫，自屬不可能之事。且該詞中所記人物及史事與《冊府元龜》所記時間亦不符，試縷述我說如次：

文中末段七言詞句涉及之人物有下面三人：

秦王 詞云：「臣僧禱祝資天算，願見黃河百度清。三載秦王差遣臣，今朝舜日近舜雲。」

　　宋王　詞云：「宋王忠孝奉堯天，籌（算）得焚香託聖賢。未得詔宣難入闕，夢魂長在聖人邊。」

　　潞王　詞云：「潞王英特坐岐（陽）州，安撫生靈稱烈（列）侯。既有英雄匡社稷，開[1]西不在聖人憂。」

秦王指李從榮，宋王指李從厚，潞王指李從珂。何先生之說甚確。以前周紹良先生在該講經文〈校證〉中已有同樣詳細考證。[2]考明宗皇子從榮立為秦王，在長興元年（930）八月壬寅，同月丙辰，立從厚為宋王。[3]詞中所言三載受秦王差遣之臣僧，未知是誰，其人必從長興元年以來久為秦王的親信，當然不是長興五年閏正月方自沙州入貢之梁行通可知。此其一。

　　詞中未言及秦王被殺之事。從秦王薦用供其差遣三年的講經僧的措辭，可以看出此際正是秦王炙手可熱之時。試看下面各事：

　　　　長興四年春正月戊子，加秦王從榮守尚書令兼侍中。（《通鑑》，標點本，9081 頁）
　　　　（長興四年）八月辛未，制以從榮為天下兵馬大元帥。（9087 頁）
　　　　（長興四年）九月辛丑，詔大元帥從榮位在宰相上。（9089 頁）

應聖節是九月九日，此時講經，正當秦王權勢最顯赫之日，講經僧之攀附秦王，自意中事。故知講經文詞必作於秦王未失敗之前。此其二。

　　詞中記宋王及潞王，言宋王未得宣詔難入闕。考秦王於長興四年十一月壬辰，為皇城使安從益所殺，是時宋王李從厚正為天雄節度使，同月戊辰，明帝殂。辛丑，宋王自魏州至洛陽，十二月癸卯朔，

---

[1]　疑當作「闕」。
[2]　《紹良叢稿》，66 頁。
[3]　《通鑑》，標點本，9044 頁。

宋王即皇帝位。[1]此詞如係長興五年閏正月所作，時宋王已即帝位矣，不應言其「未得宣詔難入闕」，由此句可見仍應是正值秦王當權之時。此其三。

詞中又記潞王坐岐州事，周紹良謂當指從珂任鳳翔節度使，甚是。明宗於五月暴得風疾，十一月戊子疾復作，潞王僅遣使人入侍。明宗殂，潞王復辭疾不來，可見其始終坐鎮鳳翔，何先生說：「《新五代史》，閔帝二月，鳳翔節度使潞王從珂反。既然李從珂在九三四年二月就反了，則證明這套唱詞寫於九三四閏正月。」彼認為此詞作於潞王反之前一月，正是應順元年閏正月。閔帝於是年正月戊寅改元應順。而梁行通恰於是年閏正月入貢，故何先生認為時間非常吻合。可惜統觀詞中前後有關人物，是時宋王仍是一位未能入闕之外藩，他是「忠孝奉堯天」，堯天顯指明宗，還要「託聖賢」，聖賢當指秦王從榮，以彼為其親弟。至於寫潞王的詞句云：「既有英雄匡社稷，關西[2]不在聖人憂。」潞王屢不入朝，坐鎮關西，實為朝廷的隱憂，但秦王此刻正掌兵馬大元帥。詞云「既有英雄匡社稷」，英雄疑指秦王，聖人則指明宗。通過對詞句的了解，知此講經文後面唱詞，還是以作於九月秦王當權之時為合理。與應聖節的時間既相符，前後有關史實亦無扞格難通之處。此其四。

關於唱詞寫於閏正月之假定時間既與史實不能吻合，則所有種種推測，包括指詞句撰者為梁幸德及轉鈔琵琶譜亦出於梁氏三助手各說，自都失卻其根據。

此文曾刊於《音樂研究》（1987〔3〕），頃見張廣達、榮新江論于闐使臣及其相關文書，其資料一引 P.4640 辛酉年（901）三月破曆，內有歸義軍都押衙羅通達及于闐使梁明明等，並據拙錄 S.4359

---

[1] 詳《通鑑》卷二七八。
[2] 原作「開」，誤。

《謁金門》之開于闐曲子，認為是年為于闐使臣來沙州在目前所知最
早的記載。其資料三引 P.2704 長興四、五年曹議金迴向疏「于闐使
人，往來無滯」等語，謂是時于闐使節屢在敦煌停留。[1]本文已討論此
事，舉出《冊府元龜·外臣部》所載，知是時瓜州入貢人物有唐進、
梁幸通，回鶻朝貢有安摩訶等。蓋沙州之遣唐使，必與于闐、回鶻同
行，知其倚靠外國以進行外交。

1987 年

---

[1]　參見北京大學中國中古史研究中心編：《紀念陳寅恪先生百年誕辰學術論文集》，
292 頁。

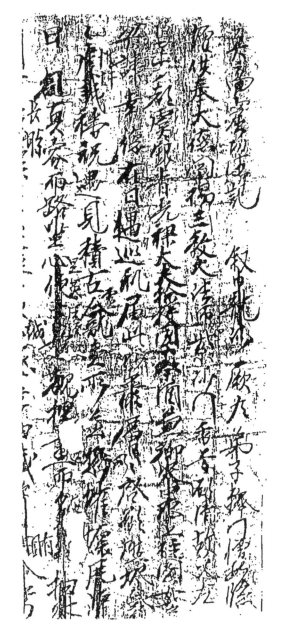

圖一　P.3564《功德記》

唐故河西歸義軍左馬步都虞候銀青光祿大夫檢校左散騎常侍

上柱國索府君邈真讚并序

府君諱崇德字仁寵先西川人也

公乃吳龍驤必膺物而生姿異異日風模挺幹于而誄世赫赫

催業弼諧一章詩詞之雄第兄母田算不來未未觀輔

玉芳譽昌播桮人倫秦義輪勞退非詳隙難勤攻得

護生福美夫妾為親從之由每人念切勤寵博軍根之務一從任

安貞畏庭鸞之鳴臧祝無罪乃遷羽之義三餘之腹儼守

再談梁幸德與敦煌琵琶譜

　　《音樂研究》1987 年第 3 期印出拙作〈敦煌琵琶譜的來龍去脈涉及的史實問題〉和何昌林先生的〈關於敦煌琵琶譜的鈔寫人（《唱詞十九首》之迷）——敬答饒宗頤教授〉兩篇。拙稿謄錄時，在「秦王於長興四年十月壬辰為皇城使安從益所殺」句，「十」字之下漏去一個「一」字，實應作十一月壬辰，茲特勘正。因為這裏是依據《通鑑》的記載，拙文已寫明詳 [1]《通鑑》卷二七八 [2]。《通鑑》是一部最可信據的書，尤其五代的史實，去宋不遠，所記更為可靠。

　　秦王是在長興四年十一月壬辰被殺死的。何先生的〈答文〉，虛懷若谷，研究深入，特別對於講經文後面十九詞，逐一加以疏說、鉤沈發覆，令人欽佩。他很注意秦王死後之事，故把一些詞句看作對秦王咒罵的文字，我的看法是講經文分明寫着長興四年，講經時間是在應聖節，應聖節當然是九月九日，這是本文的時間定點，長興四年九月正是秦王炙手可熱之時，所以詞中涉及的人物，都沒有矛盾之處。十九詞的下部分，許多地方一時還是讀不懂的。由於沒有人名可以確定它的時地關係，也許有些出於後來的增益，何先生的解說，多出於推論，是否準確，尚待研究，我在此暫作保留，以免喧賓奪主。其中只有「程過十萬里流沙」及西僧與「師號紫衣」等語，有一點關係，和尚賜紫的事多至不可勝數，如果稍一檢看《邈真讚》文字，便可了然，至於瓜、沙與唐使節來往，非常頻繁，我曾舉出長興四年十月九

[1]　《音樂研究》46 頁誤印作「評」。
[2]　可參考標點本，9092 頁。

日及五年正月二十三日疏、長興五年二月九日等疏，說明這一事實，當時都有「朝貢專使，來往不滯於關山」之語，可以想見當然不止梁幸德一次。現存文獻有記載的只有《冊府元龜》言及梁行通一事，應該尚有許多使節，不見諸記錄，故不能僅據此一人一事來作揣測，吾意還是以闕疑為是。關於梁幸德其人，在敦煌莫高窟當地，實際上研究所編號第 36 窟，即是五代時梁幸德所重修。根據巴黎 P.3564 號卷子《莫高窟功德記》可以證明。該窟西壁北側畫四大龍王及龍女，可惜榜題脫落。這些壁畫即幸德「命巧匠」所作，詳賀世哲〈從供養人題記看莫高窟部分洞窟的營建年代〉[1]。我嘗參加莫高窟第一次國際會議，對這個石窟親身考察，很感興趣。此《功德記》出於梁幸德的兒子願清手筆，開頭便說：

> 紱中龍沙，厥有弟子釋門僧政臨壇供奉大德闡揚三教大法師賜紫沙門香號願清，故父左馬步都虞（候）、銀青光祿大夫、檢校國子祭酒、兼御史中丞、上柱國安定梁諱幸德，在日偶同巡禮，居此沙巖層層啟願燃燈。

又云：

> 更有題貌未竟，父入秦涼，卻值回時，路逢國難……中途殞歿。

這裏願清稱幸德曰「故父」，可見這窟是後來由願清加以修繕完成的。這窟殘存《供養人題記》尚有「龍興寺僧願就一〔心供養〕」字樣[2]，照理願清本人應該有題記，可惜已漫滅了。

在 P.3718 號文書是梁幸德的《邈真讚》，文云：

---

[1] 《供養人題記》，220 頁。

[2] 《題記》，16 頁。

　　唐故河西歸義軍左馬步都虞候、銀青光祿大夫、檢校左散騎
常侍、上柱國、梁府君《邈真讚》並序。釋門僧政兼闡揚三教大
法師賜紫沙門靈俊撰。府君諱幸德，字仁寵，先苗則安定人也。

這篇的作者是別一位僧政賜紫的沙門，法號靈俊。幸德的別字和行
跡，此文中記述詳盡。何君在〈答文〉中說：願清故父梁幸德的身份
是僧政臨壇官 [1] 奉大德闡揚三教大法師賜紫沙門。這恐怕是很大的誤
會。顯然是把願清的香號，加之其父身上！他在所有過去若干篇文中
都認定幸德是僧侶，又說他是賜紫，其實如果平心靜氣細讀這二文，
加以對照，便可以得到下列各事實：

　　1. 梁幸德是歸義軍的官吏，而且是沙州的高級教育官。

　　2. 具有「釋門僧政臨壇供奉大德闡揚三教大法師賜紫沙門」的香
號，乃是幸德之子願清，何君誤認為幸德本人。

　　3. 另有這一僧銜的，乃是為幸德撰寫《邈真讚》的釋門靈俊，與
梁幸德無關。

　　4.《邈真讚》只說幸德字仁寵，何君竟說「行通」是幸德的法號，
羌無實據。

　　我們看莫高窟有供養人題記，具有與願清同樣香號的人甚多，在
五代的 98 窟、188 窟，不一而足，而與梁幸德同樣官銜的人物，亦
都帶有「都虞候、銀青光祿大夫、檢校國子祭酒」[2] 的銜頭。都虞候是
唐方鎮轄下的屬官（職在刺奸，威肅整旅）[3]，段秀實嘗為此職 [4]。至帶
有檢校國子祭酒一銜，實為沙州特殊現象，自大中五年（851）李明
振以次，至宋雍熙三年（986）的安彥存，可考的將近二十人。具見

---

[1]　應作「供」。

[2]　參見《題記》，35、43 頁。

[3]　參見《全唐文》卷十四，《常袞撰制》。

[4]　參見《舊唐書》卷一二八。

高明士〈唐代敦煌的教育〉附表一。[1] 清泰年間，梁幸德亦在其列。可見他絕不是僧侶，他的兒子願清才是僧政。何先生似乎先有一成見，把梁幸德看作僧侶，由此作出種種推論。但他顯然是沙州一員官吏，他如何能替人主持道場？誦講經文？他所被詔面遷左散騎常侍，正因為他不是和尚，否則何來這一封號？

據行德的《邈真讚》說：「奉貢東朝，不辭路間之苦……恩詔西陲而准奏，面遷左散騎常侍，兼使臣七十餘人。」足見當時人馬之盛，梁幸德不過是使臣七十餘人之一耳。該讚末尾紀年「於時清泰二年（935）乙未歲四月九日」，而《冊府元龜》卷九七六記閔帝應順元年（934）閏正月沙州入貢梁行通。時間非常接近，相差只有一年四個月，故亦有人懷疑梁幸德與梁行通可能是一人，或者至少是同一事件中人 [2]。幸德和行通都姓梁，幸德字仁寵，《邈真讚》不言「行通」是他的法號，很難證明他們是同一個人，而何先生卻很輕率地把他們拉在一起，硬說：「看來梁幸德原是居士，出家後才用法號行通，來洛陽講經，也用此法號。」按幸德從未出家，何得臆測講經文唱詞第八首中的「捨榮剃髮者，梁行通也」。這一連串的推論，都是沒有甚麼根據的。

梁行通與梁幸德既不能斷定是同一人，梁幸德又非僧政，他不會在洛陽講經。唱詞中的「師號紫衣恩賜與，總交（教）將向本鄉誇」句賜紫的僧人多如牛毛，不可能是梁幸德。如此，何君連類推想此一講經文的唱詞，出自梁幸德所編寫，自屬不可能的事！

琵琶譜鈔寫在講經文的另一面，石窟所出經卷正反面毫無絕對聯繫。琵琶譜寫於何時，譜的本身沒有記載；亦可能在長興以前，像倫敦 S.5613 號《與夫書》下方的「上酒曲子《南歌子》」四行即題署開

---

[1] 參見《漢學研究》，第 4 卷第 2 期，1986。
[2] 賀世哲說，見敦煌研究院編：《莫高窟供養人題記》，北京：文物出版社，1986，221 頁。

平己巳歲（三年，909）七月七日，而 P.3719《浣溪沙》殘譜三行，記着：慢二急三慢三急三。和開平譜一樣，並附記琵琶譜符號。據是可推知敦煌琵琶譜在開平前後，亦可以存在，不一定是出於長興時人的筆錄。何先生必欲指定其出於梁幸德及其助手所為，可謂出於想當然。需知立說需要證據，還需要堅強的證據！

何先生〈答文〉的結論三項：只有第三項是事實；第二項充其量只能說明梁幸德一行離開洛陽的時間，但不能證明琵琶譜鈔寫的時間；至於第一項說琵琶譜的鈔寫人是梁幸德，當時使臣七十餘人，何以知必是梁幸德，這是沒有根據的說法。何先生治學態度十分謙虛，亦十分細心。我以前有不少的獻疑，往往被何先生採納，我還是希望他再三考慮，暫時放棄這個很不穩固的假設，等候有更多更有利的材料，再作相應的結論。我的討論止於此。以後亦不再詞費了。

1987 年 11 月 5 日

《敦煌研究》1990 年第 1 期載楊雄〈長興四年中興殿應聖節講經文研究〉，考證經文末尾有幾首詩，言及「程過十萬里流沙」、「師號紫衣恩賜與」對這位明宗賜予紫衣的僧侶為誰，只說尚待研究。關於尾詩，則謂「此講經僧必是秦王的親信」，與鄙說相同。惟稱「搞清楚長興四年講經文，對其背面敦煌琵琶譜的研究無疑是有利的」。今按從該卷實物考察，已知樂譜諸紙黏貼成卷在前，而長興四年講經文，書寫在後，兩者之間，毫無關係。則過去與何先生討論之作均屬詞費，此點得以澄清，是很重要的。

《敦煌琵琶譜論文集》小引

敦煌樂譜自 1938 年林謙三試譯至今已歷五十餘年。國人作專文研究從 1960 年拙作〈敦煌琵琶譜讀記〉開始，迄於最近關也維發表的〈敦煌古譜的猜想〉[1]，其間許多學者參加了討論，發表了不少有見地的論文，茲選輯其重要者，用《古史辨》辦法加以輯錄臚列在一起，以便讀者研究。這可說是敦煌學與古譜學研究歷史上的一件大事，有下列幾點要說明的：

1. 國內學人注意這個問題並掀起熱潮，開始於 1982 年上海葉棟〈敦煌曲譜研究〉一文，以後參與者眾。

2. 由於楊蔭瀏誤認譜中「合」字的解釋，令許多人至今仍懷疑它不是琵琶譜，引起了一些不必要的爭論。

3. 現在關也維在《音樂研究》發表的文章裏，正式認為林謙三的各點見解，都屬可信。截至目前為止，過去許多困擾，現已逐漸廓清。同時關氏對於葉氏譯譜的添改音符，作出極公允的指摘與批評，葉氏譯譜的可信性可說已給予否定。關文的要點有二：

1. 確定「▭」是板而「·」不是眼，過去譯譜對於「·」號都作為「眼」來處理是不對的，這點可以論定。

2. 確定該譜的年代是晚唐五代公元 933 年以後。

這前一點基本上我們是同意的，但關氏認為它是「大曲」的猜測，他套入許多西域的樂調，如以《撒金砂》為藏文之類，似乎尚乏充分證據。席臻貫給我來信，已具體提出不同的看法。其所定的樂譜鈔寫年代，亦可商榷。

---

[1] 《音樂研究》，1988（2）。

　　我的一些見解是從整個音樂史上節奏記號的發展及曲子與詞的謳唱記號的發展兩個層面來看問題的：

　　1. 由於琵琶譜原件是由三卷紙貼接成卷，三紙係不同人不同時期所書寫，因此，不應作整個大曲來處理。其鈔寫年代當在公元 933 年經文鈔寫之前；關氏之說，適得其反。

　　2. P.3539 號琵琶音位記號第二句，應是「次指四聲」，自林謙三以來都誤作頭指，各家原文均仍其舊，不加改正。

　　3.「▭」與「·」二個重要符號即是從段號與住號發展而來的。唐代古琴，還是以拍作為段號，可以證明。

　　4. ﹀ ﹁ ……諸記號林氏定為琵琶的上下指掃手法。我們看西安鼓樂的記譜法，有許多延長音的不同記號，還有同一記號可作不同的處理；這些延長音號到了宋代發展成為謳唱的特殊「音字」。

　　近時 R.F.Wolpert 與陳應時君合作研究唐傳日本的《五絃譜》，指出《天平》、《五絃》與敦煌三譜實同屬一種記譜體系；《五絃譜》的時值符號及小形譜字，處處可與敦煌譜對應，對於敦煌譜的認識，又有極大的幫助。

　　經過多年的討論，大家已逐漸取得某些一致的結論，現在把這些文章結集在一起，是很有意義的。本書末附陳應時〈敦煌樂譜論著書錄解題〉一篇，其未收入本書之論著可參考陳君該文提要。陳君滯留香港期間，曾為本書初校乙遍，合併致謝。

1990 年 4 月

　　本書校印至近時方完畢，最後一次，又荷應時教授費神續校，尤紉厚誼。

1991 年 4 月又記

敦煌琵琶譜寫卷原本之考察

　　敦煌文書原本的形成，非常複雜，鈔寫的接駁，以及正反面的先後處理等等問題，都是本子斷代的重要依據。由於長卷往往是由若干張紙黏接而成，這類寫本，石窟所出數量較多。敦煌有一長時期不能得到充分紙張的供給，土製紙張又不敷應用，因此鈔寫者即利用舊紙黏連在一起作為長卷，就其背面鈔寫。

　　P.3808 號的長卷，一面寫着「長興四年中興殿應聖節講經文」，一面即寫着琵琶譜二十五個曲子。這一長卷是用大小不等十一張紙貼成的。講經文時時寫在兩紙介面上的地方，可以證明各紙的貼連成卷在前，鈔寫經文在後。至於曲譜的一面來看，似乎是從第一紙至第四紙，第五紙至第九紙，第十紙至第十一紙原先各貼合成卷，故筆跡分為三種。第九紙與第十紙介面的地方，更有些不同：第十紙的首行（即第 124 行）書寫位置，比第九紙之前各紙，特別高出一字，最令人注意的是部分譜字元號被第九紙（第 123 行）遮貼住。證明這第 124 行以後的樂譜是事先寫了以後再被他紙貼連，而第十紙的前部有些地方曾被剪切。因此，樂譜上紙張貼接和書寫先後本身已可說明它的形成的過程，最少經過兩至三個階段：即先有上述三組樂譜，後因利用其背面鈔寫經文，被貼成長卷，所以它們之間有不同的筆跡存在。

　　關於這一卷原本的仔細考察，關係研究資料的忠實根據，十分重要。我曾請前門人現供職於法京科學中心的鄺慶歡博士在國立圖書館取出原卷，仔細觀察，鄺君經過多次對原物的考查，用紙張依照原卷

模樣剪貼成一長卷，把接駁地方的正反面文字和曲譜都依照原樣描出鈔出寄給我，原本的情狀已得到很具體的反映，我復把它和原物在顯微卷放大下的現狀與拙作《敦煌曲》所附照片記出來的行數，仔細作比勘，茲將所得結果記錄如下：

（一）琵琶譜

　　第一、二、三、四紙，即第 1 至第 56 行，為一種筆跡，計十曲，每曲均有曲名。第四紙後半有一大片空白，說明原本此是鈔完了的一卷完整的樂譜。

　　第五、六、七、八、九紙，即第 57 至第 123 行，為另一種筆跡。第五紙一開始只有譜字而無曲名，餘九曲均有曲名。說明之前被裁剪。第五紙接連第六紙處，即第 73 行的《又慢曲子》，寫在介面之外；第六紙接連第七紙處，亦即第 89 行和第 90 行，為《又慢曲子伊州》的末段，第 90 行寫在介面上。可見是先接好紙然後書寫樂譜的。第九紙很窄，只有兩行（即第 122、123）譜字的寬度。說明原譜鈔寫時紙不夠長，再補貼後鈔完的。但因為此一卷譜的開頭被截，現存此曲譜之前是否尚有譜字，此曲的曲名，以及此曲之前的樂譜尚不可知。故此是一卷不完整的樂譜。

　　第十、十一紙即第 124 至第 158 行，為第三種筆跡。第十紙開始（即第 124 行）譜字旁的三處「‧」號和三處「▭」號被第九紙所遮貼；其後《伊州》的第二行（即第 142 行）譜字寫在介面上。說明亦是原先接好紙再書寫樂譜，後背面用作鈔寫經文，就被裁在第九紙上。第十紙開始的樂譜和第五紙情形相同，故此亦是一卷不完整的樂譜。

（二）長興四年講經文

「不因有信君王請，爭得經文滿世間」句，寫在樂譜第九紙和第十紙背面接駁的位置，「君」、「請」字部分寫在介面上。

「皇帝臨乾內（四）海尊，聖枝承雨露惟新。宮圍（闈）心似依冬月」，此行寫在樂譜第六紙與第七紙背面的介面上。

「皇民吹（○○字殘）煙㗂，經手不落干戈字。滿耳難聞絲竹聲」，此行寫在樂譜第四紙與第五紙背面的介面上。

樂譜第三紙與第四紙背面的介面上，第二紙與第三紙背面的介面上，第一紙與第二紙背面的介面上，亦都有經文（文字從略）。

從上列現象觀察，該原卷是先有樂譜，而樂譜原又是出於不同的時期和不同的人所書寫，再由該各譜黏連成為長卷。長興四年，才在該卷之上鈔寫講經文，由此可以肯定樂譜的書寫時代，該是長興四年以前的文書，雖無法知其先後確實時期，但「長興四年」即樂譜的下限，卻可以論定。

由於本卷子是由三個不同的人所書寫，有兩處曲子的前半部被剪去貼連於他紙，這兩個不完全的曲子屬於何曲調都無從知道，應在闕疑之列，故無法把這二十五曲視作一整體，而把它全面看成一組大曲。葉棟把它作一套大曲來處理，是說不過去的。

現在弄清楚樂譜書寫在先，長興四年經文書寫在後，則向來都說講經文是正面，琵琶譜寫在其反面，恰好顛倒過來，是應當糾正的！

1990 年

敦煌寫卷之書法

　　世人論敦煌藝術，只注意其繪畫方面，然莫高窟所出寫卷，以數萬餘計。[1] 其中不少佳書，足供愛好書法者之欣賞。惜散佈各地，大部流落異國，未有人加以整理。如從此大量寫卷，披沙簡金，往往可以見寶，未始不可與碑學相表裏，而為法帖增加不少妙品也。

　　西北出土文書，敦煌石室以外，尚有新疆之吐魯番、鄯善、庫車等地。有名之晉初《三國志》殘卷及日本探險隊所得之元康六年（216）《諸佛要集經》，即為西域所出，其年代較早，可明楷法之由來，又如《李柏尺牘》，則與晉人書札，可相頡頏，此類皆極重要，以不在本文範圍之內，茲不具論。

　　敦煌寫卷，最多為佛經，以倫敦大英博物院所藏而論，佛經佔全部六分之五。寫經者每於卷末附記時間及書寫地址。如《秦婦吟》、唐人擬作之《李陵答蘇武書》不下數種，有寫於敦煌郡金光明寺者。[2] 亦有寫於關中者，如《文選·西京賦》李善注，末署「永隆元年（唐高宗，680）二月十九日弘濟寺寫」，弘濟寺在長安，可見石窟經卷，多有從外面攜來。寫卷上每署書人姓名。[3] 此種寫家，唐人謂之「經生」；《宣和書譜》所說張欽元之《金剛經》，武后時楊庭之《五蘊論》，

---

[1] 英倫藏六千餘卷，連背面可逾萬，法京藏中文卷四千餘，前北平圖書館藏九千八百餘卷，總數可達二萬餘。益以俄京及他處私家藏品，確數尚待統計。

[2] 《秦婦吟》列法國 P.3381，末題「天復五年乙丑歲十二月十五日敦煌郡金光明寺學仕張龜寫」。《答蘇武書》列 P.2692，題「壬午年（922）二月二十五日金光明寺學郎索富通寫」。

[3] 例見上舉，亦有寫明書某人作品者，如英倫藏大順元年（890）《李慶君寫元相公十二月令詩》。

即其著例。[1] 經生書向來不為人重視，故著錄者少，岳珂《寶真齋法書贊》（卷八）收有唐人無名氏《楞伽經》（草書），其贊有曰「唐世經生筆力便」，此在法書目錄中甚為罕睹之例。

敦煌佛經卷皆作正書，甚少作草書。有之，如 S.2342、S.2367 號，皆長編佛典，字作章草。又《文心雕龍》草書冊子（S.5478 起《原道》篇末至《雜文》第十四），雖無鎖連環之奇，而有風行雨散之致，可與日本皇室所藏相傳為賀知章草書《孝經》相媲美。

邊陲文書，時見佳品，如天寶十四載帖（S.3392）之韶秀，接武二王；中和四年牒（S.2589）之遒健、天福十四年狀（S.4389）之嚴謹，俱有可觀。河西某碑誌（S.3329、S.6973）之疏逸，略近虞伯施，類書卷（S.6011）之圓勁，似出李北海。至於道經韻書之屬，可謂顆顆明珠，行行朗玉。或則渾穆（如 S.6187），或則纖麗（如 S.3370），其秀潤悅人者，雖《靈飛經》亦不能專美於前矣。

至於俚俗歌詞，信筆寫錄，亦復古樸雄厚，絕無俗態（如 S.5556 曲子《望江南》及日本藤井氏藏《五更轉》），以一般而論，寫經生取體，大抵蹀躞於虞、歐、褚、薛之間，輕圓滑利，以勻整為美。病在熟而不生，反不如此類之拙而能肆。

經典寫卷，以《論語》、《孝經》為最夥，字多俗惡。其詩、書、文選，間有精品，如《毛詩音卷》之整秀，頗近褚河南。《文選·答客難卷》之婉潤，大似王敬客磚塔銘，試舉一二，餘可隅反：

石窟所出，亦偶見飛白書，如 S.5952 有「忍辱波羅蜜」五字，為長興二年（931）曹氏所書，別具一格。又 S.5465 有「龍興寺」三字，亦作飛白，在《觀音經》之後。

又有臨摹之作，如 S.3753 乃臨《十七帖》（有「龍保等平安」

---

[1] 《宣和書譜》云：「張欽元作真字，喜書道釋經，然不墮經生之學，其遠法鍾繇，惟恐失真。」又云：「楊庭為時經生，作字得楷法之妙。長壽間，一時為輩流推許。」敦煌經卷，所見寫經生極多，《宣和書譜》所記僅此二人耳。

句），S.4612、S.4818，皆臨《聖教序》，稍嫌力弱，尚能秀整。

若夫唐代碑拓，保存於石室，尚有一二種，如魯殿靈光，今存倫敦之《化度寺碑》，存巴黎之《溫泉銘》，俱膾炙人口，世所熟識。

其書寫時代，在隋唐以前者，多存北朝風格，如《老子想爾注長卷》，結體平扁，波磔廣闊，近八分而稍異於今楷。

諸寫卷中，別體俗書，觸目皆是。昔米芾有詩詠晉帖誤用字云：「何必識難字，辛苦笑揚雄，自古寫字人，用字或不通，要之皆一戲，不當問拙工，意足我自足，放筆一戲空。」[1] 我於敦煌寫卷，亦有同感。惟此類俗體，如有好事者為之輯錄成書，以補《隸篇》、《楷法溯源》、《碑別字》等書之不逮，更有功於藝林。

張彥遠《法書要錄》，有《唐朝敍書錄》（卷四）、竇臮《述書賦》（卷五、六），於唐人法書，頗多月旦，即於徵求保玩，利通貨易等委瑣之事，時復論及，可謂詳盡。今敦煌寫卷所見書家，大都當日鄉曲經生之輩，邊鄙荒壤，有此翰墨林，雖暗晦於一時，終絢爛於千祀。倘得竇氏者流，廣賦述書，重為品藻，敦素業而振清風，固瘝痗以求之矣。

後記

本篇為數年前所作，比歲以來，中外學人，對此問題，稍有注意者，茲記其重要文獻如次，以供參考。

《墨美》（Bokubi）第九七號（1960 年）為「敦煌寫經」，由京都大學藤枝晃教授說明，題曰「敦煌寫經の字すがた」，所選資料，皆取自倫敦所藏佛經寫卷，自西涼建初元年（406），至宋雍熙二年

---

[1]　語見《寶晉英光集》「答紹彭書來論晉帖誤字」。

（985），附圖三十四幅，印刷精美。

　　《文物》（1963〔3〕）張鐵弦〈敦煌古本叢談〉，文中舉出巴黎敦煌卷 P.2555 號正面有經生所摹鍾繇《宣示表》一段，及 P.3561 貞觀十五年蔣善進臨寫《智永真草千字文》殘本三十四行，又 P.2555 正面有馬雲奇作《懷素師草書歌》七古，此皆法京所藏有關書法之資料。[1]

　　葉昌熾曾論有唐一代工行書，以緇流為最。自懷仁《聖教序》出，遂有院體之目（《語石》）。倫敦所藏寫經，鈔《聖教序》即有三卷之多。[2]

　　唐人寫經多出無名氏之手，宋世收藏者，每依託為名書家所書，如寶真齋之《楞伽經》注真跡，舊題褚河南，岳倦翁則疑其為售者所益。柳公權跋唐經生書之《西昇經》，亦誤謂之褚書，米芾《書史》所以有「能書者未必能鑑」之嘆也。敦煌寫卷之有裨於書法鑑賞如此。

《東方文化》第 5 卷第 1 期，香港大學，1959 年

---

[1]　《宣和書譜》卷十八錄天成間周義之《草書贈懷素歌》，亦即此類。

[2]　見 L.Giles 新編目錄一至三號，其第 2 之（1）亦即《聖教序》，參本文附圖及 S.4818 號。

敦煌書譜目錄
List of Tun-huang Specimens of Chinese Calligraphy

I. S.5952 ［A］ 飛白書

Fei-pai Style（"flying" brush strokes showing empty white spots）

II. S.5952 ［B］ 長興二年曹氏祈福疏

Censor Ts'ao's Prayer. Ch'ang-hsing 2nd Year（A.D.931）

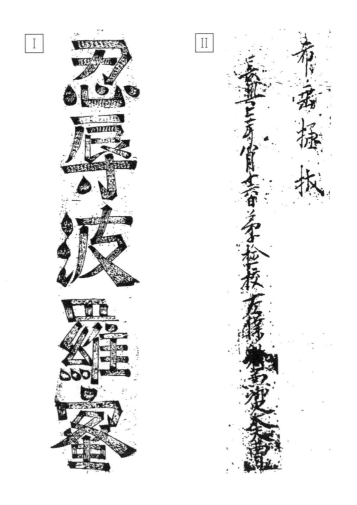

Ⅲ. S.2589 中和四年牒（述黃巢戰況及甘州回鶻事）

A Dispatch on the Campaign against Huang Ch'ao and on the Kanchou Uighurs. Chung-ho 4th Year（A.D. 884）

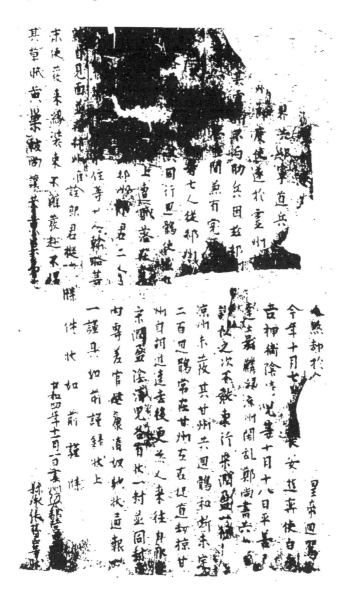

IV. S.6973 張氏勛德記

Careers of Members of the Chang Family

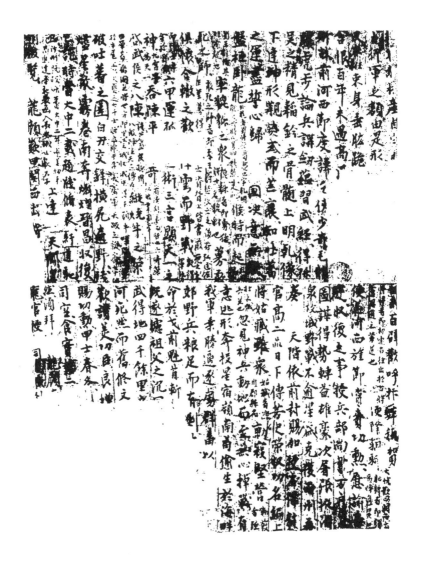

V. S.3329 張氏勛德記

Continuation of Ⅳ

Ⅵ. S.4612 書唐太宗三藏聖教序

Copy of the "Sheng-chiao hsü Calligraphy"

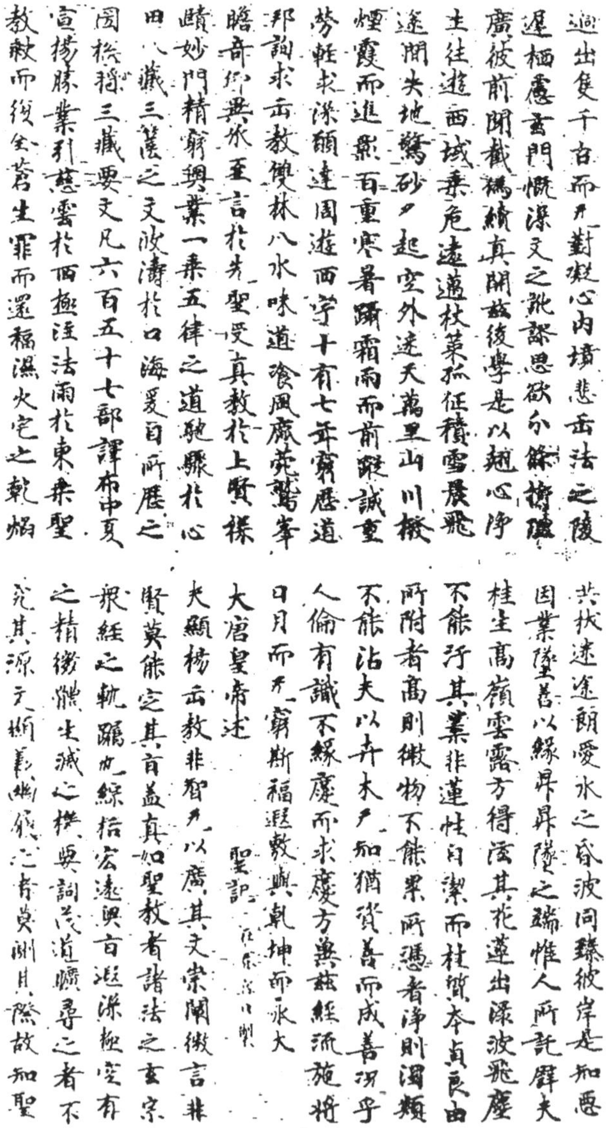
迴出隻千古而无對凝心內境悲正法之陵
遲栖慮玄門慨深文之訛謬思欲分條析理
廣彼前聞截偽續真開茲後學是以翹心淨
土往遊西域乘危遠邁杖策孤征積雪晨飛
途間失地驚砂夕起空外迷天萬里山川撥
煙霞而進影百重寒暑躡霜雨而前蹤誠重
勞輕求深願達周遊西宇十有七年窮歷道
邦詢求正教雙林八水味道餐風鹿苑鷲峯
瞻奇仰異承至言於先聖受真教於上賢探
賾妙門精窮奧業一乘五律之道馳驟於心
田八藏三篋之文波濤於口海爰自所歷之
國總將三藏要文凡六百五十七部譯布中夏
宣揚勝業引慈雲於西極注法雨於東垂聖
教缺而復全蒼生罪而還福濕火宅之乾焰
共拔迷途朗愛水之昏波同臻彼岸是知惡
因業墜善以緣昇昇墜之端惟人所託譬夫
桂生高嶺雲露方得泫其花蓮出淥波飛塵
不能污其葉非蓮性自潔而桂質本貞良由
所附者高則微物不能累所憑者淨則濁類
不能沾夫以卉木无知猶資善而成善況乎
人倫有識不緣慶而求慶方冀茲經流施將
日月而无窮斯福遐敷與乾坤而永大
大唐皇帝述 聖記 在春宮日製
夫顯揚正教非智无以廣其文崇闡微言非
賢莫能定其旨蓋真如聖教者諸法之玄宗
眾經之軌躅也綜括宏遠奧旨遐深極空有
之精微體生滅之機要詞茂道曠尋之者不
究其源文顯義幽履之者莫測其際故知聖

VII. S.3753 臨十七帖（龍保等平安一段）

Copy of the "Seventeenth Day Calligraphy"

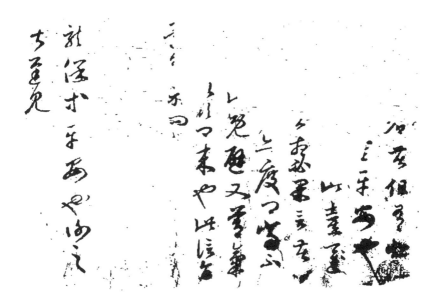

Ⅷ. S.3392 ［A］ 天寶十四載制

An Imperial Decree of T'ien-pao 14th Year（A.D.755）

IX. S.3392 ［B］ 天寶十四載制

Continuation of Ⅷ

X. S.2973 開寶三年司書手馬文斌牒並詠象七律

A Dispatch of K'ai-pao 3rd Year(A.D.970), followed by a Poem on
the Elephant，Handscript Copy of Ma Wen-pin

XI. S.5644 懷慶寫方角書

Calligraphic Square by Huai-ch'ing

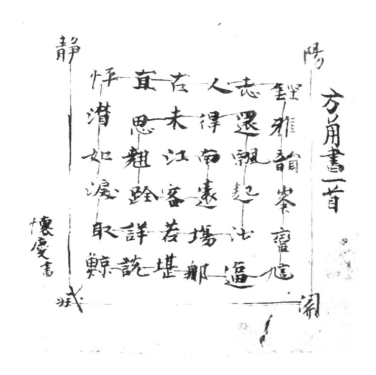

XII. S.5852 曲子一本

From a Volume of Songs

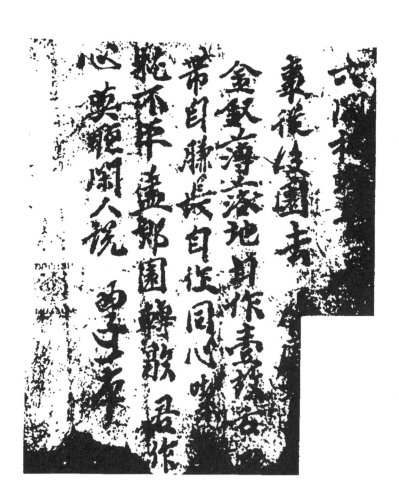

XIII. S.6140 道經

From a Taoist Text

XIV. S.6187 切韻

Fragment from the Ch'ieh-yun

XV. S.3880［A］二十四節氣詩李慶君書

Li Ch'ing-chun's Calligraphy of Poems on the 24 Solar Terms

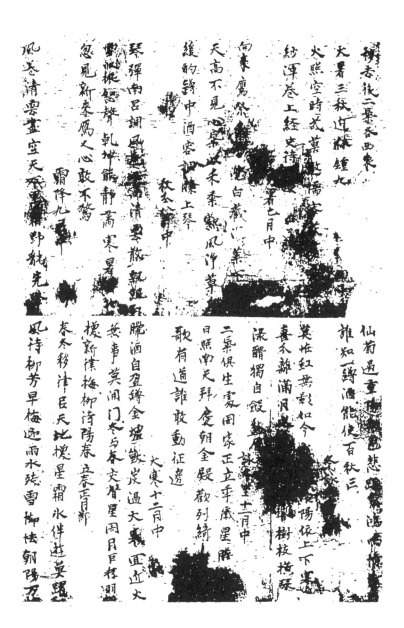

XVI. S.3880［B］二十四節氣詩李慶君書

Continuation of XV

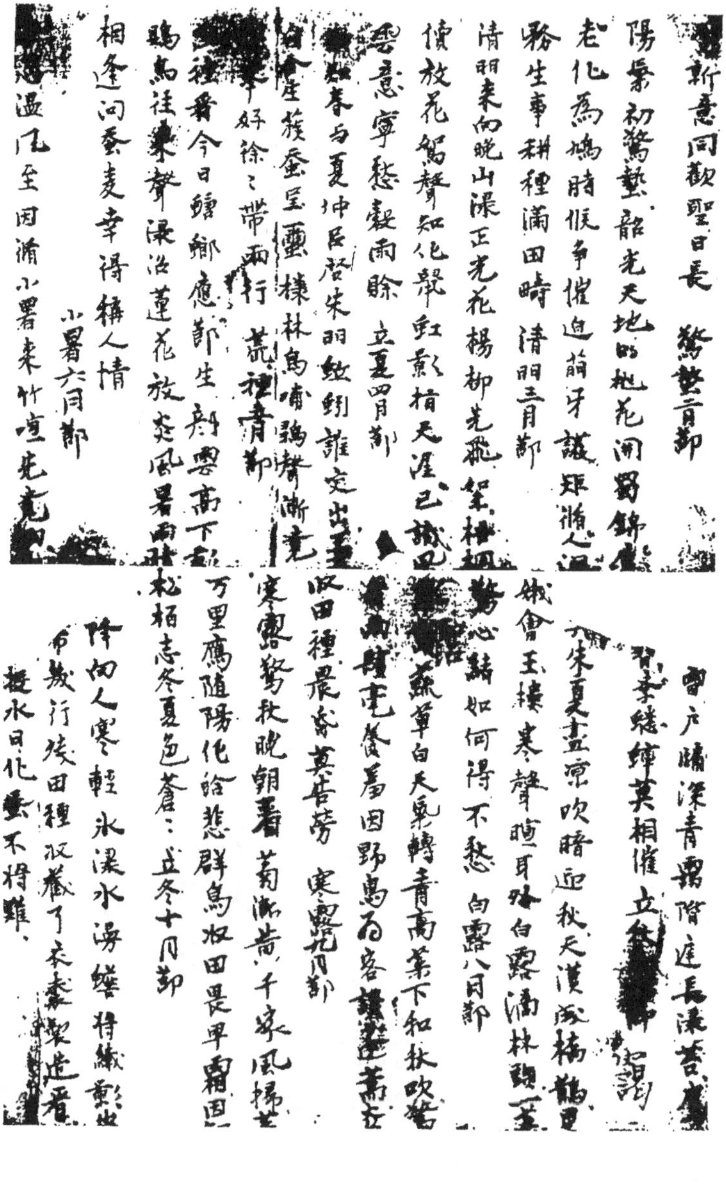

XVII. S.3880 ［C］ 二十四節氣詩李慶君書

Continuation of XV and XVI

XVⅢ. S.5697 瓜州殘狀

Fragment of an Offcial Report Mentioning Kua-chou

XIX. S.3370 道經（記山神水神）

From a Taoist Text on Mountain and River Fairies

XX. S.3750 道經（授受五嶽圖法）

From a Taoist Text about Transmitting the Wu-yueh t'u-fa

XXI. S.5382 道經（洞真三天正法經）

From Taoist Texts

XXII. S.5556 ［A-B］ 曲子望江南

The Song Wang Chiang-nan (Gazing with Longing at the Country South of the Yangtze)

A

B

XXⅢ. S.4398 天福十四年曹元忠獻砂牒

Ts'ao Yuan-chung's Letter of T'ien-fu 14th Year(A.D.949),
forwarding a Gift of Sal Ammoniac

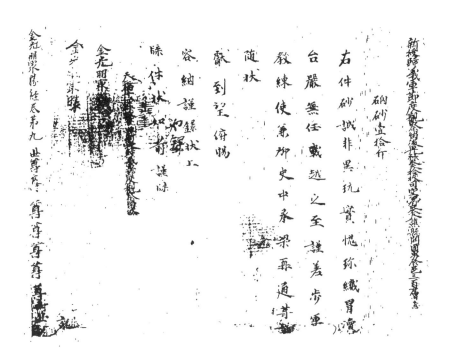

XXIV. S.6011 類書（記馬、津梁、關、市等）

Extract from an Encyclopaedia

《敦煌白畫》弁言

　　繪畫在西北地方秦漢已盛行之，近年發掘所得秦都咸陽故城已有壁畫[1]，甘肅酒泉下河清漢墓繪羽人農夫巨象，線條雖甚簡單，並以黑白朱砂粉黃赭石諸色畫成[2]，具見其濫觴甚早。

　　敦煌畫之發現，可為中國中古畫史填補空白。斯坦因、伯希和取去之畫旛卷軸，無非繪畫資料之瑰寶也，惟是敦煌僻在西陲，其畫唐人罕見評騭。自莫高窟發現以來，敦煌畫遂為人所樂稱道，探討者日眾，蔚為一時之顯學。張彥遠云：「今之畫人，粗善寫貌，得其形似，則無其氣韻；具其彩色，則失其筆法，豈曰畫也。」敦煌壁畫大都善於傅彩，堆砌巧密，以彥遠眼光衡之，或非出於勝流，然以畫史論之，今之卷軸稱為唐繪者，雖間見諸著錄，疑多出自後來模寫，求其確為唐五代宋初之畫無可置疑者，除若干新發現之唐墓壁畫，當以敦煌畫為無上之資料。

　　唐代水墨畫[3]流傳極鮮，敦煌石窟所出卷子其中頗多白描畫樣，無意經營亦有佳品，唐人粉本可窺一斑。巴黎國家圖書館伯希和藏品中，圖繪材料不一而足，極少數曾經印行。[4]今之研究大半取資於是，參以倫敦大英博物館目睹之畫軸暨經卷中之畫樣，撰為斯篇。

　　1971 年 3 月於普林斯頓大學美術史系，得遍讀羅寄梅先生手攝

[1]　殘片著色圖見《考古》，1962（6）。
[2]　《文物》，1959（10）。
[3]　瀧精一：〈唐朝の墨畫〉（上下），《國華》三八六、三八七。
[4]　松本榮一：《敦煌畫の研究》，結城素明：《西域畫聚成》、〈上野アキ敦煌本幡畫佛傳圖考〉（載《美術研究》二六九）所利用之材料涉及經卷中者極少。

莫高窟及榆林窟壁畫數千張，大飽眼福。其有關白畫資料間復採摭彙
入於茲，藉供參證，以見唐畫之可貴云。

1978 年

白畫源流與敦煌畫風

一、白畫與敷彩

　　顧亭林《日知錄》卷七云：「古人圖畫皆指事為之，使觀者可法、可戒……自實體難工，空摹易善，於是白描山水之畫興，而古人之意亡矣。」顧氏所云白描者，殆指元人不設色之山水，惟白描不限於山水。李公麟工白描[1]，若維摩說不二法門白描紙卷、天女散花、蓮社圖紙卷，白描人物樹石。李元中寫記摩耶夫人像，白描勁如鐵線，俱見於著錄。[2] 若《圖繪寶鑑》所記又有僧希白白描荷花，趙子固水墨白描水仙梅蘭，方薰謂「今人水墨畫，謂之白描，古人謂之白畫」，是白畫即白描矣。

　　白畫名稱由來甚遠，或舉衛協[3]之白畫上林苑圖為最早之例[4]，然張彥遠所錄，吳曹不興有一人白畫，晉張墨有雜白畫一，唐時猶存，《抱朴子‧辨問篇》：「衛協張墨於今有畫聖之名焉。」謝赫以張墨與荀勗列為同品，是晉時畫聖，皆擅白畫。彥遠又云：「絹素彩色不可擣理，紙上白畫可以砧石妥帖之。」其書記唐代壁畫，就中不少為白畫者。

　　　　慈恩寺　東廊有鄭虔畢宏王維等白畫

　　　　龍興觀　有董諤白畫

---

[1]　中川忠順：〈李公麟と白描畫〉，《國華》三八〇。
[2]　《生平壯觀》七。
[3]　米澤嘉圃：〈衛協研究〉，《東方學報》（京都），十二冊三，458頁「白畫」一項。
[4]　《佩文韻府》。

　　善提寺　有楊廷光白畫

　　寶應寺　多韓幹白畫

　　千福寺　東塔院有楊廷光白畫鬼神

　　趙景公等　東壁有吳道玄白畫地獄變 [1]

凡上所舉皆張氏目睹白畫之著例。

　　自有畫術之興，畫人即能以線條 [2] 勾勒輪廓，殷墟所見猿、象圖是其明徵。西漢末武威磨咀子出土，平陵敬事里張伯升柩上所蓋麻布銘旌，左為朱地墨鳥，右為墨繪迴龍，而身略塗朱。[3] 此平帝時圖畫雜用墨與色，而以墨繪為骨幹，蓋漢代白畫之可見者也。

　　《晉書‧武帝紀》泰始三年，張掖太守焦勝上言：「氐池縣大柳谷有玄石一所，白畫成文，實大晉之休祥，圖之以獻。」據《漢晉春秋》云：「長一丈六尺，高八尺，白石畫之，為十三馬、一牛、一鳥、八卦玉玦之象。」《隋書‧經籍志》有高堂隆及孟眾撰張掖郡玄石圖二種，是所云白畫成文者，謂繪於玄石或白石之上，雖名白畫，實與白描之白畫，取義不同。

　　郭若虛《圖畫見聞志》：「（五代）宋卓，工畫佛道，志學吳筆，不事敷彩，有白畫菩薩、粉本坐神等像傳於世。」米芾《畫史》：「端州有陳高祖之後，收陳世諸佛帝真白畫。」可見凡不設色之畫，只以線條表現者得謂之白畫。唐代畫家無不能之，亦稱為墨蹤。朱景玄《唐朝名畫錄》六，記吳道玄有數處圖畫，只以墨蹤為之，墨蹤即白

---

[1]　此據《寺塔記》。

[2]　米澤氏〈白畫源流考〉，指出甲骨文字之線描形式及銅器紋樣，以線條為重要機能，因而強調漢畫中線描主義之緊要，故六法之骨法用筆，即為作畫之基礎功夫（《東洋文化研究所紀要》第四冊）。Michael Sullivan, *The Birth of Landscape Painting in China*：“The term po-hua is used frequently in later writings on painting to mean drawing with the brush in ink line only, with-out color.”（122 頁）彼謂白畫即 “plain ink or ink-line painting”（34 頁）。

[3]　《武威漢簡‧柩銘考釋》，148 頁，北京：文物出版社，1964。

畫也。

韓幹所作白畫，亦有輕成色者，即淡設色也。唐畫多敷重彩，觀六法之中，其四即為隨類賦彩，故陸探微著有《合色論》[1]。惟唐五代習慣，設色多不出畫師之手，而以工人成色，《歷代名畫記》、《宣和畫譜》，記吳道子[2] 落墨後，多命其徒翟琰與張藏佈色，濃淡無不得宜。《畫史》亦謂：「道子界畫墨訖則去，弟子裝之色。蓋本筆再添而成，惟恐失真。」張書卷三記某某白畫工人佈色，或工人成色不一而足。又同書卷十王維條，謂人家所蓄，多是右丞指揮工人佈色，原野簇成。當日作畫技術，描與成分開。《名畫記》敬愛寺壁畫，每言某某描，某某成，如維摩詰盧舍那，並劉行臣描，趙龕成。東壁西方變，蘇思忠描，陳慶子成。足見描與成乃截然二事。成當指成色而言，是時畫家以描為重，命色則指揮徒工為之。描為輪廓之經營及線條之表現，蓋以位置與骨法為主，而設色次之，白畫所以有其獨立之價值也。[3]

二、素畫與起樣

《歷代名畫記》九：「僧金剛三藏，獅子國人，善西域佛像，運筆持重，非常畫可擬，東京廣福寺木塔下素像，皆三藏起樣。」又「敬愛寺」條：「彌勒菩薩塑像，麟德二年自內出，王玄策取到西域，所

---

[1] 《崇文總目》著錄。

[2] 松本榮：〈吳道子と著色〉，《國華》五八二，164 頁。已指出白描與成色，為兩不同步驟。

[3] 俞劍華《中國壁畫》（12 頁）云：壁畫不著色者，謂之白畫，實亦不然。白畫固不限於壁畫也。《名畫記》西京勝光寺塔東南院周昉畫水月觀音自在菩薩掩障菩薩圓光及竹，並是劉整成色。《寺塔記》云：「常樂坊三階院門上白畫樹石頗似閻立德，余攜立德《行天祠》粉本驗之無異。」

圖菩薩像為樣。」金剛為錫蘭人，能起樣作稿，而西域傳入佛像，必先作樣，然後塑像，益依其比例以定形態。印度人作畫，必以此植基起樣，即打草稿也。

段成式《寺塔記》言楊法成有《畫樣》十五卷。[1] 裴孝源《貞觀公私畫史》所收有下列各種畫樣：

> 顧景秀雜竹樣　隋朝官本
> 姚曇度　白馬寺寶臺樣
> 張善果　靈嘉塔樣　隋官本
> 西域僧伽佛陀弗林圖人物器樣
> 董伯仁雜臺閣樣　隋官本
> 雜鬼神樣

以上人物樓臺雜竹各種草圖均謂之樣，隋以來多有之，故《圖畫見聞志》二謂：（五代）趙元德於唐季喪亂之際，得隋唐名手畫樣百餘本，故所學精博，是名家必以畫樣為研習之資也。

唐碑有「素畫彌勒佛」之語。[2] 素像之素，用為動詞或讀作塐。[3] 敦煌卷子屢見素像一詞，舉例論之。

> ［P.2991］《敦煌社人平咄子一十人刱於宕泉建窟一所功德記》：乃於茲地刱建一龕……於是龕內素釋伽仏一軀、二卄卄蓮臺寶座……
> ［P.2762］　是用宏開盧洞，三載功充，廓落精華，正當顯

---

[1] 段成式《寺塔記》云：「法成，明皇時人，自言能畫，劉乙意兒指授之，以近十稔，工方畢。《畫樣》凡十五卷。柳七師者，崔寧之甥，分三卷，往上都流行。後因四月八日，賜高力士，今成都者是其次本。」
[2] 《山右石刻叢編》九，《龍興寺造上方閣畫法華感應記》。
[3] 錢大昕：《潛研堂金石文跋尾》續三。

敞，龕內素釋伽牟尼像，四壁圖諸經變相一十六鋪……

實夫子（良驥）撰《大蕃故敦煌郡莫高窟陰處士公修功德記》：……龕內素釋伽牟尼像並聲聞菩薩神等共七軀，帳門兩面畫文殊普賢菩薩並侍從，南牆畫西方淨土、法花天請問寶恩變各一鋪，北牆藥師淨土、花嚴、彌勒、維摩變各一鋪。[1]

上三條之素字皆謂壕[2]佛像，以指塑造似較合理。至若稱素畫者，如：

[P.2991] 卷末為《莫高窟素畫功德讚文》。瓜沙境大行軍都節度衙門幕府判釋門智照所述，略云：「素畫真儀，開張化跡，前仏後仏言教不差……則有燉煌官品社△公等△人彩集崇建矣。」[3]

《畫史》：漣漪藍氏收晉畫渾天圖，直五尺，素畫，不作圜勢，別作一小圈，畫北斗紫極。

此處所謂素畫，自是指白描之作。[4]

起樣與塑像二事有相互關係。張彥遠記敬愛寺講堂內大寶帳，開元三年史小淨起樣，又有作蠟樣者（亦見同卷），塑像必先起草，純取線條，定其位置，故稱素畫。又有作素畫者，如光啟元年《沙州伊州地志》殘卷云：「火祆廟中有素書形像無數。」此亦當是打草起樣。或疑素書乃素畫之誤字。

---

[1] 《沙州文錄》。
[2] 素與壕塑之通用，見《金石萃編》五三；神田一郎：〈素畫に就いて〉，見《東洋學說林》。
[3] 下接報恩吉祥之窟記，釋慧苑述。
[4] 小野玄妙：〈唐末五代趙宋時代の佛教畫に遺存する粉本圖像の種種〉，舉出地藏曼荼羅、地藏十王變相等粉本（載《國華》五一六）；又同氏唐本毗沙門天王斷片，京都仁和寺藏（載《國華》五一七）。

道教有一十八真形，其第十一為爽紵，第十二為素畫，十三為壁畫，十四為鑿龕，十五為鐫諸文石，十七為香泥印成，十八為印紙範……畫夜存念，如對真形，過去未來獲福無量。[1] 以素畫與壁畫區分為二，唐代道教畫像繪事相當發達，觀杜甫所作《柳公紫微仙閣畫太乙天尊圖文》，可見其梗概，又真形之第十五鐫諸文石，即指線條刻石，若永泰公主石槨線刻之人物，蓋屬此類，雖亦為素樣，但以鐫刻於石，故別釐為一類。

葉昌熾《語石》五《造象十二則》，其一論塼像而加以彩飾與畫軸不同，引宋慶曆五年法門寺碑塑人與畫人分別為言，是素像與素畫明為二事，素像即塼像，素畫即白畫起樣，素畫蓋為施彩繪之壁畫及塼像之初步工夫。

三、粉本、模拓、刺孔雕空與紙範

粉本

畫稿，古習稱粉本，又曰粉圖。陳子昂有《山水粉圖歌》、李白有《當塗趙炎少粉圖山水歌》[2]，又稱粉繪[3]。元湯垕《畫鑑》云：「古人畫稿謂之粉本，前輩多寶畜之，蓋其草草不經意處有自然之妙。宣和紹興所藏粉本，多有神妙者。」[4] 方薰《山靜居畫論》云：「（往）見舊人粉本一束，筆蹤乍斷乍續，灑落如不了之畫，風致可觀。王繹謂宣紹間所藏粉本別有自然之妙，信矣。」

[1] 《道藏》七六〇冊《靈寶三洞奉道科戒營始》卷二「造像品」。
[2] 俱載入《文苑英華》卷三三九。
[3] 如杜甫《存歿口號》詩「鄭公（虔）粉繪隨長夜」。
[4] 又見《圖繪寶鑑》及湯允謨《雲煙過眼續錄》，惟唐六如《畫譜》引此作元王思善語。

張彥遠謂:「開元十一年,勅令寫貌麗正殿諸學士……粉本既成,遲回未上絹,張燕公以畫人手雜,圖不甚精。」(《名畫記》卷九)是粉本亦為上絹前之草稿。朱景玄《唐朝名畫錄》載吳道子對玄宗奏云:「臣無粉本,並記在心。」遣其於大同殿,寫嘉陵江三百里山水,一日而就。道子精熟,下筆立就,不必預作草稿,此其所以獨絕也。

東坡題跋云:「北齊校書圖,本出國手,止用墨筆,蓋唐人所謂粉本。」此謂墨筆作草稿者為粉本。

《圖畫見聞志》二:王殷有《職貢遊春仕女》等圖並粉本佛像傳於世,又宋卓有白畫菩薩粉本。李廌《德隅齋畫品》所記有:《番客入朝圖》,梁元帝為荊州刺史日□粉本;丁簡公家《凌煙功臣圖》、《孔子七十門人小樣》,亦唐彩粉本;郭恕先清泰元年作《盤車圖》粉本。《寺塔記》書段氏攜閻立德《行天祠》粉本。此類粉本,均是畫稿也。

粉本又稱粉描。《圖畫見聞志》五「盧氏宅」條,記:「唐德州刺史王倚家,有筆一管……中間刻《從軍行》一鋪,人馬毛髮、亭臺遠山,無不精絕……似非人功。其畫跡若粉描,向明方可辨之。」方氏《山靜居畫論》稱:「畫稿謂粉本者,古人於墨稿上,加描粉筆,用時撲入縑素,依粉痕落墨,故名之也。今畫手多不知此義,惟女紅刺繡上樣,尚用此法,不知是古畫法也。今人作畫,用柳木炭起稿,謂之朽筆。」方薰之論,可備一說。

唐代壁畫佛像,須先起樣作粉本,向達謂莫高窟魏隋諸窟彩色剝落以後,往往露出紅土所繪之粗樣。又佛像初有用紅土畫成之比例格,即供養人像亦復如是。印度繪畫極注重比例(pramāna,proportion)及姿態(sthāna pose),二者均為作圖基礎。唐人壁畫草樣與印度繪畫 [1] 技術有共通之處,此其一端耳。

---

[1] Siri Gunasinghe, *La technique de la peinture indienne d'aprés les textes du Śilpa*, Paris, 1957.

模搨

六書有摹印。謝赫六法最末一種為「傳模移寫」，其《古畫品錄》第五品稱：「劉紹祖，善於傳寫，不閒其思……時人為之語，號曰移畫。」張彥遠論摹搨，謂用透明蠟紙覆於原畫上摹寫，又云顧愷之有《論畫》一篇，皆模寫要法。郭若虛亦論「製作楷模」，所謂楷模，當指臨摹之範本也。

古畫向來多有摹本。《益州名畫錄》載張南本的畫「至孟蜀時被人模搨，竊換真本，鬻與荊湖人去」。湯垕《畫鑑》稱「唐吳道玄早年常摹顧愷之畫，位置筆意大能彷彿，宣和紹興便題作真跡」。米氏《畫史》記「潁川公庫顧愷之《維摩百補》，是唐杜牧之摹寄潁守本者」，記「宗少文一筆畫，唐人摹，絹本在劉季孫家」，又於「唐畫」條記「王維畫《小輞川》摹本，筆細，在長安李氏人家」，又記「壽州人摹《明皇幸蜀圖》，人物甚小，云是李思訓本，與宗室仲忽本不同」。上列所舉，皆摹本之著例。

壁畫之作，先有草稿，再放大[1]至壁畫所需之大小，後出之《佛說造象量度經》，即照其比例以複製描繪。試觀久視元年（700）佛龕之洛陽金剛力士像，與西安大雁塔門石刻金剛[2]力士如出一轍，正是出於傳摹移寫，石窟所出畫卷若《十王經圖》，不一而足，如出一手，此類當亦傳摹之品。

《益州名畫錄》「趙德玄」條，「杜天師在蜀集道經三千卷，儒書八千卷，德玄將到梁、隋及唐百本畫，或自模拓，或是粉本，或是墨跡，無非祕府散逸者」，足見模搨與粉本性質不同。

---

[1] 曾幼荷以佛教畫之跡象論謝赫六法之傳模移寫。按傳模非專指壁畫而言。謝赫稱劉紹祖善於傳寫，乃指其工於寫蟬雀，非謂人物畫。

[2] 長廣敏雄：〈敦煌絹幡金剛力士像について〉，《東方學報》（京都），三五。

刺孔、雕空與紙範

M. A. Stein 記《敦煌畫範》有刺孔者，羅振玉《石室祕錄》記之，葉德輝亦載之《遊藝巵言》中。*Serindia* 圖版 XCIV 畫片 [1] 一半屬於刺孔，極為精細，余在法京見 P.4517 皆為硬紙畫片，有刺孔、雕空及剪紙為塔三項，凡九張。

甲類先刺孔，再加線條勾勒繪成佛像。用筆極佳，有淺設色。

只刺孔、繪為佛像，不鉤線條，蓋粉本之類。乙類純是雕空。

圖一以墨筆繪毗沙門天王手執法器、腳踏蓮花、衣帶盤旋，蓋先設繪然後雕空，於眼鼻口部分及體外皆雕空。

亦有佛像本身不施雕鑿，外有雲氣二層繚繞，於雲氣及衣帶體外空隙處雕空，技巧甚精。

丙類剪紙為窣堵波狀，有級三層，兩面繪佛像站立。

P.4518（38）剪紙為塔形，有門及屋基，貼於黑紙之上。

此類紙範，其刺成細孔者，為畫稿之用，新疆發現唐代佛畫斷片亦有之 [2]。印度畫家於所繪人物輪廓上刺以細孔鋪於紙面，即以炭末撒之，留下黑點用作畫本，華則用粉，方薰解釋粉本，即於墨稿上加描粉筆，用時撲絹素，依粉痕落墨，故名粉本。《敦煌畫範》之刺孔敷粉，其上即留粉痕，知此亦即粉本之一法。

其剪紙而不刺孔者，實別有用途。道教之十八真形，其第十八為印紙範，殆即此類。

---

[1] 《敦煌畫範》參 M. A. Stein, *Serindia*, vol. Ⅱ, p. 969, Ch. 00159, A. Waley, p.110.
[2] 《旅順博物館藏圖錄》，1104 頁（1）花紋上亦有刺孔。

四、敦煌之畫官與畫人

敦煌壁畫及經卷中，偶記畫官人物名氏，可略考見當日畫院制度在邊陲之情形。向達嘗舉數事，一為 T.305、P.63 索勳所修窟內有《弟子宋文君敬畫菩薩四軀》題記，字畫拙劣，疑為畫工匠所自題寫，其餘畫人題名者，有榆林窟之白般緅、笪（竺）保及武保琳三人。[1] 按 S.3929 云：

> 厥有節度押衙知畫行都耕（料）董保德等……故得丹青巧妙粉墨稀奇手跡及於僧瑤（繇），筆勢鄰於曹氏，畫蠅如活，佛鋪妙似於祇園，邈影如生，聖會雅同於鷲嶺，而又經文粗曉，禮樂兼精，實聖代之良工，乃明時之應世，時遇曹王累代，道俗興平，營善而無停，增福因而不絕……保德自己。先依當府子城內北街西橫巷東口弊居，聯壁形勝之地，創建蘭若一所……[2]

觀此，知董保德為敦煌曹氏時代畫壇之巨擘，其官銜為知畫行都料，與榆林窟第 24 號供養人郁（尉）遲寶令之官銜為知金銀行都料相類似，特董氏為知畫者耳。

安西榆林窟中畫家題名其第 23 窟供養人記云：

> 清信弟子節度押衙□□都畫匠作銀青光祿大夫白般緅（繼）一心供養（張編二三號窟）

又第 25 窟記云：

> □主沙州工匠都勾堂（當）知畫院使歸義軍節度使押衙銀青

---

[1] 向達：〈莫高、榆林二窟雜考〉，《唐代長安與西域文明》，406 頁。

[2] 原文為黃紙二葉，茲據目驗者摘鈔，劉氏所錄，誤失甚多。

　　光祿大夫檢校太子賓客莙保（張編 24 號窟題記，據《文物參考資料》1956 年第 10 期《安西榆林窟勘查簡報》）

謝稚柳《敍錄》（487 頁）白字下缺。向達所記，則作白般綑及莙保，並推測莙即竺字，因論竺保為印度人，白為龜茲人。俞劍華《中國壁畫》（264 頁）逕書作白般繼及竺保，惟《文物簡報》作莙，從艸從品，究為何字尚難遽定。

　　榆林第 25 窟記云：

　　　　□□節度押衙知畫手銀青光祿大夫檢校太子賓客武保琳一心供養

此處畫官職銜為知畫手。又榆林第 19 窟通道南壁刀刻題記云：

　　　　乾祐二十四年□□□畫師甘州住戶高崇德小名那征到此畫祕密堂記圖

乾祐為西夏年號。榆林計有西夏窟四，祕密堂者，殆指密宗，觀其第 4 窟即繪密宗曼荼羅。第 2 窟有西夏女像及蒙古婦女。又元至正二十五年五月沙州路推官司史張惟中題字。莫高窟 T.160 號南壁千手觀音一鋪，上繪飛天飄帶，其右帳門上區左下記云：

　　　　甘州史小玉筆

則小玉當為畫工，亦是甘州人。

　　P.3716 卷背云：新集書儀一卷，天成五年庚寅歲五月十五日敦煌伎術院禮生張儒通寫。

　　W.P7 觀音像題云：信弟子兼伎術（院）弟子董（董）文咳一心供養。

　　是敦煌有伎術院之設，必為畫工訓練之所。降至元代，畫官有待詔，榆林窟題記云「臨洮府後學待詔劉世福到此畫佛殿一所計耳，至正二十七年五月初一日計」（據向文引）。唐時有寫真待詔李士昉[1]，元時沿其制。

　　莫高窟 137（張編）為武周時建，題記稱：「垂拱二年……張思藝敬造。」思藝非即畫工，他處常見題某某敬畫，如上舉宋文君敬畫之例，如下列各條題記：

> 弟子張淮興畫慶神乾寧四年正月八日，熾盛光佛並五星。[2]
> 張近（延）鍔敬心寫畫，龍紀二載二月六日。[3]
> 燉煌步軍隊頭張楛橋敬畫觀世音。[4]

延鍔乃歸義軍張淮深之子，所謂敬畫或敬心寫畫，諒係倩畫工為之，不必出自己手。莫高窟 T.272 東壁右側下題記：

> 佛弟子王法奴[5]敬畫千佛六百一十軀一心供養[6]

同壁又記：

> 女弟子優婆夷郭氏為己男畫千佛六百一十軀一心供養

可見王法奴實與郭氏同倩人圖繪佛像，以此例彼，所有張淮興、張延鍔、張楛橋、宋文君輩當亦相似，無由證其為畫工也。

　　敦煌畫官及畫人依上所考有下列各名：

---

[1]　《舊唐書・李德裕傳》。
[2]　松本附圖九六 a。
[3]　新德里藏畫。
[4]　W.P85。
[5]　謝書誤作沙奴，余所見羅氏影片原作法字。
[6]　三行。

知畫院使　　喦保

知畫行都料　　董保德

知畫行　　武保琳

都畫匠作　　白般緅（繼）

伎術院　　弟子董文咳（以上唐五代）

畫師　　高崇德小名那征（西夏）

待詔　　劉世福（元）

史　　小玉

　　敦煌卷中油麥賬，有記載供給畫人應用者，如 P.2838 云粟陸斛油壹勝（升）麥貳斛著畫人用麥肆斛油貳勝畫南殿內用。此處畫人，不記其名。

　　《圖畫見聞志》，高道興事王蜀為內圖畫庫使，當日蜀畫卷帙至富，故設庫使以司其職，敦煌則有知畫院使，蓋瓜沙曹氏之世，設有畫院。[1] 天成間又有伎術院，廣收生徒，以培養畫人。向達謂敦煌畫工有天竺人及龜茲人，按除姓未明，其餘實皆漢人，就中以董保德之畫名為最高。

　　敦煌窟中題記有但稱繪記而不署姓名者，如 186 窟有字一行云：上元二年七月廿七日繪記（謝書 234 頁）。蓋畫工多不題名，故可考寥若晨星，為可惜耳。[2]

---

[1]　米澤嘉圃：〈唐朝畫院の源流〉，《國華》五五四。

[2]　葉昌熾：《語石》六「畫人」條略及宋之畫人。

五、敦煌畫像與邈真圖讚

敦煌畫像，史籍所載，肇於魏晉三國時，倉慈為敦煌太守，卒官，吏民悲慼，圖畫其形。[1] 晉敦煌郡効穀人宋織以品學稱，太守楊宣畫其象於閣上，並為作頌。[2] 隆安中，李暠為涼公秦涼二州牧，於敦煌南門外，臨水起堂，名曰靖恭[3] 之堂，圖讚自古聖帝明王忠臣孝子烈士貞女，親為序頌，以明鑑誠。當時文武群僚亦皆圖焉。[4] 隋志兩唐志並著錄有李暠《靖恭堂頌》一卷。此為敦煌前代大規模之畫跡，惜乎無存。此外北魏之永固堂[5]、皇信堂[6] 均有圖，繪其畫家名姓，尚斑斑可考，若蔣少游其著者也。由是觀之，西北地方其寫真之業及圖讚之文，其盛行蓋已久矣。

敦煌莫高窟所出卷子，寫真讚與邈真讚甚多，陳祚龍先生已為輯錄。P.3501 舞譜卷背顯德五年押衙安員進牒，前段有句云「□般畫采盡如生，處處珠丹白壁平，人物宛然題故畫……」，足見圖繪人物之夥，且以其事，形諸吟詠。

邈真讚或稱真儀讚。[7] 邈之為言貌也。《傳燈錄》「有人邈得吾真否」，《南部新書》「命一道士貌真」，晉謝安已有《對鏡寫容圖》，王

---

[1]《三國志·魏志》十九。

[2]《晉書》九四《隱逸傳》。

[3]《靖恭堂畫讚》，又詳《北史》自序傳，《魏書·劉炳傳》云「炳有靖恭堂銘」，《周書·王襃庾信傳》論稱「劉延明之銘酒泉，可謂清典」，即指此作。

[4]《晉書·涼武昭王傳》。

[5]《水經·㶚水注》：「如渾水亂流逕方山南，嶺上有文明太皇太后陵、高祖陵、二陵之南有永固堂……院外西側有思遠靈圖。」

[6] 又《水經·㶟水注》：「平城縣故城南……魏天興二年遷都於此……太和殿之東北接紫宮寺，南對承賢門，門南即皇信堂，堂之四周，圖古聖、忠臣、列士之容，刊題其側，是辯章郎彭城張僧達、樂安蔣少游筆。」按蔣少游《北史》有傳，亦見《歷代名畫記》。

[7] P.3720 卷內有《前燉煌都毗尼藏主始平陰律伯真儀讚》，龍友聖明福德寺僧惠菀述，即其一例。

羲之有《臨鏡自寫真圖》，梁朝官本有袁蒨繪《無名真貌》一卷 [1]，《顏氏家訓·雜藝篇》「武烈太子偏能寫真，坐上賓客隨宜點染，即成數人」，可知邈真之事，起源甚早。

漢世圖像立讚盛行，蔚為風尚，自佛教入華，佛像亦侈題讚，《廣弘明集·佛德篇》所收，大半為晉人佛像讚 [2]；《法苑珠林》一百十九，唐西明寺沙門釋道宣有《聖跡見在圖讚》一卷、《佛化東漸圖讚》三卷；敦煌第 136 窟、168 窟並有佛十弟子壁畫，而卷子中所見十弟子讚亦不一而足 [3]，所以配合圖畫，足見題讚與畫像向來即有不可分之關係 [4]。

敦煌邈真讚每繫長序或繫以頌 [5] 或繫以詩 [6]，石窟所見邈真有下列各類：

（一）佛像邈真

以 *Guimet* 博物院藏品而論，舉其著明年代者：

MG17775 號題記略云：「憶戀慈親，難覿靈跡，遂召良工，乃邈真影之間，敬畫大悲觀世音菩薩一軀並侍從，又畫水月觀音一軀二鋪……于時天福八年歲次癸卯七月十三日題記。」

此幀乃馬干進為其亡妣所作佛像。

MG17659 號巨幅絹本題云：「前幘繪大悲菩薩鋪變邈真功德記，並序節度押衙知工司書手銀青光祿大夫檢校國子祭酒氾彥真上。其文

---

[1]　《貞觀公私畫史》。
[2]　如支遁、慧遠等。
[3]　S.5706。
[4]　圖讚源流參拙作：〈文選序「畫像則贊興」說〉，南洋大學《文物彙刊》創刊號，新加坡：李光前文物館，1972。
[5]　P.3390《南陽張府君（安信）邈真讚並序》曰：「圖形綿帳，繪畫真容。」
[6]　P.3726《京兆杜和尚寫真讚》，釋門大蕃瓜沙境大行軍銜知兩國密遣判官智照撰，前為四字句銘辭，又有五律一首云：「凤植懷真智，髫年厭世榮。不求朱紫貴，高謝帝王庭。削髮清塵境，披緇躪海精。蒼生已度盡，寂嘿入蓮城。」

略云……相輝輝而洞明形儀，光昱昱而奪人眼根，疑生……會命丹青筆染絹帛間邈（貌）菩薩尊繪侍聖……于時太平興國六年辛巳歲六月丁卯朔十五日辛巳題記。」

MG17662 號巨幅題云：「〔敦〕煌郡娘子張氏繪佛邈真讚並序：……于時太平興國八年歲次癸未十一月癸丑朔十四日丙寅題記。」

（二）生前寫真

S.0289《李存惠邈真讚》：「……遂請丹筆，輒會（繪）容儀，又邀儒生，以讚芳美，乃讚曰……邈畫生前貌，貴徒（圖）後人看。」

P.3718 為敦煌名賢名僧邈真讚，此卷與 P.3556 同為邈真讚之總集，資料豐富，就中靈俊所作劉和尚生前邈真讚（有序），及唐清河郡張公（良真）生前寫真讚，皆以生前二字標題。所謂「丹青繪影，留在日之真儀，略述片言，傳生前之美德」[1] 者也。

（三）忌日畫施

《沙州文錄補》，烏程蔣氏舊藏《故大朝大于闐金玉國天公主李氏供養》畫，其上繪菩薩像，題曰「南无地藏菩薩」，下有小字云「忌日畫施」，又旁有武士一、僧一，題曰「五道將軍」，曰「道明和尚」。按 S.3092 為《道明還魂記》，略云：「道明便去，剎那之間至本州院內（再）甦息，彼會（繪）列丹青，圖寫真容流傳於世。」可見道明故事流傳之普遍。

佛像邈真，大半係兒女為先人造功德為冥助而作，權德輿《畫西方變讚》云：「惟孝子信士仰為冥助，則像設之，綵繪之，用申罔極

---

[1] 《沙州文錄・曹良才畫像讚》語。

之報，今茲西方變，即故……范公之孤……奉為先姚博陵崔夫人既練所畫也。」[1] 敦煌所出佛像，有死者兒女題記者皆此類也。

王維《西方變畫讚》云：唐世凡俗人謝世者，其戚族每於佛寺為圖，繪西方變畫，冀其轉身往生極樂。又云：「尚茲繪事，滌彼染業。」[2] 寺廟之侈圖西方變，此其主要原因，今證以石窟所出資料，其事益明。張彥遠評唐畫云：「今之畫人，粗善寫貌，得其形似。」所謂寫貌，即指邈真之事，觀敦煌邈真圖讚之夥，而寫繪技巧多非第一流，世俗相沿，徒為陋習而已。

唐制，寫真有專司之職，集賢院所轄有寫真官、畫真官。後唐閔帝時，詔集賢御書院，復置寫真官、畫真官各一員。[3] 唐世著名之邈真畫家，開元間有法明[4]、元和間有李士昉[5]。唐末寫真仍盛行，昭宗時，薛貽矩為韓全誨等作畫讚，悉記於內侍省屋壁間[6]；天祐中，盧質謂曾見杜黃裳司空寫真圖，馮道之狀貌酷類焉[7]；而蜀僧元靄寫真之技尤著聞，至宋淳化時，元靄為王公卿大夫寫真，復自寫真，故柳開為讚以稱頌之。[8] 此皆有關寫真之故實。

仙家寫真亦復有讚。《益州名畫錄》載蜀安思謙進張素卿所畫十二仙真形十二幀，蜀主命翰林學士歐陽炯為讚。以佛教言，則繡像彩畫皆為功德，P.2547 第二葉為讚佛儀，其八為述功德所有項目，包括造、繡像織成鑴石、彩畫、雕檀等。

敦煌雖處西陲，亦習唐風，邈真讚如是之多，知當時必設有專職以掌之，P.4522 卷背繪首戴幞頭之人像，疑即邈真圖本之草樣。

[1] 《權載之文集》二八。
[2] 《王右丞集》卷二○。
[3] 《舊五代史》四五。
[4] 《歷代名畫記》，法明於開元十一年敕令寫貌，麗正殿諸學士欲畫像書讚於含象亭。
[5] 《舊唐書‧李德裕傳》，詔寫真待詔李士昉，圖張果老、葉靜能以進。
[6] 《舊五代史》一八。
[7] 《舊五代史》四八《張承業傳》。
[8] 《河東先生集》一三《內供奉傳真大師元靄自寫真讚並序》。

六、敦煌畫風與益州

敦煌文化與西蜀關係之密切，人所習知。[1] 自後唐同光二年平前蜀王衍，至孟知祥再度割據，是時經卷書於西川者，亦保存於敦煌石室，如 P.2292 之《維摩詰經變》長卷，即廣政十年書於西川靜真禪院者也。[2]

以繪畫而論，插圖本《金剛經》小冊及《十王經》圖卷多出於西川，輾轉摹繪《金剛經》繪八大金剛像，見於 P.2876 者為蝴蝶裝小冊，末署「天祐三年歲次丙寅四月五日，八十三老翁刺血和墨手寫此經」，與 S.5451 題為「西川過家真印本」同有「八十三老人刺血」之語，故知出於一源。

《十王經》卷如 P.3761 乃一小冊袖珍本，備諷誦者。其前有下列各行：

> 謹啟諷閻羅王預修生七
> 往生淨土經誓勸有緣以
> 五會啟經入讚念阿彌陀佛
> 成都府大聖慈寺沙門藏川述
> 弘說閻羅王授記四眾願修
> 生七往生淨土經

而 P.2003 長卷《十王經》卷首小字題記「成都府大聖慈寺沙門藏川述」，大聖寺見於《益州名畫錄》，僧令宗常粲皆曾於此寺作畫《十王經》，或疑其偽託，然此類圖卷傳自西蜀，事甚顯然。此外又有二

---

[1] 《敦煌文化與西蜀》參向達〈唐代刊書考〉。

[2] P.2292 卷末小字二行文云：「廣政十年八月九日在西川靜真禪院寫此第廿卷文書。」又二行文云：「年至四十八歲，于州中應明寺開講，極是溫熱。」後蜀廣政十年即天福十二年丁未。

事至堪研究者：

1. 十一面觀音像原為誌公變，宋太宗至道間蜀郡新繁 [1] 人王道真畫於相國寺壁者為最有名。敦煌所出十一面觀音像甚夥，道真又與李象坤合繪牢度叉鬥聖變相。P.4524 長卷繪六師與舍利子鬥法 [2]，其卷背有文斌料事句。S.2973 為開寶三年節度押衙知司書手馬文斌牒，是此破魔變畫卷，年代可能早於開寶，在王道真之前。敦煌畫家與蜀畫不無互相影響之處。

2. 向題作達摩多羅之行僧像，石窟所出，不一而足。P.3075 所繪為龐眉大眼，朵頤隆鼻，魁岸古容，極似貫休一路。[3] 英倫 S.4037 長卷內錄有禪月大師讚，又念法華經僧詩（空王門下有真子，堪以空王為何使；常持菡萏白蓮經，屈指無人得相似）。此卷頗長，字潦草，背為乙亥年正月十日錄事帖。乙亥殆即貞明元年，時休已卒。P.2104 背亦鈔此詩，均不見於李龏編之《禪月集》。敦煌人曾錄貫休詩於經卷，貫休以天復 [4] 王建時入蜀，則其畫風當亦由蜀傳入敦煌，可無疑也。[5]

載入《敦煌白畫》上篇

---

[1] 新繁畫漢代已相當發達，有畫磚出土，參看長廣敏雄論漢畫專著。

[2] 秋山光和：〈敦煌本降魔變（牢度叉鬥聖變）畫卷について〉，《美術研究》一八七期，1956。

[3] 歐陽炯《禪月大師應夢羅漢歌》云：「天教水墨畫羅漢，魁岸古容生筆頭。」

[4] 《益州名畫錄》下：「貫休天福年入蜀，王建賜紫衣師號。」按應據湖本作天復年為是，詳吳其昱：《禪月大師年譜稿》。

[5] 《圖畫見聞志》敘諸家文字，有蜀沙門仁顯《廣畫新集》及辛顯《益州畫錄》，《畫繼》卷九云：「蜀雖僻遠而畫手獨多於四方，李方叔載《德隅齋》畫而蜀筆居半。」五代時西蜀畫風之盛，於茲可見。

附記：日本之唐代白描資料，若正倉院御物《白色密陀金泥畫盆之山嶽圖》，又正倉院之《麻布菩薩圖》，或謂可據以擬測吳道子白畫之面貌，然行筆多停頓或接駁，與吳畫之蓴菜條不類。又京都圜城寺有大中九年惺多僧《菩薩五部心觀》一卷，末有慧果之寫真，通卷白描，行筆流暢，此為整本之白畫。

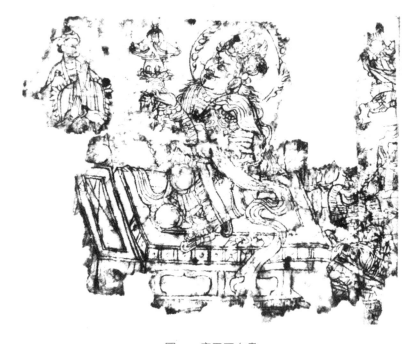

圖一　唐天王白畫

敦煌卷軸中之白畫

Michael Sullivan 曾舉敦煌 296 窟為白畫之傑作。[1] 唐代之白描作品為學人所習知者，略舉如次：

庫車附近赫色勒（Kyzil）壁畫阿闍世王故事，中間繪大伽葉手提一幅純白布展開，內以白描線條勾勒釋伽誕生、降魔、說法、涅槃四相。行筆柔婉而多姿，洵為白畫罕見之製。[2]

榆林窟 T.14 外洞南壁左右分繪白描兩山羊，懸蹄企立，相向對稱作為圖案，惟未上色。[3] 又榆林 T.19 有西夏時畫白描松下二尊者。[4]

焉耆明屋大廟所出殘紙上繪岩石花草純用墨勾描，與（唐德宗）建中通寶一同發現。[5]

敦煌寫卷中每雜有畫稿，其白描之作，英法兩地所藏多已寓目，茲擷要記之。

[1] 見 M. Sullivan, *The Birth of landscape Painting in China*. pl.119.

[2] 圖見結城素明：《西域畫聚成》第十輯，參松本榮一：〈赫色勒壁畫解〉，《國華》四〇七。又同氏〈庫車壁畫阿闍世王故事〉，《國華》五六六。赫色勒又作克孜爾，在新疆拜城，此石窟壁畫狀況，詳閻文儒：〈新疆天山以南的石窟〉，《文物》，1962（7）、（8）。

[3] 圖見羅寄梅：〈安西榆林窟的壁畫〉pl.XLVII-XLVIII，臺北《中國東亞學術研究計劃委員會會刊》第三期。

[4] 謝稚柳：《敘錄》，472 頁。

[5] 黃文弼：《塔里木河盆地考古記》pl.XXVII，fig.35。

一、人物畫

P.4522 此卷背面繪人物頭部大小若干，皆戴幞頭，濃眉帶髭，頗近韓滉《文苑圖》一路。其法先用淡墨勾勒形態部位，不正者再以濃墨改之。筆意輕，秀潤有力，須用焦筆參以淡染。此卷可見人物寫法之步驟。

P.4514.16（1）、（3）新編號 5018（1），即舊目 4514.16（1），為天王下部衣帶，及另一托塔天王與 4514.16（3）即毗沙門天王頭部，再加 5018（1）及 5018（2）四斷片之綴合，繪複雜之盔甲，工致絢美，近李公麟《免冑圖》一路，為白描最佳精品。

《益州名畫錄》「張玄」條：「前輩畫佛像羅漢，相傳曹樣、吳樣二本……曹畫衣紋稠疊，吳畫衣紋簡略。其曹畫，今昭覺寺孫位戰勝天王是也。」同書「孫位」條云：「倣潤州高座寺張僧繇戰勝一堵。兩寺天王部眾，人鬼相雜，矛戟鼓吹，縱橫馳突，交相戛擊，欲有聲響。」此圖彷彿近之，而天王衣紋稠疊正是曹樣。[1]

P.5018 原共三紙：1.P.5018（1），繪天王托塔，頂上佛光帶焰，旁有信女合十，下有神將僅存頭部。2.P.5018（2），此原為直幅，繪神像立於中間，前後有五神將環拱，鬚眉可以擢數。左邊已殘缺，僅剩一戟，今與 P.4514.16（1）、（3）綴成天王像，可謂天衣無縫。此二幅人物韶秀，如趙松雪，榆林窟 T.17 後洞北壁諸神將如天龍八部者畫風略同，知松雪《九歌圖》筆法遠有所本。3.P.5018（3），繪四鬼頂擎一物，一鬼執帚，露眼、獠牙、短髯，蹲立，神態令人駭絕。筆蹤粗壯，雜有焦筆，墨色深淺相間，不著色，紙背有書狀云：「……如何惟希自以……持是所妙矣，昨者人至，切知……寅安樂

---

[1] 大英博物館有渡海天王像，日本京都仁和寺有唐毗沙門天王斷片粉本，載《國華》五一七，均不及此幀之妙。

喜悅倍常，今因使人附……」狀書法佳。紙上雜繪動物畫樣，有牛及月中玉兔（圖一）。

P.2002　此為長卷，正面道經《無上金玄上妙道德玄經》中品。初唐精寫本，卷背畫稿，分若干段，不相連屬，前繪兩人相撲，《荊楚歲時記》謂「相攙，即爭力競倒也」，五代宋初調露子撰《角力記》[1]，石恪畫有《新羅人較力圖》，以此題材入畫，由來已久。其他有繪一人著幞頭正面立者，有但繪頭部帶冠者三人，又繪老人坐、走及扶杖而行各態，又繪金剛神將手執武器、衣帶飄忽，又一垂髮蹲踞，作舞蹈狀，中間雜畫人馬，倒寫隨意，又繪菩薩頭部多處，一為觀音菩薩，帶瓔珞，踏蓮花，筆勢奔放，又若干人物草樣，只勾輪廓，不開面目，復有金剛力士二，畫風如倫敦絹幡上所繪者，間作頭部草樣，信筆為之，未嘗完稿，卷中用淡墨記「辛巳年五月六夕余厫千[2]勾並記」一行。勾即勾勒，余氏，應是作畫樣者姓名。

P.3958　此幅只繪十一面觀音像，雙手擎珠，衣帶飄舉，一手執楊枝，白描，線條極美。他如 P.3969 則為設色之十一面六手觀音，兩手擎日月，兩手下垂，一執瓶，一執黑念珠，下身及手部皆不設色，飄帶著青綠色，衣摺於黑線上再加勾硃，畫佛光亦用硃，行筆縱放，可謂佳品。P.3556 卷背有云：「敬畫下生彌勒尊仏，兩邊畫十一面觀音卄卄、如意輪卄卄、大聖文殊師利、大聖普賢卄卄等各壹軀，兼以丹青絢采朱粘開容，紫磨成垂足之珍，寶墨舒溥霑之照。」足見石窟中十一面觀音像十分普遍。

S.5600　小冊內引《婆娑正議俱舍論》魔女偈記一故事，略謂：唐時有功師名張僧䌽，善畫，有一僧名志弘，志弘變為一小師至彼畫處。語僧䌽曰：「先生與畫我身。」畫成屢變，後志弘以指甲當自面

[1] 《角力記》一書見《通志略》，清胡珽有輯本，琳瑯祕室叢書第四集，石恪畫見《益州名畫錄》。

[2] P.2002 新刊 Catalogue...，Vol. 1，p.2 作余慶千，按「慶」字未敢遽定。

上獲之，內有十一面觀世音菩薩，端然而現。此段頗有裨於十一面觀音事跡之研究，故摘錄之。張僧繇即張僧繇之傳訛，劉長卿有《張僧繇畫僧記》[1]，其真跡在唐時亦不易得矣。

T.1293　此一資料本屬藏文部分經卷，M. Lalou 已著錄於《敦煌藏文目錄》[2]，據稱原物凡分三部分，今經仔細研究，確知乃《勞度叉鬥聖變相》之草樣，以 Pelliot 敦煌窟圖片第 8 窟右方壁畫對勘之（即第一冊 pl. 27），大部分可以復原，試詳述之（圖中留有空白長方形框子，未及填寫）：

1. 繪一高座為風震盪，搖搖欲墜，座中坐者即勞度叉也，側有扶梯，座之前後左右，魔鬼環繞。或緣柱而昇，或傾跌於地，雙手捧首，狀極震怒。此圖與 P 窟 8 及 Gray 書 pl.60，Cave 196. p.63 人物構圖完全一致，故可確定《勞度叉鬥聖變》。背面繪一天王，手執法器，雜畫人物走獸，皆未完稿。

2. 繪天王睜眼，手張弓矢，坐於壇上，背有豎髮夜叉三人，按勞度叉嘗化作夜叉[3]，時舍利弗則化身作毗沙門王。此段背面不繪。

似即由五張貼連為一卷：

（1）繪一神將，手執風囊，大氣坌湧而出，二人擊鼓，有徒眾六人抱頭戰慄，跼伏於地。又二人下跪，旁有菩薩。側書一佛字，殆指舍利弗。[4]

（2）畫七人為風雨所淹沒，有胡服而振拳者，有奮臂者，有托腮者，擁擠於一處，栩栩如生。此寫六師之眾為神風所儡伏。背面繪一

---

[1] 《全唐文》三四六。

[2] 藏文 T.1293 號參 M. Lalou, *Inventaire des manuscrits tibé tains de Touen-houang conservésa la Bibliothequé nationale*. Vol.Ⅲ, p. 4, n'1293. 此卷所見舞女雙袖高舉，可與 146 窟牢勞叉鬥法之外道天女為風所吹時，舉袖偎依瑟縮之狀比照（參潘絜茲：《敦煌莫高窟藝術》，90 頁附圖）。

[3] 《有部破僧事》卷八作起屍鬼。

[4] P 窟 8 持風囊者在右邊下方。

菩薩，側有無頭餓鬼，上題佛字，當指舍利弗。

（3）繪一人擊鼓，神態緊張，又有人，以肩支鼓架，下有魔鬼，仰首相呼應，即《賢愚經》記「打擊金鼓，一切都集，六師徒眾，有三億人」。[1]背面不繪。

（4）繪兩天女，其一長袖高舉，一作交手狀，又繪人頭三，其一雙手抱頂，聳肩作震慄態，此寫觀看鬥法之外道天女，為神風吹拂，偎依瑟縮。背面亦畫二天女，一袖向後垂，一則舉袖而悚懼。復倒畫多人，或跪地、或騎牛，草草僅勾輪廓不開面孔[2]。

（5）似另貼上一紙，正面有藏文一行云：sam ño la sal pa ，背面復有藏文二行云：ɕ a ka′ ′vyen mu（？），gyis ñu′o ′vyen suṅ daṅ ′vyen che daṅ che 下面似尚有一行，剩……i……i……o……諸號，餘已剝落。M. Lalou，p.4 茲據今枝由郎氏標音。藏文除 daṅ 為與 gyis 為從或作，可以確知，其餘似是蕃譯漢名，氏姓不易復原，與畫稿有何關係，殊難揣測。

3. 粗筆繪城郭宮室，有人騎象疾馳，君王坐殿上，外有謁拜者，托塔天王從天下降，膜拜者多人，又一草稿未完人物，上書佛字。此圖殆示須達入白國，王買祇陀園以立精舍，正面所繪大致略同，而未畫托塔天王，圖中樹皆簡筆作 ，猶存漢書之遺風。[3]

P.2993　卷背草樣人面，每不繪眼睛，畫時殆先作臉框，然後勾勒，又繪帶盔甲神將，露瞳炯炯，人物有執儀仗吹笙竽者，裙裾飄揚，筆致頗近七十二神仙卷，惜多草率未完稿。

原卷正面為黑絲欄寫經《大般若波羅蜜多經》卷四百廿八。

P.3998　圖分三段：一題「梵釋四天王」，背侍立者又二人；一題記云「下第四／三萬六千婆羅門」，繪婆羅門七人，跪而合十；一題

---

[1]　P 窟 8 此段在高座之左邊上方，形狀完全相符。
[2]　P 窟 8 四天女合繪於勞度叉高座之下方。
[3]　P 窟 8 此段在勞度叉高座之下方。

記云「下第五僧慎爾耶樂叉」，繪五人合十下跪，此紙以淡墨起樣，風格與藏文 T.1293 相近，疑亦勞度叉鬥聖變相殘紙，故題記有「三萬六千婆羅門」句，謂其皈依佛也。

P.4649　墨繪六手觀自在菩薩，三手各執法器，頂頸皆繫瓔珞，坐於蓮座，一足下垂，筆筆中鋒。背繪雜樹，華皆雙鉤，袴褶線條娟秀，衣帶飄舉，精緻似出諸石刻，紙背有于闐文。

P.4049　墨繪文殊師利坐獅子上，右側一圉人，長髯胡臉，著靴執鞭。左一童子，椎髻坦腹，雙手捧盤，一比丘扶杖合十，有長者長鬚披帽與語，相向而立，比丘束帶，神態絕佳，極似蕭翼賺《蘭亭圖》中之羅漢寫法，文殊臉部施淡染，瓔珞用深墨，洵為佳品（圖二）。

P.4060　墨繪觀音像，衣帶略作蘭葉描，階除及菩薩面孔，用鐵線描。觀音端坐壇上，童子合十跪於兩旁階陛之間，階下施主合十而立，一僕牽馬拱手，衣摺微用焦筆，二人冠帽填墨作黑色，此為唐人慣例。題記云：「施主會稽鎮曷（遏）使羅祐通一心供養。」

P.3939　墨繪釋伽像，蓮座居中，兩側佛子披袈裟侍坐，又兩菩薩分坐合十，皆有寶蓋，筆稍呆滯，佛頂圓光則堅勁有力，衣裾略作高古遊絲描。

P.3075　卷背寫行腳僧像（或謂即達摩多羅），朵頤隆準，戴笠束帶，項下胡貌、梵相髯子，以密點表示之。側有一獸，畫風頗近貫休，或云此為譯經僧，按《名畫記》稱「盧楞伽於大聖慈寺畫行道僧」，此即行僧之狀。卷前殘存文字，有「幢幡衣服伎樂乃至合掌恭敬藥王當知……」等語。

P.4074　亦行腳僧像，手持麈尾，背負經袟，卷軸歷歷可數，故知非十六羅漢之一，圖上隅記佛號曰「南無寶勝如來佛」，一和尚向之合十，紙已黝黑，惟略敷彩。

P.4518（39）粗厚紙本，巨幅，如上行腳僧像，戴笠，執拂，著草履，旁有獸，下為雲氣，亦題「南無寶勝如來佛」。畫極佳，卷頭接裱另紙有字兩行云：「曉白土請石闍利劉闍利吳闍利老索法律共成功德福事六月十九日僧錄承□。」

P.4029　亦行腳僧像，構圖同上，惟略著色耳。原幅之軸尚存，當日裝裱工夫，猶依稀可睹。[1]

P.3074　正面為《佛名經》題記，首行云「謹案大藏經中觀藥王藥上二菩薩經云」。此幅上下方各繪白描人首鳥身奉淨瓶而行，雙足有爪，展翼乘雲，衣帶飛揚，作為繪飾圖案，此即伽樓羅天（Garuda），亦屬畫中佳品。

P.4514.16（2）繪舞者舉手投足，手執飄帶，作飛揚低昂之狀，背有房屋欄杆，其上樹木一株，純為白描草樣。

P.4514.16（4）繪諸佛大者四人，小者五人，在山中參禪入定，山作 形，亦是草圖，背書咒語廿行。

P.4514.16（5）繪一人手執法器，僅存胸前部分，衣折線條頗恣肆。

P.4514.16（6）為一殘碎紙片，正面繪法器寶蓋之屬及佛頭數筆，背剩瓔珞，間作雙鉤花紋。

P.4518（30）僅存白描佛座之上部，佛光帶焰火作雙鉤法 。

P.4518（1）繪六手菩薩兩手擎日月，日中有踆烏，月裏有桂樹。行筆纖細多重，筆作勾勒，衣帶敷絳綠兩色，佳品也。

P.4518（5）寫天王像，黑髮朱唇，筆調奔放縱肆，不可縛以法度，氣勢可觀，白描之精品。

P.4518（11）白描坐佛像，衣裾雲氣及佛光輪廓並以顫筆寫之。

---

[1]　敦煌卷軸中保存裝裱原狀者，資料甚多，若 P.2731 厚黃紙觀音像，裱框及軸上懸掛之絨線猶存。

P.4518（18）繪觀音坐蓮座，手楊枝淨瓶，線條秀麗。

P.4518（24）繪二女相向坐，帶間略施淺絳，顏微著赭色，頰塗兩暈，餘皆白描。一女手執蛇、蠍，側有一犬伸舌，舌設硃色。一女奉杯盤，盤中有犬，紙本已污損，懸掛之帶結尚存。

又關於 P.4518 寫卷「附件 24」之圖像，繪二女相向而坐，若干重要特徵如右側之四臂女神倚坐狼背，手執蛇、蠍，不束腰帶，似表示「惡」的屬性，三毒俱全。左側之女神則手托盤上蹲踞一犬，在火祆教經典中犬有護持亡靈，驅逐魔鬼作用。祆教徒有犬的崇拜。張廣達近刊是圖再考，認為此二女對坐正代表善惡相對的二元主義，一是善神 Deēna，另一是惡神 Daēva（見《唐研究》第三卷，北京，1997）。過去姜伯勤有文指出此圖為粟特神祇，詳《敦煌吐魯番研究論文集》（上海，1991）。

P.4518（26）純白描三面千手佛像坐蓮座上，一足下垂，手執法器多種，只具輪廓。

P.4518（28）繪六首六手如意輪菩薩坐金翅鳥上，手執弓及花，一手托小雞，下有小兒亦坐鳥相隨（《智度論》二鳩摩羅天提赤幡騎孔雀），純白描。

P.4518（32）墨繪立佛草樣，足部太小，衣帶甚佳。

P.4518（33）純白描，繪曼陀羅佛像，皆簡筆，不畫面孔眉眼，非佳品。

P.4518（34）白描人物，手奉法器，戴冠，耳垂環，瓔珞天衣，創意自異，筆多雙鉤，畫品在武宗元、李龍眠之間，甚為精妙（圖三）。

P.4518（36）白描六首六手大自在天（Maheśvara），執法器，腹間作獠牙之狀，舌部略施絳色。足踏兩人，有雙蛇纏繞其身，口吐氣出，神態生動。

P.4518（37）紙本正面繪第宅連廈，筆致疏秀，不似界畫技法，背面佛經間作人像草樣，題「爾時後有六十姟佛……」等句（據大正藏 vol.XIX，82C^2）。

P.4096　小冊黃紙，繪八金剛，僅存奉請第四白淨水金剛，奉請第五赤聲金剛，奉請第六定厄金剛，奉請第七紫賢金剛，奉請第八大神金剛，共五像。白描不設色，衣帶依曹法，細筆輕靈，甚為精絕，末葉存佛菩薩羅漢四尊，纖整可觀。

P.4095　紙本一葉，墨繪四金剛，奉請青除災金剛，奉請辟毒金剛，奉請黃隨求金剛，奉請白淨水金剛，有此題記，白描，不設色。

P.2026　此卷正面為《金光明最勝王經‧滅業障品》，背書于闐文，中間繪兩佛像，旁題記「維大晉天福拾年乙囗（巳）敕，于闐班上監一心供養」。圖像只是草樣，筆畫重逕，繪一桌上置茶具及紙札，施主手執香爐，潦草不足觀，佛旁雜記陰宰相、韓宰相、秦宰相等名號。卷為粗厚紙，一端用粗黃紙裱成卷軸。

P.4082　卷背為觀音像，手執蓮花，衣摺行筆稍雜亂，純白描，草草未完成之作。

P.3993　正反面各繪一觀音菩薩，白描，披瓔珞，手執蓮花，運筆娟秀，一面有三小字，倒寫不易辨。

P.4009　三昧壇法，繪圖凡三，雙面作畫：一題「佛於伽維那國付與普賢菩薩三昧壇法」，一題「爾時佛往王舍城金剛座付與普賢卅卅座禪壇」，一題「今者佛手結之爐」，又題「戊寅年六月日」。雜書若干，字句潦草不佳，但諸佛千姿百態，亦可觀。

S.0259　此圖純為白描粉本，其中宴樂一段，與莫高窟 12 南壁、榆林窟 17 北壁相類。又牛耕收穫部分與莫高窟 61、榆林窟 25 可相比較。故秋山光和定為《彌勒下生經變》，並為影出，載《西域文化研究》第六。

S.1113　正面為道經，書法極佳，紙背繪菩薩草樣三尊，趺坐，頂上放光，雲氣繚繞，有人膜拜，筆墨簡率，不設色。

S.6119　殘紙白描，一僧剩頭部，側有居士合十，只存面部及上身，線條甚佳。

S.6954　原為一黃卷，在卷末真言處繪一佛像立蓮座上，有人膜拜，淡墨描成，不設色，有佛光兩重，旁小字記「一心供養」。

S.6345　繪一堂宇，其右懸鐘，棟樑界筆，剛健有力。屋下有門，兩菩薩相向而坐，面部略施赤色。

S.5684　十一面觀音像，趺坐，執楊枝，男女膜拜左右，原幅上下軸猶存，筆甚娟秀，裙染淺絳，頰敷微赭，可為拂澹之佳例。

S.5511　紙本上書降魔變文一卷，又題記存十一行，殘存白描人物，一戴帽執器，跨足而立，一足位於席外。[1]

S.3326　長卷，錄氣象占冊八條，中引臣淳風言，則李淳風之書也。末一行記云「其解蓺（夢）及電經一卷」，繪一神濃眉高顴，張弓矢而立，首戴幞頭，或謂此即電神像。考題梁令瓚之《五星二十八宿真形圖》「尾星」及「風星」二神皆手執弓矢，此圖是司氣象之神，故有同然。

S.4279　殘存半紙，繪羅睺星像，佛光用深絳勾廓，披髮，略敷紅色，髻處束帶飄起，神態栩栩，惜只存五分之一面部。圖下用濃朱界欄，題記云「未生男年可卅七愚至曜侯星請來降下燒香……足如此身」等語。此雖非純白描之作，但可驗淺設色之法，故併錄之。

S.9137　紙本，長立軸，高約五尺，題曰「大慈大悲救苦觀世音菩薩」，直立披瓔珞，一手下垂，執淨瓶，全不設色，此一號大英博物館庫藏有二幀，Giles 未編入目錄，為極標準之白畫。

---

[1]　S.5511 降魔變人物像，已影刊於秋山光和：〈敦煌本降魔畫卷について〉，《美術研究》一八七期。

S.6983　小冊，共四十二葉，題曰「妙法蓮華経（經）觀世音菩薩普門品第廿五」，每葉分為上下兩部分，下寫經文，黑絲欄，六行七行不等，其上繪圖，筆頗笨拙，藤枝晃謂是用木筆描摹，為刊印於《墨美》第一七七號，書名〈敦煌木筆觀音經〉，此為佛經插圖。下半部白描未及設色，前半雜用硃赤綠等色，人物面孔間施淺赭，冠則留白，以工具非佳，空具輪廓，全無骨氣之可言，只可以畫跡論，不足與於名繪之林也。

二、動物畫

P.4719　墨繪臥牛，圖紙本。一牛偃臥，蹲足怒目豎角，筆勢勁健，頗近韓滉神氣，背面亦畫一牛，兩角翹起，身軀僅勾勒一筆，似未畫完。

P.3951　繪墨馬一匹，首昂起，舉前蹄作奔馳狀，鬣只寥寥數筆，簡峭有力，紙本。

P.4717　墨繪駱駝馱物，繫絡於鼻，不見佳，紙本。

P.4082　正面繪獅子，頸間繫鈴，線條如波紋，或斷或續，毛以破點輕筆約略寫之，甚有意致。

P.2598　此卷為《新集文詞九経（經）鈔》一卷，陰賢君書記本，字甚拙劣，其背題識多行，其一云「中和三年四月十七日未時書了，陰賢君書」，社司轉帖之，側有草圖，繪一長髯仙人，擎杯作幻術坐於雲氣之上，左有動物六隻，三似羊，帖耳俛伏，三似犬，捲尾仰首馳走，中一填黑。

三、附錄

P.2683　此卷為瑞應圖，棉紙，質甚堅韌，背題「翟書信晶」四字，其一不識。P.2005 有一行云「瑞應圖借與下」六字，知當日曾為人借出。卷中所繪動物，存龜龍鳳三類，兼及河圖之屬。

漢石刻已取祥瑞為主題，李翕之《黽池五瑞圖》，其著者也，武梁祠亦書蓂莢諸植物之瑞應，劉宋宗炳始繪瑞應圖，王元長增補之。其後庾溫、孫柔之、熊理皆有瑞應圖，顧野王有《祥瑞圖》，魏徵有《祥瑞經》，各書久佚。是圖非完帙，屬何家之圖尚待詳考，圖中每用雙鈎法，如河圖之草樹作 ❦ ❦，狀鳳鳥發鳴之翅及足，其畫法頗似梁令瓚一路，敷色尤工，因物而異。若玉龜全身用翠綠色，取其似玉，玄武文云「似龜而黑色」，然圖實作深綠色，腹甲灰黃，紋理全用硃砂勾勒，黃龍則角塗鉛粉，周身染黃，池中雲氣，分為白紅黑三色，鳳鳥翅膀，間以深青及深淺絳，並塗以白粉。昔顧景秀扇畫蟬雀，賦彩制形，皆有新意，是圖筆精謹細，設色更擅其美，殊足研究。

松本榮一景印刊於《美術研究》一八四期，《文物》1963 年第 3 期亦收載，陳槃有詳細考證。《上善堂書目》有《舊鈔瑞應圖》二本，繪圖極工，不知視此如何也。

P.2682、S.6261《白澤精恠圖》兩殘卷，分藏巴黎、倫敦。P 卷末題「道昕記，《白澤精恠圖》一卷，冊一紙成」，似原圖為散葉，經後人重加裝池。《抱朴子‧登涉篇》稱「白澤圖九鼎記則眾鬼自卻」，則《白澤圖》之繪，用意正在辟邪也。此卷行筆纖勁有力，如寫遊光八人，其二足部施重筆，餘則娟細而含蓄，面孔、表情無一相同，寫翎毛時用乾筆，翼取雙鈎，淡染，設色尤見匠心。[1]

張彥遠述「古之祕畫珍圖，固多散逸」，惟古瑞應圖、白澤圖部分尚在人間，誠敦煌所出畫品之領袖，雖非白畫，故附存而述之，唐

---

[1]《白澤精恠圖》，松本榮一影印於《國華》七七〇，討論文字有陳槃：〈讖緯書錄解題〉（載《史語所集刊》一二）及拙作跋（載《史語所集刊》四一，四）。

代動物畫之精華其在茲乎。

其他術數類之經卷，往往有插圖。若 P.2702 背占書之繪兩獅及兔鼠狼等，P.3479 卜筮書之繪二鳥黑色，P.2829 解夢書之繪婦人背立，記其部位名目，S.2404 推七曜五姓書之繪禮北斗，S.5775 符籙圖之繪天吳，凡此蓋所謂特殊之敦煌畫 [1] 者，今概略而不論，以其無藝術價值之可言也。

P.4881　斷片，繪一鶴，振兩翼。徐行。王重民目錄謂為瑞應圖，審其題記云「命屬白鶴下生者」實不相干。

P.3050　正面似道經，為福報品十八。背繪菩薩，戴瓔珞，手執蓮花，又殘缺處只剩一手，握持蓮瓣，筆甚娟秀工整，亦屬精品。

P.2012　粗黃紙，卷極長，墨繪曼陀羅草樣，正面記四門菩薩不同顏色，如第四南門風菩薩青花，第三西（門）惠藏卝卝身赤色燈，第二北門藏卝卝身錄（綠）色，第一東門香藏卝卝身白色。又如第二南門大悲金剛身青色，第一東門大慈金光（剛）白色，第三西門大喜金剛身赤色，第四北門大捨金剛身錄（綠）色。其背面云，第三西門結界卝卝身赤色，第四北門淨界卝卝身錄（綠）色，第三西（門）阿彌陀佛身赤色，第四北門不空成就佛錄（綠）（色）。第一中心安毗盧尊身黃色，第二南門寶生佛身青色。第一東門阿閦佛白，第六南門淨地卝卝身青，第五東門懺悔卝卝白。此卷雖無藝術價值，但記著色方位，為作畫儀軌，足供研究，背有題記云：「如意輪卝卝六臂，計卝卝二十五，皆持合掌，身著天衣，坐蓮花。」又繪樓屋三十層，迭記「樓子」，「樓子」凡若干。又云「上下各有鈴鈴芬雲」。如意輪卝卝即觀音。法賢譯觀想曼荼羅。《淨諸惡趣經》卷上云：「其曼拏羅四方四門，門上各有樓閣，復有眾寶瓔珞及寶鈴鐸，處處懸掛。」又言：

[1]　見松本榮一：〈特殊をる敦煌畫〉，《國華》四八八、四九三、四九六。

「於門樓上盡日月及寶瓔珞，隨意嚴飾。」[1] 卷中樓子之上，亦題「南日及月」字樣，其為密教曼荼羅之壇樣草圖，可無疑義。

載入《敦煌白畫》中篇

圖一　唐人物白畫

[1] 《大正藏》冊一九，89、93 頁。

圖二　唐觀音菩薩白畫

圖三　唐菩薩白畫

《法京所藏敦煌群書及書法題記》序

一

　　往歲大英博物館得東洋文庫榎一雄、山本達郎兩先生之助，將所藏斯坦因取去之敦煌寫卷全部攝成顯微膠卷。時鄭德坤教授在劍橋，為余購得一套，得於暇時縱觀瀏覽。是為余浸淫於敦煌學之始。

　　唐代敦煌地方有十七大寺，一如歐洲中古之教堂，為施政敷教之所。經卷原多由僧寺保存，間有鈐上某寺之印章。佛經大量出自僧徒之手寫。道經紙墨及書寫特精，則似來自京畿，初被當作紙張以其背面供書寫練習之用。葉昌熾《語石》論：「唐代工行書以緇流為最，自懷仁《聖教序》出，遂有院體之目。」以英倫藏品所見，鈔《聖教序》者，即有三卷之多（以 S.4612、S.4818 為佳）。又有臨《十七帖》者 [1]。余因之有《敦煌書譜》之選印。[2] 此又余注意敦煌書法之開端。

　　1964 年受法京科學研究中心（C.N.R.S.）之聘，遂有機緣大量接觸伯希和取去之原卷。1976 年春，以遠東學院（E.F.E.O.）約，第三次蒞法京。余先後有《敦煌曲》、《敦煌白畫》二書之作，前者實與戴密微先生合著。戴先生於敦煌研究，提倡最力，法京因之有敦煌研究小組之組織。由蘇遠鳴（M. Soymié）主持，余亦忝任成員之一。故經常閱讀法京寫卷，佳書妙品，日寢饋於其中。《宣和書譜》所記經生書之妙者，往往遘之，為之神往。每欲集其精品，勒成專著，牽於

---

[1]　S.3753。

[2]　拙文刊於 1959 年香港大學之《東方文化》第五卷第一及第二期。

他務，未遑進行。

　　1978 年秋後，余自香港中文大學退休，執教於高等研究院（É.P.H.É.）宗教部，以此意商諸二玄社渡邊隆男社長。承其欣然慨諾。余遂就平日目睹摩挲之寫卷，例為選目，與法京方面聯絡，促成是舉。

　　余之選錄標準如下：（一）具有書法藝術價值，（二）著明確切年代及有書寫人者，（三）歷史性文件及重要典籍之有代表性者。每件為撰一提要，時人研究成果，間亦酌採。法京寫卷之精騎，敢謂略具於斯。區區微意，欲為敦煌研究開拓一新領域，且為書法史提供一些重要資料，使敦煌書法學得以奠定鞏固基礎。敦煌藝術寶藏，法書應佔首選，不獨繪畫而已也。識者諒不河漢予言。

1983 年

二

　　上序作於 1983 年。是年 5 月，《敦煌書法叢刊》第一卷《拓本》首次在東京由二玄社印行。嗣後月出一卷，閱時三載，全帙方出齊，計二十九卷。二玄社此書，印刷之精，為向來敦煌各種刊本所僅見。韻書 P.2014 號《大唐刊謬補缺切韻》，原件紙墨黝暗，字畫不清，施以特技，去黑之後，犁然可睹，海外治古韻學者無不稱快，視同寶笈。是書每卷之前，配有彩色版一頁，照原本尺寸印成，神光煥發，與真跡無異，令人叫絕。惟拙撰解說，為方便扶桑讀者，譯成日文，對國內學人，深感不便，是以流佈絕少，學術界無由參考，殊為可惜。

　　近頃敦煌研究在國內已成為顯學，曾疊次舉行國際性學術研討

會，經已培養出不少中青年學者投入研究隊伍，而出版界對於敦煌學有關著述亦深感興趣，相率策劃巨型出版物，如臺灣之《敦煌寶藏》，四川之《英倫佛教以外寫本》之印行，上海古籍出版社且著手《文獻集成》之輯集，網羅中外各地藏品冶於一爐，若蘇京及上海博物館、圖書館所庋寫卷，盡在囊括之中，不久即可問世。敦煌學之開拓與發展，前程無量。

本編題記，初以日文發表，其後中文原稿，附刊於《法藏書苑精華》。周紹良兄屢次提及，宜單行問世，茲彙為一編，以便省覽，仍冀方聞之士，有以諟正之。

圍陀與敦煌壁畫

　　印度最古聖書的《梨俱吠陀》，至今尚無漢譯。由於長期以來，婆羅門經典被佛教徒視為外道，故無人問津。然圍陀思想，通過佛典的漢譯卻很早零星地輸入華夏。圍陀中的眾神，經過佛典的輕蔑和曲解，亦不斷傳入，有的還被採用表現在建築物上作為裝飾圖案。人們視之作佛教藝術看待。如果進一步作仔細的考察，便可恍然知道它實在是來自古典的圍陀神話。在敦煌石窟的壁畫裏，我們可看到一些例子，像最重要的 285 窟所繪的曼陀羅，是值得追尋探索的對象，下面我將從東漢末年譯出的《摩登伽經》上的記載，來考察這個石窟，提出一點新的看法。

　　印度天文曆數的智識，《摩登伽經》中，保存着很古的材料。「摩登伽」梵文稱 mātanga，亦譯作「摩鄧」，是印度的旃陀羅種。這部經原在 *Divyā Vadana*（《天業譬喻經》）裏面之一篇，自從東漢安世高初次譯成漢文以後，至西晉的竺法護，已有幾個漢文譯本。最緊要的是三國吳時天竺三藏竺律炎和支謙共譯的上下兩卷本。是經站在佛教立場，強烈反對婆羅門思想，特別是圍陀的神話被斥為妄論。圍陀內容的點滴，由於本經在漢、晉之間經過幾次的傳譯，諒必多多少少流入中國，茲摘引支謙譯本一二段於下，《明往緣品》第二云：

　　　世有四姓，皆從梵生。婆羅門者從梵口生，剎利肩生，毗舍
　　臍生，首陀足生，以是義故，婆羅門者，最為尊貴，得畜四妻，
　　剎利三妻，毗舍二妻，首陀一妻……者梵天生皆應同等，何因

緣故，如是差別！

　　又汝法中，自在天者，造於世界，頭以為天，足成為地，目為日月，腹為虛空，髮為草木，流淚成河，眾骨為山，大小便利，盡成於海，斯等皆是汝婆羅門妄為此說。

這段話很明顯對圍陀第 10、90 的《原人歌》（Purusa）中第 12、13、14 三段文字提出責難，何以婆羅門必從口（mukha）出？其他三姓則否？何以天神創造世界必以頭為天？以雙足為地？（梵文原句是：śīrsno dyauk sam avartata; padbhyām bhumir, disah śrotīat）在圍陀原文，puruṣa 被奉獻作為犧牲，這就是最初的「法」（梵文原篇 16：tāni dharmāni〔法〕prathāmāni āsan），《摩登伽經》在這裏指出「自在天」之後，可見「自在天」神話入華可斷自東漢末年。梁任昉《述異記》引證盤古諸說，已將大自在天這類被佛徒議為婆羅門的妄說，納入盤古事跡之中，三國徐整的《三五曆記》和另一《五運曆年記》[1] 都說及盤古故事，似乎都受到印度外道之說所影響。

　　徐整說：「天地開闢⋯⋯盤古在其中，一日五變，神於天聖於地。」[2]《摩登伽經》屢屢言及圍陀多變道理，亦見於〈明往緣品〉，文云：

　　我今當說此圍陀典無有實義易可離散。昔者有人名為梵天，修習禪道，有大知見，造一圍陀，流佈教化，其後有仙，名曰白淨，出興於世，造四圍陀，一者讚誦，二者祭祀，三者歌詠，四者禳災⋯⋯復更有一婆羅門名曰鸚鵡，變一圍陀為十八分⋯⋯更有一婆羅門名曰鳩求，變一圍陀以為二分，二變為四，四變為八，八變為十，如是輾轉，凡千二百十有六種。是故當知圍陀經

---

[1] 馬驌《繹史》引。
[2] 《藝文類聚》卷一引。

典易可變易，大婆羅門！此圍陀典當分散……

過去有仙名婆私吒，其妻即是施陀羅女，產生二子，長名為純，二名為飲，皆獲仙道，五通具足，變圍陀典作宅圖法。汝能誹謗此二聖人言非仙耶？[1]

「圍陀」的意思是知識，亦用作動詞。在《梨俱圍陀》第十卷129.7，創造之歌的最末幾句說：「真宰在上（梵文 yo asyādhyakṣaḥ paraḿe vioman），彼僅知之（梵文：so aṇga veda）抑不知之？（yadi vā na veda）。」這裏二個 veda（圍陀）都訓「知道」，《摩登伽經》舉出許多造作圍陀的仙人（rsi），能夠使圍陀變異、分散，其意在指圍陀所說是不足信據的。最有趣的是能夠「變圍陀作宅圖法」。甚麼是宅圖法？後漢失譯人有《安宅神說經》，說道：

天龍夜叉八部鬼神，共相圍繞，說微妙法……建立南序、北堂、東西之廟……六甲禁忌十二時，門庭戶限……[2]

天龍夜叉八部是安宅的守護神，漢代很盛行所謂圖宅術。王充《論衡・詰術篇》云：

圖宅術曰：宅有八術，以六甲之名，數而第之，第定名立，宮商殊別。

宮商是用五音來看姓氏對於第宅的吉凶，為宅術的一種，後來「宅經」一類的書尚可考見它的遺制。[3]《摩登伽經》所說的宅圖法，我想與壁畫制度應該有密切關係。洞窟的結構不論是中心柱窟，或四壁一龕與多龕窟，四壁必須施以圖繪，壁畫當然為宅圖法的一術。漢

---

[1] 《大正藏》冊二一，403 頁。
[2] 《大正藏》冊二一，911 頁。
[3] 敦煌有五姓宅圖經。

人很講究圖宅術，壁畫在宮殿、墓葬到處皆有之。佛窟自然亦施上丹彩圖繪，問題是用甚麼東西來作題材的內容。所謂「變圍陀典作宅圖法」必是在四個方隅上面繪畫各種神明（deva）來抵禦災煞，像因陀羅（indra）以至自在天（mahasira）之類；簡言之，採取圍陀典中的巨神作為宅圖的資料。我們看在早期的密宗經典裏面，圍陀的高級神明，每下降成為守護神的夜叉，由於佛教徒對於婆羅門經典的貶抑，那些圍陀典中了不得的巨神，地位竟被降得很低。試舉一例，《孔雀明王經》卷中說：

> 阿難陀有四藥叉大將，常在空居，擁護所有空居眾生，令離憂苦，其名曰：
> 素哩野、素謨、阿儗頸、縛庾。
> 復次，阿難陀！汝當稱念多聞天王兄弟軍將名號……其名曰：
> 印捺囉、素摩、嚩嚕拏、鉢囉惹跛底……
> 此等藥叉是大軍主統領諸神……[1]

這一系列的人物，在圍陀典中地位極高，表之如次：

素哩野（sur ya）——日神

素謨（soma）——月神

阿儗頸（agni）——火神

嚩庾（vayu）——風神

印捺囉（Indra）——戰爭神

嚩嚕拏（Varuna）——正義神，rta 之王

鉢囉惹跛底（prajāvati）——生主

[1] 《大正藏》冊一九，982 頁。

　　所以圍陀裏的諸神，都變為夜叉（yaksa）成為守護神了。由是觀之，變圍陀典作宅圖法，看來即是把圍陀典中的神明請來鎮宅，依四方方位排列，繪在壁上，這可說是後來曼陀羅的濫觴。

　　莫高窟壁畫的內容，多年以來，經過敦煌研究所同人的努力，目前已完成《總錄》一書，作為總結性的記錄，根據各石窟壁畫的內涵、結合佛典各種與經變有關的文字，詳細對比研究，已作出許多嶄新的業績。1987 年 9 月，在莫高窟當地舉行首次石窟藝術的國際會議，許多重要論文提供可靠的看法。尤其最重要的西魏時期的 285 窟，日本學人已從禪宗立場作出詳細的分析，更值得注意的是賀世哲的新說，他據北涼法眾在高昌翻譯的《大方等陀羅尼經》，認為該窟南側繪有二十八宿，這一窟可說是最早的密宗畫窟。他的文章尚未發表，只從其提要透露一點消息。這一窟的內容大約如下：

中央	北側	摩醯首羅天	三頭
	北下側	毗那夜伽天	象首
	南側	鳩摩羅天	四臂乘孔雀
中央	大龕外北側	那羅延天 手托日月，乘金翅鳥。	三頭八臂
	南側	因陀羅	交腳坐
	西壁	日天	三鳳馭車
		月天	三獅馭車
	南側	廿八宿與主宰等	
中央	大龕南北下側	四天王	
	南小龕外	婆藪仙	

這 285 號窟北壁有年代兩條：

   1. 大代大統四年敬造（538）

   2. 大代大統五年敬造（539）

屬於西魏東陽王元榮時代，窟之南、西窟各有四個禪窟。窟中央有一高約 30mm 的方壇。

摩醯首羅天為梵言 Mahasira 的漢譯。即是大自在天。在英、法所藏的畫樣斷片保存大量的畫本，詳見英國韋陀的圖錄和拙作《敦煌白畫》。西魏這處的壁畫把自在天圖錄位於中央正北，與後來密宗的曼陀羅把他放在東北位有些不同，密宗經典如《大威力烏樞瑟摩明王經》大自在天正位於東北。至於毗那夜伽天，在莫高窟四百多個洞窟只有 285 窟出現一次，最堪注意！毗那夜伽梵稱 Vināyaka，是 Gaṇeśa 的別名。在《梨俱圍陀》稱 gaṇa。Gaṇeśa 被認為即大自在天的兒子與 Śiva's attendent 常在一起，所以安置在摩醯首羅天的下面。婆羅門經典有《毗那夜伽法》（*Vināyakaśānti*）見加爾各答（1935 年）印行 Batakrishna Ghosh 編輯的《婆羅門散策輯佚》（*Collection of the Fragments of Lost Brāhmanas*）。關於 Vināyaka-Gaṇeśa 的研究，詳見 A. Getty, *Gaṇeśa, a Monograph on the Elepnant-face God*（Oxford, 1963）及 L. Renou, Sur Les Origines Védigues de Gaṇeśa[1] 之論著。[2]

其他鳩摩羅天梵言 Kumāra；那羅延天，梵言為 nārāyaṇa；日天即 āditya，月天即 Candra（或 soma），因陀羅即 Indra，一般皆耳熟能詳，今不多述。惟婆藪仙須作一仔細考察。

莫高窟壁畫中，婆藪仙始一見於北魏 254 窟，西魏則 249 窟之北壁及本窟。[3] 北周六處、隋十一處，初唐以後不見，可說是北朝特有的神仙畫樣，通常與鹿頭梵志相對排列。

---

[1]　*J.A*，《亞洲學誌》，1937，271～274 頁。

[2]　關於此問題，可詳拙作〈敦煌莫高窟中的誐尼沙〉（本書第 10 篇）。

[3]　參《中國石窟》一圖 27、89、210。

關於婆藪仙的故事，見支謙譯《摩登伽經》第四品云：

> 我念過去，曾為梵王，或為帝釋；亦復曾為淨蓋仙人，為
> 婆羅門。變一圍陀，以為四分。於百千劫，作轉輪寶王。如是生
> 處尊豪富貴，於爾所時，修習慈悲禪定智慧，廣化眾生，施作佛
> 事……過去久遠阿僧祇劫，我為仙人，名曰婆藪，五通具足，
> 自在無礙，善修禪定，智慧殊勝。時有龍王，名為德叉，其王
> 有女，字曰黃頭……我見彼女，起愛著心，生此心故，便失神
> 通，及禪定法，深自悔責……[1]

第 285 窟中有幾個禪窟，禪那（dhyāna）是六波羅蜜之一，婆藪
仙亦要行禪定法才能取得神通。西魏繪婆藪仙於壁畫上面（圖一），
仍是有取於善修禪定之義，和密宗無關。婆藪仙在無量劫中作過轉輪
王，經歷許多不同身份的化身，見色動妄念，便失去神通，可為人們
鑑戒。在北涼法眾所譯的《大方等陀羅尼經·初分卷第一》說：

> 爾時婆藪從地獄出，將九十二億諸罪人輩，尋光來詣娑婆世
> 界……婆藪仙人是地獄人也……婆者言廣，藪者言通，廣通一
> 切法者，云何究竟入於地獄？……舍利弗白佛言……世尊：婆
> 藪仙人何時入於地獄，願佛解說。善男子……此婆藪仙人在閻
> 浮提與六百二十萬估客作商主，將諸人等入海採寶，往到海所，
> 乘彼海舶……其中路值摩竭魚難、水波之難、大風之難，如是
> 六百二十萬人即時各許摩醯首羅天各一生（姓）。爾時諸人便離
> 四難，遠到本國。到本國已，即各牽一羊欲往天祠……[2]

這段故事文字甚長，說明婆藪仙人的神通，能拯救許多人脫離

---

[1] 《大正藏》冊二一，404 頁。
[2] 《大正藏》冊二一，643、644 頁。

苦厄，但要向摩醯首羅天許願，各人以一羊往天祠，天祠即指大自在天，由此可以明白 285 窟在中央摩醯首羅天之外，復加繪婆藪仙的緣故。婆藪仙亦寫作婆茰。大正藏此本作婆茰，茰乃藪字之形訛。婆藪漢譯又作縛斯。梵書為 Vasisthas，在《梨俱圍陀》十分常見，這字意義是 best，字根從 vasu (good，wealth，richest) 而來，sitha 是形容詞比較級之最高級。巴利文作 vasittcha 亦訓為使者 (messenger in a village)。崇拜婆藪仙可獲得最佳、最富的幸福。《摩登伽經》的說星圖品第五，二十八宿之虛宿有四星，形如飛鳥，屬於婆藪神（405 頁），是婆藪仙亦被編配在二十八宿之列。婆藪仙之名在是經中不止一見，三國吳時已為人所熟知了。《摩登伽經》亦言婆藪仙能變一圍陀以為四分。具見他與圍陀關係的密切。

《摩登伽經》有北朝寫殘本，現存於敦煌縣，列○二○號 [1]。

是經初品訂論四姓平等，和對自在天的描寫，顯然是針對圍陀的《原人歌》，提出抨擊。支謙輩在武昌譯出三卷，其先安世高譯出名曰《舍頭諫經》一卷，見《歷代三寶記》，稱其「亦云《舍頭諫太子明二十八宿經》，亦云《虎耳經》」。舍頭諫梵名 sārdūlakarṇa。晉曰虎耳。是安世高譯本內已有二十八宿（今本缺）。該窟壁畫的二十八宿，當日可能參考支謙等譯的《摩登伽經》。據賀世哲說，西壁北側上角畫月天……月天南側繪二十八宿與主宰等。我雖然嘗到該窟參觀，匆匆考察，但無暇詳細描述。只有等候賀先生文章發表後再作進一步的研究。現在知道北魏以來，敦煌鎮已有《摩鄧伽經》寫本流傳。是經的星宿來源亦出自圍陀，其二十八宿的排列是以昴宿（Krtikā）列首。日本善波周即據《摩登伽經》上的星宿（Naksatra）記錄來探測圍陀成立的年代。從是經的《星圖品》和《觀災祥品》看來，壁畫圖繪廿八星宿目的仍是在消災求福，和崇拜大自在天（等於

---

[1] 見《敦煌研究集》第三冊，451 頁。

觀自在菩薩）同樣有「度一切苦厄」的作用。

在這裏我附帶提出一點對我國西南民族流行天文知識的看法。像雲南彝族對於廿八宿便有兩種不同的系統。據陳久金等的研究，彝族的二十八宿有下列研究：

1. 莎正才的星宿是以赤庫星為首。

2. 馬達仁和羅哈古候等的星表是以日霍星為首。[1]

赤庫星即是昂星，為印度的首星，日霍星相對於漢族的角宿。我們可以這樣解釋。今知《摩登伽經》從東漢末已逐漸譯出，流傳及於西北。西南邊陲之地有以赤庫（昂）為首的天文知識，顯然是經印度圍陀傳入後的痕跡，這是很明顯的。

西魏時候，密宗的制度尚未正式形成。密宗儀軌的作壇法、畫像法，據說梁時失譯人名的《牟梨曼陀羅呪經》是最早的實例。唐永徽三年，中印阿地瞿多譯成漢文的《陀羅尼集經》始集諸尊法儀軌的大成，其中有三重院方形壇二百〇九尊、一百三十九尊配合的兩種曼陀羅的不同形態。密宗是以如來為主尊。唐代初期密宗的宇宙架構大抵有十天、十二天之別。

十天 [2] 是：

1. 東北方：大自在天

2. 東方：帝釋天

3. 東南：火天

4. 南：焰摩天

5. 西南：羅剎天

6. 西：水天

7. 西北：風天

---

[1]　見《彝族天文史》，89 頁。

[2]　見《十大儀軌》。

8. 北：毗沙門天

9. 上方：梵天

10. 下方：地天

十二天是以十天再加日天和月天（不空譯《供養十二大威德天・報恩品》）。十天之外，又有八方天，見大興善寺阿闍梨譯的《施八方天儀則》：

東北：伊舍那天（Īsana）乘黃豐牛

東：帝釋天（Sakra）乘白象王

東南：火天（agni）

南：焰摩天（yama）乘水牛

西南：羅剎天（rākasa-malavatā）

西：水天（Varunra）

西北：風天（Vayu）雲中乘鼉著甲冑

北：毗沙門天（Vaiśrāman）

伊舍那天即大自在天，亦即摩醯首羅天，其方位列在東北。西魏 285 窟把他列在中央正北，這是很早的排列法，伊舍很早見《伊沙奧義書》（Īśā Up.），Īśva 亦作Īśvara，是 Siva 的名號，三界之主（the Iord of there world），漢譯或作伊濕伐羅，為自在天之名。密宗的八天、十天、十二天都沒有毗那夜伽天。後起的金剛二十天，裏面即有毗那夜伽天（暹羅小乘的外金剛二十天，毗那夜伽天列於第十九天，其中增入金剛摧天〔Vājra-goda〕、金剛食天〔Vajra-māla〕、金剛衣服天〔Vajra-vāsi〕、金剛面天〔Vajranahuṣa〕），這是踵事增華的情形，從西魏壁畫的曼陀羅看來，諸天的行列中，本來應該是有 Gaṇeśa 的。後來密宗卻沒有了，連婆藪仙亦去掉，可見這窟在圖像學上的特色。西魏時諸天表現於壁畫在宅圖術的排列，尚無唐代密宗儀軌那麼系統化。我們從《摩登伽經》的記述，知道有所謂「變圍陀為宅圖法」的方法。西魏 285 窟中諸天的名稱和排列，正可說明這一事實。前人製

圖一　第 285 窟《中國石窟》一圖 120

作壁畫上的圖繪，不知不覺在使用這宅圖法時，即採用圍陀中的諸天，希望除苦厄求福祉。雖然圍陀沒有人翻譯出來，但佛教徒在抨擊它時屢屢把圍陀的上神借用作保護神，有如調兵遣將。人們只知道依據佛經，而不知其底細，原出自外道的圍陀。285 窟的曼陀羅是密宗未成熟以前的宅圖法，它的重要性，可想而知。

　　285 窟本身是一個禪窟，日本須藤弘敏氏指出此類圖像有三種型式。由於窟頂四周畫有 36 幅禪修圖，西壁的南北二小龕裏面又各塑一禪僧像，可以確定它是用作禪定的洞窟。上面討論過婆藪仙的行禪定法的故事，這些禪窟何以多處繪有婆藪仙像，其中道理，很容易明白的。所以這一窟不能說是密宗的標準窟，而應該屬於禪窟，那是不容置疑的。

1988 年 2 月初稿

我和敦煌學

敦煌學在我國發軔甚早。我於 1987 年寫過一篇〈寫經別錄〉，指出葉昌熾在《緣督廬日記》中，他已十分關注石窟經卷發現與散出的事情，有許多重要的報導。近時榮新江兄發表〈葉昌熾——敦煌學的先行者〉一文，刊於倫敦 *IDP News* 1997 年第 7 期，說得更加清楚。

20 世紀 80 年代至今，國內敦煌研究，寖成顯學，專家們迎頭趕上，雲蒸霞蔚，出版物包括流落海內外各地收藏品的影刊——英京、俄、法以至黑水等處經卷的整理集錄，令人應接不暇，形成一股充滿朝氣的學術生力軍。以往陳寅老慨嘆敦煌研究為學術傷心史，現在確已取得主動地位，爭回許多面子。此後，海外藏品，陸續影印出來，學者們不必遠涉萬里重洋，人人可以參加研究了。

我一向認為敦煌石窟所出的經卷文物，不過是歷史上的補充資料，我的研究無暇對某一件資料作詳細的描寫比勘，因為已有許多目錄擺在我們的面前，如英、法兩大圖書目錄所收藏均有詳細記錄，無須重覆工作。我喜歡運用貫通的文化史方法，利用它們作為輔助的史料，指出它在某一歷史問題上關鍵性的意義，這是我的著眼點與人不同的地方。

張世林先生兩度來函，要我寫〈我與敦煌學〉一文，萬不敢當，久久不敢下筆。我本人過去所做的敦煌研究，榮新江兄已有文評述，見於復旦大學出版的《選堂文史論苑》（265～277 頁），我的重要著述和對學界的影響，詳見該文，不必多贅。現在只談一些值得記述的

瑣事，追憶我如何對敦煌資料接觸的緣遇。

　　我最先和敦煌學結緣是因為從事《道德經》校勘的工作。1952年我開始在香港大學中文系任教，那時候《正統道藏》還是極罕見的善本，我還記得友人賀光中兄為馬來亞大學圖書館從東京購得小柳氣司太批讀過的《正統道藏》，價值殊昂，當時香港及海外只有兩部道藏，無異祕笈。我因代唐君毅講授中國哲學的老、莊課程，前後三載，我又研究索紞寫卷（有建衡年號），做過很詳細的校勘工作。我和葉恭綽先生很接近，他極力提倡敦煌研究，他自言見過經卷過千件，對於索紞卷他認為絕無可疑 [1]。以後我能夠更進一步從事《老子想爾注》的仔細探討，實導源於此。正在這時候，日本榎一雄在倫敦拍製 Stein 搜集品的縮微膠卷，鄭德坤先生方在劍橋教書，我得到友人方繼仁先生的幫助，託他從英倫購得了一部，在 20 世紀 50 年代，我成為海外私人惟一擁有這部縮微膠卷的人物。我曾將向達《唐代長安與西域文明》中的倫敦讀敦煌卷的初步記錄核對一遍，這樣使我的敦煌學知識有一點基礎。我講授《文心雕龍》亦採用英倫的唐人草書寫本，提供學生參考。1962 年，香港大學《中文學會年刊》印行的《文心雕龍研究專號》最末附印這冊唐寫本，即該縮微影本的原貌。當時我已懷疑榎氏拍攝的由第一頁至第二頁中間，攝影有奪漏。1964 年我受聘法京，再至倫敦勘對原物，果有遺漏。這一本專號所複印，實際上是唐本的第一個（有缺漏的）影印本，如果要談《文心雕龍》的版本，似乎應該提及它，方才公道。

　　所謂「變文」，本來是講經文的附屬品，源頭出於前代陸機《文賦》「說煒曄而譎誑」的「說」，與佛家講誦結合後，隨着佛教在華的發展，逐漸形成一嶄新的「文體」的變種。但從「變」這一觀念加以追尋，文學有變種，藝術亦有變種，兩者同時駢肩發展，和漢字的

---

[1]　可參看他的《矩園餘墨序跋》。

形符與聲符正互相配合。文字上的形符演衍為文學上的形文，文字上的聲符演衍為文學上的聲文。劉勰指出的形文、聲文、情文三者，形與聲二文都應該從文字講起。所謂變文，事實上應有形變之文與聲變之文二者。可是講變文的人，至今仍停留在「形」變這一方面。古樂府中仍保存「變」的名稱，聲變則凡唱導之事皆屬之。試以表示之如下：

$$
變文
\begin{cases}
形文 \rightarrow 變相 \quad\quad 圖像之屬 \\
\\
聲文 \rightarrow 字音節奏 \quad 韻律唱腔之屬
\end{cases}
$$

我寫過一篇〈從《經唄導師集》第一種《帝釋（天）樂人般遮琴歌唄》聯想到若干問題〉（《東方文化》創刊號）加以說明的文章。姜伯勤兄因之撰〈變文的南方源頭與敦煌的唱導法匠〉（《華學》〔第一期〕），唱導是佛經唱誦音腔的事，我所說變文的聲變之文應該是這一類。大家熱烈討論形變之文的變相，只講到「變文」的一面，對於聲變之文這另一面則向來頗為冷落，甚至有誤解。王小盾博士對這一點有深刻的認識，可惜不少人至今尚不能辨析清楚。南齊竟陵王蕭子良在雞籠山邸與僧人講論的是「轉讀」問題，即謀求唱腔的改進，與聲調完全不相干。到了唐代教坊有大量的「音聲人」，音聲人還可以賞賜給大臣。《酉陽雜俎》記玄宗賜給安祿山的物名單，其中即有音聲人一項，《兩唐書·音樂志》音聲人數有數萬人之多。敦煌的樂營有樂營使張懷惠（P.4640）與畫行、畫院中的知畫都料董保德（S.3929）相配合，一主聲變的事務，一主形變（變相）的事務，兩者相輔而行。變文之音聲部分，還需再作深入的研究。敦煌樂舞方面，亦是我興趣的重點，我於 1956 年初次到法京，看了 P.3808 號原卷，

寫有專文補正林謙三從照片漏列的首見樂曲的《品弄》譜字，由於我在日本大原研究過聲明，又結識林謙三和水原渭江父子，對舞譜略有研究。我於 1987 年初提出研究舞譜與樂譜宜結合起來看問題，我講敦煌琵琶譜，仔細觀察法京原件及筆跡，事實是由三次不同時期不同人所書寫的樂譜殘紙，黏連在一起，把它作為長卷，長興四年才寫上講經文，可以肯定琵琶譜書寫在前，無法把它作為一整體來處理。葉棟當它全部視為一套大曲是錯誤的。我這一說已得到音樂界的承認。我主張樂、舞、唱三者應該聯結為一體之說，引起席臻貫的注意，他力疾鑽研樂舞，把它活現起來，因有樂舞團的組織，我忝任顧問，他二度到香港邀我參觀，深獲切磋之樂。1994 年 9 月 6 日我到北京，在旅館讀 *China Daily* 的文化版得悉他病危的噩耗，十分痛惜。1995年 7 月，敦煌樂舞團隨石窟展覽蒞港表演，我追憶他寫了一首律詩云：「賀老纏絃世所誇。紫檀摘撥出琵琶。新翻舊譜《胡相問》，絕塞鳴沙不見家 [1]。孤雁憂思生羯鼓，中年哀樂集羌笛。潛研終以身殉古，嘆息吾生信有涯。」表示我對他的哀悼。

敦煌各種藝術尤其是壁畫，我是最喜歡的，由於長期旅居海外，無條件來作長期考察，無法深入研究，只得就流落海外的遺物作不夠全面的局部捫索。我所從事的有畫稿和書法二項。我們深感唐代繪畫真跡的缺乏，所謂吳道子、王維都是後代的臨本。1964 年我在法京科學中心工作，我向戴密微先生提出兩項研究工作，其一是敦煌畫稿，後來終於寫成《敦煌白畫》一書，由遠東學院出版。我年輕時學習過人物畫像的臨摹，有一點經驗，我特別側重唐代技法的探索，粉本上刺孔的畫本，法京有實物可供研究，亦為指出，我方才明了到，佈粉於刺孔之上留下痕跡斷續的線條便於勾勒，這樣叫做粉本。近日看見胡素馨（S. F. Fraser）的〈敦煌的粉本和壁畫之間的關係〉一

[1]　莊嚴所藏敦煌《浣溪沙》佚詞，起句云「萬里迢亭不見家，一條黃路絕鳴沙」。

文 [1]，文中在我研究的基礎上歸納出粉本草稿有五種類型，計壁畫、絹幡畫、藻井、曼陀羅四類，絹幡畫則可分臨與摹二類。實則臨與摹二者，臨是依樣而不遵照準確輪廓，摹則依樣十足。這些畫樣，畫人運用起來可以部分摹、部分臨，亦不必限於幡畫。

　　書法的研究，我在接觸過 Stein 全部微卷之後，即加以重視，立即寫一篇〈敦煌寫卷的書法〉附上〈敦煌書譜〉，刊於香港大學 1961 年的《東方文化》第五卷。後來居法京排日到國家圖書館東方部借閱敦煌文書。先把法京收藏最早的北魏皇興五年書寫的《金光明經》和永徽年拓本的唐太宗書《溫泉銘》作仔細的研究。以後遍及若干重點的經卷寫本，作過不少專題研究，除作解題之外還注意到字體的花樣，1980 年秋後在日本京都講學，承二玄社邀請為主編《敦煌書法叢刊》，分類影印，從 1983 年起，月出一冊，共二十九冊，前後歷時三載。每一種文書都作過詳細說明或考證。由於翻成日文，在國內流通不廣，周紹良先生屢對作者說「各文書的說明，極深研幾，應該合輯成一專書，獨立出版」。至今尚無暇為之。本書又有廣東人民出版社刊印本，題曰《法藏敦煌書苑菁華》共八冊。

　　我於 1963 年出版《詞籍考》一書，戴密微先生了解我對詞學薄有研究，約我合作寫《敦煌曲》，由於任老舊著《敦煌曲校錄》錄文多所改訂，與原卷不相符，須重行勘校，我又親至英倫檢讀原件，時有弋獲，如《謁金門》開于闐的校錄、五台山曲子的綴合等等。任老後出的《總編》和我有一些不同看法，特別對《雲謠集》與唐昭宗諸作，我有若干專文進行討論，已收入另著《敦煌曲續論》中 [2]。《昭明文選》的敦煌本，亦是我研究的專題，我首次發表敦煌本《文選》的總目和對《西京賦》的詳細校記，我現在彙合吐魯番寫本另附精麗圖

---

[1]　《唐研究》第三卷，1997，437～443　。
[2]　臺灣新文豐出版公司，1995。

版與詳盡敍錄勒成專書，將由中華書局印行。

《文選》序有「圖像則贊興」一句話，我作了詳考，在《敦煌白畫》裏面，我有一章討論邈真讚的原委。法京友人陳祚龍君從敦煌寫本邈真讚最多的 P.3556（九人）、P.3718（十七人）、P.4660（三十九人）三卷及其他錄出，輯成《唐五代敦煌名人邈真讚集》一專書，開闢一新課題，繼此有作，得唐耕耦、鄭炳林二家。1991、1992 年間余復約項楚、姜伯勤、榮新江三君合作重新輯校，編成《敦煌邈真讚校錄並研究》，方為集成之作。

所謂敦煌學，從狹義來說，本來是專指莫高窟的塑像、壁畫與文書的研究，如果從廣義來說，應該指敦煌地區的歷史與文物的探究。漢代敦煌地區以河西四郡為中心，近年出土秦漢時期的簡冊為數十分豐富，尚有祁家灣的西晉十六國巨量陶瓶。又吐魯番出土文書中有敦煌郡所領的冥安縣佛經題記。所以廣義的敦煌研究應該推前，不單限於莫高窟的材料。

1987 年得到香港中華文化促進中心協助，與香港中文大學合作舉辦敦煌學國際討論會。1992 年 8 月，該中心幫助我在香港開展敦煌學研究計劃，在中文大學的新亞書院成立敦煌吐魯番研究中心，延攬國內學人蒞港從事專題研究，由我主持出版研究叢刊，主編專門雜誌。先時於《九州學刊》創辦《敦煌學專號》，出過四五期。後來與北京中國敦煌吐魯番學會、北京大學中古史研究中心、泰國華僑崇聖大學中國文化研究院合作，辦一雜誌即《敦煌吐魯番研究》，由季羨林、饒宗頤、周一良主編，每期三十萬字，至今已出版第一卷（1996）、第二卷（1997），第三卷正在排印中。此外香港敦煌吐魯番中心復出版專題研究叢刊，由我主其事，先後出版者有八種。我提倡輯刊《補資治通鑑史料長編》，用編年方法，把新出土零散史料加以編年，使它如散錢之就串，經過數年工夫，已稍有可觀。

茲將香港敦煌吐魯番中心已出版《敦煌吐魯番中心研究叢刊》開列如下：

　　(1) 饒宗頤主編《敦煌琵琶譜》。

　　(2) 饒宗頤主編《敦煌琵琶譜論文集》。

　　(3) 饒宗頤主編，項楚、姜伯勤、榮新江合著《敦煌邈真讚校錄並研究》。

　　(4) 榮新江編著《英國圖書館藏敦煌漢文非佛教文獻殘卷目錄（S.6981～13624）》。

　　(5) 張涌泉著《敦煌俗字研究》。

　　(6) 黃征著《敦煌語文叢說》。（獲「董氏文史哲獎勵基金」一等獎）

　　(7) 趙和平著《敦煌本甘棠集研究》。

　　(8) 楊銘著《吐蕃統治敦煌研究》。

　　(9) 饒宗頤主編《敦煌學文藪》。

《補資治通鑑史料長編稿系列》，由饒宗頤主編，已出版及排印的有八種：

　　（1）王輝著《秦出土文獻編年》。

　　（2）饒宗頤、李均明著《敦煌漢簡編年考證》。

　　（3）饒宗頤、李均明著《新莽簡輯證》。

　　（4）王素著《吐魯番出土高昌文獻編年》。

　　（5）王素、李方著《魏晉南北朝敦煌文獻編年》。

　　（6）劉昭瑞著《漢魏石刻編年》。

　　（7）陳國燦著《吐魯番出土唐代文獻編年》。

　　（8）李均明著《居延漢簡編年》。

其他在撰寫中有下列各種：

胡平生著《樓蘭文書編年》。
姜伯勤著《唐代敦煌宗教文獻編年》。
榮新江、余欣著《晚唐五代宋敦煌史事編年》。

莫高窟儲藏的經卷圖像早已散在四方，據粗略統計有數萬點之多，目前正在清查，作初步比較可靠的全盤統計。這些祕笈為吾國文化史增加不少的研究新課題，同時開拓了不少新領域，為全世界學人所注目。近日歐洲方面，特別在英京已有《國際敦煌學項目通訊》（*Newsletter of The International Dunhuang Project*，縮寫為 *IDP*）的刊物。我和日本藤枝晃教授被推為資深 Editor 人物之一，殊感慚愧。目前我所從事的研究工作，還有甲骨學、簡帛學部分，忙不過來，只好掛名附驥，聊盡推動之責。我於上文列出的各種工作，我要衷心感謝得到國內多位年輕有為學者的支持，還希望有力者對我們鼎力充分的飲助，使我能夠繼續完成這一心願。以渺小之身，逐無涯之智，工作是永遠做不完的，我這一點涓滴的勞績，微不足道，匆促寫出，倍感惶悚，就到此為止，算是交卷了吧。

1998 年

港臺地區敦煌學研究的回顧與展望

敦煌學的研究對象，實際應包括當地的壁畫、塑像藝術，以及文書兩大部分。一般所謂敦煌學，似多側重後者。

香港在 1949 年以前，是國內文化人避地的活動區域，同時亦是文物聚散、傳播的一個海外重點。遠在斯坦因未到莫高窟之前，廣東收藏家已有一些前代寫經流傳。像北山堂所藏的鈐有吳榮光筠清館藏印的唐人寫經，便是一個例子。伯希和在石窟取得經卷，曾於北京展示，其時番禺葉恭綽與羅振玉、王仁俊、蔣斧曾同往會見。[1] 他在《矩園餘墨序跋》第一輯〈北魏曇鸞手寫涅槃經注跋〉上說：他所藏敦煌經卷不下百事，特別重視此卷，兩度為寫題跋，考出它是《嬰兒行品》、《十功德品》，謂「其書法樸勁，猶有隸意，應為北魏曇祖手跡」。又稱「其時在港與諸善信創設『華南佛學院』[2]，出示此卷，與人觀賞」。此卷現保存於上海圖書館，列號一四七 [3]，其卷末葉氏手書題跋，署民國三十八年（1949）六月，此文實為居香港時所作。葉氏於民國三十七年在港，曾撰〈索紞道德經跋〉，自言「所見敦煌字跡逾千，此卷見於李木齋處，與《三國志》殘本，可稱雙璧」。同年，又為張谷雛題撰〈敦煌石室圖籍錄序言〉，追述清學部派人取回石窟

---

[1] 《葉氏年譜》記其事在宣統元年（1909）冬，時葉公二十九歲，方供職郵傳部承政廳長。

[2] 應作華南學佛院，葉氏誤記。據秦孟瀟提供《倓虛法師紀念專刊》，民國三十七年（1948）葉老與王學仁等五位成立華南學佛院董事會，由倓虛首任院長兼主講，然葉氏〈曇鸞卷自跋〉則題作民國三十八年六月，相差一年。

[3] 吳織人等：〈上海圖書館敦煌遺書目錄〉，《敦煌研究》，1986（2）、（3），收一五九件，載葉跋手書，原文末繫有年月。

經卷經過。[1] 先是民國十年（1921）葉氏任交通部長，旋兼任交通大學校長，與李木齋、王樹枏、羅振玉輩發起組織「敦煌經籍輯存會」，即於是歲十一月成立。[2] 京師圖書館自敦煌取回之八千餘經卷，實由葉氏屬陳垣、李正剛編目，編成《敦煌劫餘錄》。葉氏亦著〈關東廳旅順博物館敦煌佛典〉一文。他提倡敦煌研究一向不遺餘力，論著又多作於香港，今天要談香港之敦煌學，葉氏是一位導夫先路的人物，應該予以表彰。

敦煌文書之正式流通，實起於 1952 年榎一雄把英藏斯坦因編號（1～6980）攝成縮微膠卷行世。當時我正在香港大學任教，遂請鄭德坤教授在英倫代購得一部，這在 20 世紀 50 年代來說非常不容易。我因有《敦煌老子想爾注校箋》之作（1956），引起歐洲學界對道教的重視。我又陸續刊佈一些敦煌本《文選》及《琵琶譜》的研究論文，多數刊於《新亞學報》。後來新亞書院成立研究所，亦購英藏斯卷一部，引起潘重規、梅應運等的注意，潘君幾種敦煌著作，如《文心雕龍合校》、《詩經卷子》、《瀛涯敦煌韻輯新編別錄》，從 1970 年開始，都列為新亞研究所的專刊。1974 年起，又在香港創辦《敦煌學》雜誌，出第一輯。

本人從事敦煌研究工作已有榮新江的評介，不用多贅。由於本人曾被法國邀請在法國科學中心研究，又參加遠東學院工作，多次蒞法京，接觸原物較多，所著不少專書及論文在歐洲印行。1982 年以後，為東京二玄社選輯《敦煌書法叢刊》，月出一冊，歷時三載，得 29 冊，收錄約 140 件，皆學術性重要代表文書，附以解說，就中以韻書 P.C.2011，影印清晰，最有裨於學人。

我的研究範圍比較寬廣，略舉其要：1. 道教文書（如《登真隱

---

[1]　二文俱見《矩園餘墨序跋》第二輯。
[2]　有宣言載《葉氏年譜》。

訣》、《想爾注》）；2. 有關禪家史料文獻；3. 樂、舞初步討論；4. 畫稿研究；5. 曲子詞之補錄、校訂；6. 邈真讚及願文進一步輯說；7.《昭明文選》寫本之全面編集。

在海外，限於地域隔閡，未能專心研究，殊深愧悚。尤以資料性的著述要有耐心等候材料。耗時甚久。以今年北京中華書局剛剛出版的《文選》而言，其實我自 1957 年起在《新亞學報》發表〈敦煌本《文選》斠證〉，利用英京資料，已列出十六種寫本，現在集中這三十餘件，取得全面性整理，還要感謝眾多朋友的勸助，積四十餘年點滴積累，方有這樣的成果。

1987 年 6 月，由香港中文大學中國文化研究所與香港中華文化促進中心合作，首次在香港舉辦敦煌吐魯番國際學術會議，並借得上海博物館所藏一批敦煌經卷來港展出，季羨林、周紹良、金維諾諸老一輩學者均蒞港參加，極一時之盛。我因之有〈寫經別錄〉之作。1993 年夏季，香港召開「第三十四屆亞洲與北非研究國際學術會議」，其中敦煌學被列為會議以一個重要課題進行專門研究，來自國內外數十名學者雲集香江。此兩次會議的部分論文後來選輯為《敦煌學文藪》，由臺灣新文豐公司出版。其間，我因得到香港中華文化促進中心與香港中文大學新亞書院梁秉中院長的支持，1992 年在新亞書院設立「敦煌吐魯番研究中心」這一機構。近十年來，不斷延攬國內年輕一輩學人蒞港參加工作，出版著作甚多，計有兩個系列：一為「敦煌吐魯番研究中心叢刊」已出書九種，就中以榮新江《英國圖書館藏敦煌漢文非佛教文獻殘卷目錄（S.6981～13624）》與我主編，姜伯勤、項楚、榮新江等合著之《敦煌邈真讚校錄並研究》二書為重要。前者補英京敦煌目錄之所未收，後者總結前人研究成果，十分有用。另一系列為《補資治通鑑史料長編》，利用敦煌、吐魯番出土資料補文獻之不足，已出書五種，其中《新莽簡輯證》、《魏晉南北朝敦

煌文獻編年》皆創新之作（此二系列皆由臺灣新文豐公司出版）。[1] 促進中心對敦煌研究工作特別支持，除先期由其出版的學術雜誌《九州學刊》，增設《敦煌學專號》刊出數期。其後北大出版社計劃印《敦煌吐魯番研究》巨型專刊，由季羨林、周一良和我掛名主編，至今已出四期，都由促進中心補助部分經費，此一刊物，受到學界高度評價與歡迎。

香港志蓮淨苑多年來對佛經研究出版和佛教人才的培養做出不少貢獻，出版了一些有關敦煌的佛教著述，很值得讚揚。香港商務印書館和敦煌研究院合作出版《敦煌石窟全集》，把壁畫分成十三大類，全書預計二十八卷，已列入文物局重點出版項目，融匯百年來研究成果，由院方組織專家分頭執筆，要五六年方能完成，確是一項偉大工程。館方還發起「佛跡防護功德林」，對於敦煌勝跡的保護工作，貢獻出一分力量。

臺灣敦煌研究，發軔自蘇瑩輝，20 世紀 40 年代彼曾在敦煌研究所工作，移居臺灣之後，初時考證瓜沙二州史事，又撰《敦煌藝文志》，所著合輯為《敦煌學》二集，繼又致力於敦煌藝術之比較研究，文章多在故宮刊物發表。

臺灣中央圖書館有經卷一百五十餘件，1976 年 12 月潘重規整理編印 [2]。潘氏由港居臺，執教於中國文化大學，倡設敦煌學會，《敦煌學》期刊隨之遷臺，由 1982 年第 3 期起至今出至 17 期，現由嘉義中正大學鄭阿財負責其事。潘重規治敦煌文書，早年寫過〈敦煌寫本尚書釋文殘卷跋〉[3]，是一篇很重要的論著。後來他校勘《詩經》卷子、《雲謠集》、《秦婦吟》、《敦煌韻輯》、《變文集》、《壇經》等，都喜

---

[1] 《敦煌吐魯番研究中心叢刊》已出版九種，《補資治通鑑史料長編稿系列》，已出版八種，詳見拙著〈我和敦煌學〉。

[2] 《國立中央圖書館藏敦煌卷子》，由石門圖書公司出版六冊。

[3] 《志林》2 期，1941.02。又：《學術季刊》3 卷 3 期，1955.03。

歡加上「新書」來命名。他和學生協力編輯《敦煌俗字譜》是一大工程，金榮華且為此書編製索引。但評者認為取材過於狹窄，難以代表敦煌文獻俗字的全貌，然而卻引起他門下很多後起學人對敦煌的字書作深入探討，形成一股熱潮；鄭阿財提出唐代字樣學的新課題，朱鳳玉對《字寶》、《正名要錄》的研究，使人對唐代語文，有嶄新的認識，林玫儀之於曲子詞的斠訂，還有陳鐵凡對敦煌群經校證的業績，王叔岷之校《莊子》，周鳳五之治《太公家教》、《六韜》，林聰明之於《百行章》、《周秦行紀》，王三慶之於「類書」，皆有心得。金榮華在總結臺灣四十年來的敦煌文書整理之時，認為成績較突出的是目錄提要、文字及變文三項。我以為文字方面，最有成就。[1] 臺灣對敦煌學的最大貢獻特別表現在出版方面，高本釗先生所創辦的新文豐出版公司領先刊出《敦煌寶藏》，在 1981～1986 年綜合印成五十五冊（黃永武編），又編輯《敦煌叢刊》十六冊。復集兩岸專家論著，編成《敦煌學導論》初集（十四冊）、二集（已出十二冊，皆由林聰明主編）。其他有關敦煌著述的出版包括法京學人左景權、陳祚龍、吳其昱、陳慶浩等人作品以及香港本人主編的兩大系列叢書。沒有他的勇氣和精神，二十年來不遺餘力，促成敦煌文書的流通，不易有今天的成績。

到目前為止，敦煌學最大的成就，仍在資料方面的整理工作。編印各地區所有資料，仍在積極進行，尚待完結，難得的是文獻分類校錄方面，已做出很好的成績，像天文曆法類、醫藥類，在科技方面，有極佳收穫。韻書、語彙文學方面成就亦高。

竊以為此後動向，必須從專題著眼，將資料綜合分析，作深化工夫，不只是一草一木的揭櫫，而是具體地對某一問題的沿流溯源，究其演變之跡。必須結合兩岸學人的研究成果。[2] 還有兩點似乎應該特別

---

[1] 金榮華：〈臺灣地區近四十年來之敦煌文書整理〉，柳存仁等：《慶祝潘石禪先生九秩華誕敦煌學特刊》，臺北：文津出版社，1996，401～408 頁。

[2] 例如甘肅出版的敦煌本《古文尚書校注》對陳、潘論文絕未提及。

引起注意：

1. 研究新方向應重視溯源

石窟文書資料與漢簡資料可以結合探索，「懸泉簡」的大量發現大可增進對漢代敦煌現狀的了解。

2. 被忽略的新課題的提出

像吳其昱研究 P.1412 的希伯文寫本。于闐文書中的耆婆書，對中印醫藥交流有重大意義，有待仔細研究，即其一二例。

香港的敦煌研究，目前是與大陸學人合作，駢肩共進，希望以後在各位督導之下，能夠有更進一步的表現。多謝指教。

1997 年

敦煌應擴大研究範圍

　　《敦煌吐魯番研究》編輯部主任郝春文教授來函，要我為該刊第九卷（創刊十周年紀念專號）寫點東西。我雖忝為該刊主編之一，其實不過是敦煌學研究的先頭部隊中的過河卒子之一，諸種錯愛和遇譽，愧不敢當。本來沒有甚麼要說，但這次看來是推辭不了，只好以這篇小文章來搪塞，倒也代表了我對敦煌學發展的一些期望。

　　自 20 世紀 80 年代以來，敦煌學的發展，已成為一門全世界都關注的學問，而其重心在中國，這一點，我感到非常安慰。

　　但對於敦煌學的研究現況，我還是有點意見的。我認為敦煌和敦煌學都應從廣義來看。

　　從廣義看敦煌，則關注點不只局限於敦煌的石窟；石窟周圍各地方的歷史、地理、曾經出現過的民族及其文化傳承演變等等皆應為關注點。假如只是石窟的話，那麼所研究的只是石窟的內容，包括佛像等的圖象學和有關的經卷的研究而已。

　　從廣義看敦煌學的話，則敦煌學的研究應包括各個時期的敦煌和各種可供研究的素材中的敦煌。我認為敦煌的重要歷史，最少可分為三個時期。1. 早期：指匈奴歸義之前後，設立河西四郡之前，一直到晉十六國為止的這個時期。2. 前期：指十六國之後，到盛唐，至安史之亂這個時期。3. 後期：指吐蕃佔領後，歷五代，至北宋這個時期（當然，北宋之後的敦煌也可以研究）。我這個分期法，主要考慮的是敦煌在這幾個時期都有着其截然不同的社會環境的改變。另從各種可供研究的素材這個角度看，目前敦煌學界只注重以敦煌經卷和敦煌

石窟的圖象史料為主要的研究對象，這是有缺憾的。我認為還應十分注重竹、木簡方面的材料。現在已陸續出土了巨量的兩漢、魏晉的與敦煌有關的簡，剛好可供研究早期敦煌的歷史和文化，目前這個時期的研究，包括敦煌簡方面的研究，尚未深入，正有待開展。我的的主張是首先要敦煌學界把早期敦煌（匈奴時期的敦煌）和與敦煌有關的兩漢、魏晉簡納入廣義的敦煌學之範圍內，這樣就可能會開創一個新的局面。

下面我只舉一個例子，以說明和支持我上面的提議。

近年敦煌學界頗為關注粟特文化與敦煌的牽涉，研究祆教的學者更力指敦煌的宗教並非佛教，乃與祆教有深切關聯；其實敦煌宗教乃混合體。敦煌這個地方，本屬於匈奴，因此早就種下了混合因素。但我這回主要想談一談昭武九姓的問題。

吉田豐（Yutaka Yoshida）教授引蒲立本教授（E. G. Pulleyblank）的說法，指昭武之名最早見於《隋書》，而有關昭武的史料乃屬隋代或初唐時期而已；他們並以《北史》、《魏書》等有關康國及昭武九姓的記載皆與《隋書》相同為理由，認為前兩者乃鈔襲後者而成的，於是將昭武九姓起源定於隋代或唐初。[1] 余太山先生亦認為《魏書·康國傳》乃「後人」據《隋書》「妄改」，時間座標應為隋的大業中。[2]

不遇，他們似乎都忽略了敦煌懸泉出土漢簡方面的資料，將漢晉資料全然不顧，令人費解。這批 1990 年起至 1992 年止在今敦煌甜水井東南三公里的漢代懸泉置遺址中出土的二萬三千餘枚有字簡牘中，就有非常明確的昭武史料，已經提到昭武。

---

[1] 吉田豐："On the Origin of the Sogdian Surname *Zhaowu* 昭武 and Related Problems，" *Journal Asiatique* 第 291 卷 1～2 期，36～37 頁。這是一篇討論昭武九姓起源問題的論文。

[2] 余太山：〈《魏書·西域傳》原文考〉，《兩漢魏晉南北朝正史西域傳研究》，北京：中華書局，2003，90～91 頁。

敦煌懸泉簡中有一枚被稱為「敦煌懸泉里程簡」的，其中一些內容如下：

> ……小張掖去姑臧六十七里，姑臧去顯美七十五里……氐池去觻得五十四里，觻得去昭武六十二里府下，昭武去祁連置六十一里，祁連置去表是七十里……[1]

案此簡「氐」字原文下部徒「土」字，可互通。此昭武顯然是《漢書・地理志》（南宋福唐郡庠重刊，北宋淳化監本）的張掖郡下十縣之一的昭武；十縣依次是觻得、昭武、刪丹、氐池、屋蘭、曰（日）勒、驪軒、番和、居延、顯美。《後漢書・郡國志五》張掖郡下記載：「八城，戶六千五百五十二，口二萬六千四十：觻得、昭武、刪丹（弱水出）、氐池、屋蘭、日勒、驪軒、番和。」[2] 由此足證漢時昭武已屬張掖郡之十縣或八城之一。又請參看我與李均明合著的《敦煌漢簡編年考證》兩條等資料及其解釋，可為上面所說及的佐證。[3]

張掖郡所轄諸縣，如觻得名出於匈奴，氐池為氐人所曾居，驪軒當是大秦人貿易足跡所至而聚居，甘肅武威雷臺漢墓有「琥珀獸」五件，可為物證。[4]

《後漢書・梁慬傳》昭武此一地名之下，有唐章懷太子李賢注云：「縣名，屬張掖郡。故城在今甘州張掖縣西北也。」

又據同傳所載：「（永初）二年春，還至敦煌。會眾羌反叛，朝

---

[1] 胡平生、張德芳編撰：《敦煌懸泉漢簡釋粹》，上海：上海古籍出版社，2001，第 60 號簡，56 頁。

[2] 南宋福唐郡庠重刊本，北宋淳化監本。下文同。

[3] 見《敦煌漢簡編年考證》漢宣帝（上）第三附三第（二九）條、新莽（上）第十第（三三三）與（三三四），臺北：新文豐出版公司，1995，18～21、106～108 頁。

[4] 參《考古學報》1974（2），87～109 頁；另可參門人許曉東 2005 年在香港中文大學藝術系的關於琥珀的博士論文第五章。

廷大發兵西擊之⋯⋯懂至張掖、日勒⋯⋯大破之，乘勝追至昭武，虜遂散走⋯⋯及至姑臧，羌大豪三百餘人詣懂降⋯⋯河西四郡復安。」張掖、日勒地名之下，有唐章懷太子李賢注云：「日勒，縣名，屬張掖郡。故城在今甘州張掖縣西北也。」可證唐章懷太子李賢已知後漢時已有日勒、昭武等位於張掖西北之地名。

昭武乃張掖郡屬縣，其故城在今臨澤縣東北十五公里的昭武村，而祁連置當在今臨澤縣和高臺交界處。[1]

據《晉書斠注》卷十四下「張掖郡」條下有臨澤，謂乃「漢昭武縣，避景帝諱改也」，故知晉及以後的臨澤即漢之昭武縣；王先謙《後漢書集解》之志二十三上「張掖郡昭武」條亦已提到「《晉志》改曰臨澤；《一統志》：故城今張掖縣西北」。

另簡文中其他地名如姑臧、顯美、氐池、觻得等，皆可與《漢書》、《後漢書》等先於隋唐的史籍互證；同時，既與《隋書·康國傳》[2]、《北史·康國傳》[3]、《魏書·康國傳》[4]等所載之「舊居祁連山北昭武城」與懸泉簡稱「昭武去祁連置六十一里」的地理正相符；也與《後漢書》中唐章懷太子李賢所注之地望亦相吻合。

祁連置即祁連山，余太山認為漢代的祁連指今之天山[5]，然其說並不可靠，據此簡即證明不是天山。

因此可以說，有關昭武及昭武九姓起源問題的資料，現在理應追溯到敦煌的「懸泉漢簡」；依舊恪守《隋書·康國傳》的說法而將昭武及昭武九姓起源定為隋或初唐則似乎是太保守了一點。而敦煌「懸泉漢簡」的重要性，亦由此可見一斑。

---

[1] 參考《敦煌懸泉漢簡釋粹》，58 頁，注 6、7。
[2] 元饒州路學刊本。
[3] 元信州路學刊本。
[4] 南宋紹興間江南重刊北宋監本；案據二十五史編刊館仁壽本影印本之列傳第九十之末頁云，魏收書《西域傳》已亡佚，此卷全鈔《北史·西域傳》。
[5] 參考《塞種史研究》，北京：中國社會科學出版社，1992，53～56 頁。

　　我相信敦煌在漢以前的匈奴時期，即在河西四郡未成立之前，應有許多大秦人於此貿易，他們開闢了匈奴時期的敦煌。今天的敦煌學界，應趁這時候展開匈奴時期的敦煌及其與外國（族）來往的實際情況的深入研究了。而眾多與敦煌有關的兩漢魏晉簡和其他魏晉資料，正好為我們提供了豐富的素材。我們千萬不要把就放在眼前的珍貴資料，輕輕地忽略過去。

　　關於隋唐之前敦煌一帶之眾多西域民族與中國或和或戰、時降時叛之關係，《晉書》中亦頗多重要資料，值得留意。今舉《晉書・武帝紀》和《晉書・惠帝紀》中若干條為例，以備研究者參考：

　　1.《晉書・武帝紀》：「（泰始三年）夏四月戊午，張掖太守焦勝上言，氐池縣大柳谷口有玄石一所，白畫成文，實大晉之休祥，圖之以獻。詔以制幣告于太廟，藏之天府。」（見中華標點本，55頁）[1]可見氐池之地名已載於隋唐之前的正史，其地必在張掖附近，甚或向來是歸張掖郡管轄的。

　　2.《晉害・武帝紀》：「（咸寧二年秋七月）鮮卑阿羅多等寇邊，西域戊己校尉馬循討之，斬首四千餘級，獲生九千餘人，於是來降。」（66頁）
可證魏晉時西域有鮮卑族。

　　3.《晉書・武帝紀》：「（咸寧三年）是歲，西北雜虜及鮮卑、匈奴、五溪蠻夷、東夷三國前後十餘輩，（案宋本作「十」，他本作「千」）各帥種人部落內附。」（68頁）
據此條，可見當時西域有眾多民族，所謂「西北雜虜及鮮卑、匈奴」是也。

　　4.《晉書・武帝紀》：「（咸寧四年六月）涼州刺史楊欣與虜若羅拔能等戰于武威，敗績，死之。」（69頁）

---

[1]　引文原據中研院網上新校本，此次重刊據中華書局標點本釐訂。下文同。

　　5.《晉書·武帝紀》：「（咸寧）五年春正月，虜帥樹機能攻陷涼州。乙丑，使討虜護軍武威太守馬隆擊之。」（69頁）

　　6.《晉書·武帝紀》：「（咸寧五年）冬十月戊寅，匈奴餘渠都督獨雍等帥部落歸化。」（70頁）

　　7.《晉書·武帝紀》：「（太康六年冬十月）龜茲、焉耆國遣子入侍。」（76頁）

　　8.《晉書·武帝紀》：「（太康八年十二月）南夷扶南、西域康居國各遣使來獻。」（78頁）
可見晉初西域仍有康居國。

　　9.《晉書·惠帝紀》：「（永平六年五月）匈奴郝散弟度元帥馮翊、北地馬蘭羌、盧水胡反，攻北地，太守張損死之……秋八月，雍州刺史解系又為度元所破。秦雍氐、羌悉叛，推氐帥齊萬年僭號稱帝，圍涇陽。」（94頁）
案此條可與《文選》之潘岳《馬汧督誄》互參。至於「秦雍氐、羌悉叛，推氐帥齊萬年僭號稱帝」，則足證自漢以來一直至魏晉當時，在西域的氐人和羌人，勢力頗大；可與本文上引之《後漢書·梁慬傳》內所記載的有關梁慬在敦煌一帶與羌人多次戰鬥的史實互相參證。另據《敦煌懸泉漢簡釋粹》，其中就有55枚簡牘。[1]

　　我過去多年來一直主持香港敦煌吐魯番研究中心。該中心的一個核心工作為其研究叢刊中的《補資治通鑑史料長編稿系列》，至今已出版了近十種著作。其中大部分著作如我與李均明二人合著的《新莽簡輯證》（1995）和《敦煌漢簡編年考證》（1995），由我主編，由王素著的《吐魯番出土高昌文獻編年》（1997）、王素和李方合著的《魏晉南北朝敦煌文獻編年》（1997）、王輝著的《秦出土文獻編年》

---

[1]　涉及漢代敦煌一帶的羌族各種活動，詳細情況可參考初世賓：〈懸泉漢簡羌人資料補述〉，《出土文獻研究》第六輯，上海：上海古籍出版社，2004，167～189頁。

（2000）、劉昭瑞著的《漢魏石刻文字繫年》（2001）、陳國燦著的《吐魯番出土唐代文獻編年》（2003)、李均明著的《居延漢簡編年 —— 居延編》（2004）等等，其實反映了我有關敦煌學研究的一貫主張：

1. 敦煌學要突破以研究隋唐為主要的時代座標的局限，所以我的關注點是：由秦代到魏晉南北朝都有仔細研討的必要。

2. 敦煌學也要突破以經卷文獻和石窟圖象為主要的研究材料或物質對象的局限，所以我提倡研究簡牘和石刻史料等等。

而上述兩點更應該結合起來。這些方面的工作，正等待着許許多多人的投入。這就是我封於廣義敦煌學的期望。

饒宗頤口述，鄭煒明博士整理。刊於《敦煌吐魯番研究》第九卷，2006 年，1～5 頁